동아시아의 전략적 지역주의

중-일 경쟁과 중견국가의 역할

Strategic Regionalism in East Asia
Sino-Japanese Rivalry and the Role of Middle Powers

아연동북아
총서 _ 24

동아시아의 전략적 지역주의

중-일 경쟁과 중견국가의 역할

| 최영종 지음 |

아연출판부
고려대학교 아세아문제연구소

| Table of Contents |

| 차 례 |

| 표 차례 |

아연동북아총서 발간에 부쳐

탈냉전 이후 동아시아의 역동적 발전은 역내의 정치-외교, 경제 질서뿐만 아니라 문화, 사상, 종교 등의 제 영역에서 새로운 변화를 추동하고 있다. 이런 변화는 일국적 차원의 고찰로는 해명될 수 없는 복잡하고도 민감한 초국가적(transnational) 현상을 낳고 있다. 특히 동북아시아는 지리적 인접성, 공통의 역사-문화적 경험, 협력과 공존의 필요성 등으로부터 연유하는 초국가적 사고와 움직임이 활성화되고 있다. 이런 동북아에 대한 이해를 심화, 확대하고 새로운 해석과 전망을 제공하기 위해서는 국가별 연구나 학문 분과의 분절적 연구를 넘어 동북아시아를 분석의 단위로 삼는 다학문적·학제적 연구가 요청된다.

동북아시아 연구가 갖는 실천적 의미는 매우 중요하다. 주지하듯이 동북아시아는 세계의 어느 지역보다도 급속한 변화와 발전상을 보여 주고 있음에도 불구하고, 여전히 근대성의 문제와 냉전의 구도에 얽매여 있는 곳이다. 20세기 전반기의 제국주의 침략과 식민 경험은 오늘에도 국가적·민중적 기억을 지배하고 있다. 냉전의 산물인 남북 분단과 북한의 핵 위협은 동북아시아의 커다란 불안 요소가 되고 있다. 국가 간 역사 및 영토 분쟁 또한 동북아의 평화로운 발전에 장애로 남아 있다. 그러나 우리는 불편한 역사적 경험과 현재의 불안정이 다른 한편으로 동북아시아의 여러 구성 요소들을 상호 긴밀히 연결시키고, 그로부터 문제 해결을 위한 공통의 기반이 마련될 수 있음에 주목한다. 동북아시아는 대립과 갈등의 무대이기도 하지만 평화와 공존의 모색을 위한 토대이기도 하다. 이제 동북아 연구는 동북아가 처한 현실을 객관적으로 진단하고, 평화로운 미래를 건설하는 시대의 요청에 부응하지 않으면 안 된다.

고려대학교 아세아문제연구소(이하 아연)는 대표적인 동북아시아 지역 종합 연구소로서 학제 간 연구를 통한 동북아 지역 연구를 이끌어 왔다. 1957년 설립된 이래 아연은 구한국 외교문서와 공산권 연구 총서 및 동아시아 연구 총서, 중국 연구 총서, 한일 공동 연구 총서, 민주주의 총서 등 연구 성과의 체계적 집성을 통해 학문적 차원에서 현실을 진단하고 바람직한 미래의 방향을 전망하는 대학 연구소의 역할을 충실히 수행해 왔다. 2008년부터는 한국연구재단의 '인문 한국'(HK) 사업 해외지역학 분야의 지원 기관으로 선정되어, '동북아시아의 초국가적 공간: 사상·사회·문화·제도의 교류와 재구성'이라는 연구 어젠다를 중심으로 10년 기간의 대규모 프로젝트를 진행하고 있다. 이제 아연은 지난 50여 년 동안 축적된 연구 경험과 현재 진행 중인 '인문 한국' 사업의 성과, 각종 동북아 지역 연구 지원, 국내외 소장 학자 교류 지원 프로그램 등을 기반으로 해 〈아연동북아총서〉를 발간한다. 이 총서의 성과가 동북아 공동의 문제를 해결하고 조율하며 바람직한 미래를 모색하는 장이 될 수 있기를 기대하면서, 관심 있는 분들의 격려와 질정을 바란다.

아세아문제연구소장 이종화

머리말

필자의 지역 통합과 동아시아 지역주의에 대한 관심은 워싱턴 대학에서 카포라소(Caporaso) 교수와 펨펠(Pempel) 교수를 만나면서 시작되었다. 귀국 후에는 지역주의에 대한 이론적이고 비교론적인 분석을 통해 동아시아가 처한 현실을 객관적으로 평가하고자 노력하였다. 이후 관심을 갖게 된 주제는 국제 제도와 국력 간의 관계로서 서로 이질적인 것들이 오묘하게 상호 작용하고 있기에 흥미를 유발하였고, 여러 편의 연구 논문을 쓸 수 있었다. 한국 외교로 회귀한 필자의 관심은 중견국 외교에 대한 연구로 이어졌으며, 2007~2009년 필자가 주도하여 한국연구재단의 기초 연구로서 '중견국가 국제 제도론'이란 주제로 10명 정도의 연구자들이 공동 수행한 작업은 국내에서 중견국가 외교에 대한 체계적인 연구의 시발점이었다.

본 연구의 시작은 중국의 부상과 함께 중국이 동아시아 지역주의 발전에 어떤 영향을 미칠 것인가 하는 의문에서 비롯되었다. 미국에서 박사학위를 받고 일본에서 1년 남짓하게 연구한 경험은 은연중에 중국에 대한 무시와 두려움을 가져왔으며, 중국은 체계적인 연구의 대상이 아니고 관리하고 견제해야 할 대상이었다. 이 책을 준비하고 집필하는 과정에서 중국은 점차 이해하고, 연구하고, 포용하며, 미래를 함께 경영해야 할 나라로 변하여 갔다. 그렇지만 중국에 대한 지식의 일천함은 심도 있는 연구에 넘을 수 없는 장벽이 되었다.

이 책은 필자가 학자로서 동아시아 지역주의 및 국제 제도에 대한 연구를 종합적으로 정리하는 의미를 갖는다. 제1장에서 제시된 '현실주의 지역 제도론'은 자유주의적인 개념인 제도가 현실주의적인 국력 추구 및 세력 균형의 수단이 되는 현상을 설명하는 분석 틀이다. 본 연구의 핵심 주장은 무정부 상태이며 급격한 세력 배분의 변화를 겪고 있는 동아시아에서 지역주의는 주로 전략적인 국익 추구의 수단이었다고 보면서, 불편하더라도 지역 제도란 '황금 구속복'(golden straitjacket)을 지역 국가들이 착용하게 될 때 공동의 평화와 번영이 올 수 있다는 것이다.

동아시아에서 많은 제도가 생겨나면서도 의미 있는 제도화가 이루어지지 못하고 있는 현실을 이런 '전략적 지역주의'로 설명할 수 있을 것이다. 전략적 지역주의의 핵심은 중-일 경쟁에 있으며, 중-일 대립과 갈등은 강대국 사이의 권력 정치의 횡행을 예고하고 있다. 중견국가가 주도하는 지역 제도화 움직임은 지역 강대국의 공세적 외교나 지역 강대국 사이의 충돌에 대한 우려에 의해 촉발되는 것이 일반적인 것이며, 현재 동아시아 상황은 중견국 외교의 유용성과 성공 가능성을 동시에 보여 주고 있다. 동북아는 물론이고 동아시아 전체의 평화와 번영을 위해서는 한국을 비롯한 중견국들의 적극적이고 창의적인 지역주의 외교가 필요한 시점이다.

강대국 사이의 세력 균형 및 권력 정치의 만연과 규범 및 제도에 근거한 지역 질서 사이의 갈림길에서 한국은 지역주의의 전도사로서 역할을 수

행해야 한다는 것이 이 책의 제안이다. 한국의 미-중 사이의 균형 외교와 일본과의 지속적인 갈등은 한국을 둘러싼 외교 환경의 유동성과 불확실성을 고조시키고 있다. 머지않아 특수한 친분 관계나 적대 관계는 모두가 거래 대상이 되는 일반적인 관계로 대체될 것이다. 이런 상황을 목적에 둔 한국 외교는 황쭌셴의 『조선책략』 수준의 세력 균형책을 반복하려 하고 있다. 차원 높은 지역주의적(regionalist)이고 통합주의적(integrationist)인 외교를 준비하고 실천해야 할 것이다. 한반도 평화와 통일은 지역 공동체의 결과물이며, 지역 공동체는 또한 글로벌 공동체의 초석이라는 인식이 필요할 것이다.

공동체 형성의 출발점은 국가에 속박된 자아의식을 해방시키는 것이다. 지역이 의미를 갖고 국가와 국민들의 행동을 규율할 수 있기 위해서는 지역 정체성(identity) 혹은 '우리'라는 의식(we-ness)이 지역 차원에서 형성되어야 할 것이다. 제레미 리프킨이 『공감의 시대』에서 '공감하는 인간'(homo emphaticus)이란 개념으로 제시했듯이, 인간에게는 공감하고 소통하는 능력이 있다. 그렇기에 상대방의 감응 코드를 때릴 수만 있다면 공동체 의식은 생겨날 수 있다. 인간을 감동시키기 위해서는 매력이 있어야 하겠지만, 그것보다 더 중요한 것은 교감하고 소통하는 능력과 상대방의 입장에 설 수 있는 넓은 마음이다. 한국이 지역 공동체 형성의 주역이 되기 위해서는 자유, 교육, 제도, 문화, 경제 등 제반 측면에서 어필할 수 있는 매력을 쌓아야 할 것이지만, 이것을 뛰어넘어 상대방의 마음을 움직일 수 있는 능력을 키우고 동시에 배타적인 민족주의와 애국주의를 초월할 수 있어야 할 것이다. 이런 제반 측면에서 볼 때 한국의 현재 모습은 아직도 가야 할 길이 멀다.

이 책은 예정보다 2년이 늦어졌다. 학교에서 예기치 않게 국제교류처장 보직을 맡으면서 동력을 상실하였다. 처음 하는 사회생활을 통해서 배우고 느낀 것은 많았지만 연구에 집중하기 어려웠기에 공짜는 아니었다. 더구나 갑자기 한국국제정치학회 회장 선거에 출마하면서부터 문제가 더 꼬였다. "인생을 배우려면 선거를 한 번 치러보라"는 사람들의 말이 무슨 의미인지 이해하게는 되었지만, 책상 앞에 다시 앉기까지는 먼 길을 돌아와야 했다.

관심과 사랑을 갖고 지켜보는 하늘은 나를 비춰 보는 거울이요 동시에 동기 유발의 원천이었다. 무엇인가 창조한다는 것은 아주 좋은 수련이기도 하였다. 오래 전에 돌아가셨지만 항상 지켜보시고 사랑을 내려 주시며 때론 무섭게 꾸짖으시는 아버님과 되돌리지 못한 사랑의 빚을 너무도 많이 진 어머님은 언제나 나의 든든한 버팀목이었다. 부끄럽지 않은 삶을 살겠노라고 다시금 다짐해 올린다. 나를 깊은 내면세계로 안내해 준 선지식들과 도반에게 감사와 존경의 마음을 올린다. 소중한 인연으로 많은 조언과 가르침을 받았지만 은혜는 인연이 닿지 않는 세인들에게 두루두루 갚겠다고 전하고 싶다.

이 책은 필자의 세 번째 단독 저서이다. 첫 번째 책은 나를 학문의 길로 인도해 주신 워싱턴 대학의 카포라소 교수께 올렸고, 두 번째 책은 나를 후원해 준 가족들과 나눴다. 다시 단독 저서를 쓰게 될지 모르지만 이번 책은 아무래도 가톨릭대학교에 바쳐야 할 것 같다. 적지 않은 나이인 필자를 교수로 받아 주었고, 기여한 바에 비해서 과분할 정도의 양식을 주었으며, 24시간 냉난방이 되는 연구 공간도 제공해 주었다. 지난해 여름 집필 막바지에 문득 주체할 수 없을 정도로 솟아나는 감사의 마음을 느꼈다. 그리고 동아시아 공동체에 대한 교육과 연구에 집중할 수 있도록 후원해 준 원아시아재단 사토 요지 이사장과 정준곤 박사께도 심심한 사의를 표한다.

고려대학교 아세아문제연구소와는 인연이 깊다. 첫 직장이었음은 물론이고 첫 번째 책을 아연출판부에서 냈으며, 안식년도 그곳에서 보냈다. 다시금 저명한 연구소에서 책을 출판할 수 있게 된 것은 커다란 영광이 아닐 수 없다. 이런 점에서 아연 소장이신 이종화 교수님과 전 소장이신 이내영 교수님께 감사를 드린다. 아울러 집필 과정에서 수많은 연구자들로부터 책이나 논문을 통해서 배울 수 있었기에 이에 감사드린다. 가장 고마운 분들은 초고에 대해서 날카롭고 통찰력 있는 평가 의견을 주신 두 분 교수님이다. 소중한 의견을 반영하고자 최선의 노력을 했으며, 거의 새로운 책이라고 볼 수 있을 정도로 수선을 하였다. 부족한 연구이지만 동아시아 지역주의에 관심이 있는 연구자, 실무자, 학생들에게 조금이나마 도움이 되었으면 하는 바람이다.

2016년 3월

방학동 안방 서재에서

1장

서론

1. 문제 제기

지역주의는 특정 지역 내에서 지역을 중시하는 이념이나 의도된 정책을 지칭하고, 국가들 간의 정책 공조와 협력을 통해 지역 정체성을 형성하거나 지역 제도를 창출하는 의식적인 행위를 포함한다. 지역주의와 지역 제도(화)는 병용될 수도 있으며, 지역 제도가 고도화된 것이 지역 공동체이다. 이와 구분되는 지역화는 특정 지역 내에서 상호 의존이나 상호 연계성이 생겨나는 과정을 의미한다. 일반적으로는 경제 활동이 지역 내에 집중되는 현상을 지칭한다.[1] 동아시아에서는 상호 의존의 심화와 권력 정치

1_Edward D. Mansfield & Helen Milner, "The New Wave of Regionalism," *International Organization* 53:3(1999), p. 598.

(power politics)의 강화라는 이율배반적인 현상이 동시에 벌어지고 있다. 중국을 중심으로 경제적 교류 관계가 급속도로 진전되고 있는 동시에 중국의 급부상으로 인해 중-일 경쟁이 가속화되고 있다. 여기에 미국이 아시아로의 회귀(Pivot to Asia) 혹은 재균형(rebalancing) 정책을 취하면서 지역주의와 권력 정치의 충돌 현상이 두드러지게 나타나고 있다.

무정부 상태와 국력의 물신화를 상정하는 현실주의 세계관에 따르면 세력 배분의 유동성이 증가하고 국가 간 상호 불신이 커져가는 상황 속에서 경제적 상호 의존이 지속적으로 진전되고 있는 현상을 설명하기란 용이하지 않다. 자유로운 개인의 역할을 중시하는 자유주의 세계관에 의거하면 경제적 상호 의존으로 대변되는 교역의 증대는 국가 간 관계를 평화롭게 만들 것이지만 동아시아의 현실은 이와 상반되는 방향으로 움직이고 있다. 더욱 흥미 있는 것은 한중일 동북아 3국 사이에는 경제적 상호 의존의 증가에도 불구하고 국민들 간의 공동체적 인식은 말할 나위도 없고 심지어는 우호적 감정까지도 생겨나지 않고 있다.[2] 최근에는 상호 호감도가 떨어지고 있는 상황 속에서 한중일 사이의 교역 및 인적·문화적 교류는 오히려 늘어나는 아이러닉한 현상까지 나타나고 있다.[3] 관념적 요소를 중시하는 구성주의는 과거에 형성된 정체성이 쉽게 변하지 않는다는 측면에서는 설명력을 갖는다. 그렇지만 공통의 정체성이 형성될 수 있는 조건을 특정화하지 못하고 있다는 점에서는 분명한 이론적 한계를 가진다. 지역주의와

2_본 연구에서는 한국, 중국, 일본을 편의상 통칭해서 한중일로 표기할 것이다. 그리고 두 나라 사이에는 관계를 지칭할 경우는 한-중, 한-일 식으로 표기하고, 두 나라를 열거할 경우에는 한·중, 한·일 식으로 표기할 것이다.

3_Jing Sun, *Japan and China as Charm Rivals* (The University of Michigan Press, 2013).

권력 정치가 혼재되어 있는 동아시아의 현실은 국제 정치 연구에서 대표적인 이론인 현실주의, 자유주의/제도주의, 구성주의 모두에게 의미 있는 도전을 제기하고 있다.

지금까지 동아시아 지역주의에 관한 연구는 경제적 상호 의존의 심화에도 불구하고 유럽과 같이 제도화가 이루어지지 않은 현상을 분석하는 것이 주요 관심사였다. 다양한 이론과 연구들이 제도화 수준이 낮은 이유에 대해서 나름대로의 설명을 제시하였다. 그렇지만 타당성 여부를 떠나서 발생하지 않은 현상의 원인에 대한 규명은 입증 가능성 문제로 인해 한계가 있었다. 동아시아의 지역주의는 1967년에 창설된 ASEAN(Association of Southeast Asian Nations: 동남아시아국가연합)에서 기원을 찾을 수 있으며, ASEAN은 이후 동남아 지역의 통합을 주도하면서 외연을 확대시켜 나갔다.[4] 그렇지만 제도화의 수준은 매우 낮았으며, ASEAN 내부의 통합은 물론이고 동아시아 전체의 제도적 발전도 지지부진하였다. 동아시아는 유럽이나 북미와 비교할 때 경제 교류의 수준은 뒤지지 않지만 지역 제도의 발전 수준이 낮고, 지역 통합을 향한 본격적인 움직임이 아직 구체화되지 못하고 있는 상태이다. 초국가적 사회나 제도가 취약하고, 지역 통합에 대한 국가 간 선호의 일치가 부재하며, 안보 면에서 국가 간 상호 불신이 아직 팽배해 있으며, 아시아인이란 정체성도 박약하기 때문에 지역 통합이 정체되고 있다.[5]

주지하고 있는 바와 같이 제2차 세계대전 이후 동아시아는 유럽과 달

4_본 연구에서는 ASEAN과 아세안 모두 보편적으로 사용되고 있는 현실을 감안해서 병용하기로 한다.

5_최영종, 『동아시아 지역통합과 한국의 선택』(서울: 아연출판부, 2003), pp. 73-92.

리 다자적 제도에 바탕을 둔 지역 질서가 형성되지 못하고, 미국과의 쌍무적인 안보 동맹에 기초한 세력 균형이 지역 질서의 근간을 이루었다. 동아시아에 다자주의적 제도가 뿌리를 내리지 못한 가장 큰 이유로는 미국의 정책이 서부 유럽에 대해서 다자주의를 용인하는 입장이었지만 동아시아에서는 미국을 중심으로 부챗살 모양의 여러 쌍무적 관계로 이루어진 체제(hub-and-spokes system)를 구축하였다는 점을 들 수 있다. 사실 역내에서는 일본이나 중국을 견제하고 미국에 대한 영향력을 제고시키기 위해서 이런 체제가 필요하다는 것을 인정하는 국가들이 많았으며, 미국도 이런 역내의 소망을 도외시할 수만은 없었다. 그러나 한국전쟁이 발발하고 중국이 참전하자 역내 안보 문제에 대해 시급한 해결책을 찾아야 했었다. 결과적으로 미국은 샌프란시스코 평화조약을 체결해서 일본을 축으로 한 쌍무주의에 입각한 안보 구도를 만들었다. 쌍무적 안보 협약은 임시적 성격을 가졌지만 그 후에도 관성을 띠면서 유지되었다.[6]

그렇지만 1997~1998년의 경제 위기를 경험하면서 지역 제도의 필요성을 절감하게 되었고, IMF(International Monetary Fund: 국제통화기금) 및 미국을 비롯한 서방세계와의 충돌을 겪으면서 동아시아란 인식도 생겨났다. 이런 지역주의의 강화는 지역 제도의 형성으로 이어져 ASEAN+3(ASEAN plus three: APT)를 비롯해서 다양한 제도가 등장하게 되었다. 현재 동아시아의 경제 통합은 무역 자유화에 대한 예외가 많고, 규제 조화, 서비스, 지적재산권 등과 같은 최신 이슈들은 제대로 다루지 못하고 있다. 더구

6_Kent E. Calder, "Critical Junctures and the Contours of Northeast Asian Regionalism," Kent E. Calder & Francis Fukuyama, eds., *East Asian Multilateralism: Prospects for Regional Stability* (Baltimore: The Johns Hopkins University Press, 2008), pp. 22-4.

나 역내에 복잡한 양자 간 FTA(Free Trade Agreement: 자유무역협정) 망이 형성됨에 따라 자유화 노력에도 불구하고 거래 비용이 역으로 증가하는 '스파게티 그릇 효과'(spaghetti bowl effect)가 두드러지게 나타나고 있다. 대표적인 사례가 ASEAN인데, FTA를 통해 특혜 관세를 적용받기 위한 대기 시간이 길어 오히려 일반 관세를 지불하는 것이 더 유리한 상황이 전개되고 있다. 따라서 다자주의 규범과 제도에 의거한 실질적인 자유화의 진전이 요구되고 있는 상황이다.[7]

안보 면에서도 현재 동아시아는 급격한 변화의 소용돌이 속에 있다. 그 중에서 가장 중요한 변화는 중국의 부상과 일본의 정상국가화이다. 지금까지 미-일 안보 동맹이 동아시아 쌍무주의의 핵심이었다. 이것은 일본의 비무장을 전제로 하고 있었기 때문에 동아시아에서 안보 딜레마와 무기 경쟁을 방지하는 데 기여하는 바가 컸으며, 이런 이유로 중국도 암묵적으로 용인하였다. 그러나 중국의 급부상은 미국과 일본은 물론이고 역내에 심각한 안보 불안을 야기하였으며, 이에 대한 미-일 사이의 공동 대응의 일환으로써 일본의 정상국가화가 추진되었다. 그리고 일본의 재무장과 군비 증강은 중국과 한국에게 심각한 위협으로 인식되고 있다. 그럼에도 불구하고 안보 이슈를 실효성 있게 다룰 수 있는 지역 제도는 아직도 취약한 것이 현실이다.

냉전 종식 이후에 의욕적으로 추진된 ARF(ASEAN Regional Forum: 아세안 지역안보포럼)는 중요한 논의의 장으로서는 자리를 잡았지만, 안보 이슈에 대한 구속력 있는 해결책을 찾기보다는 아직도 신뢰 조성 수준에 머물

7_Jiro Okamoto, "Japan's Comprehensive Economic Partnership Initiative: A provisional Assessment," Siriporn Wajjwalku, ed., *Japan-ASEAN Comprehensive Economic Partnership: Asian Perspective* (Thailand: Thammasat University Press, 2004), pp. 28-9.

러 있다. 동아시아의 지역 협력은 '아세안 방식'(ASEAN way)으로 대변되고 있으며, 주요한 특징으로는 비공식성(informality)과 합의(consensus)에 의한 의사 결정을 들 수 있다.[8] 그러나 구속력은 물론이고 협력의 바탕이 되고 있는 구체적인 가치나 규범도 분명하게 드러나 있지 않다. 제도의 실효성을 담보하기 위한 기본 전제인 주권 양도나 민주주의 원칙 등에 대해서는 역내 국가들이 완강한 거부감을 보이고 있다. 동아시아의 안보 현실은 다자주의적 접근법에 대한 수요를 증대시켰지만, 이에 대한 원활한 공급은 어려운 상황이다.[9]

본 연구는 동아시아에서 지역 제도가 제도화 수준이 낮아 실효성이 떨어짐에도 불구하고 최근 그 숫자가 폭발적으로 증가하고 있는 현상에 주목한다. 단순한 수적 증가에 머물지 않고 구성원 자격을 포함해서 제도의 디자인을 둘러싼 국가 간 경쟁과 갈등도 치열해지고 있다. 최근의 지역 통합은 자유무역협정이 대세를 이루고 있으며 동아시아도 예외는 아니다.[10] 그 중 대다수는 양자 간 자유무역협정의 형태를 띠고 있으며, 복잡한 원산지 규정과 민감한 분야에 대한 광범위한 예외 조치가 실효성을 훼손시키고 있

8_Yuen Foong Khong & Helen E. S. Nesadurai, "Hanging Together, Institutional Design, and Cooperation in southeast Asia: AFTA and the ARF," Amitav Acharya & Alastair Iain Johnston, *Crafting Cooperation: Regional International Institutions in Comparative Perspective* (New York: Cambridge University Press, 2007), pp. 33-9.

9_G. John Ikenberry, "A New Order in East Asia," Kalder & Fukuyama(2008), pp. 217-9.

10_현재 발효 중인 지역무역협정의 3/4 이상은 자유무역협정 단계에 머물고 있고, 역외 공동관세를 부과하는 관세 동맹은 극히 드물다. 더구나 관세 동맹이 제대로 시행되는 경우 또한 드물다. R. V. Fiorentino, C. Touqueboeuf & L. Verdeja, "The Changing Landscape of Regional Trade Agreements: 2006 Update," WTO Discussion Paper No.12 (Geneva, 2007).

음을 많은 연구가 지적하고 있다. 대표적인 사례가 아시아개발은행(Asia Development Bank: ADB)이 조사한 동아시아 국가들의 기업에 대한 설문 조사 결과이다.[11] 841개 회사에 대한 조사는 28%만이 특혜 관세를 활용하고 있다는 결과를 보여 준다. 향후 활용할 계획이라는 응답까지 포함할 경우 53%까지 높아지지만 그래도 여전히 활용도는 높지 않다. 가장 큰 이유는 특혜 마진이 그다지 크지 않다는 것이고, 이와 아울러 원산지 규정이 복잡해서 특혜 마진의 적용에 있어서 높은 거래 비용이 발생하는 것도 이유가 되고 있다.[12]

그럼에도 불구하고 동아시아에서 FTA가 폭발적으로 증가하고 있는 현상은 흥미롭다. 만약 경제적 이득이 목적이라면 지역 전체를 망라하는 경제 통합이 가장 합리적일 것이다. 하지만 현실은 이와 대조적이며, 그 배경에는 정치적·전략적 동기가 작용하고 있다. 일례로서 레번힐(Ravenhill)은 동아시아에서 최근 FTA의 폭발적 증가로 대변되는 지역주의의 활성화 현상을 '정치적 도미노 효과'(political domino effect)로 설명하고 있다.[13] 원래 하나의 성공적인 지역무역협정은 경쟁력 측면에서 국제적 환경의 변화를 가져오기 때문에 외부 국가들에게 기존의 것에 가입하거나 이에 대항하기 위한 새로운 지역무역협정의 설립을 추진할 인센티브를 제공한다.[14] 경제

11_M. Kawai & G. Wignaraja, *Asia's Free Trade Agreements: How is Business Responding?*(Cheltenham, UK: Edward Elgar, 2011).

12_World Trade Organization, *World Trade Report 2011* (WTO 2011), p. 83.

13_John Ravenhill, "What Drives Regionalism in East Asia-And Why It Matters," Christoph Antons & Reto M. Hilty, eds., *Intellectual Property and Free Trade Agreements in the Asia-Pacific Region* (Springer 2015), pp. 87-108.

14_Richard Baldwin, "A Domino Theory of Regionalism," NBER Working Paper No. 4465 (National Bureau of Economic Research, 1993).

적 측면에서는 지역 특혜 무역협정의 무역 전환이나 투자 차별 효과를 가지고 지역무역협정의 확대나 연쇄적인 확산을 설명한다. 그러나 현실에서의 FTA는 이런 차별적 효과가 별로 크지 않다. 따라서 구체적인 경제적 이득보다는 다른 국가에 뒤처지지 않거나 배제되지 않겠다는 정치적인 동기가 작용한다. 동아시아의 FTA는 통합의 가장 큰 수혜자인 민간 비즈니스 섹터가 아니라 국가가 정치·외교적 목적에서 주도하였다. 경제 통합은 국내 정치적으로 손해가 가지 않을 정도의 낮은 수준이었으며, 경제적 효과에 대한 판단보다는 정치적 협상이 결과를 좌우하였다.[15]

역내 국가들은 경제 자유화나 통합 자체로부터의 이익보다는 정치적·전략적 이득을 우선시하는 경향을 보였다.[16] ASEAN의 경우는 자신의 집단적 협상력을 활용해서 상대로부터 최대한의 양보를 얻어 내려는 목적이 중요하였으며, 중국과 일본은 ASEAN 국가들의 마음을 얻거나 자신의 역내 영향력을 확대하기 위해서 FTA 체결에 경쟁적으로 나섰다. 여기에 한국이 적극 가담함으로써 양자 간 FTA가 폭발적으로 증가하게 되었다. 그럼에도 불구하고 동아시아 전체를 망라하는 경제 통합 구상인 동아시아 자유무역지대(EAFTA)의 실현은 여전히 요원하다. 동아시아 통상 협력의 주도권은 정치력이 취약한 ASEAN에게 있으며, ASEAN은 아직도 한중일 3국을 서로 경쟁시킴으로써 자신의 이득을 극대화하려고 부심하고 있다.

최근에는 미국, 중국, 일본 등과 같은 강대국들이 자신의 영향력 확대와 라이벌에 대한 견제라는 전략적인 목적에서 지역주의에 깊은 관심을 갖

15_Ravenhill(2015).

16_John Ravenhill, "The 'New East Asian Regionalism': A Political Domino Effect," *Review of International Political Economy* 17:2(2010).

고 적극적으로 추진하고 있다. 미국은 아시아로의 회귀를 동아시아 정책의 기조로 내세우면서 자신이 배제된 지역 제도의 발전에 우려를 표명하고, 동아시아의 범주를 뛰어넘는 아·태지역 전체의 자유무역지대 형성에 관심을 보이고 있다. 중국과 일본은 APT 무대에서 서로 경쟁하고 협력하면서 동아시아 지역주의 발전을 선도하였다. 최근에 중국은 미국이 배제된 동아시아 전체의 제도화에 적극적인 지지 의사를 보이고 있는 반면, 일본은 TPP(Trans-Pacific Partnership: 환태평양 경제동반자협정)와 같이 미국이 포함된 광범위한 지역 협력체를 선호하고 있다. 이로 인해 동아시아의 지역주의는 '미국 vs. 동아시아', '중국 vs. 일본', 그리고 '동북아 vs. 동남아'란 삼중적인 대립 구도를 보이고 있다.

이런 상황 하에서 제도에 바탕을 둔 지역 질서의 형성이 동아시아에서 과연 가능할 것인가? 제도는 일반적으로 내부적 구속과 외부적 견제·균형이란 두 측면을 가진다. 먼저 제도는 규범이나 규칙에 근거해서 구성원들의 행동을 구속함으로써 협력을 증진시키는 효과를 가진다. 제도는 또한 영향력의 원천으로서 국력을 보완하는 유용한 수단이기도 하다. 제도의 유용성은 군사력의 활용도가 떨어지고, 국제 체제 전반에서 제도가 보편적으로 기능함에 따라 점차 커지고 있다. 오랫동안 동아시아·동북아는 미국이란 외부의 균형자에 의해 역내 안정이 유지되었다. 단일한 외부의 적이 존재하지 않았고, 내부적으로도 견제 필요성이 있는 일방주의적 강대국이 존재하지 않았다. 그리고 역내 강대국인 일본이나 중국은 이웃에게 위협적으로 비치지 않기 위해 신중한 외교 정책을 추진하였다. 이로 인해 역내 국가들이 역내 강대국을 구속하기 위한 지역 제도화를 추진할 동기가 별로 없었다.

그러나 최근 중국의 급속한 부상과 함께 중-일 사이에 경쟁 관계가 형성되었다. 그 결과 지역 제도는 역내 강대국들 사이에 상호 견제·균형을 위한 유용한 수단이 되었다. 아울러 최강대국으로 부상하는 중국이 경제 마찰이나 영토 분쟁 해결을 위해서 자신의 증강된 힘을 행사하기 시작함에 따라 제도를 통해 중국의 자의적 힘의 행사를 제약할 필요성도 커지고 있다. 중국의 부상과 공세적인 외교 정책 추진은 역내 갈등의 소지를 확대할 것이지만, 역으로 이를 예방하고 해결하기 위한 지역 협력의 가능성도 제고시킬 수 있다. 필요가 발명의 어머니란 말은 국제 정치에서도 통할 수 있고, 이것이 기능주의적 접근법의 요체이다. 수요의 생성은 이를 충족시키기 위한 국가 간 협력을 창출할 것이며, 중국 문제의 등장은 지역 협력을 통해 지역 제도를 창출하고 지역 질서를 형성해 나가기 위한 국가들의 행동을 촉진할 수 있다.

권력 정치의 심화와 세력 균형 움직임의 고조는 세력 전이 과정에서 자연스런 현상이며, 이것이 지역의 제도적 통합과 양립 불가능한 것이 아니다. 제도 및 규범은 모두 국력의 배분 상태를 반영하는 것이며, 제도 내의 권력 정치 또한 일반적인 현상이다. 국제 제도는 국제 환경의 중요한 구성 요소로서 이미 주어진 조건이기에 제도를 무시하고 홀로서기를 할 수 있는 나라는 거의 없다. 세력 배분에 변화가 일어나고 있는 동아시아는 지역 제도에 바탕을 둔 새로운 질서의 창출이란 도전과 기회를 동시에 대면하고 있다. 도전을 기회로 전환시키기 위해서는 동아시아란 산을 공유하고 있는 두 마리의 호랑이인 중국과 일본 사이의 협력이 중요할 것이며, 일본으로부터 중국으로의 세력 전이가 이루어지고 있는 상황을 잘 관리하는 것이 관건이다. 과연 중-일 양국은 지역 제도화를 위해서 유럽에서의 독일과 프랑스 같이 서로 협력할 수 있을까?

2. 핵심 주장

동아시아 지역주의가 실효성이 떨어짐에도 불구하고 제도의 숫자가 급속히 늘어났으며, 상이한 디자인을 갖는 제도가 서로 경쟁·대립하고 있는 현상을 설명하기 위해서는 지역 제도와 국력 사이의 상호 관계에 대한 엄밀한 분석이 요구된다. 지금까지의 국제 정치 이론과 지역 통합 이론은 힘, 이해관계, 규범·정체성 요소가 각기 현실주의, 자유주의, 구성주의를 대표하는 변수로서 국가 간 관계와 지역 제도 형성에 중요한 영향을 미친다는 점을 보여 주었다. 경제적 이해관계가 지금까지 동아시아 지역주의의 기저에 있었지만, 경제 통합 없는 지역화 현상의 진전으로 인해 경제적 상호 의존과 제도적 협력 사이의 연관성에 대해 의문이 제기되고 있다. 더구나 공유된 정체성이나 공동체 의식의 진전 없이 경제적 상호 의존이 가속화되었을 뿐만 아니라, 경제 관계의 심화에도 불구하고 군사·외교적 갈등이 고조되고 있는 지역 현실은 자유주의는 물론이고 구성주의 이론의 타당성에도 심각한 도전을 제기하고 있다.

본 연구는 지금까지 동아시아의 지역주의의 침체와 진전에 대한 설명으로서 한계를 드러낸 경제적 이해관계나 단기적으로 형성되기 어려운 관념적 요소보다는 역동적인 변화를 보이고 있는 힘(power, 국력)이란 측면에 주목하면서, 이것이 동아시아 지역주의 발전에 미친 영향을 심도 있게 살펴보고자 한다. 지역주의는 힘의 진공 상태에서 추진되는 기능적이고 합리적인 행위가 아니라 힘의 위상을 반영하는 고도의 정치적인 행위이다. 이런 이유로 신고전파 무역 이론에 따르면 글로벌 차원의 경제적 통합이 참여국 모두에게 가장 큰 이득을 가져다 줄 수 있지만 실제로 성공하기 어려운 것이다. 제도는 권력 정치의 무대가 될 수 있다. 약소국에게는 국력의 결핍을 보완해 줄 수 있고 강대국에게는 자신의 정당성을 제고시키면서 자신이 원하는 바를 성취시켜 줄 유용한 수단이 된다. 특히 동아시아와 같이 강대국과 여타 국가들 사이의 국력 격차가 큰 지역에서는 제도를 둘러싼 강대국과 약소국 사이의 대립과 갈등이 훨씬 클 수 있다.

이런 측면은 ASEAN의 창설과 그 후 ASEAN의 행태를 살펴보면 잘 드러난다. ASEAN은 공산주의의 위협에 공동으로 대처하기 위한 생존의 수단이었으며, 뒤이어 집단적 힘의 행사를 통해 역외 국가들에 대해 압력을 행사하기 위한 수단으로서 유용하게 활용되었다. 특히 미국이나 일본 등 강대국과의 국력 격차가 큰 상황에서 지역 제도는 강대국을 견제하기 위한 유용한 수단이었다. 미국은 유럽과는 다르게 NATO(North Atlantic Treaty Organization: 북대서양조약기구)와 같은 지역 안보 협력 기구를 발족시키지 않았으며, 유럽연합(EU)과 같은 다자적 지역 제도의 형성을 돕지도 않았다. 일본의 경우도 특혜 무역협정에 대한 ASEAN의 요구를 지속적으로 거부하였다. 요컨대 강대국들은 ASEAN의 제도화 추진 목적이 자신들에 대한 구속 효과에 있다는 것을 잘 알고 있었으며, 따라서 구속력 있는 제도보다는 임기응변적인 정치적 협상이나 비공식적인 제도화를 선호하였다. 이로 인해 제도적 협력은 자체가 목적이 되지 못했고, 도구적 수단으로 전락하였다. 약소국이 원하고 강대국이 회피하는 제도가 실효성을 갖추기는 어려웠다. 제도적 협력을 심화시키기보다는 이슈가 등장할 때마다 지속적으로 새로운 도구를 찾아 나섰기 때문에 유명무실한 기구들이 지속적으로 생겨났다.

ASEAN뿐만 아니라 지역 강대국인 일본과 중국도 지역주의를 지역 협력의 증진 자체보다는 자신의 국익을 위해서 전략적으로 활용하였다. 특히 중-일 간의 주도권 경쟁이 치열해짐에 따라 지역 제도의 디자인을 둘러싼 갈등이 치열하게 전개되었다. 중-일 관계가 지역 제도 발전에 미치는 영향에 대한 평가는 엇갈리고 있다.[17] 부정적인 평가는 동아시아 지역주의는 ASEAN이 중심이었고, 경제적 상호 의존의 증대나 경제 위기와 같은 외부적 위협이 지역주의 발전의 원동력이었다는 분석이다. 그리고 중-일 간의 갈등 관계에도 불구하고 지역주의가 어느 정도 발전할 수 있었던 것은 미국이 양국 관계가 역내 안정을 해치지 않도록 잘 관리해 주었기 때문이라고 본다. 이와는 대조적으로 중-일 관계를 잘 보면 동아시아 지역주의를 이해할 수 있다는 주장도 있다.[18] 특히 1997년 아시아 경제 위기 이후 동아시아 지역주의는 중-일 간의 경쟁과 협력을 통해서 가속적으로 발전하였다. 대표적인 사례가 APT와 CMI(Chiang Mai Initiative: 치앙마이 이니셔티브)이다. 그 후 양국 간의 경쟁은 EAS(East Asia Summit: 동아시아 정상회의)를 둘러싼 갈등으로 이어졌고, 이것이 APT와 EAS 사이의 대립 구도를 형성시켰다. 이로 인해 APT로 대표되는 동아시아 지역주의는 최근 정체성을 상실할 위기에 직면해 있다. 중국의 부상과 이에 대응한 일본의 견제 움직임이 동아시아 지역주의의 성격을 결정한 주된 요인이라고 보는 입장에 따르면, 향후 중-일 관계가 협력적으로 변해야만 동아시아 지역주의가 의미 있는 발전을 할 수 있다.[19]

물론 아직까지 미국의 역내 영향력이 현저하게 감소하였다는 충분한

17_중-일 관계가 동아시아 지역주의 발전에 미친 영향을 분석한 대표적인 연구로는 Joel Rathus, *Japan, China and Networked Regionalism in East Asia* (Palgrave Macmilan, 2011)가 있다.

18_Rathus(2011), p. 3.

19_Michael Yahuda, *Sino-Japanese Relations After the Cold War: Two Tigers Sharing A Mountain* (Routledge: London and New York, 2014); Richard C. Bush, *The Perils of Proximity: China-Japan Security Relations* (Brookings Institution Press, paper edition 2013).

증거가 없고, 중국과 일본 모두에게 미국과의 관계는 여전히 중요하다. 그렇지만 최근의 중-일 간의 영토 분쟁이나 역사 갈등은 미국과 어느 정도 독립적으로 발생하고 있다. 급부상하는 중국은 미국과는 명시적으로 대립적인 정책을 취하지 않지만, 미국의 동맹인 일본에 대해서는 공세적인 외교적 접근법을 취하고 있다. 이에 대응해서 일본도 독자적인 군사력 강화를 비롯해서 적극적인 군사·외교 정책을 추진하고 있다. 현재 극단적인 대립으로 치닫고 있는 중-일 관계는 지역정치 무대에서 가장 중요한 독립 변수로서 부상하고 있으며, 이것이 향후 미국의 동아시아 정책은 물론이고 동아시아와 동북아의 지역주의 발전에 커다란 영향을 미칠 것으로 예상된다.[20] 더구나 양국은 동아시아에서 경제력이나 군사력 측면에서 볼 때 여타 국가와 비교해서 압도적인 우위를 차지하고 있으며, 양국이 주도하거나 적극적으로 참여하지 않는 지역 협력체가 성공할 가능성은 낮다.

지금까지 동아시아는 리더십 부재 문제로 인해 지역 협력체가 제대로 발전하지 못하였다. 동아시아 금융 위기 이후 APT가 비약적으로 발전한 배경에는 중국과 일본의 적극적인 참여가 있었다. 양국 사이에 리더십 경쟁이 있기는 했지만, 어느 나라가 단독으로 리더십을 발휘할 수 있는 상황은 아니었다. 이런 현실을 반영해서 기존의 CMI를 다자화하고 있는 CMIM(치앙마이 이니셔티브 다자화)은 중국과 일본의 경제력이 대등한 수준에 이르렀음을 인정하였다.[21] 양국이 이런 현실을 인정하고 경쟁을 지양하

20_이런 주장은 다음을 참조할 것. Michael Wesley, "Jealous Suitors: Sino-Japanese Competitive Regionalism and the Future of East Asia," Machel Heazle and Nick Knight, eds., *China-Japan Relations in the Twenty-First Century: Creating a Future Past?* (Edward Elgar, 2007), pp. 207-21.

21_Takashi Terada and Bernard Ong, "Japan and Management of the Transatlantic

고, 역내 공공재 공급을 위해 대등한 부담을 감수하며 서로 협력할 때 지역 통합이 촉진될 수 있을 것이다. 그렇지만 양국은 과거사 문제는 물론이고 동중국해의 영토 및 자원을 둘러싼 갈등 그리고 역내 리더십 경쟁에 이르기까지 치열하게 대립하고 있다. 특히 일본에서 중국으로의 세력 전이가 확연해지고 있는 현실은 양국 사이의 갈등을 격화시키고, 나아가 기본적인 지역 협력마저도 저해할 가능성을 고조시키고 있다. 이런 측면에서 볼 때 동아시아 지역주의 연구에 있어서 중-일 관계의 중요성은 매우 크다.

더구나 중국과 일본 양국에게 지역 제도가 중요한 외교 정책의 목표요 수단이 되었다. 양국의 지역주의 정책은 오랫동안 소극성으로 대변되었으며, 약소국의 요구에 의해 지역 제도에 참여할 경우에도 높은 수준의 제도화는 적극적으로 회피하였다. 따라서 지역 협력과 지역주의는 외교적 수사 차원에서는 중시되었지만, 실제 정책 추진에 있어서 우선순위가 높지 않았다. 그렇지만 최근에는 양국 모두 지역 제도의 전략적 중요성을 인식하고, 적극적으로 추진하고 있다.[22] 따라서 동아시아 지역주의의 향배를 정확하게 파악할 수 있기 위해서는 양국의 지역주의 전략에 대한 심도 있는 분석이 있어야 할 것이다.

그리고 중-일 간의 대결 구도를 완화시키고 제도에 바탕을 둔 질서를 만들기 위해서는 창의적인 '중견국 외교'가 필요할 것이다. 동아시아 지역주의는 주도권이 ASEAN으로부터 점차 강대국인 중국과 일본으로 이동하

Crisis: International Responses and Domestic Struggles," *Contemporary Politics* 17:2 (2011), p. 211.

22_동아시아공동체연구회, 『동아시아공동체: 동향과 전망』(아산정책연구원 2014)을 참조할 것.

고 있다. 이와 더불어 지역 패권을 추구하는 중국과 중국에게 주도권을 양도하지 않으려는 일본 사이의 갈등과 대립이 격화되고 있다. 이런 현실은 오히려 양국 사이의 협력 필요성은 물론이고 역내 국가들이 양국의 행동을 규율할 수 있는 제도의 필요성도 증대시키고 있다. 일본이나 중국 같은 강대국이 주도하는 지역 협력은 이들 사이의 갈등과 대립을 격화시키거나 강대국 사이의 공모를 통해 약소국의 이익에 심각한 위해를 가할 위험성을 내포하고 있다. 강대국 주도의 지역 통합이 가져올 부작용을 회피하고, 지역 통합의 성공 가능성을 높이기 위해서는 강대국과 약소국 사이의 가교로서 중견국가의 역할이 중요하다.

역내 강대국 사이의 주도권 다툼이 본격화되고 있는 현실은 중견국가가 중-일 양국 사이에서 갈등을 중재하고 동아시아를 제도적 협력의 방향으로 이끌어 갈 수 있는 기회를 제공하고 있다. 기존의 ASEAN 중심의 중견국 외교가 동력을 상실해 가고 있는 상황에서 이를 대체하기 위한 중견국 외교를 모색할 필요성이 있다. 본 연구는 중국과의 주도권 다툼에서 밀리고 있는 일본이 중국에 대한 견제와 균형보다는 제도를 통한 보편적 구속을 선택할 경우 중견국 외교가 성공할 가능성이 가장 크다고 본다. 동아시아에 만연한 '전략적 지역주의'를 대신해서 지역 제도란 '황금 구속복'(golden straitjacket)의 착용이 보편화될 때,[23] 동아시아에 제도에 바탕을 둔 지역 질서가 정착될 수 있을 것이다.

23_황금 구속복은 세계화의 불가피성과 세계화의 수용이 가져오는 혜택을 상징적으로 표현하는 개념으로서 동아시아에서 제도적 규범의 수용이 가져올 혜택과 제도화의 불가피성을 역설하기 위해 차용한 것이다. Thomas L. Friedman, *The Lexus and the Olive Tree* (Straus and Giroux, 1999), p. 87-8.

3. 현실주의 지역 제도론

1) 현실주의와 지역 통합

국가가 지역 제도에 참여하고 통합을 지향한다는 것은 안정된 구성원들과 장기적인 협력 관계에 돌입하는 것을 의미하는데, 이는 현실주의의 예상에 반하는 것이다.[24] 현실주의는 세력 배분이 변함에 따라 동맹 관계가 쉽게 변하고, 국가는 끊임없이 상대적 이득을 획득하려고 노력할 것이라고 상정한다. 그리고 무정부적인 국제 체제 안에서는 영원한 적도, 영원한 친구도 존재하지 않는다. 이런 관점에서 볼 때 지역 통합은 가능성이 낮고, 설사 성사되었다 하더라도 장기간 유지될 수가 없다. 그렇지만 현실주의는 특정한 조건 하에서 동맹국 사이에 지역 통합이 벌어질 가능성을 열어 놓았다.

현실주의는 대표적인 지역 통합 사례인 유럽 통합을 소련이라는 공동의 적이 존재했던 매우 안정적이고, 경직적인 양극 체제 속에서 유럽 경제 공동체(European Economic Community: EEC) 회원국들이 NATO라는 지역 안보 공동체의 구성원이었기 때문에 가능했다고 설명한다.[25] 안정적인 양극 체제가 변동성이 높은 다극 체제보다 지역 통합에 유리하고,[26] 패권국의

24_이하 현실주의와 지역 통합 사이의 관계에 대한 논의는 다음을 축약하고 보완한 것이다. 최영종, "현실주의 지역통합 이론: 그 가능성과 한계," 『한국정치학회보』 35:2(2001), pp. 409-25.

25_James A. Caporaso, "Global Political Economy," Ada W. Finifter, ed., *Political Science: The State of the Discipline* (Washington D.C.: American Political Science Association, 1993), pp. 463-4.

패권이 하락할 때 지역 통합의 움직임이 두드러진다는 연구도 지역 통합에 대한 현실주의적 분석의 사례가 될 수 있다.[27] 그리고 최근에는 지역 통합이 단순한 경제 목적을 넘어 안보를 증진하기 위해서 추진되는 경우도 적지 않다.[28] 현실주의에서 지역 통합을 설명하는 또 다른 유용한 도구가 바로 '세력 균형'이란 개념이다. 현실주의자들은 공통적으로 균형을 국가의 보편적인 선호라고 보았으며, 국제 체제에서 상대적 힘의 배분에 변화가 일어날 때 국가들이 새로운 균형을 모색할 것으로 상정하고 있다. 대표적인 현실주의자인 왈츠(Waltz)는 "경제적 다극 체제의 등장으로 인해 아시아, 유럽, 미주 대륙에서 거대 국가들이 자기 나름대로의 지역적 기반을 구축하는 상황이 초래되고 있다"고 주장하였다.[29]

냉전기에 상당히 경직적이고, 장기간 지속된 양극 체제 속에서 공동의 적을 가진 유럽 국가들이 지역 통합에 나선 현상은 현실주의로 설명할 수 있지만, 냉전의 종식과 양극 체제의 붕괴 이후에 오히려 유럽 통합이 가속화된 현상은 용이하게 설명할 수 없다. 물론 1980년대 유럽과 비교해서 상대적으로 국력이 강화된 미국과 일본에 대한 세력 균형 목적에서 유럽 통합이 가속화된 측면이 있다. 그리고 제도적 통합의 심화와 관련해서는 통일을 성취하였고 가까운 장래에 패권국가로 등장할 독일이 성급하게 기존

26_Joanne Gowa, *Allies, Adversaries, and International Trade* (Princeton: Princeton University Press, 1994).

27_Mansfield & Milner (1999).

28_Maurice Schiff and Alan L. Winters, *Regional Integration and Development* (Washington, D. C.: The World Bank, 2003), pp. 192-6.

29_Kenneth N. Waltz, "The Emerging Structure of International Politics," Michael E. Brown, et al, eds., *The Preril of Anarchy: Contemporary Realism and International Security* (Cambridge, MA: The MIT Press, 1995), p. 59.

의 제도를 무시하고 일방주의적 전략을 추진하여 자신에 대한 두려움과 의구심을 증폭시킬 절박한 이유가 없었다는 것은 일리가 있는 설명이다. 독일은 일찍부터 유럽 통합이 스스로의 주권을 회복하고 국제 사회에 재차 편입하기 위한 유일한 길이라고 보았고, 그 후에도 직접적인 방식으로 자신의 힘을 행사하는 것보다는 제도를 통한 패권적 방식을 더 선호하였다.[30] 더구나 독일은 줄곧 유럽연합 내에서 중요한 정책을 주도하면서 다양한 이슈 영역에서 제도적 틀이나 의제 설정 권한을 행사하여 왔기 때문에 제도화 자체가 국익에 반하는 것은 아니었다.[31] 그리고 국가들이 어떤 공통의 이해관계를 보유하면서 이를 실현하기 위한 협력적 장치의 골격을 짜는 협상을 할 때 국력 면에서 뒤떨어지는 이등국가들은 자신에게 효율적인 발언권이 주어지도록 규칙을 만들고 힘센 국가들의 전횡을 방지하거나 완화하기 위해 서로 협력할 동기를 가질 수 있다.[32]

그렇지만 현실주의는 무정부적인 국제 체제 내에서 유럽연합과 같이 국가들이 주권을 포기하면서 통합에 나서는 현상을 설명하기는 힘들다. 실제로 국제 체제 내에서 세력 균형이나 영향력 증대를 위한 동맹은 통합과는 거리가 먼 개념이다. 이런 한계에도 불구하고 현실주의는 지역 제도화나 지역 통합을 둘러싼 국가 간의 치열한 경쟁과 갈등을 설명하는 데에는

30_Peter Katzenstein, "United Germany in an Integrating Europe," Peter Katzenstein, ed., *Tamed Power: Germany in Europe* (Ithaca: Cornell University Press, 1997), p. 47.

31_Walter Mattli, *The Logic of Regional Integration: Europe and Beyond* (Cambridge University Press, 1999), pp. 102-3.

32_Joseph M. Grieco, "Understanding the Problem of International Cooperation: the Limits of Neoliberal Institutionalism and the Future of Realist Theory," David A. Baldwin, ed., *Neorealism and Neoliberalism: the Contemporary Debate* (New York: Columbia University Press, 1993), p. 331.

유용성을 갖는다. 특히 요즘과 같이 경제적 상호 의존이 고도화되어 있고, 다양한 공식, 비공식 제도들이 조밀하게 퍼져 있으며, 국가 간 정책 외부 효과(policy externalities)도 높은 새로운 환경 하에서 상호 커다란 이득이 될 수 있는 규칙에 근거한 국제 제도를 만드는 과정에서도 국가들은 자신에게 가장 유리한 결과를 얻으려고 서로 치열하게 경쟁하고 있다. 이런 측면에서 현실주의는 지역 제도를 둘러싼 국가 간 갈등을 설명하는 데 유용한 수단이 될 수 있다.

2) 현실주의 지역 제도론

현실주의에서 국제 제도란 국력의 표현인 동시에 국력의 반영이다. 예를 들어 유엔 안전보장이사회는 2차 대전의 승자에게 상임이사국 지위와 거부권을 부여함으로써 그들의 특별한 지위를 인정하였고, IMF와 World Bank(세계은행)를 포함하는 브레튼우드 체제는 강대국 미국의 자유주의적인 대외 정책 목표와 이해관계를 인정하고 반영한 것이었다. 제도는 독자적으로 결과에 영향을 미치거나 국제 관계의 기본 성격을 변화시키는 힘을 갖지 못하는 것으로 상정된다. 현실주의자는 국제 제도나 레짐이 국가 주권에 대한 침해의 정도가 적고, 강대국의 특별한 지위를 인정하면서 이를 제도 속에 반영할 경우에만 제대로 작동할 수 있는 것으로 본다.[33] 따라서 GATT(General Agreement on Tariffs and Trade), IMF, World Bank 등 국제 경제 제도는 강대국들의 주권에 대한 침해의 정도가 낮은 동시에 그들

33_Stephan D. Krasner, *Structural Conflict: The Third World Against Global Liberalism* (Berkeley: University of California Press, 1985), p. 263.

의 힘에 비례한 의사 결정 권한을 부여한 결과 상당히 성공적으로 작동하였지만, 주권 침해 우려가 큰 안보 이슈를 다루거나 강대국에게 과도한 부담을 지우는 제도는 그다지 성공적이지 못했다고 현실주의는 나름대로 일관적으로 설명하고 있다.

(1) 제도적 균형

현실주의는 제도의 독자적인 역할 가능성에 대해서 비관적인 입장이다. 그렇지만 국제 제도가 세력 균형이나 견제 목적에서 활용될 가능성을 인정한다. 다자적 제도를 가지고 세력 균형을 시도하는 것을 일반적으로 제도적 균형(institutional balancing)이라고 부른다. 이것은 연성 균형의 한 방식으로서, 물리적인 힘을 통해 균형을 유지하는 경성 균형과 구별된다. 상호 의존이 높은 수준이거나 제도가 일정 정도 정착된 환경에서 일반적으로 행해진다. 제도적 균형은 특정 국가에 대항하는 공식·비공식 연합의 형성을 통하거나 아니면 제도 내에서 특정 국가에 대항하는 연합을 형성함으로써 이루어질 수가 있다. 전자는 배타적(exclusive) 균형 그리고 후자는 내포적(inclusive) 균형으로 구분하기도 한다.[34]

배타적 균형과 내포적 균형 사이의 선택 문제는 지금까지 제도적 균형 논의에서 빠진 부분이지만, 특정 국가를 배제할 실익의 크기나 특정 제도가 갖는 진입 장벽 수준에 따라 결정될 것으로 상정할 수 있다. 진입 장벽이 높지 않거나 배제의 실익이 크지 않을 경우는 개방적인 제도로서 내포

34_Kai He, *Institutional Balancing in the Asia Pacific: Economic Interdependence and China's Rise* (Routledge 2009), p. 10.

적인 균형이 벌어질 가능성이 크다. 회원 자격과 관련해서 배제의 실익이 크거나 진입 장벽이 높으면 배타적 균형이 선택될 가능성이 크다. 이 경우 특정 국가를 배제하거나 특정 제도에 대항하는 제도를 만드는 형태로 균형이 이루어질 수 있다. 그러나 제도적 균형은 목적이 경쟁자나 위협에 대한 견제나 균형이고, 제도적 구속을 통해 협력의 심화를 도모하는 것과는 개념적으로 차이가 있다. 물론 상대로부터 군사적 위협이 클 경우 전통적인 군사적 균형이 필요할 것이다. 그러나 군사적 위협이 현실적이지 않을 경우 제도적 균형이 보다 보편적일 것이다.

이런 제도적 균형책은 글로벌 차원보다는 특정 지역에 바탕을 둔 제한된 숫자의 국가들이 연합하는 지역 차원에서 취해질 가능성이 크다. 지역 제도는 글로벌 차원의 국제 제도와는 달리 지역 단위의 연합 형성을 가능케 함으로써 역외에 대한 영향력이나 협상력을 제고시킬 수 있는 유용한 수단이 된다. 이 경우 제도화 수준보다는 멤버십 문제가 더 중요한 이슈가 될 것이다. 역사적으로 볼 때 약소국가들이 대외적으로 자신의 집단적 영향력을 향상시키기 위하여 지역 통합을 시도했던 사례는 물론이고, 힘센 국가가 주변의 약소국가에 대해 자신의 영향력을 증대시키기 위해서 지역 통합을 시도한 사례도 많다.[35]

(2) 제도적 구속

국제 제도는 현실주의자들의 주장과 같이 비록 선언적인 의미밖에 갖

35_Albert O. Hirschman, *National Power and the Structure of Foreign Trade* (Berkeley: University of California Press, 1945/1980).

지 못한다 하더라도 평등성과 보편성을 기본 원칙으로 하고 있다. 따라서 힘에 근거한 차별 대우와 특혜적 취급을 당연시하는 권력 정치와는 차이가 있다. 국제 제도는 국력의 규모와 상관없이 그 구성원들의 행위를 규제하고 구속하는 힘을 어느 정도 가지며, 이러한 보편적 구속력은 시간이 흐름에 따라 증가한다.[36] 이런 점에서 제도가 갖는 의미가 크며, 국가는 다양한 목적에서 제도를 통해 상호 구속하려는 인센티브를 가진다. 합리적 제도주의 입장에서는 제도란 규칙의 총체로서 제도의 구속력을 높임으로써 협력 가능성이 커진다고 상정한다. 구성주의적 접근법에 따르면 제도는 공통의 규범과 가치가 체화된 것으로서, 제도적 규범의 정당성이나 제도적 규범과의 일체성을 제고시킴으로써 제도의 구속력 및 실효성이 높아질 것으로 상정하고 있다.

제도가 갖는 구속력은 협력의 강화나 문제 해결력 제고란 측면에서 중요하다. 국가는 협력의 이득과 주권 상실과 같은 비용을 합리적으로 고려해서 제도적 구속을 수용할지 여부나 제도화의 수준을 결정한다. 예를 들어 협력이 필요한 중요한 문제가 있거나 배신의 위협이 큰 경우 국가들은 구속력이 큰 제도를 선호할 것이다. 그리고 제도는 문제 해결로부터 발생할 이익이 제도적 구속으로 인해 초래될 주권 상실 비용보다 커야만 생겨날 수 있다. 국가들이 주권에 소중한 가치를 부여하거나 심각한 협력 문제가 존재하지 않을 경우 제도화는 이루어지지 않을 것이다.

제도가 실제로 어느 정도의 구속력을 갖는가 하는 것은 국가 간 협상의 결과이다. 일반적으로 강대국의 이해관계가 더 많이 반영되는 것이 현실이

36_Stephan D. Krasner, "The Demand for International Regimes," Stephen D. Krasner, ed., *International Regimes* (Ithaca: Cornell University Press, 1983), pp. 364-5.

지만, 약소국들은 연대를 통해 집단적 영향력을 강화할 수도 있고, 강대국은 정당성 확보나 매력 공세 차원에서 약소국들이 요구하는 제도적 구속을 수용할 수도 있다. 이런 의미에서 제도의 구속력은 협상의 대상이며, 결과적으로 비대칭적일 수 있다. 협력의 이득이 큰 경우 자율성 상실이란 비용에도 불구하고 보편적 구속이 수용될 수 있지만, 국가들은 자신에게는 덜 구속적이고 상대방에게는 더 구속적인 제도를 만들려는 인센티브를 가진다. 일반적으로는 강대국이나 약소국들이 서로 수용할 수 있는 범위 내에서 제도화의 수준이 결정될 것이다.

그래도 현실에서 이행 문제는 여전히 남는다. 약소국들은 자신의 국력 열세를 제도적 구속력으로 보완하기 위해서 제도화에 더 적극적이고 제도화의 수준도 높은 것을 선호할 것이다. 이 경우 제도의 구속력은 약소국의 집단적 영향력이나 규범 자체의 정당성에서 도출될 수 있다. 그렇지만 제한된 국력으로 인해 특히 강대국에 대해서 이행 문제가 생겨날 수 있다. 반면에 강대국일수록 구속력이 강한 제도는 회피할 것으로 보인다. 이들은 제도적 구속보다는 일방적 압력이나 정치적 흥정을 통한 문제 해결을 선호할 것이다. 그렇지만 강대국이 선호하는 제도는 구속력이 떨어지더라도 힘에 의해 이행이 뒷받침되기 때문에 실효성이 높아질 수 있다. 요컨대 국력과 지역 제도에 대한 선호 사이에는 긴밀한 상관관계가 있다.

(3) 지역 제도에 대한 선호

제도는 국력을 보완해 주는 기능을 할 수 있으며, 제도는 균형 목적과 구속 목적으로 활용될 수 있다. 국력 면에서의 상대적 위상과 국력 배분의 변화는 제도화의 목적이나 수준에 영향을 미칠 것으로 볼 수 있다. 먼저 국력의 상대적 위상 측면에서 살펴본다면 국가는 지역 패권국, 지역 강대국, 중견국, 약소국으로 분류할 수 있다. 패권은 국력의 압도적인 우위에서 나오며, 일반적으로는 경제적 패권과 군사적 패권으로 나누어 볼 수 있다. 예를 들어 동아시아의 경우는 경제적으로는 일본이 패권적 지위를 누렸지만 군사적으로는 미국이 실질적 패권국가였다. 최근 일본의 경제적 패권은 중국의 도전으로 위협을 받고 있으며, 중국은 강대국의 위상을 공고하게 하면서 지역 패권국이 되기 위해 노력하고 있다. 미국의 군사적 패권이 세계의 모든 지역에 퍼져 있는 현실을 감안하면, 거의 모든 지역에서는 지역 패권을 노리는 지역 강대국은 있지만 명실상부한 지역 패권국은 없다고 볼 수 있다. 그리고 지역 패권국의 경우는 글로벌 차원의 권력 정치에 더 관심이 있을 것이기 때문에 지역 제도에 대한 관심이 상대적으로 적을 것이다.

반면에 지역 강대국의 경우는 지역 패권국이 되기 위해서 지역 제도를 활용한 유인이 크다. 지역 제도는 협력의 증진이란 보편적인 목적에 기여하는 동시에, 지역 규범에의 동화란 측면에서 정당성의 원천이 될 수 있다. 동아시아와 같이 중국과 일본이라는 복수의 지역 강대국을 가질 경우 지역 제도는 치열한 경쟁의 무대가 될 수밖에 없다. 역사적으로 역내에서 중국과 일본이 동시에 우열을 가릴 수 없을 정도로 강대국이었던 시기는 거의 없었다. 따라서 동아시아 지역주의를 제대로 이해하기 위해서는 지역 강대국들의 지역 제도를 둘러싼 갈등과 경쟁에 대해 엄밀하게 분석할 필요가 있다.

역내에서 강대국과 약소국은 제도의 구속력과 균형이란 측면에서 상이한 인센티브에 직면한다. 제도의 구속력은 구성원 모두에게 보편적인 이득을 가져다 줄 것이지만, 국력의 자의적인 행사에 제약을 가한다는 점에서 강대국보다는 약소국에게 더 유리할 것이다. 약소국들은 제도화 과정에서 자신에게 효율적인 발언권이 주어지도록 규칙을 만들고, 동시에 강대국의 전횡을 방지하거나 통제하기 위해 서로 협력할 인센티브가 있다.[37] 따라서 약소국들은 제도화에 더욱 적극적이 될 뿐만 아니라 강대국의 자의적, 일방적 힘의 행사를 제약하기 위해 고도의 제도화를 선호할 것이다. 제도화의 수준은 규칙의 구속력이나 명확성이 높고 또 분쟁 해결을 담당할 제3자의 권한이 클수록 높다고 볼 수 있다.[38] 반면에 강대국은 자신에 대해 구속력이 큰 제도화를 회피하고자 할 것이다. 따라서 강대국은 강제력이 약하고 선언적 의미를 지닌 연성(soft) 법제화를 자신의 자의성을 제약할 우려가 큰 경성(hard) 법제화보다 더 선호할 것이다.[39]

약소국들은 제도가 강대국에 의한 통제·지배 수단이 될 수 있다는 우려를 가질 수 있다. 이런 피해 의식으로 인해 약소국들은 연합을 통해 자신에게 유리한 제도를 만들려고 할 것이다. 자신들에 대한 주권 침해는 적으면서 강대국이 많이 양보하는 형태의 제도를 선호한다. 따라서 자신의 국력의 취약성을 해소시키기 위해 만장일치 원칙이나 주권 존중 원칙 등과 같은 제도적 장치를 마련하려 할 것이다. 이런 집단적 행태는 ASEAN 국가

37_이것이 바로 그리코의 '발언권 확대'(voice opportunities)를 위한 '구속 명제'(binding thesis)이다. 그는 유럽통화연맹(EMU: European Monetary Union)의 설립과 관련하여 약소국가는 국제 제도 안에서 자신의 역할을 강화하면서 동시에 거대 국가들과 밀착된 시장에 편입됨으로써 발생하는 비용을 절감하고 적절히 관리하기 위해 정치적 영향력을 증대시키려 적극적으로 추진하였다고 주장한다. Joseph M Grieco, "The Maastricht Treaty, Economic and Monetary Union, and the Neo-realist Research Programme," *Review of International Studies* 21:1(1995), p. 24.

38_이것을 법제화(legalization)라고 부르기도 한다. Judith Goldstein, Miles Kahler, Robert O. Keohane & Anne-Marie Slaughter, "Legalization and World Politics: An Introduction," *International Organization* 54:3(2000), p. 387.

39_Kenneth W. Abbott & Duncan Snidal, "Hard and Soft Law in International Governance," *International Organization* 54:3(2000), p. 450.

들 사이에서 많이 보였다. 약소국들은 집단적인 영향력을 증대시키려는 인센티브를 가지지만 상대적 힘의 변화에는 그다지 민감하지는 않을 것이다. 반면에 국력 수준이 높을수록 국가들은 상대적 힘의 배분 상태에 더 민감할 것이다. 이런 측면에서 두 강대국이 주도권 경쟁을 하는 동아시아는 흥미 있는 연구 대상이다

국력의 배분 상태는 균형 목적의 지역 제도와 밀접한 관련을 가진다. 중·일 양국은 최소한도 지역 패권을 상대에게 양도하지 않기 위해 오랫동안 노력했으며, 이 과정에서 지역 제도는 상대방에 대해 중요한 견제와 균형 수단이었다. 양국은 제도의 설립을 둘러싸고 지역 국가들의 마음을 얻기 위한 매력 경쟁을 벌이기도 했으며, 제도 내에서 세력권 확보를 위한 다툼도 벌였다. 양국 사이의 세력 배분의 불안정은 관성을 갖는 제도를 통한 장기적인 지역 구도 형성을 주저하게 만들었다.[40] 중국의 부상과 일본의 쇠락으로 인해 중국은 기존에 가장 큰 영향력을 행사하고 있던 미국과의 경쟁이 그리고 일본에게 있어서는 자신의 역내 위상에 심각한 도전을 야기하고 있는 중국에 대한 불안과 견제 심리가 중요한 요인으로 작용하였다. 세력 전이 이론에 따르면 중국에 추격당하는 일본의 불안이 더 크다는 것을 알 수 있다. 지역 제도화는 상대적으로 약하거나 쇠락하는 강대국이 전형적으로 추구하는 거대 전략의 산물일 수 있다.[41] 이런 관점에서 볼 때 쇠락

40_Joseph M. Grieco, "Systemic Sources of Variation in Regional Institutionalization in West Europe, East Asia, and the Americas," Edward D. Mansfield & Helen V. Milner, eds., *The Political Economy of Regionalism* (New York: Columbia University Press, 1997).

41_Thomas Pedersen, "Cooperative Hegemony: Power, Ideas, and Institutions in Regional Integration," *Review of International Studies* 28:4(2002), p. 678.

하는 일본이 지역 제도화에 더 적극적일 것이다.

지역 강대국은 글로벌 차원의 위상 강화나 역내 패권적 지위 확보를 위해서 지역 제도를 활용할 인센티브를 가진다. 이 경우 자신의 우월한 능력을 바탕으로 시장 개방 등 공공재를 공급함으로써 역내 국가들의 자발적 지지를 이끌어 낼 수 있어야 성공 가능성이 크다. 그렇지만 지역 강대국들은 지금까지 지역 이익보다는 국익을 우선시하였고, 지역 협력을 자신의 글로벌 영향력 강화 도구로서 접근하였기 때문에 실질적 지역 통합에는 별로 기여하지 못하였다. 글로벌 차원의 주도권 다툼이 강대국 사이의 권력정치 영역에 속한다면, 상대적으로 국력이 떨어지는 국가들이 지역주의에 보다 많은 관심을 가졌다. 특히 강대국의 반열에 오를 수는 없지만 국력이나 외교력 면에서 약소국보다 상대적으로 우월하고 적극적인 외교 정책을 수행할 의지가 강한 중견국가(middle power)들은 지역 차원에서 자신의 외교적 틈새를 찾는 경향이 강했다.[42]

중견국가의 정의와 관련해서 단일한 기준을 제시하기란 용이하지 않다. 현실주의적 관점에서는 국가가 가지는 물질적인 능력(인구, 영토, 군사력, 경제력 등)을 가지고 일정의 중간 구간에 속하는 나라를 지칭하기도 하고, 자유주의적 전통에서는 특정 국가의 기능이나 행태에 초점을 맞춰 강대국과 약소국 중간에서 선량한 국제 시민 의식에 바탕을 두고 분쟁의 다자주의적, 평화적 해결을 선호하는 국가군으로 정의하기도 한다.[43] 그럼에도 불

42_최영종, "지역제도와 중견국가," 『국제관계연구』 14:2(2009).

43_김치욱, "국제정치의 분석단위로서 중견국가: 그 개념화와 시사점," 『국제정치논총』 49:1 (2009), pp. 17-21; Cooper, Andrew F., Richard A. Higgott, and Kim Richard Nossal, *Relocating Middle Powers: Australia and Canada in a Changing World Order* (Vancouver: UBC Press, 1993), p. 19.

구하고 중견국가의 경계는 자의적일 수밖에 없다. 따라서 실제 연구에서는 엄격한 기준을 적용하기보다는 분쟁의 평화적 해결이나 갈등 조정과 같은 국제적이고 다자주의적인 틈새 외교에 적극적으로 나서는 일정한 정도의 물질적 역량을 갖춘 나라들로서 유연하게 정의할 필요가 있다. 또한 물질적인 역량뿐만 아니라 자신이 중견국가라는 의식을 보유하고 있는지 여부도 고려해야 할 것이다.

지역 강대국/패권국에 대한 지역 이등국가 혹은 중견국가의 전략으로는 수용(accommodative), 저항(resistance), 중립(neutral) 전략이 있을 수 있다.[44] 수용에는 편승(band wagoning), 연대(binding), 유대 형성(bonding) 전략이 포함되고, 저항에는 경성·연성 균형을 포함해서 다양한 형태의 도전/무시 전략이 있을 수 있다. 중립 전략은 어느 국가와 연대하지 않고 독자적인 외교 정책을 추진하는 것을 일반적으로 의미하지만, 복수의 강대국이 존재할 경우에 헤징(hedging)이나 양다리 걸치기(fence-sitting)로 나타날 가능성이 크다.[45]

일반적으로 중견국가는 지역 통합에 적극적이다. 특히 지역 이등국가

44_본 연구에서는 지역 차원의 분석에 초점을 맞추면서 편의상 지역 이등국가를 중견국가의 범주에 포함시킬 것이다. 엄밀한 의미에서 이등국가는 강대국의 하위 개념으로서 국제 체제를 소란스럽게 할 수는 있지만 혼자서 변화시킬 수 없는 국가를 지칭한다. 이 경우 중견국가는 이등국가의 하위 범주에 속하면서 약소국과 연대를 통해서 체제에 영향을 미칠 수 있는 부류의 국가이다. 마레스는 상기와 같이 국력에 따라 국가를 강대국, 이등국, 중견국, 약소국으로 분류하고 있다. David R. Mares, "Middle powers under hegemony: To challenge or acquiesce in hegemonic enforcement," *International Studies Quarterly* 32:4(1988), p. 456.

45_지역 강대국이나 패권국에 대한 중견국가나 약소국가의 전략에 대해서는 Steven E. Lobella, Neal G. Jesse & Kristen P. Williams, "Why do secondary states choose to support, follow or challenge?" *International Politics* 52:2(2015), pp. 146-62.

의 위상을 갖고 있는 중견국가들은 지역 통합이 가져올 경제적 이득은 물론이고 지역 제도가 가져올 대외적 위상 강화를 목적으로 지역주의에 적극적일 것이다. 이들이 역내 강대국의 자의적인 힘의 행사를 제어하기 위한 균형 수단으로서 지역 통합을 추진하는 경향이 최근 두드러지고 있다.[46] 대개의 경우 지역 이등국가는 지역 강대국과 역사적으로 라이벌 관계에 있는 경우가 많으며, 이 경우 지역 강대국의 리더십 주장을 쉽사리 수용하기 어렵다.[47] 일반적으로 강대국은 자율성 상실에 대한 염려가 크고, 약소국은 제도가 강대국의 지배 수단에 불과하다는 피해 의식을 가진다. 반면에 중견국가는 자신의 제한된 국력 조건으로 인해 제도적 구속이 수반하는 기회비용이 상대적으로 적다. 중견국가는 약소국과의 연합 형성을 통해 강대국에 대한 협상력을 증대시킬 수 있는 동시에 약소국이 지역 제도에 대해서 갖는 피해 의식을 무마시켜 줄 수도 있다.

이런 목적의 지역 통합이 성공하기 위해서는 역내 강대국의 오만, 일방주의, 안보 위협 등이 실재할 필요가 있다. 이 경우 약소국을 지지 세력으로 묶는 연합을 형성해서 강대국이 수용할 수 있는 정도만큼 구속력 있는 지역 통합 방안을 제시할 수 있을 때 제도화의 가능성이 커질 것이다. 이런 지역 제도화 전략은 강대국에 대한 균형 측면도 갖지만, 지역 강대국과 제도를 통해 유대감을 형성하고 강대국에 영향을 미친다는 측면에서 수용 전략에 근접한 측면이 있다. 물론 자유주의/제도주의적 입장에서는 상호 의존이 높은 국가 간에는 국력과 상관없이 자연스러운 현상이 될 것이다.[48]

46_Grieco(1993), pp. 331-2.

47_Daniel Flemes and Leslie Wehner, "Drivers of Strategic Contestation: The Case of South America," *International Politics* 52:2(2015), p. 166.

그리고 지역 강대국이 주변 나라들에게 유화적인 정책을 취하거나, 주변 나라들이 강대국에 대해 지나치게 구속력이 강한 제도를 추진할 경우 성공 가능성이 떨어질 것이다. 아르헨티나와 브라질 사이의 갈등 관계와 같이 지나친 세력 다툼은 지역 제도의 발전에 부정적인 영향을 미칠 수 있다.[49]

3) 분석 틀

현실주의 지역 제도론은 국가들이 국익 증진을 위해 지역 제도를 전략적으로 활용한다고 상정하면서 국가들의 지역주의 전략과 추진 목적, 그리고 선호하는 제도화 수준 등이 개별 국가의 역내 상대적 국력에 따라 결정된다고 본다. 지금까지의 주장을 요약하면 다음과 같다.

(1) 강대국

먼저 역내 강대국은 지역 통합 자체가 목적이 아니라 역내 패권 확보나 글로벌 영향력 확대를 위한 수단으로서 지역주의를 추진할 것이다. 제도화 전략은 보편적 구속보다는 대외적 영향력 확대(①)가 주된 목적이고, 역내 정당성 제고나 자신에 대한 제도적 구속 움직임을 약화시키기 위해 매력 공세 차원에서 제도화를 추진하려고 할 것이다(②). 그리고 경쟁 관계에 있는 강대국이 존재할 경우 지역 제도는 상호 견제 및 세력 균형의 목적에서

48_Lobella et al(2015), pp. 152-3.

49_Nicola Phillips, "Regionalist Governance in the New Political Economy of Development: 'Relaunching' the Mercosur," *The Third World Quarterly* 22:4(2001).

추진될 수 있다(③). 제도화 추진 목적과 상관없이 강대국들은 자신의 자의적인 힘의 행사를 제약할 우려가 있는 제도화를 회피할 것이기 때문에 선호하는 제도화의 수준은 낮을 것으로 예상된다(①②③). 지역 강대국의 경우 우월한 국력을 바탕으로 제도적 규범을 강제할 능력이 있기 때문에 이행 문제는 상대적으로 적을 것으로 예상된다. 지역 강대국이 스스로 지역제도의 보편적 구속을 수용할 가능성은 매우 낮다(④).

(2) 중견국

중견국가의 경우는 지역 강대국 혹은 패권국에 대한 견제 목적에서 지역주의를 추진할 것이며, 지역 통합에 대한 선호가 가장 강할 것으로 예상된다. 제도화 전략을 살펴보면 지역 강대국을 구속하기 위한 높은 수준의 제도화를 적극적으로 추진할 것이다(⑤). 강대국에 대한 견제 의도에서 강대국에 대해 비대칭적으로 구속력이 강한 제도를 선호할 것이지만 강대국의 반발을 살 우려가 크다. 따라서 일반적으로는 자신을 포함해서 모든 국가가 제도의 보편적인 구속력을 수용하기를 원할 것이다(⑥). 문제는 과연 지역 강대국이 자신의 자의적인 힘의 행사를 제약할 제도화를 수용할 것인지 여부이다(⑤). 보편적 구속을 목적으로 할 경우에는 참가국 모두가 수용할 수 있는 수준의 제도화가 이루어질 가능성이 크다(⑥). 지역 강대국으로부터의 위협이 고조될수록 보편적 구속을 목적으로 하는 제도화에 대한 필요성이 커질 것이다. 성공적인 제도화를 위해서는 약소국의 지지를 확보하고 강대국의 동의를 얻어내는 실효성 있는 중견국 외교가 필요할 것이다.

표 1 | 상대적 국력과 지역 제도에 대한 선호의 상관관계

역내 위상	지역주의 전략	제도화 목적	선호하는 제도화 수준
지역 강대국	역내 패권 확보나 글로벌 영향력 확대를 위한 지역주의	① 글로벌 영향력 확대 / 역내 주도권 확립	① 낮음
		② 역내 정당화	② 약소국이 수용할 수준 제도화
		③ 강대국 간 견제/균형	③ 낮음
		④ 보편적 구속	④ 높음
이등국가/중견국가	지역 강대국 견제를 위한 지역주의	⑤ 지역 강대국 견제/균형	⑤ 비대칭적 제도화
		⑥ 보편적 구속	⑥ 높음
약소국	집단적 영향력 제고를 위한 지역주의	⑦ 일반적으로는 역내 권력 정치의 방관자	⑦ 제도적 구속 회피
		⑧ 약소국 연합 형성을 통한 영향력 확대	⑧ 낮음
		⑨ 중견국과의 협력을 통한 보편적 구속	⑨ 높음

(3) 약소국

약소국들은 자신들의 집단적 영향력 제고를 위한 목적에서 지역주의를 추진할 것으로 예상된다. 개별 약소국들은 독자적으로 힘을 발휘하기 어렵기 때문에 역내 권력 정치의 방관자로 머무를 가능성이 크며, 제도화 과정에 중요한 영향을 미치기보다는 현실에 대한 신축적인 적응이 최선의 전략이 될 것이다(⑦). 이 경우 제도는 강대국에 의한 지배·통제 수단이 될 수 있기 때문에 구속력 있는 제도화를 회피하고자 할 것이다. 그렇지만 약소국들은 연합을 통해 자신의 집단적 영향력을 확대시킬 유인을 가질 것이다(⑧). 이런 목적에서 추진되는 지역주의는 자신의 주권을 침해할 우려가 큰 구속력이 높은 제도화를 선호하지 않을 것이다. 강대국의 일방주의적 힘의 행사에 대한 통제 필요성이 클 경우 중견국가와 협력을 통해 보편적 구속을 목적으로 하는 제도화를 추진할 수도 있다(⑨). 이 경우 높은 제도화 수준을 선호할 것이지만 성공의 관건은 강대국의 수용 여부가 될 것이다.

(4) 강대국 간의 경쟁과 중견국 외교

제도는 권력 정치의 수단이 될 수 있다. 강대국들은 특히 힘의 상대적 배분에 민감하게 반응할 것으로 예상된다. 특히 힘의 배분이 불안정할 경우 장기간 이익 배분의 구도를 결정할 제도화를 성취하기는 어려울 것이다. 중-일이란 두 지역 강대국이 경쟁하는 동아시아와 같이 복수의 지역 강대국이 존재할 경우 제도는 상호 경쟁의 장이 될 것이다. 이 경우 구성원 여하에 따라 자신의 영향력이 결정될 것이기 때문에 회원 자격을 둘러싼 갈등이 생겨날 수 있다. 따라서 멤버십을 달리하는 제도가 많이 생겨나기도 하고, 동일한 제도 속에서의 영향력 경쟁도 치열하게 벌어질 것이다.

복수의 지역 강대국이 서로 경쟁할 경우, 상대적 힘이 열세인 쪽이 제도화에 더 큰 관심을 가질 것이다. 강한 상대의 자의적인 힘의 행사를 견제할 목적의 제도화가 추진될 것이다. 상대적 힘의 균형 상태에서는 협력과 경쟁이 동시에 벌어질 것이다. 상대적 힘의 우위를 누리는 쪽에서는 자의적인 힘의 행사를 더 선호할 것이기 때문에 제도화에 대해서는 상대적으로 더 소극적이 될 것이다. 지역 강대국 사이의 경쟁이 벌어지는 경우 주도권 다툼이 목적이기 때문에 제도화의 수준은 전반적으로 낮을 것이다. 지역 강대국/패권국들은 자의적인 힘의 행사를 선호하기 때문에 제도화에는 소극적일 것이지만 제도를 통한 패권적 지배에는 커다란 관심이 있을 것이다. 그리고 자신의 패권적 위상이 약화될 경우 제도화에 더 큰 관심을 갖게 될 것이다. 제도는 도전자의 도전을 사전에 차단하거나 패권 이후를 대비하기 위한 목적에서 필요할 것이다.

보편적 구속을 목적으로 하는 제도화는 중견국가의 창의적인 외교를 통해 약소국과 협력을 이끌어 내고 이에 지역 강대국이 동의할 경우 의미 있는 진전이 생겨날 수 있다. 이 경우 강대국이 초래하는 위협이 클수록 중견국가 적극적인 지역 협력 외교에 나설 인센티브가 강해질 것이다. 지역 패권국의 힘이 너무 커지면 균형보다는 편승이 일반적인 행태가 될 것이며, 제도보다는 권력 정치가 더 기승을 부리게 될 것이다. 이 경우 중견국가가 역할을 할 여지가 줄어들 것이다. 따라서 지역 패권국과의 힘의 격차가 과도하게 커지기 전에 제도화를 추진할 필요가 있다. 중견국 외교가 성공하기 위해서는 강대국과 약소국의 지지를 이끌어 내서 보편적인 구속을 수용하도록 만들 수 있는 외교가 필요할 것이다.

4. 이 책의 구성

본 연구는 상기의 분석 틀에 맞추어 동아시아의 지역주의에 대한 국가들의 선호, 중-일 간의 지역 제도를 둘러싼 경쟁, 그리고 중견국가의 외교적 역할 등에 대해서 차례로 살펴볼 것이다.

제2장은 국력과 지역 제도에 대한 선호 사이의 관계가 주제이다. 역내 국가를 강대국, 중견국, 약소국으로 나누고, 구체적으로 지역 제도에 대해서 어떤 전략을 갖고 어떻게 활용했는지 살펴볼 것이다. 이 분석을 통해 지역 국가들의 지역주의 정책에 있어서 국력을 보완하거나 상호 견제와 균형을 위한 전략적 목적이 얼마나 중요한 역할을 했는지 검토할 것이다.

제3장은 중-일 양국 사이의 국력 면에서 상대적 위상의 변화가 양국 관

계 및 양국의 지역 제도에 대한 전략에 미친 영향을 살펴볼 것이다. 양국 간의 상대적 국력은 일본 우위에서 격차가 점차 줄어들어, 이제는 중국 우위로 바뀌어 가고 있다. 이에 따라 일본의 군국주의화에 대한 우려는 급부상하는 중국에 대한 우려로 전환되었고, 지역 제도를 둘러싼 양국의 전략에도 변화를 가져왔을 것이다. 그리고 금융 통화 및 경제 통합 분야에서의 지역 협력에 대한 사례 분석을 통해서 제1장에서 제시된 분석 틀이 갖는 유용성을 검토해 볼 것이다.

제4장에서는 최근 중요성이 고조되고 있는 동북아 지역주의를 둘러싼 중-일 경쟁과 한국의 전략에 대해 살펴볼 것이다. 지역 제도에 대한 전략적 접근이 동북아 지역주의가 침체되고 있는 중요한 요인임을 보여 줌으로써 한국, 중국, 일본 3국이 경제적 상호 의존에도 불구하고 정치, 안보적 대립을 지속하는 현상을 설명하고자 한다. 이와 아울러 동북아 지역주의의 성공 가능성에 대해서도 살펴볼 것이다.

제5장에서는 중국과 일본 사이의 지역 주도권 경쟁이 벌어지고 있는 현실에 대해서 분석하고, 양국 간의 갈등과 대립을 중재할 수 있는 중견국 외교의 성공 가능성에 대해서 살펴볼 것이다. 중국의 부상과 공세적 외교 정책의 추진, 중-일 지역 주도권 경쟁의 심화, 그리고 글로벌 패권국 미국과 중국 사이의 대결 구도 형성이라는 현실 속에서 중견국가들이 외교적 노력을 통해 역내 주요 국가들이 지역 제도란 황금 구속복을 수용하도록 만들 수 있는 방안에 대해서 검토할 것이다.

제6장은 결론으로서 본 연구에 대한 간단한 요약과 함축하는 의미를 제시할 것이다. 그리고 중견국가 한국이 동아시아에서 만연하고 있는 전략적 지역주의를 지역 제도의 보편적 구속력에 대한 수용으로 변화시키기 위해서 필요한 외교 전략도 아울러 제시할 것이다.

2장

동아시아의 전략적 지역주의

제1장에서 제시된 현실주의 지역 제도론은 국가들이 국익 증진을 위해 지역 제도를 전략적으로 활용한다고 상정하면서 국가들의 지역주의 전략과 추진 목적, 그리고 선호하는 제도화 수준 등이 개별 국가의 역내 상대적 국력에 따라 결정된다고 본다. 제2장에서는 제1장 〈표 1〉의 분석 틀에 의거해서 동아시아의 주요 국가들의 지역주의 전략과 선호하는 제도화 수준에 대해서 검토해 볼 것이다. 지역 국가들이 전략적 목적에서 제도적 균형을 선호할 경우 수준 높은 제도화가 이루어지지 않을 가능성이 클 것이다. 이번 장은 동아시아 지역주의의 현 단계에 대한 설명으로서 의미가 있을 것이다.

1. 약소국 사례: ASEAN

1) 집단적 행위자로서의 ASEAN

ASEAN은 인도네시아, 말레이시아, 필리핀, 태국, 싱가포르가 1967년 8월 '방콕 선언'을 통해 안보 협력을 위한 새로운 지역 협력체를 지향하면서 출범하였다. 당시 인도차이나 지역에는 공산화 위협이 고조되고 있었으며, 지속적인 역내 국가들 사이의 영토와 민족 문제를 둘러싼 마찰과 분쟁이 끊이지 않았다. 이에 대한 대응책으로서 지역 협력을 고조시키기 위해서 설립되었다. ASEAN은 대외적으로 정치적 중립과 경제 협력을 표방하였으나, 실질적으로는 베트남, 라오스, 캄보디아 등 동남아 지역에서 공산주의 세력의 확산에 따른 안보적 위협에 공동으로 대응하기 위한 안보 협력체의 성격이 강했다.

아세안이 지니는 본질적 성격은 1971년 11월 쿠알라룸푸르 외무장관 회담에서 채택된 '동남아 평화자유중립지대'(Zone of Peace, Freedom and Neutrality: ZOPFAN) 선언에 잘 나타난다. 아세안은 미군 철수에 따른 베트남이나 중국, 소련의 안보적 위협으로부터 벗어나기 위한 현실적 대안으로 동남아 지역에 대한 외부적 간섭의 배제와 역내 문제의 평화적 해결을 대외적으로 호소하고 중립화 방안을 제안한 것이었다. 그리고 1975년 베트남이 통일되고 인도차이나 반도의 공산화가 현실화되자, 아세안은 1976년 인도네시아 발리에서 개최된 정상회담에서 이른바 '발리 선언'으로 알려진 '아세안 화합 선언'(Declaration of ASEAN Concord)과 '동남아 우호협력조약'(Treaty of Amity and Cooperation in Southeast Asia: TAC)을 채택하였다. 요지는 역내 회원국들 사이의 정치, 경제, 사회, 문화적 교류뿐만 아니라 역내 평화와 안정을 위해 지역 협력을 강화해야 한다는 것이었다. 아세안은 대외적으로는 공산화 위기와 안보적 위협에 대응하기 위한 일련의 전략적 대응이었던 동시에 대내적으로는 회원국 상호 간의 독립과 주권 그리고 영토적 권리를 존중하고, 서로 간의 내정 간섭과 무력 사용을 배제하며, 조약 체결국 간의 긴밀한 이해관계를 증진시키기 위해 결속의 강화를 꾀하였다.

ASEAN은 국가 단위에서는 민족 자결과 주권 존중을 그리고 지역 단위에서는 단결(unity)과 탄력성(resilience)을 강조하는 '민족주의와 지역주의의 결합체'를 표방하였다. 그러나 구성원이 다양하고, 내적 갈등과 경쟁, 제한된 물질적 능력, 지역 기구로서의 취약한 규범과 규칙 등과 같이 태생적인 한계가 있었다. 그럼에도 불구하고 강한 생명력을 보였으며, 능숙한 외교를 통해 역내 주요 행위자로 부상하였다.[1] 초기에 미국으로부터의 원조가 있었지만 집단적 행위자로서의 위상이나 영향력은 크지 않았다. 경제 발전 수준이 낮았고, 군사적 영향력도 크지 않았다. 민족주의적이었고 보호주의 성향이 강했으며, 수입 대체 산업화 추진으로 인해 무역 자유화는 어려웠고 경제 통합도 요원하였다. 1977년에 시작된 'ASEAN 특혜무역협정' 논의는 이후 10년 동안 진전이 거의 없었을 정도였다. 안보 면에서의 역할도 중립화나 평화지대화의 추구와 같이 소극적인 차원에 머물렀다. 지역 강대국 일본에 대해서도 경제적 지배 가능성에 대한 우려 때문에 소극적으로 관여하는 정도였으며, 일본 상품 불매 운동 정도가 두드러진 반응이었다.

1_설립 초기에 아세안이 이 정도의 생명력을 보일 것으로 예상한 전문가는 거의 없을 정도였다. Alice D. Ba, *[Re] Negotiating East and Southeast Asia* (Stanford, CA: Stanford University Press, 2009), p. 22.

일본에 대한 ASEAN의 집단적 행동이 최초로 가시화된 것은 1973년 무렵에 일어난 '인조고무 사태'였다. 당시 천연고무는 ASEAN의 수출에 있어서 큰 비중을 차지하고 있었으나 세계 시장에서 천연고무의 가격이 인조고무의 등장으로 인해 1961년과 1971년 사이에 반 정도로 급격히 떨어졌다. ASEAN 국가들은 최대 인조고무 수출국이었던 일본에게 생산과 수출의 자제를 요구하는 집단적 압력을 가하게 되었다. 그 결과 인조고무 문제를 토의하기 위한 '일본-ASEAN 천연고무 포럼'이라는 정부 간 기구가 설치되었고, 해당 ASEAN국가들은 일본으로부터 만족할 만한 수준의 양보를 얻어 낼 수 있었다.[2] 이런 성공으로부터 ASEAN 국가들은 자신이 갖는 집단적 영향력에 스스로 놀랐고, 일본도 ASEAN의 집단적 압력에 상당한 충격을 받았다.[3]

이 사건을 계기로 ASEAN은 경제적 압력 단체로서 자신의 역할에 대한 잠재력을 확인하였고, 점차 내부 통합과 대외적 영향력 행사에 적극적으로 나섰다. 처음에는 주요 선진국을 대화 상대국으로 선정해서 ASEAN 외무장관 회의 이후에 개별적으로 외무장관 회의를 갖는 형식으로 이루어졌다. 최초의 대화 파트너는 천연고무 사태를 다루기 위한 일본(1973년)이었다. 이후 호주(1974년), 뉴질랜드(1975년), 캐나다와 미국(1977년), EU (1978년)가 차례로 대화 상대국이 되었다. 이들은 모두 선진국이었고, 선진국으로의 시장 접근과 선진국으로부터의 투자 및 개발 원조 제공 등 경제적 이슈를 주로 다뤘다.[4] 1978년에는 확대 각료회의(Post-Ministerial Con-

2_*The Strait Times* (Feb. 6, 1973).

3_*Far Eastern Economic Review* (May 20, 1974).

4_Rodolf Severino, *The ASEAN Regional Forum* (Singapore: Institute of Southeast Asian

ference: PMC)를 공식적으로 출범시켰다. 이것이 장래 자신들의 집단적 영향력을 극대화할 수 있는 'ASEAN+1' 형태의 대화 형식의 출발점이었다. 그렇지만 구속력 있는 합의를 도출하는 제도와는 거리가 멀었다.

ASEAN의 단일한 정치체로의 도약은 냉전이 끝난 1992년부터 시작되었다. 출범된 지 25년 동안 불과 네 번째로 열린 정상회담에서 ASEAN 정상들은 '싱가포르 선언'을 발표하고, 역내 평화와 번영을 위해 회원국들 사이의 정치·경제적 협력을 강화할 것을 천명하였다. 특히 선진국들의 경제블록에 대응하여 지역경제의 발전과 협력을 위해서 AFTA(ASEAN Free Trade Area: 아세안 자유무역지대)를 추진하기로 합의하였다.[5] 이를 구체화하기 위해서 '공동 유효 특혜 관세' 제도에 합의했지만 구체성이 결여되어 있었다. 당시 합의문이 8쪽에 불과했는데, 이는 NAFTA(북미 자유무역협정) 협정문의 2,000쪽과 크게 대조적이었다. 비록 선언적인 의미 정도만 가졌지만 이것은 ASEAN이 아시아 경제 통합의 주역으로 부상하는 중요한 계기가 되었다. 이 회의를 통해서 정상회담이 정례화되었고, 독립적인 사무국도 설치되어서 제도화에 큰 진전을 보았다. 더욱 중요한 것은 ASEAN 정상들이 PMC를 통해서 대화 상대국들과 정치 및 안보 이슈에 관해 대화를 가질 것을 제안하였다는 점이다. 이를 계기로 ASEAN의 안보적 역할이 강화되었다. 같은 연장선상에서 1993년 아세안 각료회의(ASEAN Ministerial Meeting: AMM)에서는 다자간 안보 대화를 주축으로 하는 아세안 지역안보포럼(ARF)의 운영에 합의하였으며, 제1차 회의가 1994년 방콕에서 개최됨으로써 ARF가 공식적으로 출범하였다. 이것은 ASEAN의 이니셔티브에

Studies, 2009), pp. 3-4.

5_Severino(2009), pp. 1-2.

의해 설립된 아·태지역 최초의 공식적인 다자간 안보 대화 기구로서 의미와 역할이 컸다.

주지하는 바와 같이 ASEAN은 외부 위협에 대한 공동 대처와 내부 갈등의 해소란 목적에서 생겨났다. 외부로부터의 위협이 있을 때 내적 결속을 다지려는 움직임이 있었고, 이런 내적 결속에 바탕을 두고 대외적 영향력 행사에 나섰다. 그렇지만 내적 결속은 외부에 대해 집단적 행동이 가능할 정도까지만 이루어졌다. 방점이 대외적 영향력 행사에 있었기 때문에 역내 통합은 지지부진하였다. 같은 맥락에서 ASEAN은 통합의 심화보다는 회원국 확대에 발 빠르게 나섰다. 1991년 캄보디아 평화협정 체결 이후 베트남, 라오스, 캄보디아, 미얀마 등의 가입을 둘러싼 논의가 시작되었다. 이것은 공통점이 떨어지는 나라들과의 통합이었다. 이들 후발 4개국은 경제적 격차가 컸고, 정치적 안정성도 떨어졌다. 따라서 ASEAN의 통일성을 해칠 가능성은 물론이고 합의에 의한 의사 결정 원칙으로 인해 아세안이 효과적으로 작동하지 않을 위험성도 내포하고 있었다. 그럼에도 불구하고 ASEAN은 적극적으로 회원국 확대에 나섰다.

그 배경에 대해서는 다양한 견해가 있다. 먼저 현실주의자들은 중국에 대한 견제 필요성 때문이라고 봤다. 그러나 중국의 위협이 그다지 심각한 것은 아니었고, 또 후발 4개국을 합친다고 해서 안보에 크게 도움이 될 상황은 아니었다. 구성주의자들은 하나의 동남아를 완성하겠다는 의지의 반영이라고 보았다.[6] 그러나 ASEAN은 처음부터 지속적으로 내부 통합보다는 대외적 영향력 확대에 더 관심이 있었다. 따라서 회원국 확대는 이런 관

6_Ba(2009), pp. 104-6.

점에서 볼 때 일관성이 있는 행동이었다. 결과적으로 1995년 베트남이 가입하였고, 라오스와 캄보디아 그리고 미얀마는 1997년 창립 30주년 때 가입시키기로 결정하였다. 그러나 1997년에는 미얀마와 라오스만 가입하였으며, 국내 쿠데타로 인해 가입이 연기되었던 캄보디아는 1998년 회원 자격을 취득하였다. 이로 인해 ASEAN은 몸집은 커졌지만 진정한 통합의 길은 훨씬 멀어졌다. 이후 ASEAN은 내적 통합보다는 동아시아 전체의 통합에 적극적으로 나섰다. 아울러 몸집 불리기를 통해 강화된 영향력을 외부로 적극적으로 투사하기 시작하였다. ASEAN이 견제하려고 했던 중국도 회원국 확대가 자신을 겨냥한 것이란 점을 어느 정도 인지하고 있었지만, 회원국 확대로 인해 중국에 대해 일관된 합의를 도출하기가 오히려 더 어려워졌기 때문에 크게 우려하지 않았다.

2) 지역 제도에 대한 적극성

현재까지 동아시아 공동체에 관한 담론(discourse)과 제도화의 진전은 ASEAN의 주도적 노력에 의해 이루어졌다. 1990년 말레이시아의 마하티르(Mahathir) 총리가 '동아시아 경제그룹'(East Asia Economic Group: EAEG)을 제안한 이래, 동아시아 지역 협력과 관련하여 추진된 다양한 이니셔티브들(예를 들면 ASEAN-PMC, ARF, APT, EAS 등)은 ASEAN이 주도하였다. ASEAN은 자신의 집단적 결속력을 바탕으로 점진적으로 외연을 확대시켜 나가는 것을 지역 제도화의 기본 전략으로 삼았다. 일찍이 APEC(Asia-Pacific Economic Cooperation: 아시아·태평양 경제협력체)에 집단적으로 참여해서 회원국을 ASEAN 6개국과 외부 6개국 동수로 하고, 연례 회의도 ASEAN이 격년으로 개최하도록 하는 등 대등한 지분 확보를 위해서 전력을 기울였다. 애초에는 자신의 집단적 영향력이 약화될 것을 두려워해서 반대하였지만, 일단 참가한 이후에는 자신의 영향력 유지에 최고 우선순위를 두었다. APEC 내에서 자신의 선호를 최대한으로 반영시키고자 노력하였으며, 그 결과 공식적 제도화 반대, 구속력 있는 자유화 반대, 점진적이고 자발적인 자유화 추진 등 자신의 선호가 반영된 기본 원칙이 채택되었다. 그러나 이것은 이후 APEC의 유명무실화를 초래한 주된 원인이 되었다.

ARF는 기본적으로 ASEAN이 냉전 종식 후 자신의 안보를 증진시키기 위한 집단적 노력의 결과였다. 1992년에 미국이 필리핀 기지 이전을 통보하고 소련 연방이 붕괴되는 사태가 벌어졌으며, 이것은 ASEAN에게 일본의 재무장이나 중국의 부상에 대한 두려움을 불러 일으켰다. ASEAN은 미국의 지속적인 역내 주재를 담보하고, 일본의 재무장 가능성을 낮추며, 아울러 중국이 국제 규범에 따라 행동하도록 유도하기 위해서 ARF를 적극 추진하였다. 당시 캐나다, 호주, 일본 등도 관심을 갖고 각기 자신의 안보 대화체 구상을 제안하였다. ASEAN은 일본의 제안이 유용하다고 보기는 했지만, 일본의 리더십 추구에 대해 불편함을 느꼈다. 비록 일본이 ASEAN-PMC의 틀 속에서 대화를 갖자고 했지만 자신들의 주도권이 약화될 수 있다는 우려를 가졌다. ASEAN은 초지일관 자신의 주도권 장악을 최우선시하였다. 일본은 미-일 동맹의 대안으로서 기존의 동맹국들을 두루 포함하는 안보 대화체를 상정했지만, ASEAN은 보다 중립적이며 포괄적인 제도를 선호하였다. ASEAN은 일본이 포함시키지 않았던 소련이나 중국까지도 포함하는 새로운 제안을 해서 자신의 선호를 관철시킬 수 있었다. 약소국가들의 연합체인 ASEAN이 안보 대화체를 주도하는 것은 상당히 이례적인 것이었다.[7]

ARF는 공동 의장제(매년 아세안 회원국으로부터 1인과 여타 회원국으로부터 1인)를 채택하였고, ASEAN-PMC 모델에 기초해서 구성되었다. 운영은 ASEAN이 주도하였으며, 회원 구성도 자신의 의도대로 소련과 중국을 포함시켰다. 이후 ARF는 ASEAN의 주도로 비공식적인 안보 대화체로 발전하였다. ASEAN은 단합을 통해 강대국을 다루는 데 있어서 더욱 자신감을 갖게 되었다. 이를 계기로 자신을 중심으로 한 지역 제도의 결성에 보다 적극적이 되었다. 1994년 ARF 회의에서는 별도의 7+3 회의(ASEAN 신규 회원국인 베트남을 포함한 7개국과 한중일)를 갖고 마하티르 총리가 제안한 EAEC(East Asian Economic Caucus: 동아시아 경제협의체)에 대해서 협의하였다.

동아시아만의 지역 협력체 구상은 계속 논의되었고, 1996년 3월에는 ASEAN의 주도로 아시아-유럽 정상회의(Asia-Europe Meeting: ASEM)가 최초로 열렸다. ASEM은 동아시아가 국제무대에서 처음으로 단일한 행위자로서 인정받는 기회였으며, 미국에 대한 견제란 측면에서 의미가 있었다. 싱가포르 고척동 총리가 주도하였으며, 아시아 쪽 구성은 ASEAN이 주관하였다. ASEM을 통해 동남아와 동북아 사이의 교류가 활성화되었으며, 궁극적으로는 동아시아 지역주의가 획기적인 발전을 이룩하는 계기가 되었다. 1996년 7월에는 말레이시아가 7+3+3(ASEAN 7국 + 라오스, 캄보디아, 미얀마 + 한중일)이 그해 12월 비공식 회담을 가질 것을 제안하였으며, 종국에는 1997년 12월 쿠알라룸푸르에서 ASEAN+3 정상회의를 갖기로 합의하였다.

이런 노력의 결과 1997년에 APT 정상회의가 열릴 수 있었다. APT는

7_Ba(2009), pp. 180-1.

많은 기능적 협력을 실시하였지만, ASEAN은 APT의 제도화에 반대하였다. 표면적인 이유로는 ASEAN 사무국의 위상이 약화될 우려를 들었지만, 실질적으로는 주권 침해의 소지가 있는 제도화에는 반대한다는 ASEAN의 입장이 여기에서도 관철된 것에 불과하였다. 따라서 APT는 사무국 없이 세 개의 ASEAN+1이 병렬적으로 존재하는 형식을 띠게 되었으며, APT 정상회의는 ASEAN 국가 내에서만 개최되도록 결정되었다. 이후 출범한 EAS와 관련해서도 ASEAN은 의제 형성에 있어서 중심적인 역할을 하고자 하였으며, 외부 세력의 영향력을 가급적 제한하려고 노력하였다. EAS의 운영 방안(modality)은 최종적으로 ASEAN의 의도대로 ASEAN 의장국 주도 하에 매년 개최하기로 하였고, 그 장소와 시기는 ASEAN 의장국에서 ASEAN 정상회의에 뒤이어 APT와 병행적으로 개최하기로 하였다. 이로써 ASEAN은 APT와 EAS 운영과 관련해서 확실하게 주도권을 장악할 수 있었다.[8]

ASEAN은 자신이 주도권을 잡을 수 없는 동아시아 공동체 건설에 대해서는 기본적으로 반대 입장이었다. 예를 들어 2008년 6월 오스트레일리아의 러드 총리가 제안한 아·태 공동체(Asia Pacific Community)에 대해서 자신의 이니셔티브에 의한 것이 아니고 참여국들이 많기 때문에 ASEAN이 주도하기 어렵다는 이유로 부정적이었다. 최근 APT에 호주, 뉴질랜드, 인도가 참여하는 '역내 포괄적 경제동반자협정'(Regional Comprehensive Economic Partnership: RCEP)을 둘러싼 논의 과정에서도 ASEAN의 최대 관심사는 자신의 중심성 확보에 있었다. '아세안 중심성'(ASEAN centrality)이

8_변창구, "동아시아공동체 담론의 제도화: ASEAN의 인식과 전략,"『정치정보연구』 13:2 (2010), p. 108.

란 동아시아 지역 협력체계 구축에 있어 아세안이 추동력을 가지고 중심적 역할을 수행해야 한다는 개념이다. 이것은 아세안의 핵심 관심 사항 중 하나이며, 동아시아 지역 협력체 운용에 모든 아세안 회원국이 참가하고, 아세안 의장국이 지역 협력체 의장국을 겸임하면서 의제 선정의 우선권을 확보해 자신들 중심의 지역 협력 구도를 유지한다는 의미였다. '아세안 중심성' 개념은 2011년 채택한 '범세계 공동체 속의 아세안 공동체에 관한 공동선언'인 '발리 협약 III'에서 공식적으로 드러났지만, 아세안은 이 원칙을 이미 오래전부터 적용해 왔다. 이런 바탕 위에서 ASEAN은 미국, 일본, 중국 사이에서 자신이 중심이 되어 균형과 조정에 적극적으로 나섰다.

ASEAN은 집단적 영향력 확대에 더해서 전략적인 행동도 활발하게 펼쳤다. 힘이 열세인 상태로 주도권을 잡기 위해 몸부림치는 과정에서 자신의 몸집 불리기, 집단적 영향력 확대, 제도화를 통한 강대국 견제 등 다양한 전략을 구사하였다. ASEAN은 중-일 및 미-중 사이의 지역 패권 경쟁을 활용하여 어느 한 국가의 배타적 영향력 행사가 어렵도록 견제함과 동시에 자신에 대한 경쟁적 접근을 부추김으로써 그들로부터 최대한 실리를 확보하려는 전략을 구사하였다. 최근에는 미국은 물론이고 러시아, 인도, 호주, 뉴질랜드 등도 이런 균형책에 활용하고 있다.[9]

역내 안보 문제는 ARF가 중심이지만 참가국이 27개에 달하고 있으며 영토 문제 등 강대국 사이의 첨예한 이해관계 대립으로 인해 ASEAN의 통제권이 최근 약화되는 추세를 보였다. 이것을 만회하기 위해서 2006년에

9_최근의 주요 국가 간 세력 균형에 대해서는 Gilbert Rozman, "East Asian Regionalism," Beeson & Stubbs eds., *Routledge Handbook of Asian Regionalism* (Routledge, 2012), pp. 24-7.

시작된 아세안 국방장관 회의(ASEAN Defense Ministers Meeting: ADMM)에 주요 대화 상대국(미국, 중국, 일본, 호주, 뉴질랜드, 인도, 한국, 러시아 등 동아시아 정상회의 참여국) 국방장관을 초청한 ADMM+(Plus) 모임을 2010년부터 갖고 있다.[10] 이것은 2003년 ASEAN 의장국이었던 인도네시아가 ASEAN 내부의 안보 협력을 강화할 목적에서 제안한 'ASEAN 안보 공동체' 구상에서 시작된 것이었다. 이 방안은 대테러 센터 건설, 평화유지군 훈련, 비전통 안보 협력 센터 건설, 경찰 및 국방장관 회의 등을 포함하였다. 그러나 다수의 회원국들이 안보 동맹의 형성에는 부담감을 갖고 있었기 때문에 국방장관 회담만이 구체화될 수 있었었다. 'ASEAN+'시스템과 마찬가지고 'ADMM+'는 ASEAN이 안보 문제에 있어서 자신의 영향력을 되찾으려는 것이 주된 목적이었다.[11] 그러나 이것은 아직까지 의미 있는 논의나 의사 결정의 장으로서 기능하지 못하고 있다.

현재는 중-일 경쟁과 미-중 경쟁이 본격화되고, 동북아와 아·태지역에서 경제 통합 움직임이 가시화되고 있는 외적 환경의 변화에 대응해서 자신의 영향력 확대를 위한 내부 결속을 다지는 데 주력하고 있다. ASEAN의 집단적 결속력은 중국과 미국 사이, RCEP과 TPP 사이, 일본과 중국 사이에서 점차 약화되는 추세를 보이고 있다. 이에 대한 대응책으로써 2003년 10월 제9차 ASEAN 정상회의에서 2020년까지 'ASEAN 공동체'를 건설하겠다는 의사를 천명하였다. 여기에서 ASEAN 공동체는 안보 지향을 약화

10_Kai He, "Facing the Challenges: ASEAN's Institutional Responses to China's Rise," *Issues & Studies* 50:3(2014), pp. 159-60.

11_Chien-peng Chung, "China and Japan in 'ASEAN Plus' Multilateral Arrangements: Raining on the Other Guy's Parade," *Asian Survey* 53:5(2013), pp. 816-9.

시키고, 대신에 정치, 경제, 문화란 세 기둥으로 이루어진 유럽연합과 유사한 지역 공동체를 목표로 하는 것이었다. 그리고 동아시아 공동체 담론이 구체화되고 동북아 협력이 가시화됨에 따라 ASEAN은 자신의 결속력을 강화하기 위하여 2007년 11월 당초 계획을 5년 앞당겨 2015년까지 ASEAN 공동체를 완료하겠다는 '세부(Sebu) 선언'을 채택하였다. 그러나 핵심 사항인 ASEAN 내부의 경제 통합은 회원국들의 국내적 반대로 인해 계획대로 진행되지 못하고 있다.[12] 2008년에는 법적 지위를 강화하기 위해서 'ASEAN 헌장'을 채택하고, 'ASEAN 인권위원회'를 포함하는 다양한 상설 기구들을 설립하였다. 그렇지만 ASEAN은 전통적으로 대외적 협상력 제고를 가장 중시하였고, 제도화보다는 ASEAN의 정체성 형성이나 자발적이고 점진적인 협력 방식을 우선시하였기 때문에 제도화를 위한 역내 동력을 마련하는 것이 쉽지 않은 상황이다.[13] 그리고 회원국들 사이의 이질성이 높고, 정치 엘리트 중심의 하향식 통합 방식에 의존했기 때문에 진정한 통합은 여전히 요원한 상태이다.

3) ASEAN과 동아시아 지역주의

ASEAN은 집단적 결속력 강화를 통해 자신의 대외적 영향력 확대에 나섰을 뿐만 아니라, 이를 통해 자신이 선호하는 가치나 제도적 디자인을 확산시키려 하였다. 이것은 '아세안 방식'으로 구체화되었지만, 지역 협력

12_Lee Jones, "Explaining the Failure of the ASEAN Economic Community: the Primacy of Domestic Political Economy," *The Pacific Review* (March 26 2015), pp. 1-2.

13_Jones(2015), p. 3.

체로의 주권 양도나 민주주의 원칙 등과 같이 최근 관심을 받고 있는 지역 협력의 심화에 필수불가결한 요소들에 대해서는 회원국들이 완강한 거부감을 보였다. 이는 역내 민주주의의 진전과 함께 민주주의가 지역 제도의 가입 요건으로서 뿌리를 내린 중남미(예를 들면 MERCOSUR, Andean Community 등)와 비교해서도 뒤처진 것이다. 동남아의 대부분의 나라들은 식민지 시대를 경험하였기 때문에 국가 주권을 소중하게 여긴다. 이런 연유로 강력한 지역 제도에 대한 거부감이 강하다. 사실 중국 및 일본과 같은 초강대국들이 자신들의 영향력 확대에 골몰하고 있는 상황 하에서 주권 침해와 내정 간섭에 대한 우려는 현실성이 있었다. 더구나 미국이란 패권국의 존재는 중국이나 일본조차도 주권 침해 우려로부터 자유롭지 못하도록 만들었다. 그리고 많은 역내 국가들에서 민주주의, 법치주의, 그리고 인권 존중 등이 정착되어 있지 못하기 때문에 외부로부터 내정 간섭의 개연성이 큰 반면에, 이를 용인할 경우에 정권 유지에 치명적인 위해가 가해질 우려가 있었다. 따라서 지금까지 역내에 생겨난 다수의 경제 및 안보 협력 기구는 공통적으로 주권 존중과 내정 불간섭을 가장 중요한 원칙으로 표방하였다.

주권 존중의 원칙은 장단점을 가진다. 이것은 먼저 약소국의 존립과 지위를 보장해 준다는 장점을 가진다. 이로 인해 참가국들은 별다른 비용 부담 없이 지역 제도에 참가할 수 있게 된다. 또한 주권에 근거해서 국가에게 동일한 권한을 부여할 경우 형평성도 보장받을 수 있게 된다. 그렇지만 지역 협력의 실질적인 증진을 위해서는 지역 제도의 권한 강화가 필수적이고, 이는 불가피하게 국가 주권의 지역 제도로의 이양을 요구한다. 현재 안보, 정치, 경제, 환경 등 다양한 영역에서 발생하는 중요한 국제 문제들은 국가 실패(state failure)와 같은 국내적 요인 때문에 발생하고 있다. 한 나라의 인종 분규, 내란, 인권 침해, 환경오염 등이 주변국에 미치는 부정적인 영향이 증대되고 있으며, 이에 대한 해결은 내정 간섭을 불가피하게 수반하게 된다. 따라서 국가 주권 존중의 원칙을 맹목적으로 따르는 것은 지역 제도의 효율성을 제약하게 된다. ASEAN이나 ARF가 대표적인 사례로서, 내정 불간섭 원칙 때문에 신뢰 구축을 넘어서 분쟁 해결, 평화 유지, 예방외교 등과 같은 실질적인 협력을 수행할 수 없었다.[14] 동아시아에서 실질적인 자유화와 경제 통합을 진전시키고, 의미 있는 안보 협력을 증진시키기 위해서는 지역 제도의 권한 강화가 필요하다. 그렇지만 이것은 역내 국가들이 제도화가 가져올 이득이 주권 상실이 가져올 국내적 비용보다 크다고 인식해야만 가능할 수 있을 것이다. 현재까지는 나라마다 주권 상실의 비용 측면이 더 크게 부각되고 있는 상황이다.

ASEAN이 동아시아 지역주의에 미친 또 다른 영향은 바로 공식 제도의 미발달이다. 지역 제도들은 주로 만남의 장으로서 역할을 하였다. 자유화나 안보 증진을 위한 의미 있는 약속을 공식적으로 하고, 이에 대한 이행을 강제하며, 분쟁이 발생했을 경우 제3자가 개입하여 해결하도록 규정하는 제도는 정착되지 못하였다. 이는 주권 상실에 대한 과도한 민감성과 연관이 있는 것으로 보인다. 그렇지만 식민 지배를 경험한 아프리카의 경우에도 공식적인 규칙이나 기구가 잘 다듬어져 있다는 점에서 결정적인 이유는 아닌 것으로 판단된다. 아프리카의 경우는 취약성이 높은 국가들이 존립을 유지하기 위해 주권 침해의 우려가 있음에도 불구하고 공식성이 높은 제도를 선호하였다.[15] 물론 이들 제도는 실질적인 협력의 증진이 목적이 아

14_Khong & Desadurai(2007), pp. 78-82.

15_Jeffrey Herbst, "Crafting Regional Cooperation in Africa," Acharya & Johnston(2007), pp. 129-31.

니었기 때문에 명목상의 역할밖에 하지 못하였다.

이런 비공식성에 대한 집착의 이면에는 구성원들이 강제적인 의무 부담을 회피하겠다는 현실적인 필요가 크게 작용하였다. 사실 동아시아나 아·태지역 내에서는 국가 간 국력 격차가 크기 때문에, 강대국이 약소국에 대해 공식적 제도를 통한 구속력 있는 합의를 강요할 가능성이 없지 않다. 일본의 경우도 일본인들이 문화적으로 공식적인 제도를 통한 분쟁 해결을 회피하는 성향을 가지기 때문에 정부도 비공식적 제도를 선호한다는 주장이 널리 통용된 적이 있었다.[16] 그렇지만 현재 일본도 세계무역기구(WTO) 분쟁 해결 제도를 통한 분쟁 해결에 적극 임하고 있으며, 한국이나 중국, 그리고 ASEAN 국가들도 적극적인 참여자가 되었다. 이것은 현실적인 필요가 문화적 요인보다 강하다는 점을 시사한다.

비공식적 제도화의 가장 큰 장점은 구성원들에게 공식적인 부담을 강제적으로 부과하지 않는다는 점이다. 이로 인해 제도화가 수반하는 비용 부담을 최소화하면서, 점진적이고 국내적으로 수용 가능한 만큼의 자발적인 협력이 가능할 수 있게 된다. 그렇지만 분명한 의무가 부과되지 않고 의무 이행이 강제되지 않기 때문에 실질적인 협력의 증진이 어렵다는 것이 문제이다. 자발적인 자유화 원칙을 고수한 APEC이 장기적인 침체를 겪고 있는 것이 증거이다. 더 강력한 증거는 바로 비공식적 제도화의 선구적 위치를 점하고 있는 ASEAN이 오랜 협력의 역사에도 불구하고 아직도 실질적인 통합이 요원한 상태란 사실이다.

동아시아 지역주의의 장래는 공식적인 절차와 제도의 수용 정도에 달

16_최영종, "국제제도화의 동인에 관한 연구: 일-미 경제관계를 중심으로," 『국제정치논총』 41:1(2001), pp. 30-1.

려 있을 것이다. 동아시아 내에서 민주주의가 확산되어 법치주의 전통이 확립되고, 국가 간 국력의 격차가 완화될수록 공식적인 제도화에 대해 수용적이 될 것이다. 특히 역내 국가들이 국내적 반대를 무릅쓰고 자유화를 추진하고자 할 때 공식적 제도를 통한 상호주의적 접근법의 유용성이 크다. 상호주의적 자유화는 일방적 자유화와 다르게 수출 증대로 이득을 보는 집단을 창출함으로써 국내 정치적으로 자유화에 대한 지지 기반을 확대시킬 수 있기 때문이다.

ASEAN의 중심성이 동아시아 지역주의에 미친 또 다른 영향은 일본이나 중국과 같은 역내 강대국들이 오랫동안 주도적으로 리더십을 발휘하지 않았다는 점이다. 이로 인해 지역주의의 근간이 되는 제도적 틀과 규범의 창출은 물론이고, 안보와 개방된 시장 등과 같은 공공재가 충분히 공급되지 못하는 상황이 전개되었다. 일본과 중국은 주권 원칙에 근거한 다자적 제도가 협력의 실익보다는 자신들의 자율성을 제약하고, 부담을 가중시킬 것이라는 우려를 가졌다. 일본과 중국은 지역 차원의 제도를 통하지 않고, 독자적으로 자신들의 영향권을 확대하기 위해서 치열하게 경쟁하였다. 양국은 자신의 우월한 정치적, 경제적인 능력이 잘 활용될 수 있는 쌍무적인 관계나 일방적인 영향력 행사를 더 선호하였다. ASEAN과 같은 약소국의 입장에서는 제도가 중국이나 일본과 같은 강대국을 속박하는 효과를 갖기 때문에 강력한 제도화를 선호하는 것이 합리적일 것이지만, 자신들이 속박을 받는 것을 두려워해 적극 나서지 못하였다.

그럼에도 불구하고 ASEAN은 단결력 강화를 통해서 대외적 영향력 확대에 적극적으로 나섰다. ASEAN은 경제 협력과 자유화를 목표로 했던 APEC 내에서 '아세안 방식'을 지도적 원칙으로서 관철시킬 수 있었으며, 안보 문제를 다루는 ARF도 자신이 선호했던 PMM(아세안 확대 각료회의)에 기초해서 자신들의 방식대로 운영할 수 있었다. 뒤이은 동아시아 지역주의의 발전 과정에 있어서도 자신의 중심성과 제도적 선호를 반영시킬 수 있었다. 그 결과 동아시아에는 많은 협력적 기구들이 등장했지만, 비공식성과 주권 존중 그리고 합의 원칙을 존중하는 '아세안 방식'의 기본 속성상 실효성 있는 제도가 뿌리를 내리지 못하였다. 강대국에 대해 견제와 균형을 중시하는 ASEAN의 접근법은 지역 제도 발전에 필요한 리더십 결핍을 가져왔으며, 제도적 규범이 아닌 권력 정치가 동아시아를 계속 지배하도록 만들었다. 지금까지 살펴본 ASEAN의 지역주의 정책은 약소국들이 보이는 전형적인 행태로서 주로 집단적 영향력의 행사를 위한 제도의 활용이란 특징을 갖고 있었으며, 선호하는 제도화 수준이 낮았다.

2. 지역 강대국 사례 I: 일본

1) 일본-아세안 특혜무역제도[17]

일본-아세안 특혜무역제도 논의는 ASEAN을 넘어선 동아시아에서 의미 있는 지역 제도화의 최초 시도이다. 전후 역내 경제 대국으로 부상한 일본과 집단적 영향력 강화에 나선 ASEAN이 논의의 당사자란 점에서 상대적 국력이 지역 제도에 대한 선호에 미친 영향을 파악할 수 있는 유용한 사

17_이 부분은 저자의 다음 논문을 축약하고 보완해서 포함시킨 것이다. 최영종, "일본-ASEAN 경제관계 제도화에 대한 연구: 특혜무역제도 설립 논의를 중심으로," 『한국과 국제정치』 17:1(2001), pp. 225-54.

례이다. 일본의 경우는 자신의 자의적인 영향력 행사를 제약할 제도화에 대해서 소극적일 것으로 예상되고, ASEAN의 경우는 자신의 영향력 확대를 위한 제도화에 적극적일 것으로 예상된다.

ASEAN의 단결력 제고를 통한 대외적 영향력 확대 전략에 맞선 일본의 아세안에 대한 접근법은 양자 관계의 제도화에 대한 회피였다. 이것은 유럽 국가들의 구 식민지나 제3세계 국가들에 대한 접근법과 상당한 거리가 있었다. 유럽과 구 식민지 국가들 간의 관계는 개별 국가 차원의 양자 관계에 더하여 집단적 차원에서 공식적이고 법적 구속력을 갖는 제도를 만들고, 그 속에서 서로의 현안을 논의하였다. 예를 들어 EC(European Community: 유럽 공동체)와 아프리카, 카리브 해 연안, 태평양 국가들(Africa, Caribbean, and Pacific countries, ACPs) 사이의 관계는 1975년에 구속력 있는 로메 협약(Lomé Convention)을 제정하고, 이를 정기적으로 개정, 보완하는 역사였다. EC 국가들은 과거 식민 지배에 대한 반성과 보상의 차원에서 남-북 관계 역사상 원조나 무역 면에서 유례가 없는 정도의 양보를 법적 제도적으로 약속하였다. 그리고 특혜 대우는 일방적인 시혜의 성격을 띠었고 상호주의는 적용되지 않았다.[18] 이와는 대조적으로 일본은 ASEAN 국가들이 요구한 로메 협약에 버금가는 특혜무역제도 설립 요구에 반대하였을 뿐만 아니라, 그 후 상호 경제 교류의 급속한 증가에도 불구하고 이를 관리 통제하기 위한 공식적 제도화를 지속적으로 회피하였다.

전후에 복원된 일본과 동남아시아와의 관계는 곧 일본의 경제적 초강대국으로의 급속한 부상과 ASEAN이란 집단적 결사체의 등장이라는 새로

18_Desmond Dinan, *Ever Closer Union? An Introduction to the European Union* (Boulder, CO: Lynne Rienner Publishers, 1994), p. 457.

운 변화에 직면하게 되었다. 그렇지만 일본의 경우 경제력에 버금가는 정치력과 군사력이 뒷받침되지 못하였고, ASEAN은 지역 공동체란 현란한 수사에도 불구하고 내부 결속력이 취약하였다. 서로의 실질적 능력에 대한 불확실성으로 인해 양자는 상대적 이득의 배분을 둘러싸고 오랫동안 힘겨루기를 벌였다. ASEAN의 경우는 자신의 집단적 영향력을 인식함에 따라 일본과의 제도화에 보다 적극적으로 나섰으며, 일본의 경우는 점차 소극적인 입장으로 변하였다. 특히 9개의 EC 회원국들이 공동으로 46개의 ACP 국가들을 상대했던 로메 협약과는 다르게, 일본은 ASEAN 5개국을 홀로 상대해야 했기 때문에 부담이 컸다. 따라서 구속력이 있는 의무를 부과하는 공식적 제도화에 대해 거부감이 컸다. 일본과 같이 역내 강대국이 자신의 자율성을 제약할 제도화에 반대하는 것은 본 연구의 분석 틀로 충분히 설명 가능하며, 오히려 유럽의 사례가 예외적일 수도 있다.

애초에 ASEAN은 내적인 통합을 심화시키기보다는 구성원들의 안보와 외세의 간섭에 대한 공동 대응이라는 다소 모호한 목적으로 시작되었다. 경제적 측면에서는 가시화되고 있던 일본의 경제적 지배에 대한 대응이란 성격도 아울러 지녔다.[19] 사실 ASEAN 설립 이전인 1965년부터 동남아시아 국가들은 일본과 아시아개발은행(ADB)의 소재지를 놓고 서로 격돌하였고,[20] ASEAN의 설립이 가시화될 무렵 일본은 ASEAN에의 가입 가능

19_Bernard K. Gordon, "Rhetoric and Reality in Regional Cooperation," Harald B. Malmgren, ed., *Pacific Basin Development: The American Interests* (Lexington: Lexington Books, 1972), p. 87.

20_오랜 격론 끝에 회장국은 일본이 그리고 본부는 필리핀이 갖는 것으로 1967년 타협이 이루어진다. 자세한 논의는 Sueo Sudo, *The Fukuda Doctrine and ASEAN: New Dimensions in Japanese Foreign Policy* (Singapore: Institute of Southeast Asian Studies,

성을 타진했지만 동남아시아에 속하지 않는다는 이유로 거부당하였다.[21] 이를 계기로 일본은 ASEAN이 자신에 대한 압력 단체가 될지 모른다는 의구심을 강하게 갖게 되었다. 이를 반영하듯 일본의 ASEAN에 대한 초기 입장은 외교적으로는 무관심 내지 무시로 일관했으며, 경제적으로는 단일 조직체로서의 ASEAN이 아닌 개별국과의 양자 관계에 바탕을 둔 원조 제공과 경제 협력을 선호하였다.

ASEAN에 의한 집단적 영향력 행사의 시작은 1973년대 초에 일어난 인조고무 사태였다. 이를 계기로 ASEAN은 자신의 집단적 영향력을 자각하게 되었다. 1970년대 중반에 이르러 세계적으로 비동맹 제3세계의 새로운 경제 질서를 창출하고자 하는 노력이 구체적 결실을 맺기 시작하였다. 이런 환경 하에서 새롭게 자신들의 교섭력에 눈을 뜬 ASEAN 국가들은 일본에게 유럽 공동체가 약속한 수준에 버금가는 조치를 취해 줄 것을 요구하였다. ASEAN 국가들은 아시아판 로메 협약을 일본에게 요구하면서, ASEAN의 제조·가공품에 대한 무관세 수입 조치와 특정 수출품에 대한 가격 안정화 조치(STABEX), 그리고 대량의 경제 원조 제공을 압박하기 시작하였다. 이에 덧붙여 ASEAN의 산업화 프로젝트에 대한 지원도 호소하였다.[22] 이런 의제들은 1977년 3월 일본-ASEAN 포럼에서 일본에게 공식적으로 제시되었고, ASEAN의 요구로 같은 해 열린 최초의 일본-ASEAN 정상회담의 의제로도 채택되었다.

일본 정부는 격론 끝에 국내적으로 파장이 큰 특혜무역 조치 대신에

1992), pp. 66-9.

21_William Nesler, *Japan and the Third World* (London: Macmillan, 1992), p. 123.

22_*Far Eastern Economic Review* (July 29, 1977).

ASEAN에 대한 경제 원조(ODA)를 증액시키기로 결정하였다.[23] ODA는 ASEAN에 대한 수출 증대 효과도 있으면서 동시에 ASEAN의 일본에 대한 시장 개방 요구를 완화시킬 것으로 기대되었다. 이런 점에서 원조 증대는 재정적 부담이란 문제는 있었지만 향후 ASEAN과의 관계에 있어서 중요한 외교적 수단으로 자리를 잡게 되었다. 수입 경쟁 관계에 있는 산업의 보호라는 이해관계를 가졌던 농림수산성과 통산성은 물론이고 외무성도 ASEAN 국가들과의 외교적 마찰을 줄이면서 관계 개선에 기여할 ODA 제공에 찬성이었다. 대기업들과 집권 자민당도 경제적 이해관계나 정치적 거래의 기회 확대란 측면에서 ODA 증액에 반대할 이유가 없었다. 일본 국내적으로 ASEAN에 대한 원조 증대를 둘러싼 정치 게임에서 국가 재정을 책임진 대장성만이 유일하게 반대하였다.[24] 대장성은 막강한 힘으로 무절제한 원조 증가에는 제동을 걸었지만, 정치 논리를 무시할 수만은 없었다. 이후 일본-ASEAN 관계가 경색의 조짐을 보일 때마다 양자 관계의 제도화보다는 원조의 증대란 형태로 해결책이 찾아지게 되었다.

이후 ASEAN 국가들은 자신들의 집단적 영향력을 바탕으로 일본에게 지속적으로 압력을 가하고, 일본은 이에 대해 원조를 증액하는 방식으로 대응하는 패턴이 반복되었다. ASEAN의 일본에 대한 특혜무역제도 요구는 경제 대국 일본을 집단적으로 다루려는 시도의 일환이었고, 제도를 통해 일본의 자의적인 경제력 행사를 통제하고자 시도한 것은 경제적 약자였던 ASEAN 국가들로서는 합리적인 선택이었다. 일본과의 경제 관계가 심화되

23_이에 대한 자세한 논의는 Sudo(1992), p. 171-80을 참조할 것.

24_Sudo(1992), p. 173; Robert M. Orr, *The Emergence of Japans Foreign Aid Power* (New York: Columbia University Press, 1990), pp. 38-9.

는 과정 속에서 제도적 통제 장치가 만들어지지 않으면 일본에 의한 경제적 지배 문제가 심각해질 위험이 있었다. 그렇지만 ASEAN의 집단적 압박 전략에는 내부 결속력의 부족이란 한계가 있었다. ASEAN 국가들은 남-북 문제에 대해 집단 대응이라는 표현은 자주 사용했으나 실제로는 각기 일본으로부터 더 많은 양보를 얻기 위해 경쟁하는 관계에 있었다.[25] 이런 내부 결속력 부족은 일본에 대해 일관적이고 효율적인 압력을 가하는 데 걸림돌로 작용하였다. 더구나 일본 정부는 원조 제공을 빌미로 ASEAN 국가들을 분할 통치하려고 하였다. 그 결과 집단적 영향력의 행사를 통해 일본과의 경제 관계를 자신에게 유리하게 변화시키려던 ASEAN의 정치적 노력은 원조 증액 이외에는 별다른 성과가 없었다.

1980년대 일본에 대한 ASEAN의 주된 전략은 일본으로부터 원조와 직접 투자를 더 많이 확보하고 일본과의 분업 관계를 심화시키는 것이 되었다. 1980년대 초에 ASEAN 각국에서는 기존의 수입 대체 산업화 정책으로부터 수출 주도형 산업화 정책으로 발전 전략이 전환되기 시작하였다.[26] 예를 들어 싱가포르는 '일본으로부터 배우자'(learn from Japan)는 정책을, 그리고 말레이시아는 일본 모델을 모방하는 것을 골자로 하는 '동방 정책'(look East)을 추진하였다. 일본은 1980년대 중반 태국의 수출 주도형 산업 구조 조정에 적극적인 조언과 원조를 제공하기도 하였다. 이런 점은 ASEAN 국가들이 여타의 제3세계 국가들과 현격하게 구별되는 점이었다.

25_일본은 특히 인도네시아 및 타이와 경제 원조에 바탕을 둔 긴밀한 양자 관계를 맺어 왔다. 이들 양국은 일본이 ASEAN 단위의 협력을 강조하게 되면 개별 차원의 유대 관계가 약화될 우려가 있기 때문에 이에 강력하게 반발하였다. Sudo(1992), p. 133.

26_Walter Hatch and Kozo Yamamura, *Asia in Japan's Embrace* (Cambridge University Press, 1997), pp. 142-5.

일본은 이와 같은 ASEAN의 실용적인 방향으로의 정책 변화를 환영하면서 경제 원조와 기술 이전 그리고 직접 투자를 늘릴 것을 약속하였다. 일본과 ASEAN의 특혜적 무역 제도 수립에 관한 논의는 별다른 성과 없이 끝났지만, 양측은 원조와 직접 투자의 급속한 증대에 기초한 실질적인 경제 협력과 통합의 길로 들어서게 되었다.

2) 대안적 제도화의 모색

일본 정부는 ASEAN의 특혜무역체제 설립 요구에는 강력하게 반대하였으나, 경제 갈등의 해소와 협력의 증진을 목적으로 하는 최소한의 제도적 장치는 필요하다고 인정하였다. 일본의 경제적 영향력의 확대에 따른 ASEAN 국가들의 우려는 상존하고 있었고, 일본 정부는 이를 완화시키기 위한 방안을 마련하지 않을 수 없었다. 일본 정부는 '인조고무 사태'와 1974년 '다나카 폭동'으로 표출된 ASEAN의 불만을 제도적으로 해결하기 위해 '일본-ASEAN 포럼'이라는 실무 차원의 기구를 설치할 것을 1976년 9월 ASEAN에게 제안하였다. 같은 해 11월 ASEAN은 일본과의 협력이 자신들의 경제 발전에 중요하며 또 일본을 잘 다룰 수 있는 능력도 있다고 주장하면서 일본의 제안에 화답하였다.[27] 이 포럼의 목적은 산업 발전, 무역, 식품 및 농업 부문에 있어서 양측의 협력을 확대 강화하는 방안을 검토 분석해서 추천하는 것이었다.

양자 간 각료급 회합이 ASEAN의 요청에 의해 1978년 6월에 처음 열

27_Sudo(1992), pp. 102-3.

렸고, 이것은 이듬해 외무장관 사이의 일본-ASEAN PMC(Post-ministerial Conference)로 정례화되었다. 이와는 별도로 ASEAN 측은 일본에게 정기적인 경제 각료회담을 요구하였다. 그렇지만 일본 측의 반응은 그다지 열성적이지 않았다. 주된 이유는 이 회합을 자신에 대한 추가적인 압력 수단으로서 받아 들였기 때문이었다. 일본은 ASEAN의 요구를 마지못해 수용하면서도 이 모임을 정례화하지 않는 것을 조건으로 하였다.[28] 일본은 자신에게 경제적 부담을 부과할 제도화에 대해서 거부감이 컸다.

1979년 11월에 처음 개최된 ASEAN-일본 경제 각료회담(AEM-MITI)에서 ASEAN은 일본의 시장 개방과 관련해 강도 높은 요구를 하고, 일본은 이에 대해 최소한의 성의만 표시하였다. 몇 년에 한 번 정도 열린 이 모임에 항상 일본은 수동적인 참가자였고, 특별히 안건을 제기한 일도 거의 없었다. 보통 ASEAN이 회합을 제안하고, 일본은 거부 또는 지연하는 태도로 일관하였다. 이런 연유로 1985년 6월에야 제2차 회합이 열렸다. 또 1988년 ASEAN이 요청한 회합은 4년 후인 1992년에야 개최되었다. 이 회담은 1996년에 이르러서야 연례 모임으로 정례화되었다. AEM-MITI에서도 ASEAN 측은 통상 문제(즉 일본 시장 개방)에 주로 관심을 보였고, 이와 대조적으로 일본은 ASEAN 국가들의 부품 산업 진흥과 중소기업 발전 및 산업 고도화를 위한 경제 협력에 더 큰 관심을 가졌다.

일본 정부가 ASEAN과의 경제 관계를 회원국 각자와의 양자 관계를 기본으로 하는 입장에서 ASEAN 차원의 지역 관계를 중시하는 방향으로 질적인 변화를 가져온 것은 1997년 발생한 아시아 통화 금융 위기였다.[29]

28_須藤季夫, 『東南アジア 國際關係の構図』(東京: 勁草書房, 1996), pp. 202-3.

29_이하의 논의는 山影進, "日本の對ASEAN政策の變容," 『國際問題』, No. 490(2001年 1月), pp.

금융 통화 측면에서는 1997년 미국의 반대로 무위로 돌아간 아시아통화기금(Asian Monetary Fund: AMF) 구상 및 통화스왑 제도 강화 노력, 1997년 12월 일본 정부의 제의로 정례화하기로 합의된 일본-ASEAN 재무장관 회담, 그리고 1998년에 발표된 신미야자와 구상(경제 위기 극복을 위한 300억 달러 지원 계획) 등을 들 수 있겠다. 아울러 일본 정부(MITI, 통산성)는 경제 위기 극복을 위한 구조 개혁의 일환으로서 일국 차원의 산업 정책만이 아니라 지역 차원의 산업 협력이 필요함을 ASEAN 정부들에게 주지시키고, 이를 위하여 AEM-MITI 산업협력위원회를 설치하여 1998년 11월에 첫 모임을 가졌다. 이를 계기로 일본 통산성은 기존의 다자간 무역 체제에 대한 지지라는 단순한 정책 선호로부터 지역 및 양자 관계의 제도화를 포함하는 중층적 통상 시스템 구축을 정책 목표로 삼게 되었다.[30]

일본이 ASEAN과의 관계에서 공식적인 제도화에 소극적이었다고 해서 제도의 역할 자체를 부인한 것은 아니었다. 제도란 공식적일 수도 있지만 비공식적인 형태를 갖기도 한다.[31] 비공식적 제도화는 경제 관계에 규율을 제공하면서도 공식적 제도화가 초래할 부정적 반향을 줄일 수 있다는 면에서 일본이 선호하였다. 비공식 제도나 규범의 효율성은 이들이 행위자들에게 내재화된 정도와 위반 시의 벌칙의 강도에 달려 있을 것이다. 파일(Pyle)에 의하면 일본 정부는 공식적 접근법이 이득보다는 단순히 의무만을 증대시킬 것으로 보았으며, 대신에 "원조와 직접 투자에 근거한 아주 유연

67-71에 근거하였다.

30_이것이 처음으로 구체화 된 것은 通商産業省,『平成十一年度版通商白書』, pp. 287-90.

31_Douglass North. *Institutions, Institutional Change and Economic Performance* (New York: Cambridge University Press, 1990), pp. 36-45.

하고 자신에게 덜 의무 지우면서 다른 나라들을 차별하지 않는 사실상의 블럭(de facto bloc)을 추진하였다"고 주장한다.[32] 이것을 통해 일본은 자신의 국내 산업 구조 조정과 미국에 대한 무역 불균형을 개선하면서 동시에 자신의 주도로 아시아 경제들의 실질적 통합을 다져 왔다고 보았다.

유연한 제도화는 서로에게 법적인 책무를 부과하기보다는 상호 이익의 발로에서 자발적으로 협력하여 투자 및 무역 등의 경제 거래에서 예측 가능성을 높이고, 거래 비용을 줄이며, 이 지역에서 일본 기업가들의 경제 활동 자유와 재산권을 보장하는 것이 주된 목적이었다. 일본 정부나 기업이 법적, 제도적 보호 장치가 미흡한 ASEAN 지역에 투자하면서 대안적 보호 장치에 대한 수요가 컸던 것이 사실이고, 이것은 일본 기업에 의한 공급자 망, 공급자 협력 클럽, 종합상사 망 등의 확대, 심화를 초래하였다.[33] 이와 같이 경제 거래를 일본 기업 내 혹은 기업 간에 내재화함으로써 거래 비용을 극소화하려는 시도에 더하여 ASEAN 국적의 기업과의 경제 관계도 일본으로부터의 투자, 무역, 대외 원조의 긴밀한 연결 망 속에 내재화시켜 기회주의적 행위를 원천적으로 봉쇄하고자 하였다. 일본과 ASEAN 개별 기업가 사이의 경제 협력은 기술과 부품 공급의 통제를 통한 위계적 제휴의 형태를 띠게 되었고, 이것은 더 나아가 일본이 유기적으로 이 지역 경제를 통제하는 것도 상당한 정도 가능하도록 하였다.[34]

32_Kenneth B. Pyle, *The Japanese Question: The Power and Purpose in a New Era* (AEI Press, 1992), p. 133.

33_일본이 ASEAN 지역에 보다 광범한 생산 네트워크를 갖는 것은 직접 투자에서의 제조업 비율, 중소기업의 투자비율, 그리고 부품 현지 조달의 비율이 다른 지역보다 훨씬 더 높다는 사실에서 유추될 수 있을 것이다. Hatch & Yamamura(1997), pp. 6-7, 159.

34_Hatch & Yamamura(1997), p. 15-7.

일본 정부는 동남아시아에 있어서의 투자와 무역이 포함하는 위험 요소들에 대응하기 위하여 다른 어느 지역보다도 압도적으로 많은 양의 공적 자금을 전략적으로 공급하였고, 또 이를 통해 상당한 정치적 영향력을 축적할 수 있었다. 이런 노력은 전후 배상 처리 과정에서 등장하였다. 그 당시부터 유력 자민당 의원, 일본 재계 지도자들, 동남아시아 지역의 정치 지도자들(예를 들면 인도네시아의 수카르노, 필리핀의 라우렐, 미얀마의 우누 등), 그리고 이들의 후원을 받는 기업인들 사이에 일본의 종합상사를 매개로 하는 초국가적 정-경 연대 관계가 형성되었다.[35]

1971년 외환 자유화를 기화로 직접 투자가 급증할 당시 자신들의 투자에 대한 보장과 관료적 형식주의를 우회하고, 현지 시장에 대한 접근을 확보하기 위해 영향력 있는 정치인이나 그들이 후원하는 기업인들과의 합작투자를 활용하였다.[36] 그 후에도 일본 기업들은 주로 정치적, 인적 네트워크의 강화를 통해 분쟁의 예방과 해결을 꾀하였다. 이런 면에서의 강점으로 인해 이 지역 국가들의 국내법 체제의 미비나 지역 차원의 제도 미비가 오히려 일본 기업들에게 비교 우위를 가져다 준 측면이 있다.[37] 결과적으로 일본은 동남아시아 지역에 대규모의 투자를 많이 하였지만 라틴아메리카에서와 같은 국유화 시도나 위협은 거의 경험하지 않았다.

그리고 일본은 ASEAN에 대하여 직접 투자와 원조가 조화된 정책을 추진하였다. 특히 원조의 주된 목적은 자신들의 상업적 이익을 추구하면서

35_T. Shiraishi, "Japan and Southeast Asia," Peter J. Katzenstein & Takashi Shiraishi, eds., *Network Power: Japan and Asia* (Ithaca: Cornell University Press, 1997), p. 179.

36_Shiraishi(1997), p. 182.

37_Hatch & Yamamura(1997), pp. 130-45.

동시에 ASEAN과의 경제 마찰을 예방하고 또 해소하는 데 있었다.[38] 만성적인 경상수지 흑자를 기록하는 일본으로서는 구조적으로 대외 지출을 늘려야 할 필요성이 있었으며, ASEAN의 요구를 수용하여 시장을 개방할 국내 정치적 여건도 미비한 이유로 ASEAN과의 관계에서 일찍부터 대외 원조를 주된 갈등 해소 수단으로 사용하였다. 대외 원조는 직접 투자가 본격화하기 시작하는 1973년 무렵부터 직접 투자를 지원, 보완하는 역할도 담당하게 되었다. 대외 원조와 직접 투자는 일본의 ASEAN에 대한 외교에 있어서 중요한 두 축을 형성하였다.[39]

1980년대를 통해서 일본이 ASEAN과의 관계에서 경험한 가장 빈번하고 심각했던 마찰은 일본 시장의 폐쇄성과 관련된 것이었고, ASEAN은 끈질기게 관세·비관세 장벽의 제거를 요구하였다. ASEAN은 일본이 미국과 유럽 공동체에 대하여는 빈번하게 상당한 양보를 하면서, 자신들에게는 그렇지 않다고 강한 불만을 표시하곤 하였다. 일본에게 고민은 강력한 국내적 반대로 인해 의미 있는 양보가 여의치 않다는 점과 이에 대한 이면 보상(side-payment)으로 제공되는 ODA가 무한정으로 늘어날 수 없다는 점이었다.[40] 이 문제에 대한 근본적인 해결책은 제3국 시장을 향한 ASEAN의 제조업 수출 증대에서 찾아지게 된다.

38_David Arase. *Buying Power: the Political Economy of Japan's Foreign Aid* (Boulder: Lynne Rienner Publishers, 1995), pp. 203-31; Donald Crone, "Does Hegemony Matter? The Reorganization of the Pacific Political Economy," *World Politics* 45:3 (1993), p. 511.

39_Orr(1990), p. 70; Arase(1995), pp. 129-34.

40_예를 들면 1980년대 초에는 석유 위기로 인한 재정 경색으로 원조 증대에 어려움이 있었고, 재정 금융 문제를 관장하는 일본의 대장성은 항상 원조 증대에 신중 내지 반대 입장을 견지해 왔다.

이런 시도의 시작은 1980년대 초 유가 파동의 와중에서 산업 구조 조정 필요에서 원조와 직접 투자를 유기적으로 연결한 정책을 추진한 것이었다. 본격적인 시도는 1987년 통산성이 제안한 '아시아 산업 발전 신계획'(New Asian Industries Development Plan: New AID Plan)이었다. 이 계획은 일본의 대외 원조, 직접 투자 그리고 무역을 통합적으로 운용하여 ASEAN 경제를 일본을 선두로 한 기러기 떼 모양(flying geese model, 안행 모델)으로 재편성하려는 시도였다. 일본 정부는 엔화의 절상으로 인해 수익성이 떨어진 일본 산업이 ASEAN에 연착륙할 수 있도록 돕는 한편, ASEAN의 수출 가능한 제조업을 육성시킨다는 목표도 동시에 달성하고자 하였다.[41] 일본의 진의가 대동아공영권을 새롭게 형성하고자 했는지 여부를 떠나서, 분명한 것은 이 계획이 ASEAN의 구조적 무역 적자 문제를 해소하고 동시에 일본에 대한 시장 개방 압력을 줄이려는 의도에서 추진되었다는 점이다.[42]

일본은 ASEAN으로부터 특혜적인 양보나 제도화의 요구가 거세질 때마다 이것을 아·태지역 제도화를 통해 해결하려고 시도하였다. 여기에는 ASEAN에 대한 경제 개발 지원과 원조 문제를 혼자서 해결하기보다는 태평양 지역의 여타 선진국들과 의무를 분담하는 것을 선호하였다는 실제적 이득의 측면과 강화된 ASEAN의 집합적 교섭력을 보다 넓은 제도적 틀의 형성을 통해 희석시키려는 의도도 함께 작용하였다. 이에 대하여 ASEAN은 자신들의 단결력 약화와 영향력 감소를 우려해 반대 입장을 견지하였다.

41_Arase(1995), pp. 129-134; Hatch & Yamamura(1997), p. 138.

42_이 계획의 성공 여부나 MITI에 주도 하에 일관적으로 추진되었는지 여부에 대하여는 이론이 있다. 회의적인 견해로는 Shiraishi(1997), pp. 189-90.

최초로 아·태지역 협력이 본격화된 것은 1965년에 일본의 경제학자 고지마가 태평양 선진 5국(일본, 미국, 호주, 캐나다, 그리고 뉴질랜드)을 구성원으로 하는 '태평양 자유무역지대'(Pacific Free Trade Area: PFTA) 방안을 제시하고, 이것이 1968년부터 '태평양 무역개발회의'(PAFTAD conference)에서 구체적으로 논의되기 시작한 것이 계기였다.[43] 고지마의 견해가 일본에서 커다란 반향을 일으킨 것은 유럽 공동체의 확대 문제가 본격적으로 논의되고 이것이 일본에게도 경제적 위협으로 느껴지기 시작한 요인도 있었지만, 이 제안이 일본 자신의 초미의 관심사인 동남아시아의 개발과 선진국의 보호 무역주의라는 문제를 하나의 틀 속에서 다룰 수 있는 장점을 가졌기 때문이었다.[44]

1970년대를 통하여 일본은 ASEAN이 일본과의 급증하는 경제력 격차를 급진주의적 방법으로 해결하려는 시도와 미국이 대일본 무역 적자 문제를 보호주의적 방법으로 해결하려는 데 대해서 깊은 우려를 표명해 왔다. 이런 문제에 대한 공통적인 해결책으로 아·태지역 협력에 깊은 관심을 가졌다. 1970년대 중반 이후 ASEAN의 특혜무역제도 요구와 미국의 시장 개방 요구가 거세지는 와중에 일본은 태평양 공동체 수립을 심각하게 고려하게 되었다. 이에 대한 ASEAN의 입장은 자신들의 집단적 정체성이나 교섭력의 약화를 이유로 한 강력한 반대였다. ASEAN은 어떠한 형태의 태평양 제도화도 이 지역 선진국들이 ASEAN에 대해 공동 전선을 형성하는 데 유리하게 작용할 것이라는 우려를 표명하였다.[45] ASEAN은 일본 정부가

43_Kiyoshi Kojima. *Japan and the Pacific Free Trade Area* (University of California Press, 1971).

44_Kojima(1971), p. 171.

1979년 6월에 제안한 '환태평양 협력회의'(Pacific Basin Cooperation Conference: PBCC)를 동아시아 공영권의 부활 기도라고 비난하며 거부했고, 또 일본의 주도로 1982년에 출범한 태평양 경제협력회의(Pacific Economic Cooperation Conference: PECC)에도 마지못해 참여하기는 했지만 반대 의사를 오랫동안 견지하였다.

그 후에도 ASEAN과 미국 양측의 일본에 대한 통상 압력은 지속적으로 존재하였고, 1980년대 후반에 들어서면서 크게 거세졌다. 이 무렵 일본 정부(특히 통산성)는 미국 일각에서의 자유무역협정 제안이나 강압적 무역 제재를 빌미로 한 미국에 대한 특수한 양보 요구를 일축하고, 그 대신 아시아와 태평양을 망라하는 경제협력체 구상을 추진하기 시작하였다.[46] 이 무렵 일본 정부는 ASEAN에 대해 'New AID Plan'을 추진하고 있었고, 미국은 이것이 자신의 무역 적자 폭을 크게 확대할 지도 모른다는 의혹을 가졌다.[47] 이런 우려는 곧 ASEAN의 대일 무역 적자 대폭 확대와 대미 무역 흑자 급증이라는 현실로 구체화되었다. 이것은 ASEAN이 더 이상 미국의 무역 압력으로부터 안정권에 있지 않다는 점과 ASEAN의 일본에 대한 시장 개방 요구가 더욱 심화될 것이라는 점을 의미하였다. 아·태 경제 협력은 일본 외부(특히 태평양의 다른 선진국들)에 ASEAN의 수출 시장을 확대시킨다는 기대 효과를 가졌다.[48]

ASEAN은 이번에도 아·태지역 단위의 제도화(즉 APEC)에 대하여 반대

45_William Nesler, *Japan and the Third World* (London: Macmillan, 1992), p. 133.

46_Yoichi Funabashi, *Asia Pacific Fusion: Japans Role in APEC* (Washington, D.C.: Institute for International Economics, 1995), p. 59.

47_Orr(1990), pp. 77-8.

48_Funabashi(1995), pp. 58-9.

했고, 그 논지는 ASEAN의 약화 우려와 일본이나 미국과 같은 선진국에 의한 ASEAN 지배 가능성이었다.[49] 독자적 행보를 할 능력이 떨어졌던 ASEAN은 APEC에 참여하기는 하였지만, 곧 이어 자신의 영향력 유지와 강화를 위해 내적 심화(AFTA 설립)와 외적 확장(ASEAN-10으로 회원국 확대)에 나서게 되었다. 이와 함께 일본을 포함하는 동아시아 경제 협력에도 적극적으로 나섰으며, 1993년 ASEAN 외무장관 회담에서는 말레이시아의 마하티르 총리가 제안한 EAEG 방안을 원래 지향점인 경제 블록이 아니라 유연한 협의체인 EAEC(East Asian Economic Caucus: 동아시아 경제협의체)로 대체시켜 APEC 내에 공식적으로 존치시키기로 결정하였다.

하지만 이에 대한 일본 정부의 공식 대응은 일부 이견에도 불구하고 소극성 내지는 무관심으로 일관하였고, 이런 입장은 미국이나 호주의 반대가 상당히 약화된 이후에도 지속되었다. 일본이 동아시아에 복귀한 이래 지역 협력에 적극적이면서 어떠한 형태의 제도화에도 소극적이었던 하나의 중요한 이유는 그것이 일본에 대한 압력 집단이 될지도 모른다는 우려였다. 이것이 ASEAN의 제도화 요구에 일본이 지속적으로 반대한 이유였다. 제도를 통한 구속을 회피하는 가장 유용한 방안은 구속 필요성을 감소시키는 것이었으며, 이런 목적에서 일본은 ASEAN이 자신의 경제력에 대해 두려움을 갖지 않도록 안심시키면서, 동시에 무역, 직접 투자, ODA는 물론이고 다양한 차원의 경제 협력을 통해 이익을 공유할 수 있도록 배려하였다.

미국의 입장 또한 일본의 동아시아 지역 제도에 대한 선호에 영향을 미쳤다. 상기의 EAEG/EAEC 방안에 대해서 일본 내에서는 특히 아시아주의

49_Crone(1993), p. 156.

자들이 찬성하였지만, 경제적으로 쇠락하던 미국은 동아시아 시장을 필요로 했기 때문에 배타적인 경제 블록의 등장에 대해서 거부감이 컸다. 미국은 일본을 비롯한 아시아 시장이 미국을 구조적으로 차별한다는 불신을 갖고 있었으며, 자신이 배제된 동아시아 지역 협력체가 자신에게 배타적이 될 것이란 의구심을 강하게 가졌다. 국력 면에서 볼 때 일본이 동아시아 지역 통합을 주도할 경제적 능력은 보유하고 있었지만, 미국의 반대를 무릅쓰고 추진할 동기가 약하였다. 당시 일본에 대한 북한이나 소련 등으로부터의 안보 위협이 실재하고 있었으며, 안보 및 교역 측면에서 일본의 미국에 대한 의존도가 높았다. 따라서 일본은 미국의 압력에 효과적으로 저항할 수 없는 처지에 있었다. 더욱이 미국이 단독으로 일본에 대해 효과적인 안전 보장을 제공할 수 있었기 때문에, 안보 목적에서 지역 제도화를 추진할 필요성은 크지 않았다. 그렇지만 중국의 부상과 함께 ASEAN을 둘러싼 중-일 간의 경쟁이 시작되었고, 또한 ASEAN이란 범주를 넘어서 동아시아가 하나의 통합된 경제 단위로 부각됨에 따라 일본으로서도 보편적이고 공식적인 지역 제도를 회피할 수만은 없게 되었다.

3) 일본과 동아시아 지역 제도

냉전 종식 이후 일본은 자신의 위상에 부합되는 역할을 하고자 하였으며, 점차로 다자주의 제도에 관심을 보이기 시작하였다. 일본은 걸프전을 계기로 경제력에 부합하는 외교력을 갖추려고 노력하였다. 자신의 평화헌법과 미-일 동맹이란 제약을 뛰어넘는 유용한 방안은 다자 외교를 강화하는 것이었다. 유엔 안보리 상임이사국이 되는 꿈을 꾸고, 앙골라, 모잠비크, 캄보디아, 엘살바도르 등에서 유엔 평화 유지 활동에도 적극 참여하였다.

지역 제도 또한 역내 영향력 확보를 통해 국제적 위상을 강화하려는 목적에서 큰 관심의 대상이었다. 냉전 기간 중에는 ODA를 통해서 아시아 국가들의 환심을 사려 하였고, 냉전 후에는 지역 제도를 활용해서 자신의 주도적 위상을 확보하려고 노력하였다. 이런 지역 제도는 자신의 경제력 상승에 대해 우려를 갖고 있던 미국이나 유럽으로부터의 압력에 대응하는 수단으로서도 가치가 있었다. 군사력에 바탕을 둔 독자적인 세력 균형책이 대안이 아니었기 때문에 제도는 국력 행사의 유용한 수단의 하나였다. 경제적 상호 의존이 심화되고 있던 상황에서 중국이나 미국에 대한 견제는 제도적 균형의 형태를 띨 수밖에 없었다.

우선 APEC은 일본에게 미국에 대한 견제란 목적에서 중요하였다. 당시 미국은 일본을 경제적 라이벌로 생각하면서 시장 개방을 강력하게 요구하고 있었다. 일본은 APEC을 미국 이외의 시장을 확보할 수 있는 기회를 제공하면서 동시에 미국의 일방주의를 제어할 수 있는 유용한 수단으로 인식하였다. 일본은 역내 리더십 발휘에 관심이 있었지만, 자신에 대해 반감이 존재한다는 점을 잘 알고 있었다. 따라서 APEC 출범 과정에서 산파역을 담당하였지만 뒤로부터 리더십을 발휘한다는 전략(leadership from behind)을 채택하였다. 그 결과 APEC은 호주가 주도하고 일본이 뒤에서 밀어 주는 방식으로 추진되었다. 양국은 미국의 일방주의를 견제하겠다는 점에서 이해관계를 공유하고 있었다. 호주는 미국의 일방주의가 보편적 자유화가 아닌 미국에게만 시장이 개방되는 결과가 생겨나는 것에 대해 불만이 있었다. 일본도 자신에 대한 미국의 통상 압력이 부당하다고 인식하고 있었다. 다자적 제도는 미국의 일방주의적 압력을 해소시키기 위한 좋은 수단으로 인식되었다. 그렇지만 일본은 호주가 미국 배제를 주장했을 때 배타적 균형보다는 내포적 균형을 선택하였다. 그러나 APEC을 통한 미국식의 강제적인 자유화 추진에 대해서는 반대 의사를 분명히 하였다.

냉전 종식 이후 일본에서는 아시아 중시 경향이 강화되어 나타났다. 냉전 기간 동안 일본은 미-일 동맹 일변도의 외교를 추진하였다. 그렇지만 냉전 이후 아시아에서 안보적 갈등 구도가 약화되고 경제 발전이 급속하게 이루어짐에 따라 아시아에 대한 관심이 고조되었다. 아시아 경제에 대한 관심은 미국과의 경제 마찰이 심화됨에 따라 더욱 커졌다. 이런 맥락에서 중국에 대한 협력이 강화되었고, 고노 담화를 비롯해서 아시아에 대한 역사 인식을 개선하려는 노력이 생겨났으며, APEC이나 ARF와 같은 역내 제도의 설립을 주도적으로 추진하고자 하였다. 90년대 일본의 아시아 외교는 "아시아에 대한 일정 정도의 죄의식에 바탕을 두고 전후 처리 관점에서 아시아에 접근하면서 협력 관계를 강화"하려 했다.[50] 그리고 경제 위기 이후에는 지역 협력 외교를 더욱 강화하였고, 관심의 초점은 점차 아·태지역에서 동아시아로 옮겨갔다.

그렇지만 일본의 지역주의 정책은 기본적으로 아시아와 태평양 양 지역을 모두 중시하는 입장을 견지하였다. 2006년 11월 일본 외무성은 동아시아 지역 협력에 대한 일본의 정책을 발표하였는데, 여기에서 일본은 "아세안 주도 원칙, 열린 지역주의, 기능적 협력론, 보편적 가치 및 글로벌 룰의 존중 원칙을 제시"하였다.[51] 이와 같은 열린 지역주의의 천명은 '고이즈미 독트린'에도 반영되었고, EAS 개최에 즈음해서는 호주, 뉴질랜드, 인도 등의 참가 주장으로 이어졌다. 일본은 협소한 동아시아 지역주의에 대해서

50_최희식, "현대 일본의 아시아 외교전략: 내재적 접근에서 외재적 접근으로," 『국제정치논총』 49:2(2009), p. 39.

51_최희식(2009), p. 41.

는 거부감이 있었다. 물론 표면적으로는 역외 나라들에 대한 배려를 내세웠지만, 실제로는 중국과 단독으로 대면하는 것을 부담스러워하였다. 일본은 동아시아 대부분의 나라들이 발전 수준 면에서 떨어진다고 인식하고 있었기 때문에 경제 통합보다는 경제 협력이 더 적절한 것으로 보았다. 중국에 대한 정경 분리 원칙은 이런 경향을 잘 대변해 주는 것이었다.

안보 영역에서 일본이 보여 준 전통적인 행태는 미국과의 동맹 중시와 국제적 책무 회피였다. 이런 맥락에서 일본은 미국과의 양자 동맹을 훼손할 우려가 있는 다자 제도에 대해서는 반대 입장을 견지하였다. 그러나 1991년 무렵 이런 입장을 뒤집어 ASEAN-PMC에서 다자적 안보 대화체 설립을 제안하게 되었다. 일본 외무상 나카야마의 이러한 제안 배경에는 냉전 종식이란 새로운 환경과 자신의 경제력에 대한 자신감이 작용하였다.[52] 일본 국내에서는 냉전 종식이 미-일 군사 동맹에 미칠 영향에 대한 우려가 널리 퍼져 있었다. 미국은 1990년 아시아 주둔 미군을 감축하겠다는 정책 보고서를 발표하였다. 그리고 1991년에는 미국이 필리핀에서 군사기지 사용 갱신에 실패함으로써 이탈이 점차 현실화되고 있었다. 미국 없이 생존해야 하는 상황을 타개하기 위해서 일본에게는 안보 대화체가 필요하였다. 다자간 안보 협의체는 미국에게는 안보 부담의 절감을 그리고 일본에게는 좋은 평판이나 역내 지도력을 제공할 수 있는 잠재적 가치를 가졌다. 일본에게 군사적 주도권 추구는 헌법으로 금지되어 있었지만, 정치적 리더십 추구까지 금지된 것은 아니었다. 그렇지만 미국과 ASEAN은 자신의 주도적 위상이 약화될 것을 우려해 일본의 제안에 대해 반대하였다.

52_He(2009), p. 100.

역내 제도화와 관련해서는 1990년대 초반 무렵에는 일본의 부상과 일본에 대한 역내 우려가 중요한 변수였지만, 1990년대 후반에 이르러서는 중국의 부상과 중국에 대한 우려가 점차 더 중요해졌다. 이런 상황 하에서 중국을 자극할 안보 제도에 대한 역내의 여론은 유보적이었다. 대신에 유연한 안보 대화체에 대해서는 환영이었다. 일본의 제안은 역내·외의 반대로 인해 좌초될 수밖에 없었지만, 안보 대화체에 대한 미국의 입장을 긍정적 방향으로 전환시켰고 아울러 ASEAN 주도의 안보 대화체 설립을 촉발시켰다는 점에서 의미가 컸다. 일본의 지역 제도에 대한 적극적인 태도 변화는 미국을 아시아에 묶어 놓겠다는 의도와 ASEAN에 대해 리더십을 확보하겠다는 의도를 반영한 것이었다.

그 후 일본의 관심은 점차 중국으로 옮겨 갔다. 1990년대 중반 중국의 부상에 위협을 느낀 일본은 ARF를 통해 중국의 군사적 투명성을 제고시키고, 중국의 행동을 견제하기 위해 노력하였다. 일본은 ASEAN '우호협력조약'(TAC)이 불가침 조약의 의미를 가지면서 남중국해 영토 분쟁 해결에 실효성을 가질 수 있다면, 일본에게도 중국과의 영토 분쟁 해결에 있어서 유용할 것이라고 생각하였다. 이런 측면에서 ASEAN이 주도하는 ARF는 일본에게 안보 문제를 다룰 수 있는 유용한 대화의 장이었다. 그렇지만 일본이 지역에서 독자적인 리더십 확보를 추구한 것은 아니었다. 미국의 외교정책 목표에 부합되는 중국 견제나 중국의 부상에 대응하는 정도의 반응적인 지역주의 정책을 추진하였다는 점에서 일본이 지역 제도화에 대한 소극성을 탈각한 것은 아니었다.

일본의 지역 제도에 대한 적극성은 아시아 금융 위기를 계기로 출범한 APT와 관련해서 본격화되었다. 동아시아 경제 위기는 일본에게 리더십을 발휘할 수 있는 절호의 기회였다. 하락을 거듭하던 아시아 국가들의 통화 안정을 꾀하는 것은 물론이고, 일본 엔화의 국제화 및 글로벌 시스템 내에서 엔화의 위상을 강화시킬 수 있는 좋은 기회였다. 일본은 기존의 소극성을 탈피해서 본격적으로 리더십을 발휘하려고 시도하였다. 이런 맥락에서 일본은 1997년 금융 위기가 발생한 직후에 AMF를 제안하였지만, 미국과 중국의 반대에 부딪혀 일찍이 좌절을 맛보았다. 미국은 자신의 권위에 대한 도전이었던 동시에 도덕적 해이를 가져올 우려가 있다는 이유로 반대했으며, 중국은 일본의 금융 지배를 용인하고 싶지 않았다.[53] 그렇지만 금융 위기를 계기로 동아시아 국가들은 미국이나 IMF와는 별도의 독자적인 금융 통화 협력 기제가 필요하다는 데 공감하였다. 이것을 계기로 APT를 통한 통화 협력이 급속도로 진전되었다. 특히 중국의 역내 위상 강화는 일본으로 하여금 보다 적극적으로 동아시아 지역주의를 수용하도록 압력을 가하였다. APT는 미국이 배제된 최초의 동아시아 지역 협력체로서 동아시아 국가들을 단결시킴으로써 미국이나 서방세계의 압력에 효과적으로 대처하기 위한 수단이었던 동시에 급부상하고 있던 중국을 제도를 통해 견제한다는 차원에서 의미가 있었다.

일본은 전통적으로 ASEAN과의 관계에 있어서 자신의 영향력을 극대화시킬 수 있는 양자주의를 선호하였다. 따라서 중국이 아니었더라면 일본이 미국을 배제하는 배타적인 지역 기구에 가입하지 않았을 가능성이 컸다.[54] 그 때까지 일본은 미국의 심기를 불편하게 만들지 않기 위해 최선의

53_He(2009), p. 106.

54_실제로 일본은 처음에는 치앙마이 이니셔티브나 ASEAN+3에 참여하기를 조심스러워 하였다. 그렇지만 자신이 없으면 중국이 지역 구조 형성을 주도할 것을 우려해 마지못해 가담하였다. Richard Stubbs, "ASEAN Plus Three: Emerging East Asian Regionalism?", *Asian Survey* 42:3(2002).

배려를 하였다. 양자주의란 틀 속에서 ASEAN과의 관계를 강화시키기 위해 일본은 1997년 1월 당시 총리의 이름을 딴 '하시모토 독트린'을 발표해서 자신과 ASEAN 사이의 연례 정상회의를 가질 것을 제안하였다. 그러나 ASEAN은 중국을 소외시킬 우려가 있다는 이유로 일본의 제안에 그다지 적극적이지 않았다. ASEAN에게 중국과 일본은 공히 중요했으며, 이런 이유로 APT는 일본의 요구에 대한 ASEAN의 우회적인 반대 의사 표명이었다고 볼 수 있다.[55] 결과적으로 APT는 ASEAN이 주도했고, 일본과 중국이 이에 동조함으로써 출범할 수 있었다.

그 후 일본의 동아시아 정책은 미국과의 동맹을 통해서 중국을 견제하면서도, 중국과 긴밀한 관계를 형성하고 지역 제도를 활성화시킴으로써 미국으로부터 어느 정도 독자적인 공간을 확보하려는 것이었다. 이것은 미국으로부터 야기될 수 있는 위험에 대한 대처라는 측면에서 헤징 전략의 성격을 가졌다.[56] 지역 제도는 아울러 중국에 대한 제도적 균형의 수단으로서도 유용하였다. 일본은 미국의 패권을 수용함으로써 자신의 군사력 확장에 대한 제약 요인을 제거하고자 했지만 여전히 국내 정치적으로나 경제적으로 한계가 있었다. 반면에 중국은 군사력이나 경제력 측면에서 급속한 팽창을 경험하고 있었다. 2005년 무렵 중국은 북한과 더불어 일본에 대한 주요한 안보 위협으로 부상하게 되었다. 미-일 동맹이 존재하고 있었기 때문에 전통적인 경성 균형이 추가적으로 필요하지는 않았지만, 제도의 역할이

55_He(2009), p. 107.

56_부상하는 강대국의 현재와 미래의 불확실한 의도에 대비하기 위한 보험 같은 전략을 의미한다. Richard J. Samuels, *Securing Japan: Tokyo's Grand Strategy and the Future of East Asia* (Cornell University Press, 2007).

증대되는 역내 정치 환경 하에서 제도를 통한 중국에 대한 견제와 균형은 유용한 대안이었다. 중국도 자신의 부상이 주변국에게 위협으로 받아들여지지 않도록 유념하면서, 자신에 대한 일본의 견제 노력에 대응해 나갔다. 이로써 동아시아 지역주의는 중국과 일본 사이의 경쟁 무대가 되었다.

3. 지역 강대국 사례 II: 중국

1) 중국-ASEAN 관계의 제도화

중국의 외교 전략에서 가장 중요한 목표는 중국의 평화로운 부상에 기여할 수 있는 안정된 외부 환경을 조성하는 것이었다. 핵심적 요소는 외부 세력이나 강대국이 자신을 포위하는 것을 방지하고 변방의 안정을 확보하는 것이었다. 이를 위해 주요 강대국과 원만한 관계를 유지하고, 변방에 자신에게 적대적인 연합이 생겨나지 않도록 적극적인 외교를 펼치는 것이었다.[57] 중국이 1970년대 말 개혁·개방 정책을 추진하기 시작한 이후 지속적인 경제 발전은 공산당 정권의 존립을 위한 가장 중요한 방편이었다. 중국은 글로벌 환경의 안정을 위해서 보다 적극적으로 국제 제도에 참여하기 시작하였고, 아울러 동아시아 지역에 대해서도 적극적으로 관여하기 시작하였다. 중국은 경제 발전을 지속하기 위해 역내 안정을 유지하는 것과 중국 위협에 대한 두려움을 달래면서 자신의 영향력을 제고시키는 것이란 두

57_Evelyn Goh, "Southeast Asian Perspectives on the China Challenge," *Journal of Strategic Studies* 30:4-5(2007), pp. 810-12.

가지 목표를 가지고 있었다. 지역주의는 불필요한 분쟁 회피, 우호적인 관계 조성, 교역 및 투자 기회 확대, 역내 및 글로벌 영향력 확대 등과 같이 다양한 목적에서 유연하게 전략적으로 추진되었다.[58]

중국 정부는 자신의 급부상과 함께 확산되고 있던 '중국 위협론'에 대해 민감하게 반응하였다. 이것이 자신에 대한 견제·봉쇄 움직임으로 이어지게 되면 결국에는 중국의 지속적인 발전에 위해를 가할 것이라고 인식하고 있었다. 이런 사태를 미연에 방지하기 위해서는 지역 협력, 연성 권력, 공공 외교와 같은 개념들이 활용될 필요가 있었다. 2003년 '보아오 아시아 포럼'에서 중국 외교 정책 고문인 정비젠(Zheng Bijian)이 처음으로 사용하였던 평화로운 부상을 의미하는 '화평굴기'는 중요한 개념적인 성과였다.[59] 상생이란 의미로 해석할 수 있는 이 개념은 주변 지역에서 통상 문제와 관련해서 광폭의 양보를 제공하거나 다자주의를 수용하는 등 자신에 대한 호감도를 제고시키는 정책을 이끌어 내었다. 주요 대상은 일본의 영향권 하에 있으면서 급부상하는 중국에 대해 우려를 가졌던 ASEAN이었다.

ASEAN에게 중국은 안보 위협의 원천인 동시에 경제적으로 경쟁자였다. ASEAN과 중국 경제는 노동 집약적 제조업과 농업에 특화되어 있어서 상호 경쟁적이었다. 양자 공히 수출 주도형 산업화 전략을 채택함에 따라 수출 시장에서 충돌 가능성이 컸으며, 글로벌 금융 시장에서 제한된 투자

58_Enyu Zhang, "From Adapting to Shaping: Contextualizing the Practice of Regionalization in China's Foreign Policy," Emilian Kavalski, *China and the Global Politics of Regionalization* (Ashigate, 2009), pp. 84-7.

59_David Scott, "Soft Language, Soft Imagery and Soft Power in China's Diplomatic Lexicon," Hongyi Lai and Yiyi Lu eds., *China's Soft Power and International Relations* (New York: Routledge, 2012), p. 47.

자본의 유치를 둘러싸고도 경쟁 관계에 있었다. 중국 경제의 점진적 부상과 함께 중국은 강자요 가해자이고 아세안은 약자요 피해자란 구도가 점차 형성되었다. ASEAN은 자신의 집단적 영향력에 기초해서 중국을 제도적으로 압박하였다. 자신이 주도하는 제도적 권위를 용인하고, 이를 근거로 양자 관계를 형성하길 원하였다. 이에 대해 중국은 매력 공세 차원에서 수용하는 모습을 보였다. 그리고 역내 주도권 확립을 위해 정당성을 제고시킬 필요성이 생겨나자, 전략적인 차원에서 ASEAN 규범을 수용하기도 하였다. 그렇지만 자신에 대해 구속력 있는 제도는 회피하였다.

1970년대와 80년대에는 중국이 소련에 대립하는 입장을 취했기 때문에 미국 및 ASEAN과 전략적 동반자에 있었던 측면이 있었다. 그렇지만 인도네시아를 비롯한 주요 ASEAN 국가들과는 외교 관계가 단절된 상태였다. 1980년대 중국-ASEAN 경제 관계는 잠재력이 크기는 했지만 비중은 그다지 크지 않았다. 1991년 소련의 위협이 사라지고 캄보디아 사태가 해결된 이후 ASEAN에게 남겨진 과제는 과연 급부상하고 있는 중국을 어떻게 다룰 것인가 하는 것이었다. 이 시기 세계적 관심사는 안보보다 경제였고, 특히 급성장을 거듭하는 중국 경제는 ASEAN에게 위협인 동시에 기회였다. 중국은 ASEAN에게 투자처로서 경쟁 관계에 있었으며, 동시에 값싼 노동력의 존재로 인해 노동 집약적인 ASEAN 경제에게 커다란 위협이었다. 반면에 거대한 중국 시장은 기회의 땅이기도 하였다. 안보 면에서도 경제력 증대에 따른 중국의 군사력 팽창과 미국의 역내 안보적 역할에 대한 불확실성 고조는 ASEAN 내에서 중국 위협론을 확산시켰다.

중국은 주변의 두려움이 자신에 대한 집단적인 견제 움직임을 만들어 낼 것이란 점을 잘 알고 있었다. 이에 대처하기 위해서 우선 천안문 사태 이후 국제적 고립을 타개하기 위해서 동남아 외교를 강화하였다. 리펑 총리가 1990년 8월에 태국, 인도네시아, 싱가포르를 방문하였다. 그 당시 인도네시아와의 외교 관계를 정상화했으며, 싱가포르와는 1990년 10월에, 그리고 브루나이와는 1991년 9월에 각각 외교 관계를 수립하였다. 이를 통해 중국은 외교적 고립을 탈피하고 역내 외교 무대에 복귀하였다. 이를 계기로 ASEAN 국가들과 우호적인 관계 형성에 본격적으로 나섰다. 1991년 7월에는 ASEAN 연례 정상회의에 최초로 초대받았으며, 이것을 기회로 중국은 ASEAN과의 관계를 돈독히 하고 역내 다자적 제도에도 참여할 수 있었다. 1992년에는 ASEAN의 공식적인 협의 상대국이 됐으며, 아세안이 주도하는 ARF에도 참여하였다. 이를 통해 중국은 ASEAN이 주도하는 역내 질서에 사회화되는 모습을 보였다. 1996년 7월에는 전면 대화 상대국 지위를 부여받았으며, 1997년에는 장쩌민 총리가 ASEAN 정상들과 최초의 정상회담을 가짐으로써 선린 우호 동반자 관계를 수립하였다.[60] 그리고 1997년 아시아 금융 위기를 계기로 ASEAN의 신뢰를 얻을 수 있었다. 중국은 대외 정책의 역점을 급부상하는 자신에 대한 역내의 우려를 해소시키는 데 두고 있었다.

같은 맥락에서 중국은 1999년 ASEAN과 '남중국해 영토 분쟁에 대한 행동 준칙'(Code of Conduct: COC) 제정에 대해 논의하기 시작하였다. 이를 위한 워킹 그룹이 2000년 3월 15일 첫 번째 회의를 가졌으며, 2002년에는 비록 구속력은 없지만 '남중국해 행동 선언'(Declaration on the Conduct of Parties in the South China Sea: DOC)에 서명할 수 있었다.[61] 이것은 개별 분

60_박병광, "중국의 동아시아 전략과 전망," 이동률 편 『중국의 미래를 말하다: 글로벌 슈퍼파워의 가능성과 전망』(EAI: 2013), p. 149.

61_He(2009), p. 39.

쟁국이 아닌 ASEAN 차원의 대응이었다는 점에서 커다란 의미가 있었다. 반면에 중국은 실질적인 해결은 분쟁 당사국과 양자 간 해결이란 입장을 고수하였다. 중국의 의도는 다자간 제도보다는 자신의 영향력을 용이하게 행사할 수 있는 양자적 틀에서 의미 있는 합의를 하겠다는 것이었다. 이런 판단은 다자간 제도가 자신에게 불리할 것이란 인식에 근거한 것이었다.

중국이 구속력 있는 COC에 반대하면서도 협의에 응한 것은 신뢰 구축이란 상징적인 의미를 중시했기 때문이었다. 더구나 ASEAN은 만장일치 방식으로 의사를 결정하기 때문에 하나의 회원국도 반대하면 결정을 내리기 어려운 구도를 가졌다. 중국에게는 ASEAN 회원국 중 몇 나라를 자신의 영향권 내에 두는 것이 그다지 어렵지 않았다. 실제로 중국은 캄보디아 등 약체 국가들에 대해 영향력을 행사함으로써 단일한 ASEAN 입장이 도출되지 못하도록 저지시킬 수 있었다.[62] 지금까지 중국은 남중국해 분쟁에 대해 지속적으로 양자 간 협상을 통한 분쟁 해결을 선호하고 있으며, 구속력 있는 COC에 대해서는 현실적인 목표를 세우고 점진적으로 접근해야 한다는 것이 공식 입장이다.[63]

중국은 비(非)아세안 국가로서는 최초로 2003년 10월 '동남아 우호협력조약'(TAC)에 서명하였다. 중국은 1976년에 이미 역외 국가로서는 처음으로 '동남아 평화자유중립지대'(ZOPFAN) 선언을 수용한 바도 있었다. 중

62_중국은 경제적 측면에서는 ASEAN을 단일 행위자로 상대하는 것에 반대하지 않았지만, 안보 면에서는 개별 국가와의 양자 간 협상을 선호하였다. Munmun Majumdar, "The ASEAN Way of Conflict Management in the South China Sea," *Strategic Analysis* 39:1(2015), pp. 78-9.

63_중국 외교부장 왕이가 2013년 아세안 국가 순방 시 언급한 사항이다. Majumdar(2015), p. 82.

국을 필두로 인도, 일본, 한국, 러시아, 호주, 그리고 최근에는 미국까지 많은 나라들이 줄이어 TAC에 서명하였다. 이어서 중국은 2004년에 ASEAN과 '평화와 번영을 위한 전략적 동반자 관계 구축'을 위한 공동 선언문에 서명하였다. 이런 일련의 매력 공세는 자신을 봉쇄하려는 미국의 의도에 대항하려는 전략적 목표에 기여할 것으로 기대되었다. 아울러 역내 경제 상호 의존의 증대로 인해 지역 협력의 중요성이 점차 커지고 있던 현실도 어느 정도 반영되었다.

ASEAN과의 안보 협력은 주로 중국이 ASEAN이 주도한 ARF에 참여함으로써 이루어졌다. 중국은 초창기에 자주권에 대한 침해 우려 때문에 참여를 주저하였으며, 참여 이후에도 처음 두 번의 회의까지는 자신과 관련된 사안이 다뤄지지 않도록 방어적인 자세를 취하였다. 그렇지만 점차 자신에 대한 불신을 해소시키고 자신의 매력을 발산할 수 있는 무대로서 인식하기 시작하였다. 중국에게 위안거리는 ASEAN이 ARF를 통해 추구한 협력 안보 개념이 자신의 생각과 별 차이가 없었다는 점이었다. 그리고 잠재적으로 미국에 대한 견제 역할도 할 수 있을 것으로 판단되었기 때문에 보다 적극적으로 임하게 되었다.[64] 중국은 ARF가 자신에게 유리하면서 동시에 미국의 영향력을 차단하는 방향으로 발전되도록 유도하였다. 이런 맥락에서 비공식성, 합의 존중, 내정 불간섭, 분쟁의 평화적 해결, 비폭력 등을 강조하는 '아세안 방식'을 적극 수용하였고, ARF 내에서 ASEAN의 중심성을 인정함으로써 ASEAN의 신뢰를 얻고자 하였다. 더구나 ASEAN은 회원국들의 만장일치로 의사 결정을 하기 때문에 ARF가 중국에게 불리

64_He(2009), pp. 41-2.

한 결정을 내릴 가능성이 낮았다. 이런 점에서 중국은 실질적 거부권을 가진 셈이었다. 따라서 중국의 매력 공세는 큰 비용을 수반하지 않았다. 중국은 별다른 제약 없이 자신의 군사력을 강화할 수 있었으며, 남중국해의 영유권 분쟁과 관련해서도 별다른 구속을 받지 않고 자신의 뜻대로 행동할 수 있었다. 중국은 자신이 촉발한 남사군도 영토 분쟁에 대해서는 ARF에서 적극 논의하도록 허용하였는데, 구속력 있는 결정이 아닌 한에서 논의 자체는 중국에게 큰 손해가 아니었다.

중국의 매력 공세는 통상 분야까지로 이어졌다. 2000년 11월 ASEAN+3 정상회의에서 중국은 ASEAN과의 FTA를 공개적으로 촉구하였다. 이어서 2002년에 단계적 FTA 체결을 위한 기본 협정에 합의하고 2005년에는 최종적인 타결이 있었다. 중국-아세안 자유무역협정(China-ASEAN FTA: CAFTA)은 중국에게 에너지와 천연자원 확보, 공산품 수출 시장 확대란 경제적 목적 이외에 중국 위협론을 약화시키고, 평화로운 부상을 증진시키며, 역내 세력 균형을 자신에게 유리하게 변화시키기 위한 전략적인 목적도 갖고 있었다.[65] 당시 ASEAN은 중국 경제의 중요성은 인정하면서도 중국에 대한 높은 의존도와 경쟁 관계 형성을 우려하고 있었다. 중국은 선(先)자유화 조치(Early Harvest Program: EHP)를 통해 자신의 농산물 시장을 아세안에 우선적으로 개방함으로써 이런 우려를 불식시키고자 하였다. 이것은 경제적 이득만이 아니라 장기적인 전략적 고려까지 함께 한 것이었다. 일본에 앞선 ASEAN과의 FTA 체결로 인해 중국은 일본과의 역내 주도권

65_Gregory Chin & Richard Stubbs, "China, Regional Institution-building and the China-ASEAN Free Trade Area," *Review of International Political Economy* 18:3(2011), p. 278.

다툼에서 유리한 고지를 점할 수 있었다. 존 레번힐(John Ravenhill) 호주 국립대 교수는 이것을 "기막힌 외교 쿠데타"로 평가하였다.[66]

중국의 매력 공세는 어느 정도 성공을 가져왔다. 2006년 중국 난닝에서 개최된 중국-아세안 정상회담에서 원자바오 총리는 양자 관계가 사상 최고조에 달했다고 선언하기도 하였다. 이는 당시 미국이 부시 행정부의 일방주의로 인해 평판이 악화된 것과 크게 대조되었다. 중국에 대한 아세안의 인식도 많이 개선됐으며, 아세안은 ASEAN+3 장내에서 중국과 협력적 관계를 유지하였다. 중국의 매력 공세와 유연한 제도화를 통한 협력은 중국을 제도적으로 구속할 유인을 약화시켰다. 그렇지만 중국의 평판은 최근 몇 년 사이에 다시 악화되었고, 아울러 중국을 제도적으로 구속하려는 ASEAN의 움직임도 활발해졌다.

중요한 계기는 바로 중국과 ASEAN 일부 회원국 사이의 영유권 분쟁의 재점화였다. 중국은 남중국해의 80%를 9개의 유(U)자 모양 점선으로 감싼 이른바 '남중국해 9단선'을 긋고 이 선의 안쪽 바다는 모두 자국의 영해라고 주장해 왔다. 이로 인해 중국은 베트남과는 남사군도(Spratly Islands)와 서사군도(Paracel Islands)에서 그리고 필리핀과는 서사군도의 영유권을 놓고 다툼을 해왔으며, 2009년 무렵부터 베트남 및 필리핀과의 분쟁의 강도를 높였다. 중국 정부는 베트남 어선을 다수 나포하였고, 2011년에 들어 베트남이 외국 회사와 합작으로 남중국해에서 유전 개발 탐사를 하고 있는 동안 중국이 탐사선 케이블을 절단하는 사건이 일어나서 양국이

66_John Ravenhill, "The New Trade Bilateralism in East Asia," Kent E. Calder and Francis Fukuyama, eds., *East Asian Multilateralism: Prospects for Regional Stability* (Baltimore, MD: John Hopkins Press, 2008), p. 81.

군사적으로 대치하는 상황이 연출되기도 하였다. 필리핀과의 갈등도 2011년부터 격화되기 시작하였다. 2012년 4월에는 약 두 달 정도 필리핀 해군 함정과 중국 해양경비대 소속 함정 2척이 남중국해의 스카보로 섬(Scarborough Shoal)에서 조업 중이던 필리핀 어선 나포를 둘러싸고 대치하였다. 중국은 주권 수호를 내세우며 필리핀 해군이 불법 조업 중이던 자국의 어선조차 수색하지 못하도록 막았다.[67] 해양 분쟁을 유리하게 이끌기 위해서 중국 정부는 군사적 조치는 물론이고 통상 압력도 행사하였다.

중국 정부의 적극적인 영유권 주장에 대항해서 베트남과 필리핀 양국은 미국과의 협력을 강화하는 한편 ASEAN 차원에서 공동으로 대처할 것을 역설하였다. 반면에 중국 정부는 양자 간 해결을 선호하면서 ARF나 EAS와 같은 지역 제도에서 이 문제를·다루는 것에 반대하였다. 그렇지만 2010년 오랫동안 침묵을 깨고 ARF 회원국 절반 이상이 남중국해 영유권 분쟁 사태에 대해 공식적인 우려를 표명하였고, 중국 정부는 강하게 반발하였다. 2012년에는 ASEAN 의장국 캄보디아에 압력을 가해서 남중국해 분쟁이 공동 선언에 포함되지 않도록 조치했으며, 그 결과 ASEAN 55년 역사상 최초로 공동 선언문이 발표되지 않는 상황이 연출되었다.[68] ASEAN의 집단적 영향력에 근거해서 중국에게 구속력 있는 행동 준칙을 제정할 것을 요구한 회원국들의 시도는 중국의 성공적인 분할 통치 전략에 의해 성과를 거두지 못하였다. 중국은 전략적으로 자신에게 가까운 미얀마, 캄보디아, 라오스 등에 대해서 많은 원조를 제공하였다. 중국은 메콩

67_Bill Hayton, *The South China Sea: The Struggle for Power in Asia* (Yale University Press, 2014), pp. 144-7.

68_"ASEAN Talks Fail Over China Dispute," *AFP* (July 13, 2012).

강 개발 프로그램에 대해 가장 적극적인 후원자이며 인프라 투자에도 적극적이어서 이들 국가에 대해 커다란 영향력을 보유하고 있었다.[69] 그렇지만 필리핀과 베트남을 비롯해서 다수의 ASEAN 국가들이 미국과 가까워지도록 만들었으며, 일본과 인도 또한 대중 견제 차원에서 이들의 유용한 전략적 파트너로 부각하게 되었다.

중국의 적극적인 해양 영유권 주장은 그 당시 자신의 지속적인 국력 상승과 글로벌 금융 위기로 인한 미국의 상대적 쇠락을 목도하면서 자신감이 고조된 측면도 있지만, 불가피한 측면도 있었다. 2009년 5월이 UNCLOS (유엔 해양법 협약)에 의거하여 분쟁 지역에 대한 권리 다툼이 있는 경우 보고 마감 기한이었는데, 주변국들이 중국과 상이한 주장을 제출함에 따라 중국도 이에 반응하지 않을 수 없었다. 국내 정치적으로도 군부의 영향력으로 인해 영유권 문제에 유연하게 대처할 수 없었다. 이들은 미국이 아세안 국가들과 일본을 부추겨서 중국에 도전하도록 만들었다는 인식을 갖고 있었다.[70] 중국으로서는 미국에 대한 도전이 현실적으로 불가능했기 때문에 아세안 국가들과 일본에 대해서만은 강력한 입장을 표명하고 실제 행동을 보여 주고자 하였다. 이로 인해 주변 국가들과의 외교 관계가 경색되었고, 기존에 매력 공세를 통해 얻은 외교적 자산을 상실하는 결과를 초래하였다. 특히 일본과의 관계가 크게 악화되었으며, 이로 인해 미국의 재균형 정책이 더욱 구체화되도록 만들었다.

69_Jörn Dosch, "Managing Security in ASEAN-China Relations: Liberal Peace of Hegemonic Stability," *Asian Perspective* 31:1(2007), pp. 230-1.

70_Phillip C. Saunders, "China's Role in Asia: Attractive or Assertive," Shambauch & Yahuda(2014), p. 161.

최근 중국 정부는 ASEAN과의 외교 관계를 중시하면서, 남중국해 분쟁이 지나치게 부각되는 상황을 진화하려 하고 있다. 왕이 외교부장은 2013년 8월 중국-아세안 전략적 동반자 관계 수립 10주년 기념 행사장에서 남중국해 분쟁에 대해서 중국-ASEAN 협력 틀 속에서 직접 협상, 2002년 체결한 남중국 행동 선언(DOC)의 실천과 행동 준칙(COC)의 점진적 제정, 그리고 해양 자원의 공동 개발에 대한 합의 등 세 개의 채널을 통해서 동시적으로 해결할 것을 제시하였다.[71] 관심이 되고 있는 COC 제정은 장기적인 관점에서 점진적으로 추진할 것을 제안하였다. 중국으로서는 정당성 제고란 측면에서 ASEAN의 제도적 해결 주장을 도외시할 수만은 없을 것으로 보인다.

2) 중국과 동아시아 지역주의

중국에게 동아시아란 지역 개념은 오랫동안 존재하지 않았다. 자신은 중화세계의 중심이었으며, 지역 정체성을 구축하려는 노력도 별로 기울이지 않았다. 오랫동안 고립주의 정책을 추진하면서 다자주의는 물론이고 지역주의에 대한 관심도 적었다. 동아시아 각국과는 쌍무적 관계를 중시하였고, 경제 통합은 WTO 가입 정도가 목표였다. 중국이 동아시아 지역주의에 관심을 가지게 된 계기는 1997년의 경제 위기였다. 이것을 통해 아시아의 일원으로서 중국의 정체성이 구체화되었고, 지역주의를 점차 적극적으로 수용하기 시작하였다.[72] 처음에 중국은 동아시아 지역주의를 자신에 대

71_Munir Majid, "Southeast Asian View of China's 'not so neighbourly' Rise," *International Politics* 51:3(2014), p. 401.

한 위협으로 받아들였지만, 자신의 국력이 신장됨에 따라 자신감에 바탕을 두고 적극적으로 임했다. 동아시아만을 위한 규칙과 규범을 만들고, 역외 국가들이 이에 따르도록 만들어진다면 커다란 정치적 이득이 있을 것으로 기대하였다.[73]

중국의 동아시아 지역주의에 대한 입장은 초기에는 ASEAN에 대한 공세를 통해 일본의 주도권을 견제하려는 것으로부터 EAS의 출범을 둘러싸고 일본과의 본격적인 주도권 경쟁, 그리고 최근에는 TPP를 추진하면서 아시아로 회귀한 미국에 대한 견제에 이르기까지 전략적인 목적을 중시하였다. 그 결과 일본이나 미국의 중국에 대한 견제 움직임이 생겨났으며, 아울러 상호 충돌 가능성도 고조되고 있다. 현재 이에 대한 대책 마련에 부심하고 있으며, 그 일환으로 RCEP, 아·태지역 자유무역지대(FTAAP), 아시아 인프라투자은행(AIIB) 등과 같은 거대 경제권 형성에 큰 관심을 보이고 있다. 동아시아 지역주의에 대한 중국의 핵심적 이익은 미국의 배제, 자신의 선호가 반영된 규범, 그리고 구속력이 강하지 않은 제도의 형성에 있다. 그렇지만 중국은 이런 점을 명시적으로 표출하고 실현시키기 위해 적극적으로 노력하기보다는 조심스럽게 외부의 움직임에 대응하는 반응적인 접근법을 취하고 있다.

중국은 동아시아 경제 위기를 계기로 동아시아 국가로서의 정체성을 키워 나갔다. 공동 운명체란 인식, 경제적 상호 의존에 대한 직접적인 경험,

72_서정경·원동욱, "시진핑 시기 중국의 주변외교 분석: 동아시아 지역주의에 대한 인식 변화를 중심으로," 『국제정치연구』17:2(2014), pp. 119-20.

73_Ming Wan, "The Great Recession and China's Policy toward Asian Regionalism," *Asian Survey* 50:3(2010), p. 523.

그리고 미국과 서방이 주도하는 국제 경제 질서에 대한 현실적인 판단 등을 통해 보다 책임 있는 역내 국가로서 거듭나고자 하였다. 1990년대 후반부터 동아시아의 일원으로 스스로를 공식적으로 규정하기 시작했으며, 경제 위기에 적절하게 대응할 수 있는 지역 제도의 설립 필요성에 대해 공감하게 되었다. 중국 내부에서는 동아시아의 범위를 놓고 많은 논쟁이 있었다. 그렇지만 지역적 범위는 대체로 ASEAN 10개국과 한·중·일로 설정되었다. 미국이 배제된 동아시아 지역주의(즉 APT)를 아·태지역 지역주의보다 중시하였다. 미국에 대한 견제 효과가 중요한 목적 중 하나였다. 다극체제를 형성함으로써 미국의 역내 패권적 위상을 상대화시키려는 의도도 있었다.[74] 새로운 구성원은 중국의 영향력 유지에 장애가 되는 것으로 인식하고 있지만, 최근에는 호주, 인도, 뉴질랜드 등을 포함시키는 등 유연하게 대응하고 있다. 동아시아 내에서의 확고한 위상 확립이 자신의 지속적인 발전은 물론이고 글로벌 영향력의 확대에 초석이 된다는 것을 분명하게 인식하고 있다.

중국의 동아시아 지역주의와의 대면은 1990년대 초 ASEAN이 주도하는 ARF에 가입하면서부터 시작되었다.[75] 이를 통해 중국이 역내 질서에 사회화되는 모습을 보였으며, 1997년 아시아 금융 위기를 통해 아세안의 신뢰를 얻게 되었다. 이를 계기로 동아시아 지역주의 활성화를 위해 적극적인 역할을 맡게 되었는데, 특히 금융 협력에 주도적으로 참여하였다. 이것

74_Joseph Y.S. Cheng, "China's Regional Strategy and Challenges in East Asia," *China Perspectives* (2013/2), p. 55.

75_이하는 다음에서 발췌한 것이다. 최영종, "글로벌 위기와 동아시아 지역주의,"『한국과 국제정치』 28:1(2012), pp. 108-12.

은 기본적으로 외화 유동성 부족에 대한 대비책을 마련하는 것이 목적이었으며, 중국은 자신의 막대한 외환보유고를 바탕으로 중요한 역할을 할 수 있었다. 그리고 2008년 글로벌 금융 위기 이후 중국은 동아시아 금융 협력에 더욱 적극적으로 나섰는데, 이는 단합된 지역 국가들의 목소리가 금융 면에서 중국의 국제적 위상 확보 및 강화에 유리하다는 인식 때문이었다. 글로벌 위기는 중국의 막대한 경상수지 흑자를 초래하는 수출 주도형 발전 전략에 위협을 가할 소지가 있었고, 중국이 축적한 달러 표시 자산이 달러 가치의 하락과 동반해서 떨어질지도 모른다는 위험도 내포하고 있었다.[76] 그렇지만 중국은 자신의 정치경제 시스템을 근본적으로 개혁할 입장이 아니었기 때문에 후자인 금융 측면에서의 해법을 선호하였다.

중국에게는 위안화의 국제적 위상을 높이거나, 달러 본위의 현 국제 통화 체제 자체를 변화시키는 것 등의 대안이 있었다.[77] 그러나 전자는 중국 정부의 통화에 대한 엄격한 통제 때문에 위안화 공급의 안정성 확보와 국제적 신뢰성 제고가 어렵다는 문제가 있고, 후자 또한 미국이 실질적인 비토권을 갖는 국제 금융 체제의 개혁이 용이하지 않다는 점에서 한계가 있었다. 이런 어려움을 타개하기 위한 수단 중 하나가 지역 차원의 금융 협력을 강화시켜 중국의 국제적인 영향력을 제고시키는 것이었다. 향후 중국은 글로벌 금융 개혁과 동아시아 금융 협력 강화를 연계시키는 전략을 통해 금융 주도권을 장악하기 위해 노력하려 할 것이다.

76_MarkBeeson, "Comment: Trading Places? China, the United States and the Evolution of the International Political Economy," *Review of International Political Economy* 16:4(2009), pp. 733-4.

77_김기수, 『국제통화 금융체제와 세계경제 패권』(서울: 도서출판 살림, 2011), pp. 675-93.

통상 문제와 관련해서 중국은 자유화 자체보다는 정치적 관계를 잘 유지시켜 나가기 위해 경제적 상호 의존을 심화시킨다는 정치 우선의 전략을 취하였다.[78] 이를 위해 역내 국가들과의 FTA 체결에 적극적으로 나섰다. 이 과정에서 중국 정부는 국내 정치로부터의 자율성에 근거해서 신축성 있고 과감한 정책을 쓸 수 있었다. 그렇다고 중국 정부가 아무런 국내적 제약 없이 자유화를 추진할 수 있는 것은 아니었다. 최근 중국 내에서도 자유화에 대한 거부감이 커지고 있는 상태이다.[79] 따라서 WTO-plus 이슈를 포함해서 심도 있는 자유화 목표로 하는 FTA는 아직까지 고려의 대상이 아니다. 또한 중국은 대규모의 다자주의적 관계보다 자신의 운신의 폭이 넓고, 영향력 행사에도 유리한 소규모의 협상을 선호하였다. 따라서 ASEAN과의 개별적인 협상이나 동아시아만의 무역 자유화를 우선시하였다. 반면에 자신보다 강대국인 미국과는 미국의 영향력을 희석시키려는 의도에서 G-2보다는 G-20 혹은 글로벌 다자주의를 더 강조하였다.[80] 중국은 미국측 전문가들이 제안한 G-2 아이디어에 대해 국제적 부담을 가중시켜 중국의 국력 상승을 제어하려는 의도가 있다고 반대하였다.[81]

2008년 글로벌 금융 위기는 동아시아 지역주의와 관련해서 중국의 두드러진 움직임을 촉발하지 않았다. 그렇지만 일본과 호주는 각각 동아시아 공동체(East Asia Community: EAC)나 아·태 공동체(Asia Pacific Community:

78_Wan(2010), p. 527.

79_Yang Jiang, "China's Pursuit of Free Trade Agreements: Is China Exceptional?" *Review of International Political Economy* 17:2(2011), pp. 246-7.

80_Wan(2010), pp. 532.

81_Elizabeth Economy & Adam Segal, "The G-2 Mirage," *Foreign Affairs* (May-June 2009).

APC)와 같은 새로운 제안을 하였다.[82] 특히 일본 하토야마 총리의 EAC 제안은 기본적인 취지가 EU 형태의 공동체를 구성하는 것이었는데, 실제 의도는 중국의 영향력을 희석시키기 위해서 새로운 구성원을 영입하는 것이었다. 이것은 미국과 거리를 두려는 움직임으로 비춰졌고, 중국은 미-일 갈등으로부터 취할 이득을 고려해서 반대하지는 않았다.[83] 그렇지만 중국은 이후의 논의 과정에서 장기적인 관점에서 점진적인 방식으로 추진할 것을 제안함으로써 유보적인 입장을 견지하였다.

중국은 자신에게 구속력 있는 의무를 부과하는 공식적인 제도보다는 아세안에 대한 EHP와 같이 자신의 일방적인 시혜에 바탕을 둔 연성의 지역 협력을 선호하는 경향을 보였다.[84] 이것은 지역 협력을 통해 매력적인 이미지를 구축하기 위한 장기적인 전략의 일환이었다. 자신을 책임 있는 역내 행위자, 국익에 매몰되지 않고 지역 차원의 이익을 아울러 고려하는 행위자, 지역 경제 위기를 주도적으로 극복하고, 역내 취약 국가들에게 경제 협력 자금을 제공하는 자비로운 나라로서 이웃들에게 각인시키기 위해 노력하였다.[85] 이런 차원에서 중국은 아세안이 주도하는 연성 제도에 적극적으로 가담하였다. 그 결과 중국은 동아시아 국가들이 자신을 공식적인 제도를 통해 구속하고자 하는 유인을 약화시킬 수 있었다.

82_Ralph Emmers & John Ravenhill, "The Asian and Global Financial Crises: Consequences for East Asian Regionalism," *Contemporary Politics* 17:2(2011), pp. 142-6.
83_Wan(2010), p. 535.
84_Suisheng Zhao, "China's Approach toward Regional Cooperation in East Asia: Motivations and Calculations," *Journal of Contemporary China* 20(January, 2011), pp. 64-7.
85_Shaun Breslin, "Understanding China's Regional Rise: Interpretations, Identities and Implications," *International Affairs* 85:4(2009), pp. 827-34.

그렇지만 이런 매력 공세는 남중국해 영유권 분쟁과 같은 사건 하나만 일어나도 이전의 부정적인 이미지가 다시 살아날 수 있기 때문에 한계가 있다. 동아시아의 제도화는 중국의 매력 공세가 실패로 돌아가고, 여타 국가들이 제도와 규범을 통해 중국을 구속할 유인이 커질 때 오히려 성공 가능성이 높아질 수 있다. 이 경우 중국은 제도적 구속을 자발적으로 수용하는 방안과 일방주의 사이의 선택에 직면하게 될 것이다. 지역주의로부터 생겨나는 이득이 커질수록 중국은 전자의 방향으로 움직이게 될 것으로 예상된다.

지금까지 중국의 동아시아 지역주의에 대한 정책은 자신에 대한 봉쇄 움직임을 가속화시켰다는 점에서 성공적이라고 평가하기는 어렵다. 영유권 주장을 위해 강경책을 지속하기에는 부담이 크고, G-2라는 새로운 틀은 자신의 글로벌 책임 강화라는 비용을 수반한다. 그렇다고 동아시아 지역주의도 일본과의 이해관계 대립으로 인해 쉽사리 추진할 수 없는 상황이다. 동남아에서 자신에 대한 견제 움직임이 구체화되고 있으며, 미국은 필리핀은 물론이고 베트남에서도 해군 기지를 사용할 수 있게 되었다.[86] 동아시아에서 자신이 원하는 방향으로 지역 협력이 진전될 가능성이 낮은 상황 하에서 지역 협력에 역점을 두고 추진할 실익은 별로 없을 것이다. 하지만 장기적인 관점에서 볼 때 지역주의는 중국에게 유용한 정책적 수단이 될 수 있다.

이와 같은 상황에서 시진핑 집권 이후 중국은 '신개발은행'(New Devel-

86_이런 점을 들어서 교토대학교의 시라이시 교수는 중국의 지역주의 정책은 실패라고 규정하고 있다. 문정인·서승완, 『일본은 지금 무엇을 생각하는가?』(삼성경제연구소, 2013), p. 279.

opment Bank: NDB), AIIB, FTAAP, '신실크로드 경제 벨트'와 '해상 실크로드'(총칭해서 '일대일로') 등 아시아와 세계의 통상 및 금융 질서에서 활발한 움직임을 보이고 있다. 이것은 지역주의가 갖는 전략적 가치를 높게 평가하기 시작했다는 증표이기도 하다. 자신을 중심으로 동아시아를 통합하려는 시도인 동시에 적극적으로 '중국의 꿈'을 실현시키려는 시도이기도 하다. 주변 외교를 강화하고 역내에서 주도적 역할을 담당하는 가운데 자신을 중심으로 한 동아시아 지역 질서를 구축하려 하고 있다. 이것을 통해 지역 내 자신의 영향권을 수립하려는 의도를 보이고 있다.[87]

이런 점에서 2013년 10월의 '주변외교공작좌담회' 개최와 그 뒤를 이어 2014년『아태남서』의 발간은 중국이 이미 주변국과의 관계 정립에 상당한 외교적 비중을 두고 있으며, 향후 중국 외교가 주변국과의 관계 증진에 역점을 두어 추진될 것이라는 점을 반영한다고 볼 수 있다. 요지는 중국이 동아시아를 운명 공동체로 인식하기 시작했다는 점이다.『아태남서』에서는 운명 공동체를 구축하기 위한 중국 주변국 전략의 발전 방향을 제시하고 있다. 질서 형성자로서 역할, 적극적인 공공 외교, 경제 협력과 안보 협력의 조화를 통한 역외 세력의 배제, 영토와 같은 핵심 이익의 수호 등이 제시되어 있다.[88] 중국이 향후 보다 적극적으로 동아시아 지역 외교를 추진할 것으로 예견된다.

또한 시진핑은 2014년 5월 20일과 21일 상하이에서 거행된 제4차 '아시아 교류 및 신뢰 구축 회의'(Conference on Interaction and Confidence

87_Thomas Heberer, "China in 2014: Creating a New Power and Security Architecture in Domestic and Foreign Policies," *Asian Survey* 55:1(2015), pp. 92-3

88_한석희, "중국 주변국 외교의 성공전략,"『성균관차이나브리프』2:2(2014), pp. 80-84.

Building Measures in Asia: CICA) 폐막 연설에서 중국 동아시아 외교 정책의 핵심으로 "아시아 안보는 아시아가 책임져야 한다"는 '신아시아 안보관'과 '아시아 의식'을 제시하였다. 아시아의 안보는 아시아 국가들이 주도하고, 아시아인들이 지켜야 한다는 미국을 의식한 하나의 먼로주의(Monroe Doctrine)적 성격을 띠고 있다고 할 수 있다.[89] 그렇지만 여기서 언급된 아시아는 기존의 APT나 APEC과는 다르게 보다 광의의 아시아로서 중앙아시아와 남아시아를 포함한다. 중국식의 새로운 아시아 정책이나 지역주의 정책의 가능성이 엿보이는 대목이다.[90]

3) 지역 제도의 전략적 활용

중국의 지역주의 정책 혹은 변경 정책은 주변 지역을 안정시켜서 경제관계 발전을 도모하고 이것을 통해 지역적 영향력은 물론이고 궁극적으로 글로벌 강대국으로 도약하려는 것이 목표였다. 비록 거대 전략은 없고 구속력 있는 협력에도 부정적이었지만 실용적 목적에서 전략적으로 활용하였다.[91] 그리고 국력 증진과 더불어 지역 제도 내에서도 점차 적극적인 역할을 수행하였다. 냉전 직후에는 현상 유지가 주된 목적이었지만, 1990년

89_강준영, "시진핑 시대, 중국의 동아시아 정책," 『중국과 중국학』 제24호(2015년 1월), pp. 181-4.

90_Malcolm Cook, "China's Power Status Change East Asian Challenges for Xi Jinping's Foreign Policy," *China Quarterly of International Strategic Studies* 1:1(2015), p. 116.

91_Tung-Chien Tsai & Tony Tai-Ting Liu, "Whither East Asian Regionalism? China's Pragmatism and Community Building Rhetoric," *Japanese Journal of Political Science* 14:4(2013), pp.552-8.

대 중반에 들어서면서 보다 적극적인 참여를 통해 의제 설정에 영향을 미치려 하였다. 그리고 2000년대 들어와 지역 제도를 둘러싼 중-일 주도권 경쟁이 치열하게 벌어졌으며, 2010년 이후에는 수정주의적 단계로서 중국 중심의 대안적 질서 구축을 염두에 두는 움직임까지 보이고 있다.[92]

중국은 우선 변방 안정화 차원에서 1996년에 상하이 협력기구(SCO)를 설립해서 오랜 숙원이었던 서북 변경의 안정화를 꾀하였다. 그리고 동아시아 쪽으로 관심을 돌려서 ARF를 통해서 지역 안보를 다루고, APT와 다수의 FTA를 통해 경제적 상호 의존 심화를 통한 이익 확보에 나서며, EAS 설립을 둘러싼 논란에서 보였듯이 지역 전체의 구도를 자신에게 유리하게 만들기 위해서 노력하였다. 현재는 자신이 원하는 지역 질서를 구체화시키면서 글로벌 위상 강화에 몰두하고 있다. 중국에게 지역주의는 이런 국가 목적 달성을 성취하기 위한 수단이라는 점에서 전략적이었다.

중국이 다자적 국제 제도와 본격적으로 대면하게 된 것은 1990년대 초로서, 중국의 정책 선호는 국제 체제 내에서 자신의 국력이 차지하는 위상에 크게 영향을 받았다. 1842년 아편 전쟁으로부터 시작된 서구의 중국에 대한 침탈은 중국 국민들이 서구에 대한 피해 의식을 갖도록 만들었으며, 아울러 다자적 국제 제도에 대한 입장도 오랫동안 강대국의 침탈 수단이라는 인식을 강하게 가졌다.[93] 이런 입장은 1980년대 말까지 유지되었으며, 그 후 중국의 부상과 더불어 자신감을 회복하고, 국제기구에 대한 참여를 긍정적으로 검토하게 되었다. 우선적으로는 자신의 경제 발전에 유용성이

92_Tsai & Liu(2013), pp. 558-60.

93_Thomas J. Christensen, "China, US-Japan Alliance, and the Security Dilemma in East Asia," *International Security* 23:4(1999), pp. 239-56.

큰 IMF나 World Bank와 같은 다자 제도에 참여하기 시작하였다. 하지만 자신에게 민감한 외교 및 안보와 관련된 다자 제도에 참여하는 데는 소극적인 입장을 견지하였다.[94] 중국은 자신의 국력이 강화됨에 따라 다자주의에 대해 보다 수용적인 입장이 되었고, 아울러 이를 적극적으로 활용하게끔 되었다.[95] 그 배경에는 미국 중심의 일극 체제가 중국이 예상했던 것과는 다르게 상당히 지속성을 가지고 있다는 현실 인식이 자리 잡고 있었다. 따라서 다극화란 용어보다는 다자주의란 용어가 더욱 빈번하게 사용되었다. 이런 입장 전환은 지역 제도에 대한 관심으로 이어졌다.

지역주의에 대해서 중국은 애초에는 자신에 대한 주변국들의 위협적 인식을 불식시키기 위한 소극적인 차원에서 접근하였지만, 점차 경제적 이득은 물론이고 이것이 가져올 정치적인 영향력의 강화 가능성을 적극적으로 인식하고 있다.[96] 중국이 1990년대 중반 역내 다자적 제도에 급속하게 관심을 갖게 된 것은 일본의 주도권 견제란 의도와 자신에 대해 위협을 느끼고 있던 이웃들에게 자신의 선량한 의도를 확인시켜 주기 위해서는 제도적 규범을 수용하는 모습을 보이는 것이 좋은 방법이란 인식 때문이었다.[97] 더구나 지역 제도의 대부분은 아세안 방식에 의거하고 있었기 때문에 구속력도 낮았다. 이것은 중국의 주권과 자주성이란 관점에서 볼 때 그다지 커다란 부담은 아니었다. 그리고 지역 제도는 또한 미국 중심의 역내 동맹 체제에 대한 견제와 경쟁 수단으로서도 중요한 의미를 가졌다. 중국은 우월

94_한석희(2013), p. 118.

95_Scott (2012), pp. 43-4.

96_Breslin(2009), p. 820.

97_Susan Shirk, "American Hopes: An Agenda for Cooperation That Serves US Interests," *Global Asia* 5:1(2010), p. 31.

한 미국의 힘에 대해서 군사력으로 대응하기보다는 제도를 통한 연성 균형이 더 적절하다고 인식한 측면이 있었다. 따라서 다자주의는 안보적 측면에서 의미가 더 컸다.[98]

중국은 다자주의적 규범의 유용성에 대해 점차 긍정적으로 인식하고 있다. 그렇지만 새로운 대안적인 가치를 내세워서 자신을 어필하려 하기보다는, 기존의 규범과 규칙에 따른 게임을 능란하게 함으로써 국익을 추구하고 연성 권력을 창출하려 노력하고 있다.[99] 중국은 아직까지 스스로 규범을 창출할 수 있는 능력을 결여하고 있다. '베이징 컨센서스'는 개발도상국의 입장을 많이 반영하고 있지만, 중국식 발전 모델이 갖는 특수성으로 인해 광범위하게 어필될 수 없었다. 따라서 기존의 지역 질서를 혁파하기보다는 이에 순응하는 형태를 띠고 있다. 자유주의 규범에 대한 도전을 통해서가 아니라, 자유화를 수단으로 해서 역내 경쟁자들을 따돌리려는 전략을 추진하였다. 동아시아 지역 내에서도 자신만의 지역 질서를 창출하려는 의도가 없지는 않았지만, 주변 나라들에게 자신의 가치를 전파하고 이를 수용할 것을 요구하는 모습은 별로 드러나지 않았다.

그 대신 중국은 다자주의와 지역주의를 전략적으로 활용하였다. 제도적 규범의 체화를 통해서 협력을 증진시키기보다는 자신의 정당성 제고나 경쟁 상대국에 대한 견제를 더 중요시하였다. 지역 주도권 확립 의도는 EAS 좌절 과정에서 구체적으로 드러났다. 역외의 인도와 미국을 배제하려고 하였으며, 이런 기도가 실패한 이후에는 자신이 중심이 될 수 있는 APT

98_Abanti Bhattacharya, "China's Discourse on Regionalism: What it Means for India," *Asia-Pacific Review* 17:1(2010), pp. 104-5.

99_Breslin(2009), p. 831.

를 고수하려고 하였다. 그러나 역내·외의 집중 견제로 인해서 APT는 동력을 상실하였다. 그러자 다시 보다 광범위한 지역을 바탕으로 자국 중심의 지역 제도를 형성하려 시도하고 있다. 최근 RCEP의 적극적인 수용과 아시아인프라투자은행(AIIB)의 의욕적인 추진에서 드러나듯이, 글로벌 영향력 확대와 중국 위협론 불식, 그리고 자신의 역내 주도권을 확립하기 위해서 지역 제도를 적극적으로 활용하고 있다. 그렇지만 여전히 국가의 전략적 목적을 위해 제도를 수단으로 활용하는 차원에 머물러 있으며, 제도화의 수준을 제고시켜 역내 협력을 증진시키는 노력은 제한적이다.

중국은 자신에 대한 주권 침해를 가장 꺼려하며, 동시에 자신에 대한 배제나 봉쇄 움직임에 민감하다. 그리고 역외 세력이 많이 참여할수록 자신의 영향력이 희석될 가능성이 크다는 점을 잘 알고 있기 때문에 중국은 외부 세력이 참여하지 않는 동아시아 국가들만의 협력체를 더 선호하였다. 주변의 약소국들이 중국을 제도로 속박하려고 하였지만, 중국은 심도 있는 통합을 통해 스스로를 속박하려고 하지 않았다.[100] 동아시아 지역주의는 점차 패권국 미국에 대한 견제와 균형 수단으로서 더 큰 의미를 갖게 되었다. 따라서 일관된 지역주의 정책을 추진하기보다는 미국의 전략에 반응하는 측면이 더 강했다. 실제 중국의 지역주의 정책은 일관성을 결여한 채 전략적 차원에서 임기응변식으로 추진되었다. 현재는 우선순위가 뒤로 많이 밀린 상황이다. 오히려 미국과의 신형 대국 관계나 자신의 글로벌 영향력 확대 등에 더 큰 관심이 있다.

중국의 지역주의 정책에서 흥미 있는 점은 자신이 주도하는 지역 제도

100_Avery Goldstein, "The Diplomatic Face of China's Grand Strategy: A Rising Power's Emerging Choice," *The China Quarterly* 168 (December 2001).

의 본부를 중국에 두려고 한다는 사실이다. 거의 모든 국제기구는 강대국에 본부를 두지 않는다. 이것은 약소국들이 강대국의 패권적 지배를 두려워한 측면도 있지만, 강대국 스스로 전횡을 하지 않겠다는 약속의 징표이기도 하다. 지역 제도 또한 사무국이나 본부는 대체로 약소국에 위치하고 있다.[101] 그렇지만 중국은 예외적으로 본부를 자국에 유치해서, 자신의 통제 하에 두려는 움직임을 보이고 있다. 1996년에 설립된 SCO와 출범을 앞두고 있는 신개발은행은 상하이에 본부가 있으며, AIIB는 베이징에 본부를 두고 출범하였다. 그리고 미화 400억 달러 규모로 출범 예정인 신실크로드기금(New Silk Road Fund) 또한 예외가 아닐 것이다.[102] 지역 제도를 전략적으로 활용하려는 의지가 강하지만, 이것은 오히려 중국에 대한 신뢰도를 떨어뜨릴 수 있다. 최근 중국의 역내 이미지는 경제 관계를 전략적으로 활용하고, 일방주의적 성향이 강해서 미국이 없으면 견제가 안 되는 나라로서 비춰지는 경향이 있다.[103]

현재 중국이 의욕적으로 추진하고 있는 지역 구상이 역내 지지를 획득할 수 있기 위해서는 제도의 독립적 운영을 보장해 주어야 할 것이다. 그래야만 지속 가능성과 정당성도 확보할 수 있을 것이다. 아직까지 중국은 분쟁 해결에 있어서도 제도적 해결보다는 양자적 해결이나 일방주의를 더 선

101_ASEAN은 예외적으로 강대국인 인도네시아에 본부를 두고 있다. 이 경우에도 인도네시아의 전횡을 우려해서 사무국 권한을 최소화하는 등 많은 제약을 두었다. 최영종, "지역협력체 본부 소재지 결정에 관한 연구," 『국제정치논총』 51:2(2010).

102_Malcolm Cook, "China's Power Status Change: East Asian Challenges for Xi Jinping's Foreign Policy," *China Quarterly of International Strategic Studies* 1:1(2015), p. 131.

103_Cook(2015), pp. 105-131.

호하고 있다. 필리핀이 국제법과 절차에 따라 영토 분쟁을 해결하자는 주장을 일축하였으며, 항공 식별 구역도 일방적으로 설정해서 공포하였다. 현재 중국의 패권주의에 대한 역내 우려가 커지고 있으며, 국제 사회의 여론도 우호적이지 않다. 이런 이미지를 탈각하기 위해서는 국제 제도 및 지역주의에 대한 중국의 입장 전환이 있어야 할 것이다.

4. 중견국 사례

1) 인도네시아

동남아시아에서 중견국가로 분류될 수 있는 나라로는 인도네시아와 말레이시아가 있다. 본 연구의 분석 틀에 의하면 이들 국가의 지역 제도에 대한 선호가 강했을 것으로 예상할 수 있다. 그렇지만 인도네시아는 중견국가인 동시에 동남아의 지역 강대국 위상을 갖고 있었기 때문에 자신의 역내 주도권 확보나 글로벌 영향력 확대에 상대적으로 더 큰 관심을 가졌을 것으로 예상된다. 반면에 말레이시아는 전형적인 지역 이등 중견국가로서 지역 강대국 견제 목적에서 지역 제도화에 적극적으로 임했을 것으로 예상된다.[104]

먼저 인도네시아는 ASEAN 내에서 인구, 국토, 경제 규모 면에서 최강대국으로서 비동맹 운동을 주도하는 등 국제무대에서 활발한 외교를 펼치

104_인도네시아와 말레이시아의 지역 협력 외교에 대한 서술은 최영종(2009, pp. 198-208)을 발췌한 것이다.

면서, 동시에 지역 맹주로서 ASEAN 설립을 주도하였다. 1975년 베트남이 공산화되고, ASEAN 역내 국가들의 안보에 대한 우려가 커졌다. 이와 동시에 외교 정책 조정 측면에서도 ASEAN의 중요성이 커졌다. 이런 상황에서 인도네시아는 ASEAN의 역할 강화 및 제도화를 주도적으로 추진하였다. 1976년에는 ASEAN 최초의 정상회담이 인도네시아 발리에서 개최되었으며, 여기서 자카르타에 상설 사무국을 설치하기로 합의가 있었다.

당시 ASEAN은 지역 안보 협력 기구에 가까웠으며, 경제적 측면의 비중은 별로 크지 않았다. 베트남 패망 이후 공산 세력에 의한 국내적 혼란 야기 가능성을 두려워 한 인도네시아는 아세안을 군사 동맹으로까지 발전시킬 것을 주장하였다. 인도네시아는 강력한 ASEAN, 그것도 자신이 주도하는 ASEAN을 만들기를 원했다.[105] 반면에 여타 회원국들은 안보 위협에 대해서는 어느 정도 공감을 하였지만, 점차 경제적 측면에 대해서 더 관심을 갖게 되었다. 특히 역내 최대인 인도네시아 시장을 개방시킬 수 있는 경제 협력에 관심이 있었다. 그러나 인도네시아는 이에 대해 유보적인 입장을 지속적으로 견지하였다.

ASEAN 제도화의 중심에 섰던 인도네시아는 강력한 사무국 설립을 통해 ASEAN의 대외적 영향력을 확대시켜 나가는 데 큰 관심을 보였다. 그리고 필리핀의 강한 도전에 직면했지만 자신의 우월한 정치적, 외교적 영향력을 반영해서 ASEAN 사무국을 성공적으로 유치할 수 있었다.[106] 그러나

105_Shaun Narine, *Explaining ASEAN: Regionalism in Southeast Asia* (Lynne Rhiner Publishers, 2002), p. 23.

106 Dewi Fortuna Anwar, *Indonesia in ASEAN: Foreign Policy and Regionalism* (Singapore: Institute of Southeast Asian Studies, 1994), p. 113.

여타 회원국들의 의도는 인도네시아에게 책임을 부여함으로써 자의적으로 행동하기 어렵게 만들고, 아울러 지역 협력에 더 많은 기여를 하도록 하려는 것이었다.[107] 따라서 ASEAN의 업무 효율성을 위해 상설 사무국이 필요함을 인정하기는 했지만, 사무국 내부의 인사, 운영, 예산 등 제반 업무에 대해서 회원국 사이의 평등과 균등한 분담 원칙에 의거, 철저하게 관리하기로 결정함으로써 사무국을 유치한 인도네시아가 전횡을 할 수 없도록 제도적 장치를 마련하였다.

ASEAN 사무국의 권한과 관련해서 지역 강대국이었던 인도네시아는 강력한 사무국을 지지했지만, 약소국들은 강대국이 주도하는 것에 대한 우려 때문에 약한 사무국을 선호하였다. 인도네시아는 1976년 사무국을 유치한 이후에도 지속적으로 사무국의 권한 강화를 요구하였다. 반면에 인도네시아의 주도권 행사 가능성에 강한 거부감을 갖고 있었던 싱가포르와 말레이시아가 가장 적극적으로 반대하였다. 따라서 사무국은 매우 제한적인 역할, 구체적으로는 업무 조정 임무에 국한되었다. 실제 권한은 '아세안 각료회의'에 집중되어 있었으며, 모든 업무는 각국의 외교부에 설치된 국내 사무국에서 처리하였다. 정기적 회합에 대한 준비는 개최국 내부의 사무국이 업무를 전담하고, ASEAN 사무국은 업무 조정 정도의 역할만 수행하였다. 이것이 향후 ASEAN의 발전을 저해하는 요인이 되었다. 1970년대 후반 경제 통합이 본격화되면서 ASEAN 사무국의 기능 확대와 권한 강화 필요성이 꾸준히 제기되었지만, 이에 대한 반대가 수그러들지 않았다.

경제 규모나 군사력 등 제반 측면에서 볼 때 지역 강대국 인도네시아가

---

107 山影進, 『ASEAN: シンボルからシステムへ』(日本: 東京大學出版部, 1991), pp. 271-2.

역내 리더가 되는 것이 자연스러운 측면이 있었다. 그렇지만 인도네시아는 리더십을 적절하게 확보하거나 발휘하지 못하였다. 인도네시아는 공공재 공급과 같이 자신에게 부담이 갈 수 있는 ASEAN의 내적 통합보다는 자신의 역내 기반 강화를 통해 대외적 위상을 제고시키는 데 더 큰 관심을 가졌다. 인도네시아는 강한 민족주의적 성향과 국내 산업의 경쟁력 취약으로 인해서 시장 개방의 어려움이 컸으며, 시장 개방이나 경제 통합이 아니라 외교 및 안보적 협력 강화에 주된 관심을 보였다.[108] 인도네시아는 ASEAN 내에서 강대국이었지만, 자신의 의사를 여타 회원국에게 강요할 능력은 물론이고 지역 협력 과정에서 공공재를 공급할 능력도 결여되어 있었다.[109]

이런 취약성을 반영해서 인도네시아는 글로벌 차원은 물론이고 지역 차원에서의 상대적 위상이나 영향력에 민감하게 반응하였다. 따라서 ASEAN 내에서 자신의 영향력을 약화시킬 우려가 있는 지역 협력체 구상에 대해서는 강력하게 반대하였다. 예를 들어 APEC에 대해서는 ASEAN 자체의 영향력뿐만 아니라 자신의 역내 영향력도 약화시킬 우려가 있었기 때문에 반대하였다.[110] 그리고 말레이시아가 제안했던 EAEG에 대해서도 같은 논리로 반대하였다. 여기에는 말레이시아와의 주도권 다툼이 어느 정도 작용하였는데, 인도네시아는 마하티르의 제안을 역내 최강대국으로서 자신의 위상과 가장 오래된 역내 지도자 수하르토의 위상을 뛰어넘으려는

108_Anwar(1994), pp. 115-6.

109_참고로 1970년대 초 인도네시아가 ASEAN 역내 GDP에서 차지하는 비중이 30%에 지나지 않았으며, 현재도 크게 차이는 없다. 이는 브라질이나 남아공의 비중이 80% 이상이었던 것과는 크게 대조적이다.

110_Alice D. Ba, *[Re] Negotiating East and Southeast Asia* (Stanford, CA: Stanford University Press, 2009), P. 141.

시도로 받아들였다.[111] 마찬가지로 ASEAN의 핵심적인 외교 원칙인 ZOPFAN의 외연 확대에 대해서도 자신의 역내 위상을 약화시킬 우려 때문에 반대하였다.[112] 인도네시아가 주도권 유지에 민감하면서도 통합에는 소극적이었던 주된 이유는 자신의 취약한 국력과 관계가 있었다.

이런 소극성으로 인해 인도네시아는 ASEAN의 내적 통합 심화는 물론이고 동아시아 전체의 경제 통합을 추진하는 데 있어서도 주도권을 말레이시아와 싱가포르에게 내주고 말았다. 이후 지역 정치에서 지도력을 발휘하지 못하고 오히려 통합에 반대하는 비토 세력으로 남게 되었다. 무역 자유화에 대한 국내적 반대가 심했기 때문에 AFTA 구상에 대해서도 유보적인 입장을 견지하다가 마지막 단계에서 마지못해 찬성하였다. 그리고 APEC 내에서 말레이시아가 미국이 주도하는 자유화에 반대하면서 미국과 대결 구도를 형성하자, 인도네시아는 오히려 APEC의 적극적인 후원자로 입장을 급선회하였다. 이 사례가 보여 주듯이 말레이시아와의 라이벌 관계가 지역 협력 정책을 결정하는 양상마저도 나타나게 되었다.

인도네시아는 국력의 한계로 인해 브라질, 인도, 남아공 등과 같은 지역 맹주의 반열에 오르지 못했으며, 금융 위기와 이에 수반된 국내 정치적 위기로 인해 외교적 위상은 더욱 추락하였다. 인도네시아는 지역 강대국의 위상을 갖고 있었지만 그에 버금가는 리더십을 발휘하지 못했고, 제도화를 통해 역내 협력의 강화에도 기여하지 못하였다. 인도네시아는 지역의 범위를 동남아시아로 한정시킬 경우 지역 강대국으로서 자신의 글로벌 위상 강화를 위해 ASEAN을 활용하려는 의도를 보였다. 그렇지만 동아시아란 관

111_Ba(2009), p. 151.
112_Ba(2009), p. 185.

점에서 접근할 경우 중견국가로서 중국이나 일본과 같은 지역 강대국을 견제하기 위한 제도화에 적극 나서는 것이 합리적이었지만, 자신의 주도권이나 위상에 집착하는 모습을 보였다.

2) 말레이시아

말레이시아는 ASEAN 내에서 전형적인 지역 이등 중견국가로서 인도네시아와는 달리 지역 통합에 커다란 관심을 보였다. 1959년에는 태국과 필리핀을 포함하는 ASA(Association of South Asia: 동남아시아연합) 창립을 선도하였고, 1963년에는 필리핀과 인도네시아와 함께하는 3개국 연합체인 Maphilindo의 창립에도 주도적으로 나섰다.[113] 둘 다 곧 와해되었지만 말레이시아가 지역 통합에 일찍부터 적극적이었음을 보여 주는 증거였다. 이런 외교적 적극성은 자신의 역량을 과시한다는 측면이 있기는 했지만, 국내적인 인종 갈등 및 주변국들과의 국경 분쟁을 원만하게 해결하려는 목적이 컸다.

말레이시아가 본격적으로 동아시아의 지역 통합을 선도하면서, 적극적인 중견국 외교를 본격적으로 추진하게 된 것은 1980년대 말이다. 그 무렵 말레이시아는 급속한 경제 성장을 거듭하면서 역량 면은 물론이고 행태 면에서도 중견국 외교에 부합하는 나라가 되었다.[114] 그 바탕에는 마하티르 총리의 리더십 공고화가 있었다. 말레이시아의 적극적인 중견국 외교는 마

113_He(2004), pp. 111-2.

114_Kim Richard Nossal and Richard Stubbs, "Mahathir's Malaysia: An Emerging Middle Power?", Cooper(1997), p 148.

하티르의 개인적인 요소에 크게 영향을 받았는데, 그는 특히 미국이나 서방세계에 대해 대립적인 입장을 취하면서 동아시아의 단결을 적극적으로 호소하였다. 글로벌 차원에서는 개발도상국의 입장을 반영하는 목소리를 냈고, 동아시아 차원에서는 1990년 EAEG의 설립을 제안하는 등 초기의 지역 협력 과정에서 주도적인 역할을 담당하였다.[115] 주된 목적은 서방세계에 대한 견제와 균형이었다. 1997~1998년 동아시아 경제 위기를 계기로 동아시아의 금융 협력과 경제 통합을 강조하였으며, APT의 창설에 있어서도 중추적인 역할을 수행하였다.

말레이시아의 지역 통합 외교는 적극성에 비해서 성과는 두드러지지 못했다. 동남아나 동아시아라는 지역 자체가 미국이나 서방 시장에 크게 의존적이었음에도 불구하고 반(反)서방적인 연대를 추진하였다는 점에서 근본적인 문제가 있었다. 서방세계와의 충돌적인 자세 때문에 열성적으로 추진했던 EAEG가 좌초하였다는 점은 주지의 사실이었다. 이 과정에서 애초에 관심을 보였던 일본이나 한국에 대한 미국의 불참 압력은 소기의 성과를 거둘 수 있었다. 서방과의 불필요한 충돌을 회피했더라면 상황이 달라졌을 가능성도 있었다. 또 다른 실패 요인은 말레이시아가 역내 지지를 획득하기 위해서 충분한 노력을 기울이지 못하였다는 점이다. EAEG 구상이 ASEAN과의 협의 없이 돌출적으로 제시되었다는 사실은 합의를 중시하는 ASEAN 전통이란 관점에서 볼 때 지극히 이례적이었다.[116] 이후에도 말레이시아는 적극적인 지역 협력 외교를 추진하기는 하였지만, 역내 지지

115_Nossal & Stubbs(1997), pp. 152-3.

116_이재현, "마하티르의 동아시아지역주의 담론 분석: 서구에 비판적인 아시아주의적 발전연대의 모색," 『국제정치논총』 47:1(2007), p. 127.

는 취약하였다. 예를 들어 말레이시아가 주도한 EAS 설립 방안에 대해서 적극적인 지지는 중국에 국한되었을 정도였다.

아울러 내용 면에서도 자신의 적극성에 대한 충분한 설명이나 비전을 제시하지 못하고, 단순히 서방의 영향을 배제하거나 서방의 힘에 대항하기 위한 협력 필요성을 제시하는 수준에 머물렀다.[117] 말레이시아는 지역 협력에 필수적인 역내 무역 자유화에 대해서도 유보적인 입장을 보임으로써 경제 통합에 실질적인 기여를 할 수가 없었다. 통상 문제에 대해서는 '아세안 방식'이라는 자발적인 자유화 방식을 고집하였으며, 동아시아 자유무역지대 방안 등 무역 자유화를 위한 레짐 형성에 대해서도 거부감을 보였다.[118] 양자 간 자유무역협정에 대해서도 표면적으로는 ASEAN을 약화시킬 우려 때문에 유보적이란 입장을 표명하였지만, 실제로는 제도를 통한 자유화에 반대하는 입장을 지속적으로 견지하였다.[119] 말레이시아는 미국을 배제한 동아시아 지역 협력(EAEG, EAEC, APT, EAS 등)을 적극적으로 추진함으로써 전형적인 중견국가의 행태를 보였다. 그렇지만 패권국과의 반목, 불충분한 역내 지지, 적극적인 규범 및 가치 창출의 실패, 그리고 무역 자유화에 대한 국내적 반대 등의 이유로 소기의 성과를 거두지 못하였다.

117_He(2004), pp. 112-3.

118_말레이시아의 이중성에 대해서는 Markus Hund, "ASEAN Plus Three: Towards an Age of New Pan-East Asian Regionalism? A Skeptical Appraisal," *The Pacific Review* 16:3(2003), pp. 386-7.

119_같은 맥락에서 싱가포르가 역외 국가들과 FTA를 체결하는 것을 강력하게 비난하였다. John Ravenhill, "The New Bilateralism in the Asia Pacific," *The Third World Quarterly* 24:2(2003), p. 311.

3) 한국

김대중 정부 이전 시기에 한국은 능력 면에서 중견국가의 범주에 끼지 못했지만, 행태 면에서는 지역 협력 외교에 많은 관심을 가지고 있었다.[120] 냉전기에는 특히 안보 목적에서 지역 안보 협력체가 추진되었다. 박정희 대통령은 역내에서 냉전이 격화됨에 따라 안보 목적의 지역 협력체 구상에 관심을 보여서, 1967년 제1차 아·태지역 각료회의(ASPAC)를 서울에서 개최하였다. 이것은 안보 협력의 강화를 목적으로 제안되었지만, 미국의 초기 반응은 회의적이었다. 박정희 대통령은 미국의 베트남 파병 요청을 수용하면서 반대급부로서 이 방안에 대한 미국의 지지를 요청하였으며, 그 결과 첫 번째 회의가 성공적으로 개최될 수 있었다.[121] 박정희 대통령은 역내에서 유일하게 전투 병력을 파병했다는 외교적 우위를 바탕으로 아·태 지역에서 집단 안보 협력체를 구축하는 데 주도적인 역할을 할 수 있을 것으로 기대하였다. 그러나 미국은 물론이고 다수를 이루는 동남아 국가들의 지지를 획득하기가 용이하지 않았다. 결국에는 동남아 국가들이 한국의 베트남 참전에 대해 점차 부정적인 인식을 갖게 되었고, 미국과의 관계도 닉슨 행정부 등장 이후 균열이 심화됨에 따라 ASPAC은 흐지부지되었다. 냉전 기간 동안에는 한국의 외교 역량이 부족하기도 하였지만, 미국이란 변수가 압도적인 영향을 발휘하였기 때문에 한국의 외교적 입지는 상당히 좁았다.

120_한국의 지역 협력 외교에 대한 서술은 최영종(2011, 202-7)을 축약한 것이다.

121_박태균, "박정희의 동아시아 인식과 아시아태평양 공동사회 구상," 『역사비평』(가을 2006), pp, 132-5.

냉전 종식 이후에는 외교적 입지가 강화되고, 국력 상승이란 요인도 작용해서 지역 협력 외교가 보다 적극적으로 추진되었다. 노태우 대통령은 미국, 일본, 중국, 소련, 남·북한이 참가하는 '동북아 평화협의회의'를 1988년 제안하였으며, 김영삼 정부의 APEC에 대한 적극성은 지역 협력에 대한 본격적인 관심의 시작이었다. 한국에서 명실상부한 동아시아 지역 협력 외교는 김대중 정부 하에서 시작되었다. IMF 경제 위기와 이를 극복하는 과정에서 동아시아 차원의 지역 협력에 대한 필요성을 느끼고, 이를 적극적으로 추진하고 나섰다. 김대중 대통령은 오래전부터 동아시아 구상에 대한 확고한 신념을 가졌기도 했지만, 자신이 의욕적으로 추진한 햇볕 정책의 성공을 위한 외부적인 여건 조성 차원에서 동아시아 공동체 구성을 제안한 측면도 있었다.[122] 이런 적극적인 지역 협력 외교의 바탕에는 냉전 종식과 외환 위기 극복을 통한 국력 및 자신감의 회복이란 요소도 있었지만, 소수파 대통령으로서의 국내 정치적 한계를 뛰어넘으려는 정치적인 고려도 아울러 작용하였다. 적극적인 지역 협력 외교를 통해서 정치적 존재감을 부각시키고, 북한을 포함하는 동아시아 공동체 형성을 주도함으로써 한반도 평화를 가져오려는 의도를 가지고 있었다.

김대중 대통령은 1998년 하노이에서 개최된 ASEAN+3 비공식 정상회의에서 민간 차원의 '동아시아 비전그룹' 구성을 제안하였다. 그리고 이런 행보를 가속화해서 2000년 1월 5일 NSC 회의에서는 "냉전 종식을 위한 외교를 강화하기 위해 동북아 다자안보대화 협의체 구성을 추진하고, 아세안과 한중일 3국을 포괄하는 동아시아 공동체 의식을 강화해 나가겠다"는

122_박명림·지상원, "탈냉전기 한국의 동아시아 인식과 구상 - 김대중 사례 연구," 『한국정치학회보』 43:4(2009).

의사를 분명히 하였다.[123] 같은 해에는 김대중 대통령의 제안으로 정부 차원의 '동아시아 연구그룹'(East Asia Study Group: EASG)이 설치되어 동아시아 공동체의 비전과 실천 방안에 대한 최초의 공식적인 연구가 행해졌다. 2001년 동아시아 비전그룹의 보고서와 2002년 동아시아 연구그룹의 보고서가 APT 정상회의에서 채택되었고, 이에 따라 동아시아 공동체(East Asia Community: EAC)의 실현이란 목표에 대해 역내 국가 간 합의가 생겨났다. 그렇지만 중국이 아세안과 FTA를 체결하고, 일본도 ASEAN을 둘러싼 중국과의 경쟁에 적극적으로 나서면서 별다른 성과를 거두지 못하였다.

김대중 대통령의 동아시아 지역 협력 외교는 금융 위기란 공동 대처가 필요한 외부의 위협의 존재로 인해 생겨난 APT를 무대로 하여 본격적으로 시작되었다. 그러나 제도를 통해 구속해야 할 오만한 강대국이 역내에 존재하지 않았다는 점에서 지역 제도화를 촉진할 충분한 계기가 없었다. 오히려 중국과 일본은 자유무역협정 체결을 통해 ASEAN에 대한 선심 경쟁에 나섰으며, 동아시아 지역주의에서 중추적인 역할을 수행한 ASEAN이 제도를 통해 지역 강대국을 통제할 필요성을 크게 느끼지 못하였다. 경제 위기란 외부의 충격으로 인해 APT란 제도가 출범하기는 하였지만, 제도적 통합을 심화시킬 동력이 충분히 생겨나지는 못하였다.

그리고 김대중 대통령의 지역 통합 외교는 아이디어 차원에 대체로 머물렀으며, 동아시아 공동체를 누구와 연대해서 어떻게 구체화시킬 것인가 하는 전략적인 측면에 대한 고려는 충분치 않았다. 김대중 정부의 동아시아 구상 속에는 미국이 배제된 것은 아니었지만, 한국이 주도하는 동아시

123_윤영관, "동아시아 자유무역지대의 국제정치와 한국," 『창작과 비평』 30:1(2002), p. 73.

아 공동체가 미국에 가져다 줄 이득에 대해서 충분히 설명하고 지지를 얻는 데는 실패하였다.[124] 미국에게는 북핵 문제 해결이 최대 관심사였으며, 동아시아 공동체나 햇볕 정책은 부차적인 차원에 머물렀다. 김대중 정부도 동아시아 공동체보다는 한반도를 그리고 다자주의보다는 북-미, 남-북, 한-중 등 양자 관계를 더 중시하였다. 자신이 가장 역점을 두었던 한반도 평화 문제가 교착 상태에 빠지자 지역화를 통해 이에 대한 해결책을 찾고자 하였지만, 민족과 자주를 너무 강조한 나머지 지역 통합에는 크게 기여하지 못하였다.[125]

노무현 대통령은 초기부터 동북아 지역에 평화와 통합의 새로운 질서를 구축하겠다는 목표를 내세우고 강한 의욕을 보였다. 동북아 협력은 한반도의 평화 정착에 필요할 뿐만 아니라 한반도에서 미국의 과도한 영향력을 감소시켜서 강대국 사이의 대립과 갈등을 완화시키고, 궁극적으로 한국이 동북아에서 균형자로서의 역할을 수행할 수 있을 것으로 상정하였다.[126] 노무현 정부가 동북아에 새로운 지역 질서의 형성이란 의욕적인 목표를 내세운 배경에는 한국의 국력 증대와 이에 근거해서 생성된 중견국가란 정체성에서 큰 역할을 하였다.[127] 그러나 이런 외교적 적극성과 자신감에도 불구하고, 구체적인 정책으로 전환시키는 과정에서 실현 가능성에 대한 고려

124_Bruce Cumings, "The History and Practice of Unilateralism in East Asia," Calder & Fukuyama(2008), pp. 51-3.

125_박명림·지상현(2009), p. 169.

126_박명림, "노무현의 동북아 구상 연구 - 인식, 비전, 전략," 『역사비평』(가을 2006), pp. 162-6.

127_이수형, "중견국가와 한국의 외교정책: 노무현 정부의 동맹재조정 정책을 중심으로," 『국방연구』 52:1(2009), pp. 9-11.

가 충분하지 않았다.

먼저 노무현 정부가 구상했던 동북아 질서에 대해 핵심 구성원인 중국과 일본이 동의하지 않았다. 이들 양국에게는 ASEAN이 전략적으로 더 중요하였으며, 더구나 한국이 중심이 되는 동북아에 대해서는 더욱 흥미가 없었다. 동북아 구상의 궁극적인 목표였던 북한과의 평화 정착도 북핵 문제를 둘러싼 미국과 북한 사이의 지속적인 갈등으로 인해 진척이 별로 없었다. 동북아 경제 통합을 통한 중심으로의 부상 전략이 출범조차 하지 못하고 좌초됨에 따라 노무현 정부의 관심은 안보와 평화 영역으로 점차 이동하였다. 그렇지만 중견국 외교가 안보 영역에서는 더욱 어렵다는 점만 재확인시켜 준 채 실패로 끝나고 말았다. 중국과 일본이 ASEAN에 적극적으로 접근하던 시점에서의 동북아 중시와 중국과 일본에 대항할 수 있는 전략적 동반자인 ASEAN에 대한 경시는 노무현 정부의 동북아 구상이 실현 가능성에 대한 고려가 별로 없었음을 보여 준다.[128] 김대중 대통령 시기에 본격화된 동아시아 지역 통합 정책은 동아시아의 미래에 대한 아이디어와 비전은 존재했지만 이를 구체화할 수 있는 전략이 없었다. 노무현 대통령은 지역 통합과 관련해서 본격적인 중견국 외교를 가동시켰지만, 역시 전략적 고려가 충분치 않아 구체적인 실현이 불가능하였다.

한국의 중견국 외교에 대한 종합적인 평가는 동북아나 동아시아 전체의 총체적인 통합 구상을 제시하는 데는 강점을 보였지만, 구체적인 실천 방안이나 전략에는 취약점을 노출하였다는 것이다. 그리고 지역 통합 자체

128_같은 맥락에서 박명림은 동북아 구상에 대해 "구체적인 실현 방략과 수단이 부족하고, 말이 현실을 자주 앞서나갔으며, '자주국방'을 지나치게 강조했고, 동아시아 차원의 민주주의·인권 발전에 대한 전망이 결여됐다"고 평가하고 있다. 박명림 (2006), pp. 158-9.

가 목적이 아니라, 북한이나 한반도 문제를 해결하기 위한 수단으로 접근한 측면이 강했다. 중견국가로서 중국과 일본 사이를 중재하거나, 선진국과 개발도상국 그리고 약소국과 강대국 사이의 갈등을 조정하기 위한 수단으로써 지역 통합 및 지역 제도 활성화를 추진하지 못하였다. 추상적인 비전이나 로드맵을 작성하는 수준을 넘어서, 지역 통합에 대한 진정성과 갈등 조정 능력을 보여 줌으로써 역내 국가들의 신뢰를 얻는 데까지 이르지 못하였다. 지역 제도를 통해 자신을 개혁하고, 강대국의 자의적인 힘의 행사를 막아야 할 당위성도 아울러 만들어 낼 수 없었다.

5. 요약

이번 장에서는 제1장에서 제시된 분석 틀에 의거해서 약소국, 중견국가, 지역 강대국이 어떻게 지역주의와 지역 제도에 접근했는지 살펴보았다. 역내 국가들은 자신의 역내 위상에 상응해서 나름대로 전략적인 지역주의 정책을 추진하였다. 공통적으로 자신의 영향력은 강화하고 이득을 극대화하는 방향으로 행동하였고, 상대방에 대한 견제와 균형을 위한 수단으로 지역 제도를 활용하였다. 반면에 지역 제도의 보편적 구속력을 활용해서 협력을 제고시키려는 움직임은 구체화되지 않았다. 자신의 전략적 목적에 부합하는 제도를 앞 다투어 설립하려고 하였으며, 견제 대상 국가를 제도 속에 편입시켜 그 속에서 견제와 균형을 꾀하려는 움직임도 자주 보였다. 따라서 제도의 숫자는 여타 지역에 비해 뒤떨어지지 않았지만, 실효성 있는 제도는 찾아보기 힘들었다. 이것이 동아시아 지역주의가 발전하지 못한 커다란 이유였다.

ASEAN의 경우는 연합 형성을 통한 영향력 확대 차원에서 지역 제도화를 주도하려고 하였다. 그렇지만 주권 침해 우려 때문에 구속력 있는 제도화를 추진하지 못하고, 집단적 영향력 행사를 통한 이익 추구에 주력하였다. 일본과 중국과 같은 강대국은 자신에 대한 구속력 있는 제도화에 대해서 소극적이었으며, 이런 시도가 행해지지 않도록 대안적 제도화나 매력 공세에 적극적으로 나섰다. 그리고 자신의 국력이 우위에 있을 때는 정당성이나 주도권 확보 차원에서 지역 제도를 활용하였으며, 국력이 하락할 경우 상대방에 대한 견제와 균형 차원에서 지역 제도를 활용하였다. 중견국가인 인도네시아, 말레이시아, 한국은 지역 협력 및 제도화에 대해서는 적극적인 입장이었지만, 외교적 역량이나 국력의 한계로 인해서 효과적인 제도화를 추진하지 못하였다.

다음 장에서는 구체적으로 중국과 일본 사이의 관계에 대해서 살펴보고, 양국 간 상대적 국력의 변화가 양국 관계와 지역주의 정책에 미친 영향에 대해 검토해 볼 것이다.

3장

중-일 경쟁과 동아시아 지역주의

1. 들어가며

1) 중-일 관계의 변화

중국과 일본 양국은 정치적 측면에서 볼 때 서로 협력하면 미국의 글로벌 영향력에 버금하는 정도의 위상을 확보할 수 있을 것이며, 경제적으로도 기술, 노동력, 자본 측면에서 상호 이득을 볼 소지가 매우 크다. 중국의 경제 발전에 일본이 도움을 줄 것이 많으며, 중국은 기술력이 뛰어나지만 노쇠해 가는 일본에게 많은 것을 보완해 줄 수 있다. 이런 두 나라가 마음으로부터 협력하지 못하고 대립 관계를 지속시켜 나가고 있는 것은 흥미있는 현상이다.

중-일 관계는 양국 간 국력의 변화와 함께 '특수 관계'에서 '보편 관계'

로 그리고 최근에는 '전략적 경쟁 관계'로 변화하였다. 중-일 양국은 냉전기임에도 불구하고 1972년 국교 정상화 이래 상호 존중하고 배려하는 특수한 관계를 유지하였다. 1971년 미국 닉슨 대통령의 갑작스런 중국 방문으로 촉발된 중-일 화해가 미-중 관계의 개선에 유리한 환경을 조성한 것은 틀림없지만, 양국 지도부는 관계 개선의 필요성을 일찍부터 공유하고 있었다. 경제 발전 필요성을 절감한 중국은 일본을 경제 발전 모델로 생각하고, 일본의 기술 제공이 중요하다고 인식하였다. 일본은 중국과의 관계 정상화가 미국이 주도하는 냉전에 깊숙하게 개입하지 않으면서도 국내적으로 커다란 정치적 영향력을 가졌던 평화주의나 사회주의적 진보 세력들을 아우를 수 있다는 측면에서 유용하였다. 경제적으로도 중국 시장은 잠재적인 가치가 컸다. 중국 정부는 전쟁 배상권 포기 및 조어도(일본명 센카쿠, 중국명 댜오위다오) 열도에 대한 주권 문제 유보, 미-일 동맹에 대한 암묵적 용인 등과 같은 양보를 통해 관계 개선의 물고를 텄다.

중국의 마오쩌둥은 내부적 계급투쟁과 장제스에 대한 적대감으로 인해 일본을 적대시하지 않았다. 그리고 소련과의 적대적 관계 형성은 중국에게 일본의 전략적 가치를 제고시켰다. 1970년대 후반 덩샤오핑이 정권을 잡고, 개혁·개방을 추진하면서 사회주의와 자본주의적 개혁 사이의 괴리가 생겨나게 됨에 따라 정치적 안정을 유지하기 위해서 애국주의와 민족주의를 강조하게 되었다. 이로 인해 타이완에 대한 적대감이 약화된 반면, 일본을 주된 외부 위협으로 인식하는 경향이 생겨났다.[1] 일본의 침략 전쟁에 대한 역사적 기술이나 침략에 대한 태도가 중국 내에서 때때로 문제가 되기

1_Michael Yahuda, *Sino-Japanese Relations after the Cold War* (Routledge 2014), pp. 15-7.

도 하였지만, 역사 문제는 정치적 엘리트들의 일본에 대한 우호적 인식과 1980년대 초 미국과 신냉전을 벌이고 있던 소련으로부터 위협이 고조됨에 따라 수면 밑으로 잠복하게 되었다.

일본은 중국을 아울러서 동아시아의 맹주로서 부상하겠다는 자신감을 갖고 있었다. 따라서 중국에 대해 막대한 원조를 제공하고, 역사 문제에 대해 사과 의사도 여러 차례 표명하였다. 극우적인 나카소네 총리의 경우도 야스쿠니 신사 방문이 한 차례에 그쳤을 정도로 중국에 대한 배려가 있었으며, 중국의 후야오방 당 총서기와도 특수한 친분 관계에 있었다. 일본은 자신이 우위에 있고 자신감을 갖고 있을 때에는 과거 문제에 대해 적극적으로 사과하는 자세를 보였다.[2] 이것은 중국의 안정적 발전이 일본의 안보와 경제에 유익하기 때문이었다. 그리고 중국을 포용함으로써 지역 맹주로서의 자신의 위상을 확립하기 위한 목적도 있었다. 이와 같은 중국에 대한 배려는 일본의 자신감의 반영이었다. 냉전 기간 중임에도 이데올로기가 아닌 상대에 대한 배려에 기초한 실익 추구가 양국 관계의 지배적인 성격이었으며, 이런 점에서 특수한 관계였다.

냉전 종식으로 인해 중-일 관계에는 의미 있는 변화가 생겨났다. 소련의 몰락과 함께 중국에게 일본의 전략적 가치가 하락하였다. 1989년 천안문 사태가 발생하자 미국은 대중 제재에 나섰고, 일본도 이에 어쩔 수 없이 동참하였다. 이런 일본에 대해 중국은 배신감을 느꼈다. 일본 또한 중국의 부상으로 인해 위기감을 느끼고 있었다. 국내적으로 버블 붕괴를 겪고 있던 일본은 자신감을 잃어 갔으며, 이로 인해 중국과의 특수 관계를 지속할

2_Sun(2013), p. 41.

여유를 상실하게 되었다. 특히 1992년에는 양국 관계에 의미 있는 변화가 있었는데, 한편으로는 천안문 사태 이후 국제적 고립을 면치 못하고 있던 중국이 일본과의 관계 개선을 통해 국제 사회로 복귀하는 계기를 마련하였다. 다른 한편으로는 중국이 인민대표대회에서 영해법을 통과시켜 조어도 열도를 정식 입법으로 중국 영토에 포함시킴으로써 일본을 비롯한 여타 주변 국가들과 잠재적으로 폭발력 있는 갈등 요인을 만들었다. 이런 중국의 도발적인 자세는 일본 경제가 1991년 은행 시스템 붕괴와 주가 및 부동산 시장의 폭락, 그리고 뒤이은 장기 불황에의 돌입으로 인한 자신감 상실과 복합적으로 작용해서 일본인들 사이에 중국에 대한 우려의 시각이 뿌리내리도록 하였다.[3]

일본 경제가 침체기에 들어서고 중국의 경제력이 증강됨에 따라 일본은 점차 중국을 위협으로 인식하게 되었다. 이전에는 일본의 전략적 우려가 중국이 적대적이고 혼란스러운 상태로 회귀하는 것이었지만, 점차 대상이 중국의 군사력과 도전적인 외교 정책으로 전환되었다.[4] 1995년 중국의 핵 실험과 타이완에 대한 미사일 위협 공격은 일본이 우려를 현실로 받아들이는 계기가 되었다. 중국은 국제 사회는 물론이고 일본 내에서도 반대 여론이 비등했음에도 불구하고 핵 실험을 강행하였으며, 타이완 총통의 미국 방문을 계기로 중국은 타이완에 대해 군사적 위협을 강화하였다. 일본은 이것을 중국으로부터의 위협으로 간주하고 미-일 안보 협력의 강화에 나섰다. 일본은 동아시아 주둔 미군을 10만 명 선으로 유지하고, 지역 문제

3_중국의 대표적인 일본 전문가인 양보장의 견해이다. 문정인, 『중국의 내일을 묻다』(삼성경제연구소, 2009), pp. 148-9.

4_Yahuda(2014), p. 110.

뿐만 아니라 글로벌 이슈에 대해서도 공동 대응한다는 내용의 '미-일 안전보장 공동선언'을 발표하였고, 1997년에는 한반도와 타이완을 포함하는 주변부 사태에 대한 협력을 내용으로 하는 '미-일 방위 협력을 위한 가이드라인'에도 합의하였다.

그리고 일본 정부는 중국의 핵 실험 움직임에 대응해서 70억 엔 상당의 무상 원조 동결이란 카드를 들고 나왔다. 무상 원조는 중국에 대한 전쟁 배상의 성격을 가졌던 것으로서, 정치 문제와 연결시키기에는 민감한 사안이었다. 그러나 일본은 종래 중국에 대한 유연한 접근법과 다르게 강경하게 대응하였다. 이에 대해 중국은 주권 침해라고 반발하면서 핵 실험을 강행하였다. 일본 측은 원조 중단 카드로 핵 실험을 저지하지 못했을 뿐만 아니라, 실제 원조 중단 결정을 놓고서도 중국과 많은 외교적 마찰을 겪었다.[5] 이 과정에서 일본 내에서 중국에 대한 여론이 크게 악화되었고, 중국 내에서도 반일 감정이 고조되었다. 이것을 기화로 중-일 관계는 지속적으로 악화되었으며, 일본이 중국에 대해서 갖는 레버리지가 매우 취약하다는 점과 중-일 관계가 더 이상 특수하지 않다는 점도 아울러 드러나게 되었다.

이후 중국과 일본 사이에는 경제 관계의 긴밀화 속에서도 치열한 전략적 경쟁이 벌어지는 시대가 열렸다. 미-일이 군사적 협력을 강화하고, 중국이 이에 반발하는 양상이 전개되었다. 일본이 미국의 요구를 핑계로 해서 군사력 강화와 전략적 이익의 확대 해석에 나선 것을 계기로 중국에서 일본의 이미지가 나빠졌고, 이와 더불어 타이완 문제가 중요한 이슈로 부각되었다. 1998년 장쩌민 국가주석의 일본 방문 시 역사 문제를 본격적으로

5_서승원, 『북풍과 태양: 일본의 경제외교와 중국, 1945~2005』(고려대학교출판부, 2012), pp. 251-84.

제기하였지만 일본이 사과 요구를 거부함으로써 역사적인 방문은 외교적 재앙으로 끝나고 말았다. 이 사건은 이후 양국 관계의 성격을 규정하는 계기가 되었다. 이 무렵 중국 내부에서는 일본과의 관계를 어떻게 가져갈 것인가를 두고 논란이 있었다. 일본과의 협력을 통해 실리를 취하자는 실용주의와 중화민족주의적 감정과 일본과의 주도권 경쟁을 염두에 둔 현실주의가 대립하였으며, 애국주의적 여론과 일본의 외교적 도발로 인해 양자 간 힘겨루기 양상이 자주 벌어지게 되었다.[6] '과거를 잊을 수 없는 중국'이 '과거를 기억하지 못하는 일본'과 평행선을 달리고 있는 형국이다.

2010년은 양국 간의 전략적 충돌이 시작되는 원년이었다. 중국이 일본의 GDP를 추월하는 세력 전이의 분수령이었으며, 이후 양국 정부는 공식적으로 서로를 군사적인 위협으로 인식하기 시작하였다.[7] 2012년에는 일본이 조어도 열도의 일부를 국유화함으로써 양국 간 갈등은 더욱 악화되었다. 지금도 중국의 순시선이나 함정이 조어도 주변에 빈번하게 출몰하고 있으며, 이로 인해 양국 간의 충돌 가능성이 고조되어 있다. 현재 중-일 양국은 정치적으로 상호 위협과 갈등이 증폭되고 있지만 경제적으로는 상호 의존과 협력 관계를 지속적으로 희망하는 불안정한 동반자의 모습을 보여주고 있다.

6_일본에 대한 포용론자는 인민일보의 마리청 논설의원과 인민대학의 스인홍 교수 등이 대표적이다. 경제적 이득뿐만 아니라 미국에 대한 견제 수단으로서의 유용성을 들고 있다. 서진영, 『21세기 중국외교정책』(아연출판부 2006), pp. 267-9.

7_Ryoko Nakano, "The Sino-Japanese Territorial Dispute and Threat Perception in Power Transition," *The Pacific Review* (March 16 2015), p. 11.

2) 중-일 세력 전이

중-일 양국 관계가 '특수 관계'에서 '보편 관계'로 그리고 '전략적 경쟁 관계'로 변화하게 된 가장 큰 동인은 일본으로부터 중국으로의 세력 전이로 볼 수 있다. 세력 전이에 따른 불안이 고조되었지만, 이런 상황을 관리할 수 있는 제도적 장치가 미비되어 있었기 때문에 불신과 적대감이 고착되게 되었다. 그리고 양국 내에서 고조되는 국민 감정과 감성의 정치가 불에 기름을 붓는 효과를 가졌다. 이로 인해 양국 관계는 걷잡을 수 없을 정도로 악화되었다. 세력 전이는 평화적으로 일어날 수도 있다. 서로의 힘과 권리를 인정해 주고, 제도를 비롯한 협력의 장이 있을 경우 평화적일 수 있다. 그렇지만 오르간스키에 의하면 지역 차원의 세력 전이는 글로벌 차원과 비교해서 훨씬 더 갈등적이고 전쟁도 일어나기 쉽다.[8]

양국 간의 상대적 국력은 1990년대 중반까지는 일본의 압도적인 우위로 볼 수 있다. 이 시기에는 중국이 일본을 위협으로 받아들이고, 일본은 중국을 포용하는 양상을 보였다. 중국이 일본의 군사적 위협을 심각하게 받아들인 사례의 하나는 1987년과 1988년 일본의 방위 예산이 자신이 공언한 1%를 초과했을 때로서, 중국 정부와 군사 전문가들은 이것을 일본 군대의 부활 조짐으로서 받아들였다.[9] 그리고 1995~1997년 미-일 동맹의 강화와 일본의 적극적인 방위 정책으로 인해 양국이 타이완 문제에 개입할

8_Joel Rathus, *Japan, China and Networked Regionalism in East Asia* (Palgrave Macmilan, 2011), p. 19.

9_Tomonori Sasaki, "China Eyes the Japanese Military: China's Threat Perception of Japan since the 1980s," *The China Quarterly* 203 (September 2010), p. 562.

소지가 생겨남에 따라 중국의 우려 또한 커졌다. 중국은 장쩌민 국가주석의 방일 시 타이완 문제에 개입하지 않을 것을 요구했지만, 오부치 일본 총리는 이를 거절하였다.

2005년 무렵부터 중국군 현대화로 인해 역내 세력 균형에 변화가 생겨났다.[10] 일본에 대한 자신의 우위가 공고해지면서부터 중국은 일본 자체보다는 미-일 동맹 관계가 제기하는 위협을 더 심각하게 고려하기 시작하였다. 중국은 강대국이 되겠다는 목표를 점차 갖게 되었으며, 일본 자체를 더 이상 위협으로 받아들이지 않는 분위기가 조성되었다. 중국은 미국과의 마찰은 최소화하면서도 자신의 역내 영향력을 제고시키기 위해 노력을 기울이게 되었다. 그렇지만 미국의 중국에 대한 봉쇄 움직임이 구체화되었고, 중국도 점차 미국의 전략적 의도에 대해 의구심을 갖게 되었다. 이에 대한 대비책으로서 중국은 미-일 관계에 쐐기를 박는 일, 미국이 배제된 동아시아 지역주의를 강화시키는 일, 미-한-일 봉쇄 구도를 약화시키기 위해 한-중-일 협력을 강화하는 일, 그리고 주변 나라들과의 관계를 원만하게 가져가는 일 등을 모색하기 시작하였다.[11] 이런 구도 속에서 중국과 일본은 상호 간의 접촉면을 확대시켜 나갔다.

이런 와중에 2010년 중국의 GDP가 일본을 추월하는 일이 벌어졌다. 아울러 양국 사이의 군사비 지출 격차도 지속적으로 줄어들어서 2007년에

10_David Shambaugh, "China's Military Modernization: Making Steady and Surprising Progress," Ashley J. Tellis and Michal Wills, eds., *Strategic Asia 2005-6: Military Modernization in an Era of Uncertainty* (Seattle: National Bureau of Asian Research, 2005), pp. 102-3.

11_Gilbert Rozman, *Chinese Strategic Thought toward Asia* (Palgrave Macmillan, 2010), p. 3.

는 중국이 일본을 추월하였다.[12] 구체적으로 살펴본다면, 1990년에는 일본이 290억 달러, 중국은 60억 달러 정도의 군사비를 지출하였다. 그렇지만 2013년에는 중국이 1,120억 달러 그리고 일본이 510억 달러에 달해서 중국이 두 배 이상을 더 지출하였다. 일본과 중국의 경제 여건을 고려하면 격차가 줄어들 가능성은 거의 없다.[13] 따라서 일본은 새로운 현실에 적응해야 할 처지에 있다. 특히 중국의 해군력 강화가 눈에 띄고, 이에 따라 해상 활동도 활발해지고 있다. 동중국해와 센카쿠 주변의 정찰 활동도 활발해졌다. 이런 이유로 중-일 사이의 해상 군사 활동과 군사력 경쟁이 더욱 치열지고 있다. 중국은 2013년 11월 일방적으로 해상 방위 식별 구역을 선포하였으며, 이로 인해 일본의 우려는 커져만 가고 있다.

이제는 중-일 경쟁 구도라기보다는 일본이 일방적으로 중국을 경쟁상대로 생각할 정도의 상황이 전개되고 있다. 중국은 2020년까지 먹고사는 문제가 해결된 '소강사회'의 전면적 건설을 목표로 하고 있으며, 이를 위해 미국과는 신형 대국 관계라는 협력적 경쟁 관계를 유지하려고 하고 있다. 중-일 사이의 경제 규모 역전에 대해서는 일본 내에서 심리적 충격이 적지 않았다. 중국은 자제하는 분위기가 역력했지만, 일본은 위기감을 느끼고 미국에 다가가는 속도를 빠르게 가져갔다. 『월스트리트 저널』의 보도는 이런 분위기를 다음과 같이 잘 보여 주고 있다. "2010년 중국이 일본을 제치고 미국에 이어 세계에서 두 번째로 거대한 경제 대국에 올랐다. 이 역사적

12_Sasaki(2010), p. 562.

13_Toshi Yoshihara, "Sino-Japanese Rivalry at Sea: How Tokyo Can Go Anti-Access on China," *Orbis* 59:1(2015), p. 62. 통계 수치는 The International Institute for Strategic Studies, *The Military Balance* (London: Routledge, 2014) 230쪽과 250쪽에서 가져온 것이다.

인 변화는 아시아의 두 경제 대국에게 복잡한 감정을 불러오고 있다. 오랜 침체를 겪고 있는 일본에게는 자기 성찰이 깃든 체념을, 새로운 글로벌 책임을 짊어질까 걱정하는 떠오르는 중국에게는 자부심과 동시에 신중함이 피어오르고 있다."[14]

그리고 2010년 9월 발생한 조어도 사건은 중국의 부상에 따른 동아시아에서 세력 균형의 변화를 함축적으로 보여 주는 사례였다. 2010년 남중국해와 동중국해를 둘러싼 중국의 공세적 태도, 조어도 열도에서의 일-중간 충돌 등을 겪으면서 주변국의 경계심이 커졌고, 이는 동아시아 지역의 안보 불안정성을 증대시켰다. 2010년 9월 중국 어선이 일본 해경 순시선과 충돌한 사건을 처리하는 과정에서 중국은 희토류 수출을 중단하는 등 일본을 압박하였고, 일본은 자신의 무력함을 뼈저리게 느꼈다. 그 후 일본은 중국을 어떻게 다룰 것인가 골몰하게 되었다. 일본은 근대 역사에서 처음으로 그것도 바로 이웃인 중국에게서 추월당하고 있는 상황이다. 일본에게 중국의 부상은 19세기 중반 이후 자신이 구축한 위계질서의 해체를 의미하면서, 아울러 자신의 기득권에 대한 심각한 도전이었다. 중국의 역내 주도권을 용인할 수 없었기 때문에 적극적으로 중국의 국력 상승에 대해 견제와 균형 정책을 추진하였다.

3) 지역 제도에 대한 선호

제1장에서 제시한 바와 같이 제도는 권력 정치의 수단이 될 수 있다.

14_Chester Dawson and Jason Dean, "Rising China Bests a Shrinking Japan," *Wall Street Journal* (Feb. 14, 2011). http://dreamusn.kr에서 재인용.

중국이나 일본과 같은 지역 강대국들에게 제도는 세력 균형 및 상호 견제의 유용한 수단이 될 것이다. 따라서 양국은 세력 배분의 변화는 물론이고 제도가 세력 배분에 미치는 영향에 대해 민감하게 반응할 것으로 예상된다. 이런 이유로 강대국 사이의 세력 배분의 불안정할 경우 장기간 이익배분의 구도를 결정할 제도화에 합의하기는 용이하지 않다. 이것이 중국과 일본이 불안한 동거를 지속하고 있는 동아시아의 제도적 미비에 대한 유용한 설명이 될 수 있다.

경쟁 관계에 있는 두 나라 사이에 세력 전이가 벌어지고 있다. 일본 우위에서 격차가 점차 줄어들어 2010년 국민총생산 대비 중국이 일본을 추월, 중국의 군사비 증강, 인구와 내적인 일체감, 애국주의, 그리고 심리적인 자신감과 일본의 초조함으로 점차 중국의 우위가 확고해지고 있다. 힘의 배분이 변화하면 불확실성과 불안이 고조되며, 이것은 균형·견제 필요성을 만들어 낸다. 그렇지만 상호 의존이 고도화된 환경 속에서는 군사력에 의한 경쟁이 비용이 크다. 군사력을 실제 사용할 경우 비용도 크고, 국제적인 반발도 강하다. 그렇다고 권력 정치의 속성이 변하는 것은 아니다. 제도는 권력 정치의 주요한 수단이 되며, 제도를 통한 경쟁과 균형이 벌어지게 된다.

제1장의 분석 틀에 따르면 복수의 지역 강대국이 서로 경쟁할 경우, 상대적 힘이 열세인 쪽이 제도화에 더 큰 관심을 가질 것이다. 강한 상대의 자의적인 힘의 행사를 견제할 목적의 제도화가 추진될 것이다. 상대적 힘의 균형 상태에서는 협력과 경쟁이 동시에 벌어질 것이다. 상대적 힘의 우위를 누리는 쪽에서는 자의적인 힘의 행사를 더 선호할 것이기 때문에 제도화에 대해서는 상대적으로 더 소극적이 될 것이다. 지역 강대국 사이의 경쟁이 벌어지는 경우 주도권 다툼이 목적이기 때문에 제도화의 수준은 전

반적으로 낮을 것으로 예상된다.

2. 사례 연구 I: 동아시아 금융 통화 협력

1) 개요

금융 분야는 통상과 달리 국내 정치적 요인이 약하게 작용하기 때문에 협력이 상대적으로 용이하다. 그렇지만 국익 및 국가적 위상과 관련성이 크기 때문에 국가 간 경쟁이 치열하다. 따라서 중국과 일본 사이의 경쟁도 치열했을 것으로 예상된다. 금융은 동아시아에서 협력이 가장 진전된 분야로서 일본이 오랫동안 확연한 우위를 점하였다. 그러나 중국 경제의 부상과 함께 치열한 도전과 경쟁의 장이 되었다. 처음에는 중국이 일본의 아성에 대해 도전하는 양상이었지만, 다음 단계에서는 중-일 간의 경쟁이 치열해졌고, 최근에는 중-일 간 주도권 쟁탈전이 중-미 간 대리전 양상을 띨 정도로 격화되었다. 양국 간 힘의 배분이 급격하게 변화함에 따라 이런 현상이 초래되게 되었다.

일본은 금융 면에서 대규모 경상수지 흑자를 바탕으로 한 막대한 외환 보유고를 가지고 역내 주도적 위치에 있었지만 1990년대 중후반까지 리더십을 발휘하지는 않았다. 중국의 부상과 함께 일본의 역내 경제적 위상이 점차 약화되었고, 1997년 동아시아 경제 위기 시점에는 중국의 도움 없이는 아무것도 여의치 않은 상황에 처하게 되었다. 일례로 일본이 주도한 금융 협력 가운데 중국이 반대한 AMF는 진전이 없었던 반면에 중국이 지지한 CMI는 성공적으로 출범하였다. 국제적 위기가 계기가 되기는 했지만,

이것은 중국과 일본의 대표적인 협력 사례인 동시에 중국의 위상 강화와 일본의 지도력 하락을 보여 주는 사례이기도 하였다. 중·일 양국은 금융 분야에서 제도의 디자인과 운영 방식을 놓고 치열하게 경쟁하였다. 일본은 ADB에 바탕을 둔 기존의 체제를 유지하려는 현상 유지 국가였던 반면에 중국은 경제력, 지불준비금, 환율 시장 조작 능력 면에서 많은 자원을 축적한 바탕 위에서 현상 타파에 나섰다. 그럼에도 불구하고 실제로 상대국의 정책을 변화시키거나 자신의 의지를 관철시키는 데 중국은 여전히 한계가 있었다.[15]

중국은 미국의 달러나 엔화가 중심이 된 금융 통화 질서를 변화시키기 위해서 부심하였다. 때로는 기존 제도의 규칙을 바꿈으로서 '제도 내 균형'을 꾀하기도 하였으며, 때로는 새로운 제도를 만듦으로서 '제도 간 균형'을 시도하기도 하였다. 글로벌 차원에서는 IMF 개혁에 적극 나서고 새로운 금융 질서 형성을 위해 노력을 경주하였다. 동아시아 금융 협력에도 적극 참여하였고, 위안화의 국제화도 적극적으로 추진하였다. 이 과정에서 일본과의 주도권 경쟁도 치열하게 벌였다. 예를 들어 IMF 지분과 투표권 문제도 2010년 개혁에서 중국의 강력한 요구로 인해 일본과 동일한 6.1%로 점차 조정해 나가기로 합의하였다.[16] 최근에는 아시아인프라투자은행(AIIB)을 주도하면서 나름대로 새로운 금융 질서를 구축하려고 나섰다. 과연 중-일 간의 경쟁은 동아시아 금융 통화 질서 구축에 어떤 영향을 미쳤을까?

15_John D. Ciorciari, "China's Structural Power Deficit and Influence Gap in the Monetary Policy Arena," *Asian Survey* 54:5(2014), pp. 869-93.

16_Ciorciari(2014), p. 876, Table 1. 이 합의는 미국 의회가 비준하지 않았기 때문에 이행에 문제가 있다. 2014년 현재는 일본의 지분은 6.2%였고, 중국은 3.8%를 차지하고 있다. 그렇지만 중국은 일본과의 균형에 특히 관심이 컸다.

2) AMF와 CMI

(1) AMF(Asia Monetary Fund: 아시아통화기금)

1997년 금융 위기 직후 일본의 대장성 차관 사카키바라는 역내 지불준비금으로 이루어진 1,000억 달러 규모의 AMF를 제안하였다. 그 중에 일본이 반을 출연하는 방안으로서 일본의 막대한 외환보유고를 활용해서 금융 투기의 위협을 차단함과 동시에 역내 지불준비은행으로서 기능하도록 하는 것이 주된 목적이었다. 역내 국가들이 통화 불안정이나 단기 수지 불균형을 해소시키기 위해 차입할 수 있도록 하였으며, 이를 통해 일본은 역내 통화 안정과 금융 위기의 예방을 기대하였다. 애당초 일본은 IMF의 하위 기구로서 긴밀한 연계성 속에서 운영할 의도를 가졌지만, ASEAN 국가들이 IMF 융자가 부과하는 까다로운 조건에 대해 불만을 갖고 있는 것을 확인한 이후 보다 독자적으로 운용할 계획을 갖게 되었다.[17] 이런 측면에서 볼 때 AMF 제안은 일본이 지역 리더십을 제도화하기 위한 최초의 시도로 볼 수 있으며, 기본 구도 상 금융 통화 영역에서 역내 국가들의 일본에 대한 의존도를 제고시킴으로써 일본이 그들에 대해 영향력을 행사할 여지가 생겨날 수 있었다. 따라서 이것이 설립될 경우 미국과 IMF의 영향력이 상대적으로 약화될 것이란 점은 충분히 예견되었다.

이런 구상 하에서 사카키바라는 AMF를 성공시키기 위해서 적극적인 외교를 펼쳤다.[18] 외환 부족에 직면한 아시아의 빈국들은 IMF의 조건부 융

17_김진영, "글로벌 금융 거버넌스와 아시아 금융협력," 『21세기 정치학회보』 21:3(2011), pp. 141-2.

자에 대한 거부감이 강하였기 때문에 이에 대해 환영의 뜻을 표명하였다. 일본은 아시아 경제 위기는 유동성 위기이며, IMF의 엄격한 융자 조건이 오히려 경기 회복을 늦추고 고통만 가중시킬 것이란 입장을 가졌다. 이것은 ASEAN 국가들의 입장을 대변한 것이기도 하였다. 이런 일본의 입장이 분명해지자 미국은 확실하게 반대 의사를 표명하였고, AMF를 좌절시키기 위해서 단호한 행동에 나섰다. 미국뿐 아니라 중국도 AMF가 "일본의 엔 헤게모니 강화책"이라 간주하면서 반대하였다.[19] 중국은 "위안화를 포함하는 어떤 지역 외환 정책(regional foreign exchange policy)에 가담하기를 원치 않는다"고 단언하였다.[20] 이로 인해 일본이 제안한 AMF 방안은 동력을 상실하고 말았다.

일본으로서는 애초부터 "중국의 지지 없이는 불가능하며, 중국의 지지가 있을 경우 미국의 반대를 무릅쓰고라도 추진할 수 있을 것"이란 생각을 갖고 있었다. 중국 내부에서도 AMF의 필요성을 인정하는 견해가 적지 않았다.[21] 아시아가 IMF로부터 독립된 독자적인 외환 관리 기구를 갖는 것은 미국이나 서방세계의 간섭으로부터 일정 정도의 자율성을 확보한다는 측면이 있었다. 그렇지만 중국은 자신의 외환보유고를 ASEAN 국가들을 위해 희생할 각오는 물론이고 일본의 역내 패권을 제도화시켜 줄 의향은 더욱 없었다. ASEAN 국가들도 일본의 영향력 강화에 우려의 눈길을 보냈다. 미국은 IMF의 중심성을 강조하면서 반대하였는데, 이 역시 자신의 영향력 약화

18_Rathus(2011), p. 104.

19_H. K. Chey, "The Changing Political Dynamics of East Asian Financial Cooperation: The Chang Mai Initiative," *Asian Survey* 49:3(2009), pp. 450-467.

20_Michael J. Green, *Japan's Reluctant Realism* (New York: Palgrave, 2001), p. 249.

21_Rathus(2011), p. 105.

에 대한 우려를 반영한 것이었다. 당시 중국은 WTO 가입을 원하고 있었기에 미국의 입장을 거스르기 어려웠다. 그 결과 일본의 AMF 제안은 실패로 끝났으며, 이후 중국의 지속적인 부상을 부럽게 바라볼 수밖에 없었다.

AMF 사례는 자신의 위상에 대한 도전에 직면한 지역 금융 패권국이 제도화를 추진하였지만, 역내 및 역외로부터 지지를 이끌어 내지 못해서 실패한 경우였다. AMF가 좌절되자 일본은 자신의 영향력 확보를 위해서 양자적 차원에서 자금을 공여할 계획을 수립하였다. 1998년 10월 '아시아 통화 위기 지원에 관한 신 구상'(신미야자와 구상)을 발표해서, 금융 위기를 겪는 나라에 대한 300억 달러의 직접적인 자금 지원을 포함해서 총액 800억 달러 규모의 원조나 융자를 제공하겠다는 의사를 표명하였다. 여기에는 자금 지원에 더해서 일부 국가들에게 일방적인 통화스왑을 제공하는 내용이 포함되어 있었다. 이런 노력에도 불구하고 일본은 아시아 경제 위기 시 자신의 통화를 평가 절하함으로써 아세안 국가들의 회복을 더디게 했다는 비난을 받았다. ASEAN을 도와주기 위한 AMF는 좌절되었고, 스스로 통제할 수 없었던 엔화 절하에 대한 비판으로 인해 일본은 대규모의 도움을 제공하고도 칭찬을 받지 못하였다. 그 결과 일본의 역내 주도권에 심각한 훼손이 발생하였다.

반면에 중국은 위기 시 위안화를 달러에 연동시켜 더 이상 떨어지지 않도록 하겠다고 선언하였다. 분주하게 움직인 일본과 대조적으로 동남아시아의 위기 극복을 위해 별다른 적극적 조치를 취하지 않고도 단지 소극적으로 위안화 절상을 하지 않았다는 이유로 크게 칭찬을 받는 아이러니한 사태가 벌어졌다. 2001년 중국-ASEAN 정상회담(ASEAN+1) 당시 ASEAN 의장은 ASEAN 회원국 모두가 중국이 최근의 경제 위기 극복 과정에서 취한 조치들에 대해서 "깊이 감사하고"(deeply grateful) 있다고 언급한 반면에, 일본과의 정상회담 후에는 "일본이 동남아시아가 경제적 충격에 적응하도록 도움을 주기 위한 국제적인 노력을 주도하였다"고 형식적으로 언급하였다.[22] 양자 사이에는 분명한 온도 차이가 존재하였다. 일본은 이제 단독으로 의미 있는 행동을 취할 수 없게 되었으며, 자신이 주도력을 발휘하기 위해서는 중국이나 미국의 도움이 필요한 처지가 되었다.

(2) CMI(Chiang Mai Initiative: 치앙마이 이니셔티브)

CMI는 양자 간 협정을 통해 단기적인 외환 유동성 부족 문제를 해결하기 위한 방안이었다. 이것은 일본이 제안한 AMF 구상이 IMF에 기초한 글로벌 금융 체제를 약화시킬 것을 우려한 미국과 일본의 영향력 확대를 우려한 중국의 반대로 무산되자 대안으로서 고안된 것이었다. ASEAN 통화스왑 협정(ASEAN Swap Arrangement, 1977)이 모델이었고, 이것이 동아시아 금융 위기를 계기로 해서 한중일 3국으로 확대되었다. CMI는 일본이 주도했지만 중국이 본격적으로 지역주의와 다자주의를 수용한 최초의 사례로 볼 수 있다. 금융 위기를 계기로 다양한 차원의 협력이 논의되었다. 지역주의는 회피할 수 없는 선택이 되었으며, 이와 더불어 중-일 간의 주도권 경쟁도 본격화되었다.

동아시아는 금융 부문의 미발달, 해외 금융자본에 대한 취약성, 기존 제도의 불충분성, 그리고 IMF 융자 조건의 부적절성과 과도한 엄정성으로 인해 금융 위기에 대한 자체적인 해결책을 모색할 유인을 가졌다. 그 결과

22_Rathus(2011), p. 107.

금융 협력을 추진할 제도적 장치로서 APT 정상회의와 APT 재무장관 회의가 생겨났으며, 일본과 중국이 협력적 경쟁을 통해 지도력을 발휘하였기 때문에 금융 협력이 급속하게 발전할 수 있었다. APT 재무장관 회의가 설치한 ERPD(Economic Review and Policy Dialogue)는 실질적인 정책 협조를 위한 정부 간 제도로서 거시경제 정책과 구조 개혁에 대한 정부 간 의견 교환의 장으로서 중요한 역할을 하였다. 통화 및 재정 정책은 물론이고 금융 규제, 시장 인프라의 구축, 그리고 금융 취약성을 평가하기 위한 조기 경보 장치 등을 다루었다.[23] 그리고 2000년 CMI와 2002년 아시아 채권 시장 이니셔티브(ABMI)를 주도하기도 하였다.

동아시아에서 금융 협력은 전통적으로 일본의 텃밭이었다. 일본은 전후 배상금, 원조와 융자, 그리고 직접 투자 등을 통해 아세안 국가들의 주요 자금원 역할을 하였으며, 동아시아 금융 위기 당시에도 '미야자와 플랜'을 통해 적극적으로 유동성 제공에 나섰다. 아울러 금융 협력의 제도화를 위해서도 주도적인 노력을 기울였다. 일본이 CMI를 통해서 달성하고자 했던 구체적인 목표는 다음과 같다.[24] 첫째, 동아시아 경제 질서 속에서 자신이 수행했던 핵심적인 역할을 지속적으로 인정받기를 원하였다. 둘째, 위기 시 자신의 견해나 정책 선호가 더 중시되도록 정치적인 레버리지를 원하였다. 셋째, 일본의 엔화와 여타 통화가 점차 같이 변동할수록 위기를 예방하는 데 유리하였다. 이 방안은 일본이 불필요할 정도로 많이 축적한 외

23_Giovanni Capannelli, "Shaping Asia's Institutional Architecture for Economic and Financial Integration: Opinion Leaders' Views," *International Economic Journal* 25:4 (2011), p. 604.

24_Rathus(2011), pp. 108-9.

환보유고를 활용해서 저비용으로 자신의 지도력을 회복시킬 수 있는 유용한 것이었다. 일본은 CMI를 통해서 자신의 경제적 영향력은 약화되었지만 지적인 리더십을 과시할 수 있는 좋은 기회였다.

CMI는 일본이 주도적이었음에도 중국과 아세안이 참여해서 협력을 이끌어 낼 수 있었던 이유로는 금융 안정이란 공공재의 제공 필요성, 동아시아 모델의 적실성에 대한 도전과 이에 대한 반발, 일본이 AMF에 대해 반대를 했던 중국의 입장을 잘 배려하였다는 점 등을 들 수 있다. 일본에게는 동아시아 국가들과의 금융 협력이 필수적인 것은 아니었으며, 스스로 어떤 위기도 극복할 수 있는 충분한 외환보유고를 가졌다. 일본이 내심 원했던 것은 ASEAN 국가들이 AMF 좌절로 인해 손상된 자신의 역내 리더십을 인정해 주는 것이었다. ASEAN 국가들은 금융 분야에서 미국의 영향력이 너무 커졌다고 인식하고 있었으며, 중국의 영향력 증대에 대한 일본의 우려에 대해서도 공감하는 바가 있었다.

중국은 애초에 CMI에 대해서 일본의 영향력 확대를 우려해 반대하였다. 그렇지만 위기 극복이란 현실적인 필요뿐만 아니라 그 안에서 자신의 역내 영향력 확대 가능성도 아울러 보았다. 따라서 1999년에 열린 제2차 APT-FMM 회담에서 CMI에 대해 긍정적으로 입장을 바꿨다. 이것은 APT를 통한 금융 협력의 중요한 성과였으며, 중국은 이 과정에서 엄밀한 경제적 이해타산보다는 자신의 역내 이미지를 더 중시하였다. 아세안은 AMF가 조성할 자금에 대해서 큰 관심이 있었지만 이것이 좌절됨에 따라 실망이 컸다. 따라서 이를 대신할 다른 어떤 제도를 원하고 있었다. 모든 역내 국가들이 찬성하는 CMI에 중국이 반대할 경우 자신의 역내 이미지가 크게 손상될 것은 분명해 보였다.

CMI의 내용은 다자적인 지역 금융 협력체의 설립이 아니라 양자 간 통화스왑 협정의 집합체란 특징을 가졌다. 2009년까지 16개의 양자 간 협정이 생겨났고, 총액은 900억 달러 규모에 이르렀다.[25] 구체적으로는 중국과 일본이 중심이 되어 각자 양자 간 통화스왑 협정을 맺는 형태를 띠었다. 각자 자신이 선택한 파트너와 다양한 액수의 협정을 맺었다. 브루나이, 캄보디아, 라오스, 베트남, 미얀마는 제외됐으며, 싱가포르는 일본하고만 협정을 맺었다. 이런 의미에서 명실상부한 지역 협력체와는 거리가 멀었다. 또한 내용이 각기 달랐고, 금액의 대칭성이 없었으며, 의무의 쌍방향성도 없었다. CMI는 동아시아 국가가 금융 부문에서 달성한 최초의 가시적인 성과로서 동아시아 지역 협력의 신기원이란 의미를 가졌지만, 양자 간 스왑 협정의 형태였고, 액수도 적었으며, 집행에 있어서도 IMF와의 합의 없이는 20%밖에 인출할 수 없다는 한계를 가졌다. 따라서 위기 극복 방안으로서는 기대효과가 크지 않았으며, 실제 활용 사례도 없었다. 2008년 가을 유동성 위기에 직면한 싱가포르와 한국은 CMI를 활용하지 않고 대신에 미국과의 양자 간 스왑 협정을 선택하였다.[26]

CMI의 설립은 중국과 일본 사이 주도권 경쟁의 출발점이기도 하였다. 전체적인 약정액 비율은 당시의 경제력 수준을 반영해서 일본 50%, 중국과 한국 각각 20%, ASEAN 10%였다. 그러나 10년이 지나서 CMI를 다자화하는 CMIM 협상을 진행할 때 일본과 중국의 지분이 대등해졌다. 이것은 역내 세력 배분을 변화를 보여 주는 흥미 있는 지표로서 중국의 위상이 급속도로 강화되었음을 시사하고 있다. 이어서 중-일 양국은 양자 간 스왑의

25_Ciorciari(2011), pp. 931.

26_William W. Grimes, "The Future of Regional Liquidity Arrangements in East Asia: Lessons from the Global Financial Crisis," *The Pacific Review* 24:3(2011), pp. 294-6.

금액, 방향성, 대칭성 등의 측면에서 서로 치열하게 경쟁하였다. 중국과 일본은 통화스왑 협정을 역내 국가들에 대한 개별적인 시혜로서 인식하면서, 이것을 통해 각각 자신의 영향력을 확대시키려고 경쟁적으로 노력하였다.

동아시아에서 금융 협력이 성공적으로 추진된 배경에는 중국과 일본 사이의 협력과 경쟁이 있었다. 여기에 식민지 경험과 발전주의 경험을 공유했던 동아시아 국가들이 미국과 서방이 주도하는 IMF의 방식과는 다르게, 협의를 통한 유연하고 점진적인 접근법에 합의할 수 있었기 때문에 괄목할만한 성과를 거둘 수 있었다. 특히 중국의 입장 전환이 중요했는데, 중국은 애초에는 일본의 지배 가능성이나 영향력 확대를 두려워하였기 때문에 소극적인 입장이었다. 그러나 급속한 경제 발전을 통해서 많은 외환보유고를 축적하게 되었고 경제적 영향력도 커졌기 때문에 점차 자신감을 가지게 되었다. 따라서 중국은 일본과 경쟁하면서 금융 통화 협력을 주도해 나갈 수 있었다.[27]

3) CMIM과 AMRO

(1) CMIM(치앙마이 이니셔티브 다자화)

양자 간 협정의 형태를 가졌던 CMI는 글로벌 위기에 직면해서 CMIM이란 다자적 제도로 격상되었다. 이것은 지난 10여 년간 동아시아 지역 협력의 가장 두드러진 성과로서 일본이 제안하고 중국이 찬성하면서 실현될

27_Ciorciari(2011), p. 933.

수 있었다.[28] 이 방안은 2008년 APT 재무장관 회의에서 발표되었고, 2009년 발리에서 개최된 APT 재무장관 회의에서 공식적인 합의에 이르렀으며, 이듬해 3월 발효되었다. 핵심적인 내용은 통화스왑의 실효성 제고를 위해 자금 규모를 300억 달러에서 총 1,200억 달러 규모로 증액시켰고, 이전에 배제되어 있던 브루나이, 라오스, 캄보디아, 베트남을 새롭게 포함시킨 점이었다. 제도적 측면에서도 CMI와는 달리 양자 간 협상이 아니라 명실상부한 다자적 제도의 형태를 갖췄다. 회원 자격, 기금 규모, 회원국 간 분담금 배정 등 근본적인 사항에 대해서는 여전히 합의를 통한 의사 결정 방식이 유지되었지만, 자금 제공에 관한 결정 및 관리 등과 같이 실제 운영과 관련해서는 2/3 이상의 가중 다수결을 받아들임으로써 제도화 수준을 제고시켰다.[29]

일본과 중국은 CMIM 추진 과정에서 주도권을 장악하기 위해서 서로 분담금을 더 많이 약정하겠다고 주장해서 갈등을 빚었다. 새로운 제도가 분담금에 비례한 가중투표제를 운영 원칙으로 도입했기 때문에, 구성원들 사이에 분담금 비율을 둘러싼 경쟁이 치열하였다. 일찍이 2008년 5월 한중일 3국이 80%를 약정하고, 나머지 20%는 ASEAN 몫으로 하기로 결정하였다. 그렇지만 한중일 사이의 배분을 둘러싸고 경쟁이 치열하게 벌어졌다. 중국으로서는 일본의 주도권을 더 이상 인정할 수 없었으며, 한국도 중·일 양국 사이에서 존재감을 드러내기 위해서 애를 썼다. 이것은 경제적인 국익 차원의 문제를 넘어서 역내 위상을 둘러싼 자존심 싸움의 성격을 띠었다.[30]

28_Ciociari(2011), p. 926.
29_Grimes(2011), pp. 297-8.

2008년 글로벌 금융 위기를 계기로 한국이 16%를 약정하기로 양보함으로써 타결의 실마리가 생겨났다. 그렇지만 나머지 64%를 어떻게 배분할 것인가를 놓고 중국과 일본이 지속적으로 대립하였다. 특히 중국이 일본보다 적은 액수를 약정할 수 없다고 강력하게 버티는 바람에 타결이 늦어졌다. 일본은 ADB나 IMF에서 투표권 비율이 중국보다 2배 이상이었지만, 중국의 반발로 인해 이런 차이를 CMIM 협상 과정에서 제대로 반영할 수 없었다. 최종적인 해결책은 홍콩을 가입시켜 홍콩 몫으로 3.5%(24억 달러)를 할당하고, 이것을 중국의 총 지분에 포함시켜 일본과 동등한 비율이 되도록 조정하였다. 이로써 중국은 일본과 대등하다는 자존심을 세울 수 있었고, 일본도 자신이 최대 지분을 가진다는 자부심을 가질 수 있게 되었다. 이런 방안은 2009년 5월 한중일 재무장관 회의에서 확정되었다. 최종적으로는 중국과 일본이 동일하게 32%인 384억 달러씩을, 한국은 그 절반인 16%에 192억 달러를, 그리고 나머지 20%인 240억 달러는 ASEAN이 분담하기로 확정되었다. CMIM의 협상 결과는 중국이 국제기구에서 최초로 일본과 대등한 위치에 올랐다는 역사적인 의미를 가졌다. 그때까지 동아시아 지역주의에 있어서 FTA를 비롯해서 통상은 중국이 선도하고 금융 및 통화는 일본이 선도하는 양상을 보였다. 그렇지만 CMIM을 계기로 중국은 금융 및 통화 분야에서도 일본에 필적하는 위상을 확보하게 되었다.

그러나 CMIM은 실제로 자금을 출연한 기금 형태가 아니라, 중국과 일본이 각각 32%, 한국이 16%, ASEAN이 20%를 최대한도로 부담하기로 약정한 국가 간 협정에 불과하였다. 각국 중앙은행은 위기 시 자금 지원을

30_Rathus(2011), p. 113.

약속하는 약정서를 교환하고, 실제 위기 발생 시 분담 비율에 따라 지원하는 방식이었다. 출연 분담금은 개별 국가의 자금력에 따라 결정되었지만, 실제 인출 가능액은 소규모 국가에 유리하게 설정되었다. 그들은 자신의 출연금의 5배까지 인출할 수 있지만, 중국이나 일본과 같은 강대국은 50%까지밖에 인출할 수 없게 되어 있다.[31] 이와 같은 약소국에의 배려는 중·일 양국에게 정당성 문제가 중요하다는 증거였으며, 동시에 금융 협력의 진전을 촉진한 중요한 요인이었다. 중·일 공동 리더십과 약소국에 대한 배려라는 방식은 향후 지역 제도를 포함한 역내 공공재 공급과 관련된 협력 문제를 해결하는 데 중요한 선례가 될 수 있을 것이다.

그렇지만 CMIM이 지역 차원의 금융 안정성을 보장할 수 있는 기구가 되기 위해서는 개선할 여지가 적지 않다. 작금의 금융 위기의 규모를 고려할 때 초기의 1,200억 달러가 2012년 5월 2,400억 달러로 증액되기는 하였지만 여전히 불충분하고, 주로 사후 처방에 국한되었다는 점에서 한계가 있다. 그리고 CMIM이 IMF의 과도하게 엄격한 대부 조건이 야기하는 문제에 대한 해결책으로 고안되었다는 관점에서 볼 때 IMF와의 연계성이 여전히 강하다는 점이 취약점이다. CMIM에서도 쿼터의 20% 이상을 인출할 경우 반드시 IMF와의 합의가 있어야 가능하도록 규정되었다. 그렇지만 CMIM이 IMF로부터 지나치게 독립적이 될 경우 도덕적 해이 문제가 만연해질 수 있다는 점에서 고민이다. 이 문제를 해결하기 위해서는 개별 국가의 정책에 대한 철저한 감시 및 통제가 있어야 할 것이지만, 주권 침해 우려 때문에 해법을 찾기가 용이하지 않다.[32]

31_Capannelli(2011), pp. 606-7.

32_Grimes(2011), p. 294.

(2) AMRO(ASEAN+3 Macroeconomic Research Office: ASEAN+3 거시경제 조사기구)

금융 거래에 있어서는 정보 부족이나 정보의 비대칭성 문제가 심각한 장애 요인임은 주지의 사실이며, 이 문제를 적절하게 해결하는 것이 금융 협력의 관건이다. 동아시아에서도 금융 협력 논의 과정에서 거시경제에 대한 정보 공유나 감시 필요성이 일찍부터 제기되었다. 2001년 5월 ADB 회의와 연석으로 가진 ASEAN+3 재무장관 회의(APT-FMM)는 정책 대화 및 감시 기구 설립 필요성에 공감하면서, 이 문제를 다루기 위한 공동 연구회를 결성하기로 하였다. 이 이슈에 대해서는 일본이 커다란 관심을 갖고 주도적인 노력을 기울였으며, 말레이시아와 공동 책임자 역할을 맡았다.

2001년 11월 결과 보고서가 제출되었을 당시 이 기구의 위상과 관련해서 많은 논란이 벌어졌다. 일본은 자신의 통제권 밖에 존재하는 기구를 받아들일 수 없다는 입장을 분명히 하였다. 이런 맥락에서 일본은 애당초 자신이 주도하던 ADB 산하에 감시 통제 기구를 두기를 원하였다. 반면에 중국은 일본의 제안을 사실상의 통제권 요구로 간주했기 때문에 수용할 수 없었었다. 중-일 간의 치열한 대립 속에서 여타 회원국들은 타협책으로서 이 기구를 차관급으로 격하시키는 방안을 제시하였다. 그러나 일본은 그럴 경우 자신이 요구하는 수준의 감시 통제 기능을 갖추기 어렵다는 이유로 반대였다. 일본의 원래 의도는 중국을 포함해서 개별 회원국 경제에 대한 통제 감시 기능을 강화함으로써 CMI와 IMF 사이의 연계성을 완화시키려는 것이었다. 중국은 주권 침해 우려 때문에 강력하고 독립적인 통제 감시 기구의 설립에 대해서는 반대 입장을 견지하였다.[33]

강력한 감시 기구에 대한 일본의 지속적인 요구로 인해 2002년 APT

재무차관 회의에서 ERPD가 생겨났다. ERPD는 매년 두 차례씩 회합을 통해서 금융 협력을 진전시키기 위한 노력을 하였다. EPRD는 원래 CMI 속에 편입되어서 자금 공여와 관련된 감시·통제 기능을 담당하는 것으로 계획되었지만, 그 역할을 제대로 수행할 수 없었다. 가장 큰 장애 요인은 중국의 비협조였으며, 중국은 자국 경제와 관련된 장부를 외부 기관에 공개할 의향이 없었다. 이에 대해 일본은 ERPD 기능을 더욱 강화해서 중국 경제에서 실제로 벌어지고 있는 일들을 보다 투명하게 파악할 수 있기를 원하였다.

이런 상황 속에서 AMRO의 설립이 추진되었다. 이것은 회원국들의 금융 정책을 포함한 거시경제에 대한 감시를 주된 기능으로 하는 기구로서, 2010년 4월 APT 재무장관 회의에서 싱가포르에 설치하기로 합의가 있었다. 이런 역할을 담당할 기구의 형태를 둘러싸고 일본과 중국 사이의 대립이 치열했지만, 중국의 선호를 반영해서 일본과 서방세계의 영향력이 막강한 ADB의 부속기구가 아닌 독자적인 기구로 출범시키기로 하였다.[34] 일본 입장에서는 중국에 대한 감시 통제가 주된 목적이었지만, 성공적인 설립을 위해서는 중국의 협조가 필수적이었기 때문에 중국의 선호를 상당 정도 수용하지 않을 수 없었다.

일본과 중국은 AMRO의 수장 선임을 둘러싸고도 치열하게 경합하였다. 일본의 주도권 장악 의도는 차치하더라도 중국도 자신에 대한 주권 침해 소지가 큰 기구의 수장 자리를 일본에게 쉽사리 양보할 수 없었다. 이로 인해 2011년 초로 예정되었던 AMRO 출범이 지체되었으며, 수장 임명과

33_Rathus(2011), p. 122.
34_Terada & Ong(2011), p. 212.

운영 방안을 둘러싼 양국 간 갈등이 지속되었다. 중국은 향후 ACU(Asian Currency Unit)의 장래를 결정할 수 위치에 있으면서 동시에 위안화 위상 강화와 절상 압력에 대해서도 효과적으로 대응할 수 있는 잠재력도 갖춘 사무총장 자리를 강력하게 원하였다. 양국 간 양보할 수 없는 경쟁은 3년의 임기를 처음 1년은 중국이 그리고 나머지 2년은 일본이 맡기로 타협함으로써 일단락되었다. 2011년 5월 중국의 웨이번화가 초대 사무총장으로 선임되었고, 2012년 1월 31일 공식적인 출범을 하였다. 조직 및 운영과 관련해서는 대체로 중국의 의견이 반영되었다. 웨이번화는 취임 이후 금융위기에 대해 실질적인 효과를 발휘할 수 있도록 CMIM의 자금 규모를 120억 달러에서 240억 달러로 증대시켰다.[35]

AMRO는 CMIM의 효과적인 작동을 돕기 위해서 고안된 것으로서 중-일 간의 주도권 경쟁에도 불구하고 CMIM과 함께 중-일 협력의 대표적인 성과로 꼽을 수 있다. 출범 이후 AMRO의 역할을 강화해서 ADB나 IMF와 같은 국제기구로 격상시키려는 움직임이 본격화되었다. 그 결과 2014년 10월에는 구체적인 기능과 조직, 분담금 등을 규정한 AMRO 협정이 공식적으로 체결되었다. 아울러 법적 지위, 특권, 그리고 통제 감시 업무 과정에서의 면책권도 부여 받았다.[36] 향후 중요한 과제는 어떻게 IMF 감시기구와는 차별화되는 AMRO를 만들어 낼까 하는 것이다. 특히 감시의 객관성과 비정치성을 확보하는 것이 숙제이다. 연구 조사의 객관성을 확보하고, 연구 결과를 엄정하게 적용하며, 아울러 해당 국가의 구체적인 실천을 담

35_Grace NG, "Common Asian currency: China leads drive," *The Straight Times* (May 23, 2011).

36_"Asean+3 Finance Monitor Now a Global Body," *The Straits Times* (Oct. 13, 2014).

보하는 방안을 마련하는 것이 중요할 것이다.

AMRO가 제대로 작동하면 CMIM의 IMF로부터 독립성이 커질 것이며, 이 경우 실질적으로 AMF와 유사한 기능을 수행할 수 있을 것으로 보인다. 현재 지역 차원의 독립적인 통화기금이 생겨나는 것이 추세이다. 이미 아랍통화기금(Arab Monetary Fund, 1976)과 라틴아메리카준비기금(Latin American Reserve Fund, 1978)이 설립된 바 있다. 유럽에서도 유럽통화기금(EMF) 설립 논의가 오래전부터 있었고, 2010년 무렵 금융 위기와 관련해서 논의가 본격화되기도 하였다. 중국은 미국에 대항하는 기구로서 AMF의 중요성을 새롭게 인식하고 있다. AMRO는 2011년 전국인민대표대회(전인대) 인준 없이 시행되었지만, AMRO 협약은 2015년 9월 전인대에서 최종 비준을 받았다.[37] 일본도 이에 대해 적극적인 지지를 하고 있다. 그렇지만 IMF와 World Bank에서 자신의 위상에 대한 중국의 불만이 고조될 경우 중-일 사이의 갈등이 격화될 가능성도 있다.

4) 기타 금융 협력

동아시아 금융 협력은 채권 시장 활성화 방안 마련, 채권 투자 기금 조성, 아시아통화기금 방안, 공동 통화 논의, 환율 안정을 위한 노력 등 다양한 분야에서 활발하게 진행되었다. 이것은 APT 재무장관 회의라는 제도가 중심이 되어, 글로벌 위기에 대한 공동 대응이란 목표를 공유하면서 역내에 축적된 대규모의 지불준비금이나 저축을 수단으로 일본과 중국이 경쟁

37_"China: China ratifies AMRO agreement," *Xinhua News Agency* (Aug 29, 2015).

적으로 리더십을 제공하였기 때문에 활성화될 수 있었다. 그리고 금융 위기의 예방이나 자본의 효율적인 이용으로부터 발생할 이득이 실재한 반면, 비용 측면에서 금융 협력을 통해 국가적으로 손실을 볼 가능성이나 피해를 보는 국내적 이익 집단이 두드러지게 존재하지 않았기 때문에 통상 분야와는 다르게 협력에 따른 정치적인 부담이 적었다.

그러나 동아시아 협력에서 가장 진전되었다고 평가되는 금융 협력은 아직 위기 시 유동성 제공이란 피상적인 수준에 머물러 있으며, 실질적인 경제 통합과는 여전히 거리가 멀다. 금융 위기에 대한 대처 수단으로서도 실효성이 의심될 정도이다. 현재 경제 통합의 최고 단계인 화폐 통합까지 이룩한 유럽조차도 금융 위기에 대한 완벽한 해결책을 내놓지 못하고 있다. 유럽은 지역 통합의 역사가 오래되었고, 실효성 있는 제도적 기반이 완비된 상태임에도 많은 어려움을 겪고 있다. 제도적 기반이 취약한 동아시아의 경우 금융 협력의 실효성을 담보하기란 더욱 용이하지 않다. 동아시아의 금융 협력은 단계가 진전될수록 주권 침해 가능성이 커지기 때문에 향후 어려움이 가중될 것으로 예상된다. 금융 문제를 둘러싼 중국과 일본 사이의 경쟁과 대립이 격화될 가능성도 크다. 문제는 양국 사이의 갈등이 점차 중국과 미국 사이의 대리전 양상을 띠고 있다는 점이다.[38] 따라서 미국과 중국 사이의 금융 면에서의 대립이 격화될 경우 동아시아 금융 협력의 어려움이 커질 것으로 예상된다.

중-일 간 경쟁의 대표적인 사례가 ACU(Asia Currency Unit) 설립 안이다. 일본은 일찍부터 엔의 국제화와 관련해서 ACU를 찬성했으며, 이를 역

38_Terada & Ong(2011), p. 210.

내 영향력 확대 수단으로서 인식하였다. '엔 블록'(yen bloc) 아이디어는 일본의 실질적인 역내 경제 지배를 공식화하는 의미를 가졌다. 동아시아 경제 위기 이후에 엔의 국제화가 금융 위기를 방지할 유용한 수단으로서 제시되었다. 그렇지만 일본 단독으로 추진한 엔 국제화 정책은 사실상 실패로 끝난 상태이며, 대신에 바스켓 통화 방안이 제시되었다. 이것은 일본이 주도하는 ADB가 앞장서서 추진하였는데, 처음에는 엔, 달러, 유로를 배합한 바스켓 통화가 상정되었다. 이는 중국 위안화의 부상과 함께, 엔의 국제적 위상을 담보하기 위한 수단으로서 제시되었다.[39] 그렇지만 중국을 배제한 형태의 통화 바스켓은 현실을 무시한 것이었다.

그 후 일본은 중국에게 중국 위안화 가치를 안정시키면서 국제적 위상을 강화하기 위한 방안으로서 위안화를 달러에 직접 연동시키기보다는 엔을 포함하는 통화 바스켓을 활용하는 방안을 찾을 것을 제안하였다. 중국은 위안화의 강세와 중국의 막대한 외환보유고 등으로 인해 위안화 국제화에 관심을 갖고 있었다. 따라서 위안화를 포함하는 ACU에 커다란 흥미를 보였다. 그렇지만 관건은 통화의 상대적 비중을 결정하는 것이었으며, 특히 엔과 위안화를 어떤 비율로 포함시킬 것인가를 둘러싸고 양국이 대립하였다.[40] ADB는 양국의 경제 규모나 교역량 그리고 자본 통제 수준 등을 고려해서 일본 엔 36.9%, 중국 위안화 19.51%를 제시하였다. 그러나 중국은 위안화의 비중이 너무 낮았기 때문에 동의할 수 없었다. 양국 간 갈등으로 인해 ACU 논의는 난항을 거듭하면서 돌파구를 찾지 못하였다. 가까운 장래에 타협점을 찾기가 어려워지자 일본의 ACU에 대한 관심은 급감하였

39_Rathus(2011), pp. 117-8.
40_Rathus(2011), pp. 119-20.

다. 이후 중국은 독자적으로 위안화 국제화에 적극적으로 나서게 되었다.

또 다른 중-일 간 경쟁 분야는 지역 차원의 개발 협력 은행을 둘러싼 주도권 다툼이다. 금융 분야는 주도권이 현실적 이득과 직결되어 있으며 동시에 직접적인 군사·전략적 충돌 가능성이 적기 때문에 라이벌 경쟁이 치열하였다. 일본은 일찍이 ADB 창설을 주도했고, 이후에도 개발 협력 자금 배분에 관련해서 결정적인 영향력을 행사해 왔다. 중국으로서는 일본과 미국이 주도하는 ADB에 대해서 불편한 입장이었다. 중국은 새로운 국제 금융 질서를 능동적으로 재편하기 위한 아키텍처(Architecture)의 하나로서 AIIB를 제안하였다. 이미 중국은 APT 내에서 동아시아 인프라개발은행(East Asia Infrastructure Development Bank)를 제안한 바 있지만, 일본의 비토 때문에 좌절되었다. 이것은 또한 중국이 2009년 무렵에 제안한 지역 차원의 국부 펀드(Asian Investment Corporation) 구상의 맥을 잇는 것이었다. 그리고 시진핑 주석이 등장한 이후 '신 실크로드' 구상이 탄력을 받자 이를 후원하기 위해 AIIB를 적극적으로 추진하고 나섰다.[41]

AIIB의 기본 아이디어는 역내 개발을 위해 인프라에 대한 수요는 크지만 자금 공급에 제약이 있는 현실을 타개하기 위한 방안을 마련하는 것이었다. 인프라에 대한 투자는 특히 2008년 금융 위기 이후 규모가 크게 제한되었다. AIIB는 빈곤 완화에 주된 관심이 있던 기존의 기구들과 다르게, 장기적인 지역 협력과 시장 통합에 기여할 수 있도록 인프라에 대한 투자에 역점을 두고 있다. 중국 정부는 AIIB를 주도함으로써 기존의 서구 국가들이 주도하는 국제통화기금(IMF), 세계은행(WB), 아시아개발은행(ADB)

41_Ye(2015), p. 221.

등과 경쟁하려는 의도를 가졌다.

이에 대해 미국 정부는 AIIB 투명성 문제와 기존 미국 주도의 국제 금융 틀이 약화될 것이라는 우려에 근거해서 반대 입장을 분명히 하였고, 한국, 호주, 일본 등 자신의 우방국들에게 불참을 요구하였다. 일본도 중국이 독자적인 인프라개발은행을 설립하는 것에 대해서는 지속적으로 반대하였다. 그러나 AIIB에 대한 중국의 의지는 강했으며, 외교적인 노력을 경주하였다. 그 결과 미국의 반대에도 불구하고 2016년 1월 성공적으로 출범하게 되었다. 일본은 미국의 불참 요구에 부응한 측면도 있었지만, 자신이 주도하는 ADB와 라이벌 관계에 있는 AIIB에 흔쾌히 가입하기 어려운 입장이었다.[42] 향후 일본의 가입 문제는 동아시아 금융 협력의 장래에 초미의 관심사가 될 전망이다.

미국은 AIIB가 IMF나 세계은행과 같이 상임이사회 체제를 도입해야 한다고 주장하였으나, 중국은 의사 결정 신속화를 위해 비상임이사회 체제와 사무국 경영진의 권한 강화에 역점을 두었다. 중국은 애초에 실제 운영에 있어서 전반적인 주도권을 장악하려는 의도를 가졌다. 이후 외부의 비판을 마지못해 수용해서 의사 결정기구를 제도화하였다. 최종적으로 AIIB는 최고 의결기구인 총회와 모든 투자 결정 권한을 가지고 있는 이사회로 구성되게 되었다. 주요 의사 결정은 75%의 찬성을 득해야만 가결될 수 있도록 하였지만 중국이 투표권을 26.06%를 가지고 있어, 중국의 허락을 얻지 않고서는 아무것도 할 수 없는 상황이 전개될 수 있다.[43] 이런 우려를 무

42_Alice D. Ba, “Is China leading? China, Southeast Asia and East Asian integration,” *Political Science* 66:2(2014), p. 163.

43_박광득(2015), p. 131-2.

마시키기 위해서 중국 정부는 특정 국가가 의사 결정에 대해 독점적 권한을 행사하는 것은 바람직하지 않다고 지적하면서, 자신이 보유하고 있는 실질적 비토권을 행사하지 않을 의사를 표명하였다. 중국의 시도하는 '비패권적 지배'의 진정성 및 실효성 여부가 주목을 받고 있다.[44] 그렇지만 현실적으로 본부, 사무총장, 직원 등과 관련해서 중국이 주도권을 장악할 것이 예상되기 때문에, 중국이 실질적으로 지배할 가능성이 크다.

3. 사례 연구 II: 동아시아 경제 통합과 지역 제도화

1) ASEAN과의 중-일 간 FTA 경쟁

동아시아 경제 통합 과정에서의 중-일 경쟁의 단초는 ASEAN과의 FTA 경쟁에서 찾을 수 있다. 일본에게 ASEAN은 전통적으로 경제적, 안보적, 정치적으로 중요한 지역이었다. 이를 반영해서 일본은 ASEAN에게 최대의 투자 제공자이자 교역 상대국이며 동시에 원조 공여자의 역할을 수행하였다. 그렇지만 발전 수준에 있어서의 커다란 격차는 물론이고 ASEAN의 일본에 대한 시장 개방 요구를 국내적으로 수용할 수 없었기 때문에 자유무역협정의 대상은 아니었다. 냉전 종식 이전에는 중국에게 ASEAN은 별다른 전략적 가치를 가지지 못하였으며, 베트남의 캄보디아 점령을 지지

44_Yong Wook Lee, "Nonhegemonic or Hegemonic Cooperation? Institutional Evolution of East Asian Financial Regionalism," *Korean Journal of International Studies* 13:1 (2015), pp. 91-117.

하는 소련을 저지하는 데 ASEAN이 할 수 있는 역할에 대해서 관심을 가지는 정도였다. 경제적으로는 동남아 화교들로부터 투자를 유치하는 것 정도의 의미가 있었다.[45]

그러나 냉전 종식 후에는 천안문 사태와 관련된 자신의 외교적 고립에서 탈출하려는 목적과 점증하는 교역량, 그리고 미국이나 일본에게 이 지역을 그냥 내어 줄 수 없다는 인식 하에서 보다 적극적으로 동남아에 접근하고 나섰다. 특히 자신의 부상에 대해 위협을 느끼고 있던 아세안을 안심시킬 목적에서 중국 정부는 아세안에 대해 적극적인 매력 공세를 펼쳤으며, 경제 발전을 통한 호혜적 이득 향유 가능성, 경제 성장의 동력이란 이미지 형성, 금융 위기 시 잠재적인 후원자 등과 같이 긍정적인 이미지를 심기 위해 노력하였다. 아세안과의 FTA 체결도 그 일환이었다.

중국은 2002년 아세안과 자유무역협정 체결을 위한 기본 협정에 합의하였고, ASEAN에게 '특별하고 차별적인 처우'(special and differential treatment)를 약속함으로써 손쉽게 타결을 볼 수 있었다. 특히 ASEAN의 농산물 수출에 대해 획기적인 양보를 제공하였다. '선(先)자유화 조치'(EHP)를 통해 양측은 600여 농산품의 관세를 2005년부터 2~15%로 낮추고 2006년에는 완전 철폐하기로 합의하였다. 아울러 많은 예외 조치를 일방적으로 인정해 주었다.[46] 중국은 EHP에 더해서 4개 신규 회원국들에게 '최혜국 대우'(MFN) 지위를 인정해 주었고, 또 이들의 부채를 탕감시켜 주기로 추가로 약속하였다. 더구나 개별국과의 양자 관계를 중시하던 미국이나 일본과 달리 하나의 집단으로서 ASEAN에 대해서 양보를 제공하였다. CAFTA

45_Rozman(2010), p. 202.

46_Ba(2014), pp. 159-60.

(China-ASEAN FTA) 체결 과정에서 드러난 중국의 정책에서는 전략적인 목적이 두드러졌다. 경제 발전과 역내 정당성 제고란 목표를 설정하고 이를 달성하기 위해 안정적인 환경을 조성하려고 노력하였으며, 이를 뒷받침하기 위해 지역에의 접근을 강화하였다.[47] 특히 동남아에서 일본의 기득권에 대한 도전이란 전략적인 고려가 중요하게 작용하였다.

반면에 일본은 '반응적 지역주의' 전략을 추진하였다. 국가 목표를 달성하기 위한 합리적인 수단으로서 적극적이고 능동적인 정책 추진이 아니라 중국의 영향력 확대에 대한 임기응변식 대응에 머물렀다. 이것은 일본 외교의 전형적인 모습이었다. 원래 자신의 텃밭이 중국의 영향권에 들어갈지 모른다는 우려가 일본을 자극하였으며, 그 결과 중국의 움직임에 반응하는 행태를 보였다. 부상하는 중국 경제와 협력 관계를 심화시키기보다는 자신의 기득권을 유지하려는 정책을 썼다. 이에 따라 일본과 중국의 경제 관계는 경쟁적으로 변하였으며, 중국의 위상이 무시할 수 없는 정도에 이르자 일본은 중국에 대한 견제에 나섰다.

CAFTA 논의는 2001년 브루나이에서 열린 제5차 APT 정상회의에서 처음 나왔다. 당시 중국과 ASEAN 양측 전문가 그룹이 마련한 보고서가 10년 내 FTA를 체결하는 것을 골자로 하는 기본 협정을 제안하였고, 이를 ASEAN 측이 추인함으로써 논의가 본격화되었다. 중국의 주룽지 총리는 그 무렵 미국과 WTO 가입을 둘러싼 어려운 협상을 마쳤고, 이를 계기로 역내에서 주도권을 잡으려는 의도를 내심 갖고 있었다. 실은 중국이 1년 전인 2000년 APT 정상회의에서 아세안과의 자유무역협정을 체결하려는

47_Goh(2007), p. 16.

의도를 드러냈지만, 일본은 당시 중국의 진정성을 의심하면서 이에 크게 주목하지 않았다. 국제 사회나 일본은 개발도상국 중국이 일본보다 먼저 ASEAN에 대해 자유무역협정을 제안할 것이라고는 예상하지 못하였다. 그리고 일본 정부가 2000년 중국의 제안에 대한 아세안의 의향을 물었을 때, 아세안의 입장은 부정적이었다.[48] 따라서 아세안이 중국의 제안을 받아들였을 때 일본으로서는 기습 공격을 받은 모양새였다.

일본에게 가장 큰 충격은 동아시아 경제 질서에 있어서 우두머리 자리를 중국에게 물려주게 될 지도 모른다는 것이었다. 중국 측에서는 이런 전략적 의도가 숨겨져 있다는 것을 강력하게 부인했지만, 일본에게는 심각한 위협으로 인식되었다.[49] CAFTA 체결 과정에서 중요한 역할을 한 중국의 장원링은 "중국은 일본을 고립시키려는 의도는 없었고, 단지 ASEAN과의 관계를 개선하려는 것이 목적이다"라고 주장하였다.[50] 그렇지만 일본의 정치가나 관료들은 대체로 중국이 CAFTA를 통해 동아시아 지역 통합을 주도하려는 의도를 분명히 갖고 있다는 방향으로 인식하고 있었다. 중국은 ASEAN과의 FTA를 통해 긴밀한 경제 관계를 형성하고, 자신의 경제적 부상에 대한 우려를 갖고 있던 ASEAN을 위무하며, ASEAN과의 FTA 논의를 구체화함으로써 자신의 WTO 가입과 관련해서 일본을 비롯한 주요 국가들의 동의를 얻는 데 유리한 상황을 조성하고자 하였다.

중국의 전략적 의도를 파악하고 있던 일본으로서는 이에 대항하는 제

48_Takashi Terada, "Constructing an East Asian Concepts and Growing Regional Identity: From EAEC to ASEAN+3," *Pacific Review* 16:2(2003), p. 270.

49_Rathus(2011), p. 71.

50_Rathus(2011), p. 71.

안을 할 수밖에 없었다. 일본의 대응은 전통적인 방식으로 시작되었다. 2001년 APT 정상회의에서 고이즈미 일본 총리는 양측 관계 강화를 위해 전례 없는 규모의 ODA를 제공하기로 하였다. 기술 및 IT 분야에 경제 원조를 약속했으며, 외무성과 경제통상산업성 내에 무역협정(FTA/EPA)을 전담하는 부서를 두기로 하였다.[51] 그리고 이를 보다 체계화시켜 2002년 1월 동남아 순방 길에 '고이즈미 독트린'을 발표하였다. 이것은 ASEAN에 대해 포괄적 경제 협정 제안, 호주 등을 포함하는 동아시아 확대 공동체 결성, 그리고 기존의 다양한 경제 협력을 더욱 확대시키는 것을 골자로 하고 있었다. 이어서 고이즈미 총리는 엄청난 외교력을 동원해서 2003년 도쿄에서 ASEAN과의 정상회담을 개최하였다. ASEAN 외부에서 개최된 최초의 정상회의에서 일본은 획기적인 협력 방안을 제시하였다. 그 속에 경제동반자협정(Japan-ASEAN Comprehensive Economic Partnership: JACEP) 구상이 포함되어 있었다. JACEP가 CAFTA 기본 협정이 타결된 바로 다음날 제안되었다는 점에서 일본의 중국에 대한 견제 의도가 분명하게 드러났다.

일본으로서는 중국에 대항하기 위해서 ASEAN과의 파트너십 및 상호 신뢰의 강화가 중요하였다. 일본은 JACEP가 상호 관계를 보다 공고하게 하고, 자신의 동남아에서의 주도적 위치를 지속적으로 보장하며, 아울러 ASEAN의 번영을 가져와 일본이 경제 침체로부터 벗어나는 데 중요한 역할을 할 것으로 기대하였다.[52] 이 무렵 일본은 중국의 급부상과 동아시아 역내 정치로의 복귀에 대해 주목을 하면서, 중국에 대한 견제와 균형을 외

51_Rathus(2011), p. 72.

52_Jiro Okamoto, "Japan's Comprehensive Economic Partnership Initiative: A Provisional Assessment," Wajjwalku(2004), p. 12-6.

교 정책의 중요 기조로서 정착시켜 가고 있었다.[53] 이런 상황에서 자신의 오랜 텃밭인 ASEAN과의 경제 관계의 강화는 당연한 선택이었다. 더구나 자유무역협정은 전 지역적으로 대세였으며, 이에 뒤처질수록 손해를 본다는 인식이 일본 내에서 확산되고 있었다. JACEP는 프라자 협정 이후에 ASEAN 지역에 광범위하게 형성된 일본 다국적 기업의 생산 네트워크가 보다 효율적으로 작동하는 데에도 기여할 것으로 기대되었다.[54]

일본과 아세안은 2003년 3월에 JACEP 위원회를 설치하였으며, 2003년 10월에 JACEP 기본 협정(framework agreement)에 합의하였다.[55] 특히 자유화를 위한 구체적인 조치들에 대해서 2004년 초부터 협의를 시작하고, 일본과 ASEAN 전체 사이의 FTA를 포함한 JACEP 타결을 위한 협상을 2005년 4월부터 시작하기로 하였다. JACEP는 체결국 간의 관세 및 비관세 장벽의 제거를 목적으로 하는 전통적인 의미에서의 FTA가 아니라 경제동반자협정(EPA)이었으며, 협력의 내용도 매우 포괄적이었다. 이것은 FTA에 더해서 다양한 경제 시스템을 상호 조화시키고, 투자, 노동력 이동, 정부 구매, 경쟁 정책, 지적재산권 보호 등을 통해 경제 관계를 심화시키며,

---

53_Green(2003), p. 6.

54_Fukunari Kimura, "Construction of FTA Networks in East Asia," *Japan Review of International Affairs* (Fall 2003).

55_JACEP 기본 구상은 다음과 같은 목표를 가졌다. ① 포괄적인 경제 협력을 통해서 양측의 경제적 통합을 강화한다. ② 동반자적 협력 관계의 강화를 통해서 세계 시장에서 일본과 ASEAN의 경쟁력을 제고한다. ③ 상품과 서비스를 점진적으로 자유화·원활화하고, 투명하고 자유화된 투자 레짐을 만든다. ④ 경제 협력 및 통합의 대상이 되는 새로운 분야를 모색하고, 이에 대해 적절한 조치를 강구한다. ⑤ ASEAN의 신규 가맹국들이 ASEAN으로 긴밀하게 통합되도록 촉진하며, ASEAN 내부의 발전 수준 격차를 해소하기 위해 노력한다. http://www.mofa.go.jp/region/asia-paci/asean/pmv0310/framework.html (검색일 2005년 10월 12일).

다양한 분야의 협력을 촉진하는 것을 목적으로 하는 종합적인 통상 협정이었다.[56] 일본은 무역 자유화만이 아니라 보다 광범위한 협력, 제휴 및 연대가 가능한 EPA를 선호하였다. EPA는 포괄적이고, 유연한 개념으로서 일본의 정치적, 경제적 필요를 충족시켜 줄 수 있을 것으로 기대되었다. 또한 EPA는 구체적인 법적 의무를 부과하고 이를 강제적으로 이행하는 것보다는 합의와 협력 정신에 근거한 자발적인 이행을 강조하였다. 이런 맥락에서 일본은 ASEAN과의 FTA보다는 경제 협력의 증진에 치중하였다.

일본은 ASEAN 전체와의 협상보다는 개별국과의 양자 간 협상에 더 큰 비중을 두었다. 이런 점에서 JACEP는 중국에 대항하기 위한 정치적, 전략적 고려의 발로였다는 점을 알 수 있다. 이와 다르게 중국은 ASEAN 전체와의 FTA를 기초로 해서 이를 동아시아 전역으로 확대하는 것을 기본 전략으로 가졌다.[57] 물론 중국은 1977년에 채택된 GATT의 권능 부여 조항(Enabling clause)에 의해 ASEAN에 대해 차별적인 특혜 제공이 가능하고, 또 실질적으로 모든 부문의 자유화를 해야 한다는 WTO 의무가 면제되기 때문에 상대적으로 FTA 체결이 쉬웠던 것이 사실이었다. 일본으로서는 여러 가지 법적·정치적 이유로 ASEAN 전체와의 FTA가 어려운 반면, 양자 간 협상이 자신에게 유리한 결과를 도출하기에 상대적으로 용이하다는 점을 잘 알고 있었다.

이후 "중국이 치고 나가면 일본이 반응하는" 상호 작용 패턴이 반복되었다. 이와 같은 일본의 적극적인 반응에 대해 중국이 재차 반격을 가하였

56_The Ministry of Foreign Affairs of Japan, *Diplomatic Bluebook 2004*, p. 32.

57_Kevin G. Cai, "Chinese Changing Perspective on the Development of an East Asian Free Trade Area," *The Review of International Affairs*, 3:4(2004), p. 595.

다. 2003년 APT 정상회의에서는 중국이 그 해 초에 아세안 우호협력조약(TAC)에 가입한 것이 큰 환영을 받았으며, CAFTA를 2010년까지 앞당김으로써 동아시아 자유무역협정(EAFTA)을 더욱 강하게 추진하기로 하였다. 원자바오 총리는 EAFTA에 대한 타당성 연구를 제안하면서 동시에 일본과의 FTA는 물론이고 한중일 3국 간 FTA도 아울러 제안하였다. 그러나 이에 대한 일본의 반응은 냉담하였다. 일본은 한국이나 ASEAN과의 FTA에 대해서는 가능성을 열어 놓았지만, 개발도상국 중국과의 FTA는 실현 가능성이 없다고 보았다. 그렇지만 중국의 파상 공세에 대응해서 ASEAN과의 협력 관계를 지속적으로 확대시켜 나갔다. 2004년 7월에는 중국의 뒤를 쫓아 ASEAN의 TAC에 서명하였다. 하지만 중국은 2004년 아세안과 상품무역에 관한 FTA에 서명함으로써 재차 리드를 잡았고, 이에 대응해서 일본은 2005년 1월 ASEAN과의 경제동반자협정 협상을 시작하였다.

ASEAN을 둘러싼 경쟁이 점차 치열해지는 가운데, 양국 관계는 점차 악화일로를 걷게 되었다. 고이즈미 일본 총리가 야스쿠니 신사 참배를 계속 반복하자, 중국에서는 반일 소요가 여러 도시에서 발생하였다. 일본은 중국과의 긴장이 고조되는 가운데 ASEAN에 대한 존재감을 강화하려고 7,000만 달러의 원조를 추가로 제공하기로 약속하였다. 그리고 2005년 5월 ASEAN 회원국 중 말레이시아와 최초로 양자 간 종합적 경제동반자협정(CEP)을 체결하였다. 이어서 태국, 인도네시아, 브루나이와의 협정이 타결되었으며, 아세안 전체와의 JACEP는 2008년에 타결되었다. 그렇지만 양자 간 협정과 JACEP가 서로 상충할 경우 우선순위가 모호하게 되어 있기 때문에 혼란이 생겨날 가능성이 있으며, 정치적 편의에 의해 양자 간 FTA를 우선시함으로써 명목상의 FTA가 양산되고, 이로 인해 '스파게티 그릇 효과'가 현실화되고 있다. 실제로 양국 간 협상에서는 농업과 같이 일본에게 민감한 부분을 배제할 수 있었고, 또 개별 국가의 특수한 사정에 대해서도 배려가 있었다. 일본이 ASEAN과 체결한 일련의 경제동반자협정은 중-일 경쟁의 산물로서 의미 있는 자유화나 경제 통합을 가져오지는 못하였다.

결론적으로 ASEAN과의 FTA 체결을 둘러싼 중-일 간의 경쟁은 역내 경제 자유화의 획기적인 진전을 가져오지 못하고, 오히려 복잡한 원산지 규정의 난립을 가져와 경제 통합을 저해하였다. ASEAN과의 FTA 체결 경쟁은 하면서도 중-일 간에는 FTA 논의는 물론이고 통상 분야 전반에 걸친 협력도 구체화되지 못하였다. 국내적으로 고도로 정치적인 통상 이슈가 주도권 경쟁의 대상이 됨으로써 전략적 목적으로 활용되는 양상도 드러났다. 중-일 간의 대립과 경쟁은 이후 동아시아 전역은 물론이고 아·태지역 경제 통합에도 심대한 영향을 미치게 되겠다.

2) APT와 EAS(East Asia Summit: 동아시아 정상회의)

동아시아 국가들만의 지역 협력체 창설은 일찍이 말레이시아의 마하티르 총리가 구상했던 것으로서 1997년 12월 ASEAN이 창립 30주년 기념 정상회의에 한중일 3개국 정상을 동시 초청하면서 구체화되었다. 당시 동아시아 경제를 뒤흔들던 경제 위기의 극복 과정에서 APT의 유용성이 인정됨에 따라 1998년 정례화되었다. 가장 두드러진 성과는 2000년 재무장관회의에서 합의한 CMI였으며, 이후 다양한 분야에서 협력과 제도화가 추진되었다. APT의 가장 두르러진 특징은 미국이 배제되었다는 점이었다. 주도적 역할을 수행한 말레이시아가 비(非)동아시아 국가를 초청하지 않기로 방침을 세웠고, 미국이 자신에 대한 배제 움직임을 선의로 묵인해 준 측면도 있었다. 금융 위기에 대한 대응과 관련해서는 통화스왑을 비롯한 금융 협력은 현실화되었지만, 무역 자유화를 통한 경제 통합 움직임은 보이지 않았다. 이로 인해 APT의 전반적인 제도화 수준은 낮았다. 'ASEAN Plus Three'가 상징하듯이 ASEAN이 중심이었고 한·중·일이 부수적인 위치에 있었다. 그렇지만 역량 면에서는 동북아 3국이 압도적인 우위에 있는 비대칭적인 조직이었다. 이런 권한과 능력 사이의 괴리가 향후 APT의 발전에 저해 요인이 되었다.[58]

미국이 배제되었지만 APT가 미국에 대항하려는 의도를 명시적으로 보인 것은 아니었다. 미국을 견제하려는 의도보다는 미국에 대한 실망으로 인해 자구책이 필요하다는 차원에서 ASEAN이 주도하고 중국과 일본이 동조한 형태였다. 경제 위기에 직면해서 미국이 직접적인 도움을 주지 않고 IMF를 활용했으며 워싱턴 컨센서스로 불리는 IMF의 조치들은 동아시아의 현실에 맞지 않았다는 것이 공통적인 인식이었다. 정부가 아니라 민간 부문의 과도한 차입이 문제였지만, IMF는 정부 지출을 줄이고 보조금을 줄이며 통화 안정을 위해 이자율을 인상시키는 등의 조치를 취하였다. 이로 인해 미국이나 서방에 대한 불만이 고조되었다. 더구나 경제 위기는 정치 위기로 이어져서 인도네시아, 필리핀, 태국 등에서 정정 불안과 정권 교체가 이루어졌다. 이를 계기로 동남아에서는 반미 정서가 확산됐으며, 미국에 대한 불신으로 인해 자구책의 모색이 강구되었다.[59] 그 결과

58_Takashi Terada, "ASEAN Plus Three: Becoming more like a normal regionalism?" Beeson & Stubbs(2012), p. 365.

59_Stuart Harris, "Asian Multilateral Institutions and Their Response to the Asian Economic Crisis: The Regional and Global Implications," *Pacific Review* 13:3(2000), pp. 495-516.

ASEAN을 중심으로 APT의 조직화가 개시되었고, 중국과 일본은 ASEAN과의 관계를 고려해서 동참하지 않을 수 없었다.

중국과 일본은 APT 참여를 결정하는 과정에서 입장 차이를 보였다. 중국은 APEC 및 ARF의 경험을 통해 역내 다자적 제도가 유용하다는 점을 잘 알고 있었기 때문에 처음부터 적극적으로 참여하였다. 그리고 미국이 배제되어 있었기 때문에 미국에 대한 견제 수단으로서의 가치도 인식하고 있었다. 반면에 일본은 동아시아만의 지역 제도에 대해서는 미국의 입장을 고려해서 그다지 적극적이지 않았다. 그렇지만 ASEAN의 강력한 요구가 있었고, 일본 스스로도 위기 대응 차원에서 필요성은 인정하고 있었다. 이에 더해서 자신이 소극적으로 나갈 경우 중국이 역내 영향력을 강화할 우려가 있었기 때문에 참여하게 되었다. APT 내에서 중·일 양국은 처음에는 협력적이었지만 곧이어 경쟁 관계로 돌입하였다. 그리고 최종적으로는 APT 자체에 대해 무관심하게 변하였다.[60]

APT가 중-일 간의 경쟁의 대상이 된 것은 중국이 EAS와 관련해서 성급하게 제도화를 시도하면서부터였다. 그때까지는 오히려 미국과 대척되는 중-일 사이의 협력적 측면이 부각되었다. 금융 분야의 주도권을 둘러싼 중-일 간의 자존심 대립이 있었지만, 기타 영역에서는 ASEAN이 주도하고 중·일 양국이 후원하면서 다양한 기능적인 협력들이 추진되었다. 그렇지만 ASEAN은 동아시아 차원의 제도화나 통합보다는 자신의 대외적인 교섭력을 강화하는 데 관심이 더 있었다. 따라서 APT 정상회의에서는 동아시아 공동체 형성과 자유무역협정 체결에 의견 일치를 보았지만, 이를 구체화하

60_Chien-peng Chung, "China and Japan in ASEAN Plus Multilateral Arrangements: Raining on the Other Guy's Parade," *Asian Survey* 53:5(2013), pp. 801-24.

는 실천 방안에 대해서는 말만 무성했지 성과는 별로 없었다. 때문에 APT는 ASEAN 정상회의의 곁가지로서 반나절 형식적인 토론을 하고 사진이나 찍는 정도의 유명무실한 제도에 불과하다는 혹평을 종종 받았다. 지역 전체를 위협하던 경제 위기가 수그러들자 APT는 점차 동력을 상실하였다.

이 무렵 새롭게 불씨를 지피려 했던 것이 EAS의 추진이었다. EAS는 동아시아를 명실상부한 지역 공동체로 만들 수 있는 하나의 수단으로서 EAVG 보고서(East Asian vision Group Report, 2001)에서 이미 제시되었고, EASG 보고서(East Asian Study Group Report, 2002)에서도 재확인된 사안이었다. 그렇지만 EAS 안에서 자신들의 영향력이 줄어들지 모른다는 ASEAN의 우려를 감안해서 장기간에 걸쳐 점진적으로 추진하기로 합의가 있었다. 이런 방침은 2004년 제8차 APT 정상회의에서 말레이시아와 중국에 의해 갑자기 뒤집어졌다. 새로운 제도화 논란의 주체는 말레이시아였으며, 말레이시아는 이를 통해 동아시아 공동체 논의에 있어서 주도권을 잡으려고 하였다. 중국은 EAS를 상하이 협력기구(SCO)와 같이 자신의 전략적 이해관계에 기여하면서 미국의 역내 영향력을 견제할 수 있는 유용한 수단으로 보았기 때문에 말레이시아의 제안을 적극적으로 수용하였다.[61] 논란 끝에 2005년 최초의 EAS 정상회의가 말레이시아에서 개최되었지만 EAS의 구성은 원래 의도와는 다른 모습을 하고 있었다. 새로운 멤버가 참여하게 되었고, 그 배경에는 중국과 일본 사이의 치열한 주도권 다툼이 있었다.

국력이 급부상하고 있던 중국은 보다 결속력 있는 동아시아가 미국의

61_Mohan Malik, "China and the East Asian Summit: More Discord than Accord," Paper for Asia-Pacific Center for Security Studies (Feb. 2006), p. 3.

역내 영향력을 견제할 수 있는 유용한 수단으로 인식하고 있었다. 반면에 일본을 비롯한 다수의 ASEAN 국가들은 중국의 역내 영향력 확대 의도를 의심하면서 중국을 견제할 수 있는 호주, 인도, 뉴질랜드 등과 같은 나라가 포함될 것을 요구하였다. 중국과 경쟁자 위치에 있던 일본이 구성원 확대에 대해 가장 적극적인 입장이었다. 일본은 APT에 대한 지지 입장을 처음부터 견지했지만, 역내 개발도상국에 대한 경제 협력 부담을 분담하고 중국의 영향력을 견제하기 위한 목적에서 역외 국가들을 포함하는 것에 긍정적이었다. 고이즈미 독트린 이래 호주, 뉴질랜드, 인도는 일본이 상정하는 지역 공동체의 일원으로서 확고하게 자리 잡고 있었다. 공식적으로는 인도의 급속한 성장, 호주의 천연자원의 중요성, FTA 규모의 경제 등을 거론하였지만, 이면에는 중국의 역내 영향력 강화를 희석시키려는 의도가 있었다.[62]

동아시아 국가만의 협력체를 통해 대외적 영향력을 제고시키려 했던 중국은 EAS에 역외 국가의 참여를 막기 위해 외교적인 노력을 경주하였다. 중국은 특히 인도에 대해 매우 민감하게 반응했지만, 싱가포르와 일본은 인도의 참가를 적극적으로 옹호하였다. 애당초 동북아에 비해 자신의 상대적 영향력이 떨어질 것을 우려했던 대다수 ASEAN 국가들은 역외 국가의 참여가 불리하지는 않을 것으로 판단하였다. 인도네시아는 전통적으로 중국의 영향력 확대를 우려하였고, 싱가포르는 중국에 대한 세력 균형에 관심을 가졌으며, 베트남은 중국에 대해 역사적으로 불신하였다. 미국은 자

62_Arpita Mathur, "Japan's Approach to Regionalism: Outlook towards the EAS and EAC," *Strategic Analysis* 33:5(2009), pp. 678-9; Gregory P. Corning, "Trade Regionalism in a Realist East Asia: Rival Visions and Competitive Bilateralism," *Asian Perspective* 35:2(2011), p. 264.

신이 배제된 동아시아가 자신에게 집단적으로 대립하는 모습이 현실화되는 것으로 간주하면서 논의 과정에서 자연스럽게 일본 편을 들었다. 이와 같은 중국에 대한 견제 의도가 작용해서 중국은 말레이시아와 태국 정도의 지지만 얻는 데 그쳤다. 결과적으로 EAS에는 호주, 뉴질랜드, 인도가 정식으로 참여하게 되었다.

역외 국가의 참여를 저지하려는 중국의 기도가 무산되자 중국은 제2차 EAS 정상회의를 유치하려고 시도하였다. 그렇지만 ASEAN은 자신의 주도권 유지를 위해서 향후 EAS는 ASEAN 회원국 내에서만 개최될 수 있도록 결정하였다. 자신의 주도권 장악이 어려워지자, 중국은 역으로 EAS의 위상을 약화시키려고 시도하였다. 중국 정부는 동아시아 공동체 형성을 EAS의 목표로 설정하려던 일본의 움직임에 반대하였고, 말레이시아와 태국의 지지를 얻어 EAS가 단순한 '대화의 장' 정도에 머물도록 위상을 격하시킬 수 있었다. 중국 정부의 노력으로 2005년 APT 정상회의는 동아시아 공동체가 APT를 통해 동아시아 국가의 주도로 만들어져야 할 것임을 분명하게 하였다.[63] 2007년도 제2차 APT 공동 성명은 동아시아 공동체 달성을 위한 주된 수단(main vehicle)으로서 APT를 들고 있으며, EAS는 보조적 수단으로 명시되었다.

반면에 일본으로서는 EAS를 적극적으로 활용하는 것이 중국 견제란 전략적 이익에 부합하는 것이었다. 일본은 EAS를 통해서 기능적 협력을 다양하게 추진하면서 자신의 동아시아 공동체 구상을 구체화하기 위해서 노력하였다. 일본은 의제 설정이나 비용 분담 측면에서 주도적인 역할을

63_Jae Cheol Kim, "Politics of Regionalism in East Asia: The Case of the EAS," *Asia Perspective* 34:3(2010), p. 128.

하였는데, 특히 에너지, 환경, 경제 협력 등의 분야에서 활발한 활동이 있었다. 일본은 중국의 반대를 무릅쓰고 동아시아 차원의 자유무역협정(Comprehensive Economic Partnership of East Asia: CEPEA)을 공식 제안하고, 이에 대한 타당성 조사를 실시하기로 결정하였다. 일본은 또한 EAS 내에서 중국이 민감한 반응을 보이는 민주주의나 인권과 같은 보편적인 가치를 증진시키기 위해서도 노력하였다. 중국이 껄끄럽게 느끼는 인도와의 협력 관계도 EAS의 출범을 계기로 눈부시게 진전되었다.[64] 미국과 러시아를 EAS에 초청한 2010년의 결정 또한 중국에 대한 견제란 의미를 크게 가졌다.[65]

일본은 동아시아 공동체에 대한 구체적인 구상을 가졌던 것은 아니었지만, 기능적 협력을 중시하면서 장기적으로 추진할 목표로 삼았다. 특히 외부에 대해서 열린 개방적인 접근법을 지속적으로 강조하면서, 구성원 확대에 적극적인 자세를 견지하였다.[66] 일본의 구상에 대해 ASEAN 내에서는 말레이시아와 같이 분명한 반대 입장을 표명한 나라도 있었지만, 대체적으로는 폐쇄적인 공동체보다 개방적이며 보편적인 가치와 규범을 중시하는 공동체가 필요함을 인정하였다. 이것은 ASEAN 내부에서 일본이 어

64_Mathur(2009), pp. 682-3.

65_Emmers & Ravenhill(2011), p. 139. 이 과정에서 중국은 미국에 대한 견제를 염두에 두면서 러시아와 EU의 참여를 주장하였으며, 일본은 러시아를 포함시키는 것에 대해 반감을 가졌다. 종국에는 러시아와 미국을 동시에 참여시키는 것으로 결론이 났다.

66_2009년 일본의 하토야마 총리는 EU와 같은 공동체를 지향하는 EAC(East Asian Community)를 제안하였다. 이는 중국의 부상을 현실로 인정하고, 동아시아를 중시하는 입장으로의 중요한 전략 수정으로 평가되었다. 그렇지만 구성원과 내용 면에서 여전히 불분명하였고, 또한 그가 총리의 자리에서 물러남에 따라 동력을 상실하였다. 자신의 외교력 한계와 중국과의 경쟁, 그리고 미국에 대한 지나친 의식이 일본의 발목을 잡고 있다. Emmers & Ravenhill(2011), p. 143.

느 정도의 연성 권력을 가지고 있음을 보여 주었다.[67] 그러나 이면에는 급부상하는 중국을 견제하고 자신들의 역내 영향력을 유지하려던 ASEAN의 의도가 존재하였다.

2010년 7월 21일 하노이에서 열린 APT 외무장관 회의에서 중국의 장제치는 여섯 가지 제안을 하였다. CMIM 개선, EAFTA를 진전시키기 위한 공동 노력, 농업 거래 및 생산성 향상(공동 쌀 비축 제도를 포함), 아세안 및 동아시아 공동체 기반 조성을 위한 인프라 건설, 다양한 차원의 교류 확대 및 강화, 지역 협력 프로그램 재원 조달을 위한 공동 기금 활용 방안 등에 대해서 제안하면서, 중국의 적극적인 기여를 약속하였다.[68] 이것은 중국이 여전히 APT를 지역 협력의 중심으로서 간주하고 있다는 점을 시사하였다.

중국이 EAS에 대해서 부정적인 입장을 지속적으로 견지했던 것은 아니었으며, EAS 회원국 확대 문제에 대해서 점차 전향적이 되었다. 회원국 확장이 자신의 평화 지향적 의도를 널리 확인시켜 줄 수 있는 기회가 되기 때문에 자신에게 불리하지만은 않다는 생각이었다. 만일 미국이 가입할 경우에는 러시아를 불러들여 미국을 견제하면 되는 일이었다. 실제로 EAS가 출범한 지 5년 지난 시점에서 볼 때, 인도를 통해 중국을 견제한다는 일본의 의도는 크게 우려할만한 일이 아니었다. 이후 인도-중국 관계에는 커다란 진전이 있었다. 더구나 EAS는 회원국 확장을 통해 ASEM(Asia-Europe Meeting)과 같이 결속력이 떨어져서 상징적인 의미를 갖는 정도의 기구로 전락하였다. 자신에게 부담이 될 의제를 다룰 법한 EAS가 유명무실한 기

67_Mathur(2009), p. 681.

68_*Xinhua News Agency* (Beijing, in English: Jul 21, 2010). 이것은 중국의 공식 외교적인 입장을 잘 보여 준다.

구로 전락한 것이 중국에게 크게 불리할 것은 없었다.[69] 중국은 자신의 의사가 주변국의 견제로 인해 관철되지 못했지만 자신의 위상에 치명적인 손상을 입지는 않았으며, 여타 다양한 수단을 통해서 국익을 추구할 수 있었다.[70]

일본은 EAS에 대한 논의 과정에서 중국을 견제하기 위해서 부심하였다. 그리고 민주당 정권이 들어선 후 동아시아를 강조하는 경향을 잠시 보였지만, 곧 미국의 우산 속으로 복귀하였다. 분명한 것은 일본과 중국에게 EAS가 갖는 의미가 크게 감소하였다는 점이다. 역외 강대국들이 참여한다는 것은 EAS가 이미 동아시아 지역주의에는 별다른 의미를 갖지 못한다는 증거이기도 하였다. 일본으로서는 EAS 회원국 확대로 인해 중국 견제란 목적이 어느 정도 달성되었지만 자신의 역내 영향력이란 관점에서는 유리한 것만은 아니었다. 오히려 최대의 수혜자는 ASEAN으로 볼 수가 있었다. ASEAN은 자신의 중심성이 보장된 제도 속으로 미국과 러시아를 끌어들였을 뿐만 아니라, 이들 양국이 자신의 규범을 수용하도록 만들기도 하였다. 결과적으로 ASEAN의 전략적 중요성이 재차 확인된 셈이었다.

APT가 EAS로 격상되어 동아시아 공동체 형성을 위한 명실상부한 사령탑으로 자리 잡을 수 없었던 가장 큰 이유로는 중국의 성급한 주도권 확보 움직임과 이에 대응한 일본의 견제 때문이었다. 이것은 동아시아 국가들의 노력으로 동아시아의 질서를 형성하는 것이 아직도 요원함을 잘 보여

69_Shaun Breslin & Jeffrey D. Wilson, "Towards Asian Regional Functional Futures: Bringing Mitrany Back In?," *Australian Journal of International Affairs* 69:2(2015), p. 132.

70_David Camroux, "The East Asia Summit," Beeson & Stubbs(2012), p. 380.

준다. 미국은 오바마 정부 출범 이후 동아시아 '재관여 정책'을 추진하였으며, EAS 가입을 계기로 EAS를 동아시아 지역의 정치 안보 기구로 재편하겠다는 의지도 밝힌 바 있다. 이런 연장선상에서 미국은 지속적으로 남중국해 문제에 대해서 언급을 하고 있다. 가장 대표적인 예는 2010년 ARF에서 힐러리 클린턴 국무장관이 "남중국해에서 자유로운 항행이 보장되어야 하고 이것이 미국의 국익"이라고 언급한 부분이다.[71] 그렇지만 미국은 기존의 일방주의나 자신을 중심으로 한 부챗살 모양의 양자 간 안보 협력 형태를 다자주의로 바꿀 의도는 없었다. 그저 ASEAN의 우려를 잘 위무하고 이용해서 중국에 대한 또 하나의 견제 수단으로 삼으려고 하였다.[72]

EAS를 둘러싼 중-일 간의 갈등은 APT의 침체를 가져왔다. 고조되던 지역 공동체 형성에 대한 관심은 크게 약화되었다. 중국으로서는 자신에 대한 역내외의 견제 의도를 분명하게 확인할 수 있었으며, 지역 제도가 자신에게 부담이 될 수 있다는 점을 아울러 인식하게 되었다. 따라서 중국은 동아시아 지역 통합보다는 양자 간 FTA를 통한 영향력 확대에 나섰다. 이로 인해 중국과 일본 사이의 FTA 체결 경쟁이 벌어졌다. 현재 동아시아에는 복잡한 양자 간 FTA 망이 형성되어 있다. 이것은 APT 내의 주요 경제가 외부와 깊숙하게 연계되도록 함으로써 APT의 정체성을 약화시켰고, 동시에 역내 경제 자유화와 통합을 저해하였다.[73] 중국과 일본을 비롯한 동아시아 국가들은 외부와의 FTA 체결에는 열심이었지만, 동아시아 지역 자체

71_Gilbert Rozman, "East Asian Regionalism," Beeson & Stubbs(2012), p. 30.

72_Camroux(2012), p. 381.

73_Mohan Malik, "East Asian Community and the Role of External Powers: Ensuring Asian Multilateralism Is Not Shanghhaied," *The Korean Journal of Defense Analysis* 19: 4(2007), p. 34.

의 통합에는 그다지 적극적이지 않았다. APT 차원의 경제 통합이 무산된 현재 동아시아는 APT를 뛰어넘는 거대 규모의 경제 통합을 성취해야 하는 새로운 과제를 떠안게 되었다.

3) EAFTA(East Asia Free Trade Area: 동아시아 자유무역지대)

EAFTA 구상은 APT의 야심찬 목표의 하나였다. 이와 관련해서도 중국과 일본은 주도권 장악을 위해서 치열하게 격돌하였다. 앞에서 살펴본 바와 같이 FTA 관련해서는 중국이 일본보다 적극적인 자세를 보였으며, EAFTA 설립 방안에 대해서도 중국이 치고 나가면 일본이 반응하는 양상이 반복되었다. 2003년 APT 정상회의에서 중국은 아세안과의 FTA를 2010년까지 앞당겨 완성함으로써 EAFTA를 더욱 강력하게 추진할 의도를 보였다. 구체적으로는 2004년 11월 타당성 연구를 제안했고, 2005년 4월에 실제 연구가 시작되었다. 그리고 1단계 결과는 2006년 8월 APT 경제장관 회의에 보고되었다. 이것에 바탕을 두고 회원국들은 제2단계 연구 추진에 합의하였다.

이 과정에서 일본의 반응은 소극적이었다. 일본 국내에서는 여전히 FTA에 대한 반대 여론이 강했으며, 개발도상국과의 FTA는 농업 부문의 반대 때문에 상상하기조차 어려운 상황이었다. 그렇지만 일본은 중국에게 주도권을 빼앗기지 않기 위해서 나름대로의 대안 마련에 부심하였다. 2006년 EAS 출범을 계기로 일본도 보다 적극적인 FTA 정책을 내놓게 되었다. 2006년 4월 일본의 경제통상산업성 장관은 EAS 회원국 간의 FTA를 제안했고, 8월에는 16개 EAS 회원국 사이에 '동아시아 포괄적 경제 파트너십'(Comprehensive Economic Partnership for East Asia: CEPEA) 방안을 구체적으로 제시하였다. 이것은 단순히 관세 인하만이 아니라 비관세 측면에서의 협력도 강조하는 것이었으며, 초점은 오히려 후자에 있었다. 그 이유는 일본이 시장 개방에 대해 부담을 느꼈기 때문이었다.

애당초 중국의 움직임에 대항한다는 전략적 목적 이외에 구체적인 내용이나 계획은 분명하게 드러나지 않았다. 중국에 대한 견제 의도는 일본이 중국이 주도하는 EAFTA에 뒤처지지 않기 위해서 CEPEA에 대한 타당성 연구를 신속하게 추진했던 사실에서 잘 드러났다. CEPEA에 대한 제1, 2단계 타당성 연구가 2009년 7월에 종료되었는데, 이는 중국이 주도한 EAFTA 제2단계 타당성 연구 종료 시점보다 1개월 정도밖에 뒤지지 않은 것이었다. 2009년 8월 EAFTA 연구 보고서와 CEPEA 연구 보고서는 각각 ASEAN+3 경제장관 회의와 뒤이어서 개최되는 ASEAN+6 경제장관 회의에 제출되었다. 이로써 중-일 간에 본격적인 경쟁이 시작되었다.

이 두 가지 방안은 여러 측면에서 상이하였다. 가장 큰 차이는 호주와 인도의 참여 여부로서, EAFTA는 ASEAN+3만 참여하기 때문에 중국이 주도권 장악하는 데 유리했던 반면에, CEPEA은 일본이 중국의 영향력을 약화시키기 위해서 호주와 인도의 참여를 허용하고 있다는 점이었다. 두 번째로 EAFTA는 주로 상품 교역 자유화에 국한되었지만, CEPEA에는 투자, 지적재산권, 그리고 경제 협력 등 비상품 분야 이슈들이 대거 포함되었다. 상품 교역에만 국한될 경우 중국의 국내 시장이 역내 최대이기 때문에 중국이 지배적인 영향력을 행사할 것이 당연하였다. 투자와 지적재산권이 포함될 경우 일본이 주도적 행위자가 되고, 중국은 수세에 몰릴 가능성이 컸다. 그 결과 중국과 일본 사이의 대결이 점차 치열해졌고, 양자 사이를 중재하는 것은 더욱 힘들어졌다.

2년여에 걸쳤던 대립 상황을 주도적으로 해소시킨 것은 중국이었다.

2011년 8월 개최된 ASEAN+6 경제장관 회의에서 중국과 일본은 'EAFTA와 CEPEA의 체결을 촉진하기 위한 이니셔티브'([Joint] Initiative on Speeding up the Establishment of EAFTA and CEPEA)를 공동으로 제안하였다. 외양은 중·일 공동 제안이었지만, 중국이 일본의 참여를 강력하게 독려한 결과였다. 2011년 11월 열린 제14차 APT 정상회의에서 중국의 원자바오 총리는 "ASEAN의 중심성을 전적으로 존중하는 기초 위에서 실용적인 방식으로 EAFTA와 CEPEA 설립을 가속화시킬 것"을 촉구하였다.[74] 이 발언은 중국이 더 이상 ASEAN+3로 구성원을 제한하던 입장을 고집하지 않을 것이란 점과 참가 대상 국가의 선정 권한을 ASEAN에게 위임하겠다는 의향을 내포하고 있었다. 이로써 동아시아 자유무역협정을 향한 커다란 장애요인이 해소되었고, 2011년 11월 ASEAN 정상들은 EAFTA와 CEPEA를 대체하는 단일한 RCEP을 공식 승인하게 되었다.

RCEP은 미국 주도의 TPP와 한중일 FTA의 진전이란 상황에 대응해서 ASEAN이 자신의 역내 영향력과 지역 협력의 주도권을 유지하기 위한 시도였다. TPP에는 ASEAN에서 베트남, 말레이시아, 싱가포르, 브루나이 등 네 나라가 참여하고 있다. 협상이 진전될 경우 ASEAN의 통합성에도 부정적 영향이 있을 수 있고, ASEAN에 대한 자유화 압력이 가속화될 우려도 있었다. 그리고 2012년 11월 한중일 FTA 협상 개시 선언과 동시에 RCEP 협상을 개시하겠다는 선언이 나왔다는 사실은 그만큼 ASEAN이 한중일 협력에 대해 우려를 느끼고 있다는 것을 보여 준다. 이 과정에서 중-일 간

74_*Xinhua News Agency* (Nov. 18, 2011), "Full text of Chinese Premier's Statement at 14th ASEAN Plus Three Summit," http://news.xinhuanet.com/english2010/china/2011-11/18/c_131256317.htm (2015년 7월 12일 검색).

경쟁의 본격화는 ASEAN에게 자신의 중심성을 확보할 수 있는 기회를 제공하였다. 현실적으로 중국과 일본은 ASEAN을 무시하고 역내 경쟁에서 우위를 점할 수 없는 위치에 있었다.

이런 상황 하에서 ASEAN은 역내 중심성 확보 차원에서 RCEP을 적극 추진하고 나섰다. 원래 중국은 RCEP에 별다른 관심이 없었지만 새롭게 RCEP을 적극 수용하고 나선 배경에는 중국에게 위협으로 다가오고 있던 TPP가 있었다. 미국으로부터의 위협도 문제였지만, 일본의 TPP 참여 결정이 결정적으로 작용하였다. 이와 아울러 중국은 ASEAN의 중심성에 대해서도 새롭게 존중 의사를 표명하였으며, 남중국해 분쟁과 관련해서도 유연한 태도를 보이기 시작하였다. 이 모든 것이 스스로 고립을 벗어나기 위한 시도였다.[75] ASEAN의 입장에서는 RCEP 출범과 관련해서 중국과 일본의 입장 차이를 해소시키는 방안을 두고 고민이 컸다. 중국으로서는 참가국 문제가 ASEAN+6로 될 경우 일본의 편을 드는 것으로 받아들일 수밖에 없었으며, 일본으로서는 지적재산권이나 투자 분야가 배제되어 있었기 때문에 중국의 입장을 반영하는 것으로 인식할 수 있었다. 난항을 거듭한 끝에 참가국은 ASEAN 회원국과 ASEAN의 FTA 상대국으로 제한하기로 함으로써 미국이 배제되게 되었다. 그리고 의장은 ASEAN 회원국이 맡기로 결정되었다.

중국은 원래부터 ASEAN+3 사이의 EAFTA를 원했고, 일본은 ASEAN+6을 더 선호하였다. RCEP이 ASEAN+6 사이의 FTA를 지향하고 있기 때문에 ASEAN이 일본의 손을 들어 준 것처럼 보이지만, 실제 내용은

75_Min Ye, "China and Competing Cooperation in Asia-Pacific: TPP, RCEP, and the New Silk Road," *Asian Security* 11:3(2015), p. 208.

중국이 선호하던 바와 같이 자유화의 정도가 낮고 점진적으로 자유화를 추진하기로 했다는 점에서 절충적이라고 평가할 수 있겠다. RCEP은 ASEAN이 자신의 중심성 유지를 위해 중-일 간 주도권 경쟁을 적극적으로 중재함으로써 출범할 수 있었다. 그리고 외양은 ASEAN이 주도했지만, 출범 과정에서 중-일 간에 협력이 있었기 때문에 가능할 수 있었다.

중국과 일본이 경쟁하면서도 협력한 이유는 RCEP이 각자에게 갖는 전략적 가치 때문이었다. 중국으로는 TPP 협상이 시작됨에 따라 이에 대응 차원에서 RCEP와 한중일 FTA를 서두를 필요가 있었기에 ASEAN+6에 동의하였다. ASEAN과 중국 공히 TPP의 진전으로 인해 위협을 느끼고 있었으며, 양자는 RCEP을 신속하게 추진하기로 이해관계의 합치를 보았다. 이런 점에서 ASEAN이 중국의 가려운 데를 긁어 준 측면이 강하다. TPP 협상이 구체화된 2012년 11월 중국은 역내 국가 간 경제 통합에 초점을 맞춘 '지역 경제 일체화'를 우선 추진해야 한다는 입장을 분명히 하였고, RCEP이 이런 목적을 달성하기 위한 중요한 단계임을 강조하였다. 또한 ASEAN과 마찬가지로 개별 구성원들의 수준을 반영한 형태의 자유화 및 경제 통합이 필요함을 역설하였다. 중국은 RCEP의 출범과 관련해서 미국에 대한 견제 효과, 호주, 뉴질랜드, 인도와의 간접적인 FTA 체결 효과, 그리고 자신이 원하는 유연한 협상 원칙 등 세 가지를 얻을 수 있었다.[76] 그리고 구성원에 대한 중국의 양보는 자신의 경제력과 협상력에 대한 자신감을 반영하는 측면도 가졌다.[77]

76_Jianmin Jin, "RCEP vs. TPP." *Colum-Current Topic* (Fujitsu Research Institute, Feb 22, 2013). http://jp.fujitsu.com/group/fri/en/column/message/2013/2013-02-22.html (2013년 7월 28일 검색).

TPP에 대해 관심이 더 컸던 일본이 자신이 원하는 정도의 자유화 조치를 수용하지 않았음에도 불구하고 RCEP에 동의해 준 이유 중 하나로는 TPP 참여를 미국에게 압박하는 효과를 노렸던 점을 들 수 있다. 당시 미국은 일본의 TPP 참여 요구에 대해서 쇠고기 수입 관련 자유화 조치를 일본에 요구하는 등 여러 가지 조건을 내걸고 압력을 행사하고 있었다. 2012년 11월 20일 RCEP 협상이 공식적으로 시작된 날, 일본의 노다 총리는 미국의 오바마 대통령과 만나서 일본의 TPP 참가를 도와줄 것을 요청하였다. 이것은 RCEP 카드를 통해 미국을 압박하는 일본의 전술의 일환이었다. 미국이 거부할 경우 중국과 손잡고 RCEP을 추진할 것이란 암묵적인 의사 표명이었다. 같은 맥락에서 일본의 TPP 협상 주무장관은 미국이 민감한 부문에 대한 관세 인하를 지속적으로 요구할 경우 일본은 협상에서 이탈할 수도 있다고 언급하였다. 중국이 RCEP과 한중일 FTA 협상의 조속한 개시를 서두르고 있을 무렵 일본은 중국의 RCEP 참여 요구에 마지못해 응해주는 모습을 보였지만, 당시 일본의 TPP 참가는 실제로 확정되지 않은 상태였다.

그리고 TPP에 참여가 확정된 이후 일본은 RCEP 협상에서 TPP 카드를 통해 중국을 압박하는 행태를 보였다. 이후 RCEP 논의 과정에서 일본은 자신의 요구를 수용하지 않으면 TPP로 선회할 것이란 암시를 종종 하였다. 일본이 없는 RCEP은 의미가 상당히 퇴색될 것이기 때문에 중국으로서는 일본의 요구를 무시할 수만은 없었다. 일례로 2014년 1월 RCEP 협상에서는 일본이 지속적으로 요구한 경쟁, 지적재산권, 경제 및 기술 협력,

---

77_Shintaro Hamanaka, "TPP versus RCEP: Control of Membership and Agenda Setting," *Journal of East Asian Economic Integration* 18:2(2014), p. 177.

그리고 분쟁 해결 등을 다루는 워킹 그룹을 새롭게 만들기로 하였다. 이와 같이 일본의 입장이 반영된 것은 일본이 중국을 효과적으로 압박하였기 때문이었다.[78] 아울러 일본은 분쟁 해결 제도의 활성화 등 실질적인 자유화를 강력하게 요구하였다.

RCEP은 원래 2012년 12월을 협상 개시 목표 시한으로 잡았지만, 자유화 범위와 방식을 둘러싼 이견 때문에 공식 협상은 16개국 통상장관들이 모여서 2013년 5월 개시하였다. 제2차 협상은 2013년 9월에 있었으며, 2015년 협상 타결이 목표였다. 협상은 아세안이 주도하고 있으며, 구성원 사이의 견해 차이로 인해 기한 내 타결될 수 없었다. ASEAN은 역내의 실질적 자유화를 목표로 하기보다는 ASEAN의 중심성(centrality) 유지가 주된 목적이었다. 기존의 것을 대체하는 FTA가 아니라 ASEAN+1 형식에 첨가하는 형태의 FTA로서 '스파게티 그릇 효과'만 커질 가능성이 크다. 또한 유연성 조항이 있어서 많은 예외의 인정은 물론이고 개발도상국에 대한 고려도 하도록 되어 있다. 이 경우 경제적 효과는 적고, 특정 국가들의 전략적 목적만 충족시키는 결과를 가져올 수 있다.[79]

TPP와 달리 RCEP은 주로 양자 간 FTA를 기본으로 하고 있으며, ASEAN이 체결한 모든 FTA를 하나로 통합하는 것이 목표이다. 양자 간 협정의 다자화를 통해 스파게티 그릇 효과를 제거하려는 것이 주된 목적이다. 그리고 단일한 기준을 만들기보다는 개별 국가의 상황이나 아세안 내부나 아세안과 외부 나라들 사이의 발전 격차를 반영한 보다 포용적이고

78_Hamanaka(2014), p. 179.

79_Jayant Menon, "The Challenge Facing Asia's Regional Comprehensive Economic Partnership," *East Asia Forum* (June 23, 2013).

유연한 협정을 지향하고 있다. 현재 ASEAN은 다른 6개국 모두와 FTA를 체결하였다. 그러나 일본-한국, 일본-중국, 인도-뉴질랜드, 중국-인도 사이에는 FTA가 체결되지 않은 상태이기 때문에 이들 국가 간의 협력이 중요하다. 그 중에서도 특히 자유화에 가장 소극적인 인도가 협상 타결에 관건을 쥐고 있는 양상이다.[80] 인도는 현재 가장 높은 관세율(약 14% 정도)을 유지하고 있으며, 특히 공산품의 자유화에 대해 민감하다. 이미 한국, 싱가포르, 일본, 아세안 등과는 FTA를 체결하였지만, 이들에게 제공한 정도의 양허를 특히 자신과 경쟁 관계에 있는 중국에게 제공하는 것이 불가능하다는 입장이다.[81]

TPP에 대항하기 위한 RCEP의 전략적 가치에 주목하고 있는 중국은 협상에 매우 적극적이지만 타결의 어려움을 잘 인지하고 있다. 따라서 RCEP 이외에도 TPP 가입, 아·태지역 자유무역협정(FTAAP) 추진, 그리고 '일대일로'(一帶一路, new silk road) 방안과 같은 독자 노선도 대안으로서 고려하고 있다.[82] 최근에는 균형추가 TPP도 RCEP도 아닌 '일대일로'로 향하고 있는 양상이다. 중국이 의도하는 지역 구상은 발전 수준이 다른 국가 간 통합보다는 인프라 투자를 통한 자신의 영향력 확대에 초점이 있다. 현재 중앙아시아와의 육상 실크로드는 탄력을 받고 있지만, ASEAN이 중심이 되는 해상 실크로드는 커다란 진전이 없다. 일대일로 구상이 의도대로 실현되기 위해서는 ASEAN의 협조가 필수적이다. TPP 협정을 손에 쥔 일본

80_M. Saraswathi, "China Wants RCEP To Be Finalized Soon," *Malaysian National News Agency* (Nov. 17, 2015).

81_Dilasha Seth, "Australia-China free trade pact forces India to open market under RCEP agreement," *The Economic Times* (Online, New Delhi), 21 Nov 2014.

82_Ye(2015), p. 211.

도 RCEP에 자신감을 갖고 적극적으로 나서고 있다. 일본은 동아시아의 통상 규범을 자신의 의도대로 쓰고자 한다. 그러나 고도의 자유무역협정을 원하는 일본과 유연함을 강조하는 중국 사이의 이견을 좁히기가 쉽지 않다. 향후 협상의 관건은 양허 대상과 기간을 어떻게 신축적으로 조정할 것인가가 될 전망이다.

4. 분석 및 요약

본 연구는 두 지역 강대국 사이의 지역 제도에 대한 선호나 전략의 차이를 살펴보는 것이 주요 관심사이다. 복수의 지역 강대국이 서로 경쟁할 경우, 상대적 힘이 열세인 쪽이 제도화에 더 큰 관심을 가질 것으로 상정하였다. 이번 장에서는 중국과 일본이 동아시아 지역 협력의 장에서 협력하고 경쟁하는 구체적인 사례에 대해서 분석하였다.

일본은 동아시아 경제의 실질적 패권국으로서 중국의 도전에 방어적으로 대응하는 모습을 보였다. 금융 협력을 시작으로 일본이 자신의 주도권을 유지하기 위한 제도화에 나섰고, 중국은 처음에는 부정적이었지만 점차 협력하고 경쟁하는 구도를 형성하였으며, 최근에는 자신만의 제도적 구상을 가지고 일본과 대결하는 모습을 보였다. 지역 제도를 둘러싼 중-일 간의 경쟁 구도의 형성은 한편에서는 제도적 발전을 가져왔지만, 다른 한편에서는 주도권 다툼으로 인해 제도가 침체에 빠지는 현상도 초래하였다.

동아시아의 경우 지역 제도화의 시작은 1994년의 ARF의 출범이었고, 1997년 ASEAN+3이 정상회의를 가지면서 본격화되었다. 1990년대는 일본이 여전히 경제적으로 압도적인 우위를 점하고 있던 시기였으며, 제2장에서 살펴본 바와 같이 일본의 지역 제도에 대한 입장은 소극적이었고, 연성 제도화나 비공식적 제도를 선호하였다. 그리고 일본이나 중국이 제도의 설립을 주도한 것이 아니고 ASEAN이 만든 제도에 일본과 중국이 참여하는 형식을 띠었다. 일본은 실질적인 경제적 패권국으로서 냉전 이후 안정적인 지역 질서를 만들기 위해 ARF 아이디어를 제시하였지만, 일본의 지배 가능성에 대한 역내 국가들의 우려로 실패로 돌아갔다. 중국은 지역 질서에 충분히 사회화가 되지 않았기 때문에 ARF에의 참여를 주저하였다.

본격적인 지역 제도화는 1998년 APT가 공식 출범하고, 이것을 통해 금융 협력을 비롯한 다양한 기능적 협력이 이루어지면서 중국과 일본은 지역 제도 속에서 본격적으로 대면하게 되었다. 이 시기 중국의 국력 상승은 매우 빨랐고 일본 경제는 장기적인 침체에 빠지면서 국력 격차가 급속하게 줄어들게 되었다. 양국의 국력이 점차 대등해짐에 따라 제도 내에서 영향력 경쟁이 치열하게 벌어졌다. 중국은 적극적으로 주도권 장악을 위해 나섰고, 현상 유지 세력으로서 일본은 자신의 기득권을 지키기 위해서 부심하였다. 그리고 양국 간 전략적 경쟁이 치열하게 벌어지기 시작한 2010년 무렵부터는 지역 제도가 '경쟁의 장'에서 '대결의 장'으로 점차 변해 갔다. 현재 양국은 지역 제도 내에서는 물론이고 자신이 중심이 되는 배타적인 제도를 가지고 서로 첨예하게 대결하고 있다. 이런 점에서 중국과 일본 사이의 상대적 국력은 지역 제도에 대한 양국의 전략에 커다란 영향을 미쳤다고 볼 수 있다.

좀 더 구체적으로 살펴본다면, 1980년대 일본은 자신의 경제적 위상을 바탕으로 역내 중심으로의 부상을 꾀하였다. 일본이 생산 네트워크에 기초한 연성 지역 통합에 매진할 때, 중국은 경제 발전에 전력을 기울였다. 일본으로서는 중국이 역내 경제 무대에 등장해서 자신의 생산 네트워크에 포함되는 것이 국익에 부합하였다. 중국은 일본 주도의 경제적 붐에 동참하려는 노력을 기울였고, 중국의 성장은 일본이 경제 침체로부터 벗어나는 데도 유용하였다. 일본은 동아시아 지역 통합을 경제적 네트워크 강화 이상으로 진전시킬 리더십이 없었고, 단순히 네트워크 관리 차원 정도의 지역 협력을 추진하였다. 구속력 있는 제도에 대해서는 반대 입장이었고, 자신에 대해 제도적 구속을 모색하려는 역내 국가들의 움직임을 약화시키기 위해서 원조 제공, 기술 지원, 경제 협력 등 외교적 노력을 경주하였다.

1980년대 중국은 국력의 한계로 인해 기존에 일본을 중심으로 형성된 지역 구도에 도전할 입장이 아니었고, 또 이런 구도가 경제 발전이란 국익에 위해를 가하는 것도 아니었다. 일본의 경제 발전 모델은 배움의 대상이었고, 이에 대한 관심은 특히 소련의 붕괴와 더불어 고조되었다. 그렇지만 일본의 역내 리더십 강화에 대해서는 견제 의사를 분명하게 하였다. 때로는 역사 문제를 제기하기도 하고, 때로는 안보 위협을 거론하기도 하였다. 중국은 일본이 미국으로부터 어느 정도 거리를 유지하기를 바랐지만, 너무 멀어져서 독자적으로 군사 대국화되는 것에 대해서는 우려를 가졌다. 1980년대 말은 일본의 경제력 상승이 두드러졌고, 일본의 세기가 도래할 것이란 예측이 힘을 얻고 있던 시기였다. 미국과 일본 사이의 대결 구도가 형성될 경우 일본이 중국을 더욱 필요로 할 것이라는 인식도 생겨났다. 일본과 중국 사이의 관계는 전반적으로 협력적이었다.

1990년대 초반부터 중국은 자신의 경제적 발전을 근거로 해서 '일본 중심적 아시아'에 대립되는 '중국 중심적 아시아'의 비전을 갖고, 이를 구현하기 위해 노력하기 시작하였다. 구체적으로는 아시아 가치를 주창하면서 동남아시아 국가들에게 다가갔다. 그렇지만 일본과의 경쟁·대립 관계가 본격화된 것은 아니었다. 일본은 미국과 무역 마찰을 경험하고 있었으며, 일본과 미국 사이의 간극은 중국에게 유리한 것이었다. 중국은 미국과 일본 사이의 입장 차이로부터 이득을 향유하면서 양국과의 관계를 동시에 개선함으로써 고립을 회피하려고 하였다. 일본으로서도 아시아 지역주의에 대한 열망을 가지고 있었기 때문에, 중국과의 선린 관계 유지는 중요하였다. 중국으로서는 아시아에 산재하는 화교 네트워크의 존재가 일본의 역내 영향력을 견제하는 유용한 수단이었다.[83] 이런 측면에서 동아시아에서 영향력 확대를 위한 암묵적인 경쟁이 가속화되었다. 일본의 생산 네트워크와 중국 중심의 화교 네트워크 사이의 영향력 확대 경쟁이 벌어졌다. 양자 모두 공식적인 제도적 형태를 띠지는 않았지만, 양자 사이의 경쟁 구도는 분명 존재하였다. 이 무렵 지역주의는 비공식적, 연성 제도화의 형태를 띠었다.[84]

1980년대 말 일본은 미국과 심각한 경제 마찰을 겪고 있었으며, 미국 이외의 시장에도 커다란 관심을 갖게 되었다. 따라서 아·태 공동체에 대한 오랜 관심에 바탕을 두고서 APEC을 주도적으로 출범시켰다. 당시 미국을 배제하는 문제가 이슈가 되었지만, 일본의 요구로 미국을 포함시키는 것으로 결론이 났다. 또한 마하티르가 EAEG를 제창하였을 때도 일본은 이에 호의적인 태도를 보였다. 미국의 압력으로 인해 반대 입장으로 돌아섰지만, 일본은 동아시아 지역주의에도 관심이 있었다. 일본은 능력 면에서 자

83_동아시아의 화교 네트워크가 중국에 갖는 중요성에 대해서는 다음을 참조할 것. Gordon C. K. Cheung, "The Significance of the Overaseas Chinese in East Asia," Beeson & Stubbs(2012).

84_Peter J. Katzenstein, "Introduction: Asian Regionalism in Comparative Perspective," Peter J. Katzenstein and Takashi Shiraishi, eds., *Network Power: Japan and Asia* (Ithaca: Cornell University Press, 1997), pp. 1-46; Peter J., Katzenstein, "Varieties of East Asian Regionalisms," Katzenstein et al., eds., *Asian Regionalism* (Ithaca: Cornell University East Asia Program, 2000).

신감이 있었지만, 역내 국가들의 자신에 대한 집단적인 압력 행사 우려나 국내 시장 개방의 어려움 때문에 적극 나서지 않았다. 당시 역내 주요 갈등 구도는 미-일 관계였으며, 중국의 태도는 소극적인 관여에 지나지 않았다.

냉전이 종식되고 중국이 천안문 사태 등으로 외교적 곤란에 처하자 중국을 포용하는 정책을 일본이 취하였다. 중국이 국내적 안정을 회복하고 지속적으로 경제 발전을 이룩하면서 자신감도 생기고, 자신의 부상에 대해 ASEAN의 우려를 해소시키기 위해서 적극적으로 다가갔다. 그리고 일본이 역내 정치적 영향력을 확대하려는 움직임에 대해서는 우려의 눈길을 보냈다. 일본은 부상하는 중국에 대해 지역 제도를 통해 긴밀하게 관여하면서 중국을 사회화시키려고 하였다. 일본이 애초에 ARF 아이디어를 제안한 것은 바로 중국의 군사적 투명성을 높이고 군사력 강화를 억제함으로써 중국의 잠재적 위협에 대처하기 위한 목적이 있었다. 중국도 처음에는 우려의 눈길을 보냈지만, 곧 자신에게 유리할 수 있음을 파악하고 ARF에 참여하였다.

1990년대 중반에 무렵부터 중국의 부상과 더불어 중국의 일본에 대한 견제 움직임이 본격화되었다. 다양한 분야에서 양국 간의 경쟁이 시작되었으며, 동아시아 지역 내에서도 비공식적 제도화 경쟁이 벌어졌다. 중국의 화교 네트워크 강화는 기존에 존재하던 일본의 생산 네트워크에 잠재적인 위협이 되었다.[85] 특히 일본은 제도적으로 통합된 동아시아 시장이 화교 자본의 독무대가 될 지도 모른다는 우려를 가졌다. 따라서 동아시아 지역주의에 대해서는 소극적인 입장이었다. 양국 모두 연성 제도화 혹은 비공식

85_Katzenstein(2000), pp. 9-12.

제도화를 선호하였다. 역내 강대국들의 ASEAN에 대한 조심스러운 접근은 이들을 제도를 통해 구속하려는 약소국들의 동기 유발을 억제시키는 효과가 있었다.

제도적 협력의 계기는 동아시아 금융 위기였다. 일본은 지역 협력의 챔피언으로서 아시아만의 협력 방안을 구상하였다. 그러나 중국은 일본의 주도권 장악 의도를 감지하였기 때문에 이에 대해 반대 의사를 표명하였다. 그렇지만 경제 위기 극복에 대한 미-일 사이의 견해 차이의 존재와 역내 국가들의 관심이 높은 것을 인지한 중국은 일본이 주장하는 아시아 중심의 지역주의에 호의를 보이기 시작하였다.[86] 중국은 일본에 대한 감정적 대응을 자제하고, 보다 전략적으로 접근하기 시작하였다. 이것을 계기로 양국이 동아시아 지역주의를 둘러싸고 '경쟁과 협력'을 하는 새로운 단계로 접어들게 되었다. 당시 중-일 간의 갈등은 역내 강대국 사이에 상대방의 주도권을 내주지 않으려는 소극적인 형태의 지역 주도권 다툼 차원이었다.

2000년대에 들어서면 양국은 지역 협력을 지속하면서도 역내 주도권 장악을 위해 본격적으로 경쟁하기 시작하였다. 특히 중국은 점차로 자신의 경제적 자신감에 바탕을 두고 적극적인 대외 정책을 추진하였다. 중국은 일본에 대한 역내 신뢰가 높지 않은 점을 잘 인지하고, 동남아에 대한 매력 공세에 적극 나섰다. 중국은 점차로 민족주의를 고양시키고 군사적 현대화에 박차를 가하면서 일본의 정당성 결여란 문제를 자주 지적하고 나왔다. 중국의 국력 신장과 함께 양국 사이의 경쟁적 측면이 더 부각되었다. 중국의 경제 발전은 일본에게 점차 위협으로 받아들여지게 되었다.

86_Rozman(2010), p. 168.

경쟁 관계의 심화는 제도를 통한 양국 간 견제와 균형 움직임을 가속화시켰다. 중국은 제도에 대해서 훨씬 자신감을 갖고, 제도의 강화를 통해 자신의 영향력과 주도권을 확대시켜 나가려고 하였다. 이것은 일본에게 위협으로 다가갔으며, 이에 대한 대응으로 일본은 APT에 대체되는 보다 넓은 지역 공동체를 구상하기 시작하였다. 이것은 외부 동조 세력을 불러들여 중국의 영향력을 약화시키려는 시도였다. 이를 계기로 중-일은 제도를 둘러싼 치열한 경쟁과 균형 움직임을 보였다. 제도는 세력 다툼의 중요한 수단이 되었다. 예를 들어 APT의 대표적인 성공 사례였던 CMI를 다자화하려고 시도할 때, 중국과 일본은 서로 주도권을 잡기 위해서 치열하게 경쟁하기도 하였다.

중국은 일본의 정상국가화를 인정하지 않았고, 역사 문제를 지속적으로 제기하면서 일본의 재무장이나 군사 대국화를 경계하였다. 이로 인해 중-일 간에 합의된 전략적 협력 관계 구축은 어려워졌다. 일본은 중국과의 대립 관계의 지속이란 현실 속에서 미국과 긴밀한 동맹 관계를 해체할 수 없었다. 중국의 전략적 이익은 일본을 미국으로부터 어느 정도 거리를 두도록 만들고, 자신에 대한 봉쇄 구도를 와해시키는 것이었다. APT와 EAS 같은 지역 제도는 중-일 간의 갈등 구도를 해소시킬 수 있는 좋은 기회였지만 상호 견제에 지나치게 몰입한 나머지 제대로 살릴 수가 없었다.

이 시기에는 중국의 부상으로 인해 중국과 일본이 점차 대등한 위치에서 지역 제도 속에서 경쟁하고 협력하였다. 자신이 압도적인 국력 우위에 있던 시기에는 지역 제도에 별다른 관심을 보이지 않던 일본이 점차 적극적으로 변해 갔다. 특히 중국과 일본 사이의 국력 우열을 가리기 힘들 상황에 도달했을 때 일본은 제도 속에서 자신의 영향력을 증강시키고 상대방을 견제하기 위해서 치열하게 경쟁하였다. EAS를 둘러싸고 일본과 중국은 구성원 범위를 놓고 자신에게 유리한 방안을 관철시키기 위해서 치열하게 대립하였다. 중국이 EAS 설립을 적극 추진하자, 일본은 이를 중국의 주도권 장악 기도로 인식하고 중국에 대한 효과적인 견제를 위해서 인도, 호주, 뉴질랜드를 참여시켰다. 일본은, 중국이 동아시아 지역이나 글로벌 수준에서 리더로 부상하고자 하는 전략적 의도를 갖고 있다는 의구심을 지속적으로 갖고 있었다. 그 의도는 2005년 무렵 EAS 논란을 통해서 분명해졌고, 지속적인 경제 성장과 군사력 강화를 통해 2010년 무렵부터는 이를 구체화시키기 위한 노력을 본격화하였다. 동아시아 지역에서 실질적인 리더임을 자임하고 있던 일본은 자신이 명실상부한 리더로 부상하기보다는 중국의 패권적 지위를 부인하고 견제하는 일에 더 주력하였다.

중국은 자신의 지역 내 위상을 강화하기 위해서 적극적인 외교를 펼치고 있다. 지금까지 중국은 거대 전략에 입각하기보다는 상황에 따라 자신에게 유리한 임기응변식 외교를 펼쳤다. 현재까지 분명하게 드러난 지역주의 전략은 없다. 분명한 것은 지역주의는 자신의 영향력 확대에 유리하다고 판단되는 형태로 추진할 것이며, 자신에게 불필요한 구속을 부과할 지역 제도에 대해서는 반대할 것이라는 점이다. 중국은 보편적 가치의 수용을 거부하고 있고, 민감한 영토 문제에 대한 다자적 해결을 거부하고 있다. 중국이 어떤 형태로든 자신이 중심이 되는 질서를 선호하고 있는 것은 분명하다. 이로 인해 점차 배타적인 제도를 선호하는 경향이 생겨날 것으로 예상된다.

글로벌 강대국으로 부상하고 있는 중국에 대해 일본은 미국과의 동맹을 통한 견제만을 추구하고 있는 것은 아니다. 보다 넓은 틀의 지역 제도 형성을 통해 중국을 견제하고 포위하려는 일종의 '확대 아시아' 제도화 전략을 추진하고 있다. 이것의 주된 목적은 중국의 위협에 대항하는 것이면서, 동시에 보편적 가치를 공유하고 공동 번영을 추구하는 일종의 국가 간 연대나 네트워크의 형성을 도모하고 있다. 일본이 최근 강조하는 가치 외교나 아·태지역의 거대 경제권 형성을 추구하는 TPP에의 가담이 바로 그것이다. 중국을 압박하기 위한 유연한 배타적 제도화 전략으로 볼 수 있다. 그리고 동중국해 영유권 분쟁을 남·서 중국해 분쟁과 연계시켜 제도적 틀 속에서 분쟁을 해결하려는 의향도 보이고 있다.

요컨대 중국과 일본은 지역 제도와 관련해서 경쟁적 구상을 하였다. 제도적 구속을 통한 협력보다는 제도를 통해 중국은 미국을 견제하고, 일본은 제도를 통해 중국을 견제하려는 의도를 가졌다. 이것은 양국이 제도적 규범을 체화해서 스스로 제도적 구속을 용인하는 것과는 거리가 멀었다. 제도나 규범의 정당성에 대한 수용 여부는 다양한 요인이 결정할 것이지만, 외부에 공동의 적이 존재하고, 내부적으로 공동으로 해결해야 할 심각한 문제가 존재할 경우 생겨날 가능성이 크다. 미국이 양국에 대해 적대적으로 변하거나, 양국 사이의 영토 분쟁이나 북한 문제가 심각해질 경우 제도적 해결에 대한 공감대가 커질 수 있다. 그리고 일본이 중국에 대한 견제 의도를 버리거나 중국이 자신이 주도하는 질서 형성이 요구하는 정당성 확보를 위해 제도적 규범을 스스로 수용할 때 제도에 기초한 지역 질서의 형성이 가능해 질 것이다.

4장

동북아의 전략적 지역주의

1. 들어가며

동북아가 동아시아 지역주의의 핵으로 떠오르고 있다. 동북아는 경제규모에 있어서 북미나 유럽에 크게 뒤지지 않으며, 세계 교역에서 차지하는 비중도 급속도로 증가하고 있다. 2012년 기준으로 한중일 3국은 세계 상품 및 서비스 교역의 16%, 세계 GDP의 20%, 그리고 세계 인구의 22%를 차지하고 있다. 동아시아(ASEAN+3를 기준으로)에서 동북아 3국이 차지하는 경제력 비중은 가히 압도적이다. ASEAN+3 상품 및 서비스 교역의 70%, GDP의 90%, 그리고 총 인구의 70%를 차지하고 있다. 동북아 3국의 역내 교역 비중은 1990년 12.3%에서 2010년 22.5%로 증가하였다. 아직까지 유럽이나 북미에 비교해서 절반 정도에 못 미치고 있지만, 경제적 긴밀도는 상당히 높아지고 있다.[1]

동북아의 경제적 비중과 전략적 중요성을 고려할 때 동아시아 지역주의의 성공은 동북아 3국 사이의 협력과 통합에 달려 있다고 해도 과언이 아니다. 현재 동북아는 중국과 미국이 경쟁하고 중국과 일본이 격돌하고 있으며, 독자 행보를 고집하는 핵 무장한 북한이 지역 질서를 위협하고 있다. 동북아 지역 통합은 냉전의 최종적 종식이란 측면에서도 의미가 크다.[2] 한중일 3국이 협력할 경우 역내 안정은 물론이고 세계 평화와 번영도 아울러 촉진할 수 있을 것으로 기대된다. 그렇게 되면 동북아는 유럽과 미국에 버금가는 세계의 중심축으로 부상할 수 있을 것이며, 장래 패권국 미국에 대한 효과적인 균형자로서도 역할을 할 수 있을 것이다.

그렇지만 동북아 3국은 고도의 경제적 상호 의존에도 불구하고 정치·안보적으로는 갈등 관계를 지속하고 있다. 이런 소위 '아시아 패러독스'의 이면에는 중국의 부상이란 세력 배분의 변화와 이로 인해 현재화된 '역사 갈등과 영토 분쟁이라는 중층적 갈등'이 자리를 잡고 있다.[3] 동북아의 긴장을 완화하고 협력을 획기적으로 진전시킬 수 있는 방안은 아직까지 찾지 못한 상태이다. 동북아 통합이 가능하기 위해서는 먼저 과거 일본이 추진했던 '대동아공영권'의 그림자를 걷어 내야 할 것이다. 19세기 후반에는 동양 3국의 협력이 서구의 위협에 대처하기 위한 유용한 수단이란 논리가 어

1_이창재·방호경, 『동북아 경제협력에서 동아시아 경제통합까지: 동아시아 시대를 향하여』, 연구보고서 11-02(대외경제정책연구원, 2011), p. 32-3. 같은 기간 중 NAFTA와 EU(15개국)의 역내 교역의 비중은 각각 37.2%에서 40.5% 및 64.5%에서 56.3%로 변화하였다. 한중일의 교역량 자체가 많다는 점을 고려하면, 경제 긴밀도는 훨씬 더 높다고 보인다.

2_Kent Calder & Min Ye, *The Making of Northeast Asia* (Stanford University Press, 2010), pp. 5-7.

3_임현진, "왜 동아시아 공동체인가?" 임현진·임혜란 편저, 『동아시아 협력과 공동체: 국가주의적 갈등을 넘어서』(나남, 2013), pp. 33.

느 정도 공감을 얻기도 하였다. 그러나 결국에는 일본 제국주의를 정당화하기 위한 수단으로 변질되었던 과거 경험이 있다.[4]

지역 통합에 대한 이론들은 통합이 국력의 격차가 크지 않은 발전된 선진 자본주의 국가들 사이에서 이루어지기 쉽다는 점을 일반적으로 지적하고 있다. 그 이유는 통합이 초래할 국가 및 집단 간의 갈등이 최소화될 수 있다는 점 때문이다. 그러나 현재 한중일 3국을 하나로 묶을 경제적, 정치적, 군사적 공통분모는 미약하다. 일본은 고도로 발달한 선진 공업국이며, 한국은 경제 발전에 있어 선진국 문턱에 도달한 국가이고, 중국은 전반적으로 여전히 개발도상국이다. 이러한 차이는 경제 시스템, 관습, 법·제도, 인프라 등과 같은 다양한 측면에서의 부조화를 유발시켜 경제 통합을 어렵게 하는 요인으로 작용하고 있다. 최근에 표출되고 있는 한중일 사이의 역사 및 영토 분쟁과 민족주의 분출 현상은 동북아 경제 통합이 용이하지 않을 것이란 점을 시사하고 있다.

그럼에도 불구하고 동북아에서는 의미 있는 제도적 협력이 진행되고 있다.[5] 동북아 3국은 ASEAN+3을 통해서 의미 있는 만남을 시작했으며, 이것은 한중일 정상회의, 한중일 협력사무국, 한중일 3국 간 투자협정, 그리고 한-중 FTA 등의 성과로 이어졌다. 한중일 3국 사이의 내부적 차이가 어려움을 가중시킨 측면이 있지만, 1997년과 2008년 두 차례의 외부적으로 초래된 금융 위기를 경험하면서 협력이 강화되었다. 그러나 현재 한중

4_대동아공영권에 대한 검토와 비판은 김영수, "대동아공영권 이념에 대한 비판적 고찰: 다케우치 요시미(竹內好), 마루야마 마사오(丸山眞男)의 비판을 중심으로," 『사회과학논총』(2015년 1호), pp. 64-74.

5_Christian Wirth, "Power and Stability in the China-Japan-South Korea Regional Security Complex," *The Pacific Review* (Feb 15, 2015).

일 3국 사이의 양자 관계는 한-중 관계를 제외하고는 심각한 갈등 국면에 처해 있으며, 특히 중-일 간의 전략적 경쟁 관계는 동북아 협력을 어렵게 만들고 있다. 그렇지만 양자 간 갈등은 국익 대립이 덜 첨예할 수 있는 한중일 3국 간의 협력 틀 속에서 더욱 용이하게 해소될 수 있다. 이런 점에서 한중일 3국 간 협력의 제도화는 동북아에서 실질적인 협력이 진전될 수 있는 중요한 토대가 될 것이다.

동북아 3국은 현재 지역주의에 대해서 전략적인 접근을 하고 있다. 미국과 대립 관계에 있는 중국이 미국에 대한 효과적인 견제 수단으로서 동북아 지역주의에 가장 적극적인 입장이다. 한국은 최대 교역 상대국이며 북한에 대해 레버리지가 큰 중국과의 경제 통합에 대해 적극적인 입장을 가졌으며, 이로 인해 한-중 FTA가 조기에 타결될 수 있었다. 반면에 일본은 중국에 대해 전략적 차원에서 불신이 크며 중국과의 경제적 통합이 가져올 국내적 혼란 때문에 소극적인 입장이다. 따라서 동북아 지역주의가 성공하기 위해서는 일본의 소극성을 극복하는 것이 관건이다.

현재 동북아 3국 사이의 경제 관계는 중국 시장에 대한 비대칭적 상호의존이란 특징을 보이고 있다. 한국과 일본 양국 공히 미국에 대한 의존도가 줄어드는 대신, 중국 시장에의 의존도가 급속도로 증가하는 경향을 보이고 있다. 이런 측면에서 동북아는 시장이 통합되었다기보다는 중국을 중심으로 한 초국가적 생산 네트워크가 형성되어 있는 모습이다.[6] 이런 비대

6_3국의 역내 수출 중 중간재가 차지하는 비중은 1995년과 2009년에 각각 54.5% 및 61.1%를 기록하여 더욱 높아진 것으로 나타난다. 특히 한국과 일본의 경우 역내 수출 중 중간재의 비중은 같은 기간 각각 64.9%에서71.2% 및 64.1%에서 72.9%로 상승하였고, 그 비중이 1995년 32.5%였던 중국도 2009년에는 42.0%로 높아졌다. 이창재·방호경(2011), p. 45. 이에 반해 최종소비재 비중은 상대적으로 낮다. 이것은 내적 시장 통합의 수준이 아직 낮다는 점을

칭성은 권력 관계로 전환될 가능성이 있다. 일본과 한국 기업들은 중국 정부의 정책 변화가 초래하는 커다란 부정적 외부 효과에 노출되어서 취약성이 높다. 대표적인 사례가 가공 무역, 지적재산권 문제, 덤핑 문제 등으로서 향후 제도적 통합이 진전되지 않을 경우 세 나라 사이에 경제 마찰이 빈발할 수도 있다.[7] 그리고 중국이 경제 관계의 중심으로 부상하였다는 사실은 동북아 국가들이 중국과 좋은 관계를 맺지 않을 수 없게 만들었다. 따라서 이들 사이의 정치적 연계나 제도화가 촉진될 개연성이 있다.[8]

그렇지만 동북아 3국 사이에는 경제적 상호 관계가 심화되고 있음에도 불구하고 제도화는 크게 진전되지 않고 있다는 점에서 신자유제도주의나 기능주의적 접근법은 설명력이 떨어진다. 구성주의적 접근법은 동북아 3국 사이의 광범위한 인적, 문화적 교류 및 경제 관계의 심화에도 불구하고 상호에 대한 호감도가 개선되고 있지 않다는 점에 대해서 설명할 수 있어야 할 것이다. 아울러 사후적 설명보다는 향후 어떤 조건 하에서 동북아 통합이 이루어질 것인지에 대해서 이론적으로 답할 수 있어야 구성주의가 동북아 지역주의에 대해 이론적 적실성을 가질 수 있을 것이다. 동북아는

보여 준다.

7_한중일은 기술 수준의 차이를 반영해서 특화하면서 협력적 분업 구조를 유지해 왔다. 지난 30년간 중국의 비약적인 발전과 일본 경제의 장기 침체로 최근에는 협력보다는 경쟁이 격화되고 있는 추세다. 특히 3국의 주력 산업이 철강, 석유화하 등 일관공정 산업, IT·조선·자동차 등 가공·조립 산업으로 매우 유사하다는 특징도 공유하고 있다. 따라서 향후 5~10년 이내에 한·중·일은 세계 시장을 놓고 생존을 건 경쟁을 할 것으로 예상된다. 이에 따라 경제 마찰도 커질 것으로 보인다. 안현호, "한중일 동북아 무역전쟁 삼국지,"『월간중앙』(2015년 1월호).

8_Mark Beeson and Fujian Li, "Charmed or Alarmed? Reading China's Regional Relations," *Journal of Contemporary China* 21(January 2012), p. 46.

아직도 개별 국가의 국익과 국력이 가장 중요한 단계에 있다. 중국과 일본은 물론이고 한국도 지역주의에 대해 전략적으로 접근하였다. 이들 3국 사이의 전략적 이해의 일치가 향후 지역주의 발전에 관건이 될 것으로 예상된다.

2. 동북아 지역주의의 발전 과정

동북아 지역주의는 위기를 경험할 때마다 비약적인 발전을 거듭하였다.[9] 동북아의 기본적인 대결 구도는 한국전을 계기로 형성되었으며, 냉전기를 겪으면서 역내 국가들 사이의 관계는 긴 동면에 빠져 있었다. 냉전 종식 후 한국과 중국 사이의 외교 관계 정상화를 계기로 변화 조짐을 보였으며, 1997년 경제 위기를 계기로 동북아 협력이 시작되었다. 그리고 2005년 이후 동북아 3국 사이의 협력이 본격화되었다. 특히 2008년 무렵에 협력이 절정에 달했는데, 이는 미국 발 금융 위기를 계기로 금융 협력 필요성이 커졌기 때문이었다. 현재 중-일 간의 영토 분쟁 및 주도권 경쟁이 위험한 수준으로 치닫고 있다. 이런 위기가 지역 협력의 필요성을 고조시켜 지역주의의 고양을 가져올 수 있을지 주목되고 있다.

동북아에서 정부 차원의 지역 협력이 본격화되기 이전에는 지방 정부 차원에서 기능적인 협력을 중심으로 논의가 진행되었다. 인근 지방 또는 도시 간 경제 협력에 초점을 맞춘 국지적 경제 협력에 대한 논의가 있었으

9_Calder & Ye(2010).

며, 특히 주목을 받은 것은 '환황해 경제권'과 '환동해 경제권'이었다. 전자는 황해로 연결된 남북한 전역, 중국의 환발해 지역과 산동 이북의 강소성과 상해시, 일본의 규수 지방과 야마구찌 일대를 포함하는 것이다. 후자인 환동해 경제권 구상은 동해를 끼고 있는 남북한과 일본, 중국 동북부 3성, 극동 러시아, 그리고 몽고까지를 포함해서 하나의 경제권으로 묶는 것이었다. 이것은 일본의 첨단 기술과 자본, 한국의 생산 기술과 개발 경험, 중국의 노동력과 잠재 시장, 북한의 노동력, 러시아의 천연자원 및 과학 기술, 그리고 몽고의 천연자원 등을 결합하면 잠재력이 큰 것으로 평가되었다.[10] 그러나 이들 지역은 모두가 개별 참여 국가의 변방에 위치하였고 상대적으로 낙후되어 있었으며 중앙 정부의 지원과 관심도 별로 받지 못하였다. 따라서 하나의 경제권으로서 작동하기 위해서 필요한 정치적 안정성과 대규모 투자를 확보할 수 없었다.

정부 차원의 동북아 협력은 한국, 중국, 일본을 중심으로 1997년 경제위기를 겪으면서 시작되었다. ASEAN+3은 ASEAN이 외형적으로는 주도하는 형식이었지만, 실제 능력과 영향력 면에서는 중국과 일본이 압도적인 우위를 차지하였다. 이로 인해 ASEAN은 지역 협력의 추진 동력이 동북아로 이동할지 모른다는 위기감을 느꼈으며, 중-일 경쟁 구도 속에서 ASEAN 내부의 통일성과 연대감이 흔들리기도 하였다. ASEAN+3은 세 개의 ASEAN+1이 병렬적으로 존재하는 구도였지만, 동북아 3국은 점차 자신들만의 협력체를 만들고 주요 현안에 대해 공동으로 대처하고 나섰다. 동북아는 안보 문제는 물론이고 여러 영역에서 커다란 협력의 이익을 보유하고

10_김태헌, "동북아 지역경제통합과 역내 FTA 추진방안에 관한 고찰," 『중소연구』 93(2002), p. 135.

있었다. 군비 경쟁, 영토 분쟁, 북핵 문제 등은 물론이고 거시경제 정책 조정, 통상 자유화, 금융 협력 등에서도 커다란 이익이 생겨날 수 있었다.

이런 상황을 잘 인식해서 한중일 3국 사이에는 2002년부터 정례화된 정상회의가 개시되었다. 2002년 회의에서는 3국 간 FTA 타당성 조사, 북핵 문제의 평화적 해결 방안 모색, 3국 간 실질 협력 및 우호 친선 강화, 대ASEAN 협력 문제 등을 논의하였다. 2003년 10월 발리에서 개최된 한중일 정상회의는 동북아 3국 간 경제 협력, 안보 협력, 대ASEAN 협력 문제 등을 논의하였는바, 3국 간 에너지, 물류 유통, IT 분야 및 WTO에서의 협력 강화 문제를 포함하여 특히 중국이 제안한 3국 간 FTA 및 일본이 제안한 투자보장협정 체결에 관한 공동 연구와 3국 간 각료 회의의 후속 조치 이행을 촉진시켜 나가기로 합의하였다.[11]

특히 2003년 정상회의에서는 3국 정상 간 역사상 최초의 공동 선언을 채택하였다. '한중일 협력에 관한 공동선언'(Joint Declaration on the Promotion of Tripartite Cooperation among Republic of Korea, the People's Republic of China and Japan)을 통해 정상들은 3국 협력은 동아시아 협력 강화, 지역 및 세계 평화와 번영 수호를 목적으로 하며, 이를 위해 ① 3국 협력은 유엔 헌장 등 보편적 국제 규범에 따라 추구한다, ② 상호 신뢰, 존중, 호혜를 바탕으로 포괄적 미래 지향적 협력을 추구한다, ③ 3국 간 경제계, 학계 및 NGO의 역할 수행을 권장한다, ④ 3국 협력은 동아시아 협력의 일부로서 ASEAN 통합 과정을 지원한다, ⑤ 3국 협력은 투명하고 개방적이며 배타적이지 않은 방식으로 추진한다는 등의 기본적인 추진 원칙을 천명하였다.

11_이하 한중일 정상회의 관련 구체적인 내용은 이창재·방호경(2011), pp. 59-64를 참조하였음.

동북아 협력은 중-일 양국 간 관계에 큰 영향을 받았다. 고이즈미 총리 재임 시 중-일 관계 악화는 동북아 협력에 부정적 영향을 미쳤다. 2006년 9월 일본 고이즈미 총리가 퇴진한 이후, 한중일 3국 간 고위 당국자들 사이의 접촉이 빈번해졌다. 그리고 이명박 대통령 취임 이후 한일 관계도 개선되었다. 2008년 경제 위기를 계기로 한중일 간의 접촉도 늘어났다. 2008년 6월 3국 외무장관들의 회동에서는 재난 구조에 대한 공동 대응, 한반도 문제, 식품 안전, 아프리카 원조, 환경 등 공동 관심사에 대해 의견을 교환했고, 아울러 3국 간 협력 강화를 위해 외무장관 회동을 정례화하기로 합의하였다.

2008년 미국 발 경제 위기는 한중일 3국 사이의 협력 필요성을 더욱 고조시켰다. 물론 미국에 대항하기 위한 협력은 아니었지만, 미국이 유발한 위기에 대해 공동 대처한다는 관점에서 향후 미국이 문제의 원인이 될 경우 이에 대응하기 위한 협력체가 생겨날 가능성을 보여 주었다. 금융 위기를 계기로 동북아 3국 사이에 금융 협력이 활발하게 벌어졌고, 이것은 또한 동아시아 전체의 금융 협력을 촉진하는 효과가 있었다. 2008년 5월 한중일 재무장관이 회동해서 미국 발 금융 위기에 대처하기 위해 800억 달러 규모의 지역 펀드를 조성해서 아시아 국가들을 돕기로 하는 등 3국 간 금융 협력을 위한 접촉이 빈번하게 벌어졌다. 이와 아울러 통화스왑 규모의 확대 논의가 있었으며, CMI를 확대하고 다자화하기 위한 논의도 구체화되었다. 동북아 3국이 자신들 내부의 협력을 강화하고, 나아가 동아시아 전체의 협력을 주도하는 양상이 전개되었다. 특히 2008년 글로벌 경제 위기 시 한중일 3국 사이에 신속한 공동 대응이 가능했던 것은 ASEAN+3을 통해 실무자 간 협력 네트워크가 장기간 축적되어 있었기 때문이었다.

이것을 계기로 2008년 12월 일본 후쿠오카에서 역사적인 한중일 자체만의 정상회의가 개최되었다. 여타 국제회의에서 부수적으로 만난 것이 아닌 3국 정상 자체만의 모임으로서는 최초였으며 이후 정례화되었다. 미국에 대항하거나 ASEAN에 대한 공동 대응이 목적이 아닌 기능적이고 실용적인 모임이었지만, 공동 현안에 대한 공동 대처란 관점에서 의미가 컸다. 금융 위기에 대한 공동 대응이 주된 관심이었고, 이를 위해서 CMI와 지역 차원의 감시 기제의 강화를 공동으로 제안하였다. 2009년 10월 베이징에서 열린 2차 정상회의에서는 금융 위기가 지역에 미치는 영향을 관리하기 위해 보호주의 반대 및 경기 부양, 적절한 외환 관리, 그리고 불균형 시정 방안에 대한 공동 대응 및 여타 협력을 모색하였다. 2010년 5월 제주 정상회의에서는 한중일 FTA 공동 연구 출범을 환영하고, 2012까지 완료하기로 합의하였다. 그리고 한중일 협력사무국(Trilateral Cooperation Secretariat: TCS)의 설치에도 합의하였으며, 이것은 2011년 9월 1일 서울에서 공식 출범하였다. TCS는 3국 협력 제도화의 출발점으로서 3국 협력의 양적·질적 확대는 물론이고 국제무대에서 동북아의 위상과 발언권을 강화시켜 줄 것으로 기대되고 있다.[12]

2011년 5월에는 제4차 정상회의가 일본 도쿄에서 개최되었다. 후쿠시마 원전 사고 이후라 새로운 합의는 거의 없었고, 정상들은 기존의 협력을 지속시켜 나가기로 약속하였다. 제5차 정상회의는 2012년 5월 중국 베이징에서 개최되었다. 이 회담에서 3국 정상은 3국 간 자유무역협정 체결을 위한 협상을 연내 개시하기로 합의함으로써 동북아시아 경제공동체 탄생의 첫 걸음을 내딛었다. 당시 체결된 3국 투자보장협정은 한중일 3국 간 최

12_신봉길, 『한중일 협력의 진화: 3국 협력사무국(TCS) 설립과 협력의 제도화』(아연출판부 2015).

초의 경제 분야 협정으로 지적재산권 보호, 투자 자유화, 통상 분쟁 해결 절차 등 상호 투자를 유인할 수 있는 내용들을 담았다. 그리고 투자 유치국 법령에 따른 투자 허용, 내국민 대우 및 최혜국 대우, 국유화로 인한 손실 보상 조항은 향후 본격적인 통상 협정을 위한 토대가 될 것으로 평가되었다.[13] 이런 성과는 APT가 동면기에 들어가고, 또 중-일 양국 관계도 상당히 어려운 상황에서 도출되었기 때문에 의미가 컸다. 그러나 2012년 12월 일본에서 제2차 아베 정부가 출범한 이후 3국 간 정상회담은 중단되었다.

한중일 협력은 글로벌 위기를 계기로 ASEAN의 지도력 부족이 명확하게 드러나고, 이와 대조적으로 G-20의 구성원으로서 한중일의 위상이 강화됨에 따라 동아시아 공동체를 실현시킬 현실적인 대안으로 부상하였다. 동아시아 경제에서 압도적인 위상을 차지하고 있는 동북아 3국이 협력을 통해 동아시아 공동체에 합의하고 동시에 ASEAN에게 적절한 양보와 경제 협력의 제공을 약속할 경우 실현 가능성이 있다. 한중일 협력은 특히 여타 대안들이 모두 한계를 보이며 정체 상태에 빠진 상황 하에서 잠재력이 크다. 한중일이 협력을 통해 동아시아 통합을 주도해 나갈 의지가 성공의 관건이 될 것이다.

한중일 3국 협력의 강화는 동아시아 통합을 주도할 핵심 그룹의 형성을 의미한다. 한중일 3국은 금융 위기를 계기로 글로벌 위상이 강화되었을 뿐만 아니라, 글로벌 불균형의 원인 제공자로서 미국의 공세적 통상 정책의 목표가 되고 있다는 측면에서 동일한 처지에 있다. 물론 일본이나 한국의 경우 미국의 안보 우산 속에 있기 때문에 미국의 영향권 하에 있지만,

---

13_『중앙일보』(2012년 5월 14일).

중국은 전략적으로 독자성이 크다는 점에서 차이가 있다. 그러나 3국은 글로벌 의무 이행이란 측면에서 위기 극복과 질서 유지에 행보를 같이 할 유인을 가지고 있다. 향후에도 내적 결속을 다지면서 외부의 위협에 대해 공동 대응해 나갈 경우 동북아 통합은 촉진될 수 있을 것이다. 현재 중-일 사이의 갈등 구도는 내부적 위기로서 오히려 동북아 지역주의 발전에 기회가 될 수 있다. 외부로부터의 위기는 강력한 ASEAN 공동체의 등장이나 미국발 금융 위기의 재발 등을 상정할 수 있을 것이며, 이 경우 동북아 지역주의가 새롭게 반등할 가능성이 있다. 따라서 2015년 11월 재개된 한중일 정상회의가 가지는 의미는 크다.

3. 동북아 지역주의에 대한 전략적 접근

1) 한국의 '동북아 중심' 구축 전략

지역주의에 대해서는 국력이 상대적으로 취약한 나라가 이를 보완하기 위해 적극적으로 임하는 것이 보편적이다. 한국도 예외는 아니어서 동북아 지역주의에 대해 가장 적극적인 입장이었다. 중국과의 협력은 정치적, 전략적, 경제적 측면에서 중요하였다. 특히 북한 핵 문제와 역내 안정을 위해서 동북아 협력은 필수적이었다. 중국은 동북아 협력이 미국에 대한 견제 수단으로서 유용성이 인정됨에 따라 점차 적극적인 입장이 되었다. 반면에 일본은 상대적으로 발전 수준이 떨어지는 나라와의 제도적 통합이 가져올 국내적 혼란을 우려해서 소극적이었다. 중국과의 경쟁과 갈등이 고조됨에 따라 오히려 중국에 대한 불신이 커졌으며, 동북아 협력 논의가 구체화되자 이에 소극적으로 응하는 모습을 보였다.

한국 내에서 동북아 협력 논의는 1990년대 초 냉전 체제의 붕괴에 따른 구소련 및 중국과의 수교 이후 이들 나라와 경제 분야를 중심으로 적극적인 외교 전략을 추진하면서 시작되었다. 그 후 동북아 경제 협력의 필요성은 1997년의 경제 위기와 이를 극복하는 과정에서 크게 인식되었다. 특히 이 무렵에 출범한 ASEAN+3는 ASEAN이 중심이었으며 동북아 3국 간의 협력이나 공동보조는 별로 보이지 않았다는 점에서 취약했다. 외교적으로 북한과의 관계 개선에 높은 우선순위를 두었던 노무현 정부에게 북한을 포함하는 동북아는 매력 있는 지역이었다.

'동북아 중심 국가 → 동북아 경제 중심 → 동북아 시대'로 변화한 노무현 대통령의 동북아 구상은 한국 최초의 본격적인 지역주의 전략이었다. 동북아 공동체 구상은 노 대통령이 김대중 대통령의 대북 포용 정책을 한 단계 발전시켜 한국 주도로 동북아 전체의 평화 번영 체제를 구축한다는 의욕적인 프로젝트였다.[14] 노무현 대통령은 초기부터 동북아 지역에 평화와 통합의 새로운 질서를 구축하겠다는 목표에 대해 강한 집착을 보였다. 이것이 가능할 경우 한반도의 평화 정착은 물론이고, 한반도에서 미국의 과도한 영향력을 줄여 이른바 민족 자주 노선을 강화할 수 있다는 전략적 판단도 있었다. 그는 궁극적으로 한국이 동북아에서 역내 균형자로서의 역할을 수행할 것을 상정하였다.[15]

그러나 노무현 정부가 구상했던 동북아 질서에 대해서 중국과 일본은 중요성을 공유하지 않았으며, 양국에게 있어서 동북아는 동남아에 비해서

14_조경근, "노무현 정부의 동북아 균형외교," 『통일전략』 8:1(2008), pp. 72-3.

15_박명림(2006), pp. 165-6.

부차적인 의미 정도밖에 갖지 못했다.[16] 그리고 북한과의 평화 정착도 북핵 문제로 인해 진전이 없었으며, 동북아 경제 통합도 의미 있는 진전을 이룩할 수 없었다. 유럽 통합을 모델로 삼았지만 유럽의 성공이 예외적이었고 오랜 시간을 필요로 한다는 점에서 시급한 현안 문제에 대한 해결책으로서는 적실성이 떨어졌다. 경제 통합이 정체됨에 따라 노무현 정부의 관심사가 안보와 평화로 이동했지만, 안보 영역에서의 협력은 더욱 용이하지 않았다.

노무현 대통령의 동북아 구상에 대해서는 역내 국가는 물론이고 패권국 미국으로부터의 지지도 없었다. 동북아 구상 자체에 미국이 빠져 있었을 뿐만 아니라, 미국과의 관계를 북한과의 관계에 종속시키는 경향까지도 보였다. 이로 인해 미국과 반목하면서 동시에 현실적인 필요에서 미국에 접근할 수밖에 없는 이중적인 입장을 보이게 되었다. 미국과의 관계 개선 없이 동북아 구상이 성공할 수 없다는 인식이 분명해졌을 때, 한-미 FTA가 한-미 관계의 경색을 풀어 줄 수 있는 돌파구로서 등장하였다.[17] 그러나 미국에게 한-미 FTA의 성공적 타결과 북핵 문제는 별개의 문제였으며, 대북 정책 기조를 둘러싸고 노무현 정부와 부시 행정부는 빈번하게 충돌하였다.

또 다른 어려움은 동아시아 협력의 중심이면서 동시에 중요한 연대 대상이었던 ASEAN을 배제한 채 추진되었다는 점이다. 동북아라는 지역은

16_중국의 동아시아 지역 협력 정책에 있어서 동남아(ASEAN) 중시와 동북아 경시 경향에 대해서는 김재철, 『중국의 외교전략과 국제질서』(서울: 폴리테이아, 2007), pp. 154-60. 그리고 일본의 동북아 지역주의에 대한 경시는 Gilbert Rozman, *Northeast Asia's Stunted Regionalism: Bilateral Distrust in the Shadow of Globalization* (UK: Cambridge University Press,Rozman, 2004), pp. 80-7.

17_Byung-Kook Kim, "North and South Korea: Unlikely Challenger, Unlikely Mediator in Power and Security," Byung-Kook Kim & Anthony Jones, eds., *Northeast Asia: Shifting Strategies* (Boulder, Co: Lynne Rienner Publishers, 2007), pp. 212-6.

북한 문제란 관점에서 보면 의미가 있을지 모르지만, 협력 분위기가 동아시아와 비교해서 현저하게 떨어졌을 뿐만 아니라 중국과 일본을 견제할 의미 있는 협력 파트너가 부재하였다는 점에서 성공 가능성이 떨어졌다. 오히려 동북아에만 집중한 나머지, 김대중 대통령이 주도했던 동아시아 협력의 동력을 이어가지 못하는 결과를 초래하였다. 한국이 전략적 필요에 의해 의욕적으로 추진했던 동북아 협력은 이후 주도권이 중국으로 넘어가게 되었다.

2) 중국의 관심 고조

중국은 자신의 국력에 대해 자신감을 갖게 되면서부터 다자적 제도에 대한 피해 의식을 극복하고 적극적으로 참여하기 시작하였다. 동북아 지역주의에 대해서도 국력의 향상과 더불어 점차 적극적이 되었다. 냉전 기간 동안 중국은 동북아의 정치 무대에 별로 등장하지 않았으며, 더구나 다자기구에 대해서는 주권 침해 가능성 때문에 소극적인 입장이었다. 소련의 붕괴는 미국과의 관계에서 공동의 안보 위협이 사라진 것을 의미했으며, 미-중 관계에도 근본적인 변화를 가져왔다. 특히 천안문 사태로 인해 미-중 관계는 크게 악화되었으며, 미국 주도로 중국에 대해 경제 제재 조치가 내려졌다. 그 결과 중국에게 아시아 국가들 특히 일본 및 한국과 같이 발전된 동북아 국가들의 중요성이 부각되었다. 서방으로부터의 투자는 격감했지만 일본으로부터의 투자는 오히려 급증하였다. 한국과의 경제 관계도 1991년 국교 수립 이후 급속도로 발전하였다. 1997년부터는 동아시아 지역 협력에 적극적으로 나섰으나 동북아 지역주의에 대한 관심은 별로 없었다.

중국이 동북아 내부의 협력이란 개념을 중시하게 된 것은 2003년 무렵이었으며, 2006년 말이 되어서야 동북아 협력을 위한 협상에 본격적으로 나섰다.[18] 이후 중국은 동아시아는 물론이고 동북아 지역주의의 가장 적극적이고 주도적인 추진자가 되었다. 이런 변화는 도광양회로부터 보다 적극적인 발전 전략으로의 전환과 연안 중심의 불균형 발전 전략으로부터 균형 발전으로의 전환 필요성 때문에 생겨났다. 전자는 화평굴기를 의미했고, 주변국과의 평화로운 관계 증진이 중국의 국익에 기여한다는 인식에 바탕을 둔 것이었다. 중국 내부에서는 양안 관계와 일본과의 관계 개선 목소리가 커졌다. 특히 후진타오와 원자바오의 핵심 자문역들이 이런 생각을 가졌다. 이러한 입장 전환은 외부의 정치적 환경이 개선되자, 곧 가시적인 행동으로 이어졌다. 중국은 6자회담을 주도하면서 외교적 자신감이 생겨났고, 이것이 중국의 동북아 다자적 지역주의에 대한 긍정적 입장을 강화하였다. 후자는 균형 발전 특히 동북 3성의 발전을 위해 일본 및 한국의 자본이 필요하다는 것을 의미하였다. 이런 저변에서의 변화는 중국이 경제적 발전을 지속하면서 지역 불균형이 심화되었고 이를 해소하기 위해서 균형 발전이 필요함을 지도부가 인식하게 됨으로써 생겨났다. 동북 지역은 원래 산업의 중심지였지만, 동쪽 연안 지역을 중심으로 발전이 이루어지면서 낙후 지역이 되었다. 이와 같은 두 가지 이유에서 동북아 지역 협력의 중요성이 크게 부각되었다.[19]

동북 지역을 부흥시키려는 움직임은 2003년 새로운 지도부의 등장과 함께 본격화되었다. 새로운 지도부에는 지방 정부에서 발전을 주도한 세력들이 대거 참여하였다. 이와 함께 지자체들도 적극적인 발전 계획을 수립하고, 일본, 타이완, 홍콩 등의 자본을 적극 유치하려 했으며, 동북아 지역 협

18_Calder & Ye(2010), p. 163.

19_Calder & Ye(2010), pp. 168-81.

력을 중시하게 되었다. 보시라이와 리커창 등이 대표적이었다. 그러나 일본의 정치적 도발 등으로 인해 획기적 발전이 어려웠다. 2005년 일본 및 타이완과의 외교적 갈등을 겪은 후, 중국 내에서는 일본 및 타이완과의 관계 개선을 주장하는 목소리가 커졌다. 2006년 고이즈미 일본 총리의 퇴진과 함께 가시적인 개선이 이루어졌고, 동북아 협력도 진전을 이루게 되었다.

중국은 동아시아보다 동북아에 대한 접근에 있어서 전략적 고려를 더 많이 하였다. 동북아에는 미국이 더욱 가까이 있고, 북한도 고려해야 하며, 감정적으로 격하게 부딪치는 일본도 공존하고 있었다. 미국에 가까운 한국도 아울러 중요한 변수였다. 따라서 중국의 계산은 전략적으로 복잡하였고, 일본에 대해서 민감하게 반응할 수밖에 없었다. 동아시아 내에서는 자신의 주도권이 어느 정도 확보되어 있었지만, 동북아 공간은 너무 좁고, 강대국의 이해관계가 훨씬 첨예하게 충돌하고 있었다.[20] 그렇지만 미-중 사이에 갈등 구도가 형성됨에 따라 중국에게 동북아 협력이 갖는 전략적 가치가 커졌다. 중국은 내심으로 미국이 배제된 동북아 협력을 통해 미국과 일본 사이의 관계에 쐐기를 박는 효과와 한-일 관계가 미국을 중심으로 긴밀화되는 것을 막는 효과를 기대하였다. 중국의 이와 같은 적극성은 자신의 경제력이나 외교력에 대한 자신감의 발로였다. 아울러 지역 협력의 강화가 자신의 국익에 기여하는 바가 크다는 점을 제대로 인식하게 된 측면도 있었다. 중국 정부는 북한 카드를 활용해서 역내 레버리지를 높이려고 노력하기도 하였다. 그렇지만 2009년 무렵부터 중-일 관계가 재차 악화되자 동북아 지역주의는 정체에 빠지게 되었다.

20_Rozman(2010), p. 613.

3) 중-일 경쟁 구도 형성

2009년 이전까지 중국과 일본은 동아시아 무대에서 지역 제도를 자신에게 유리하게 만들거나 상대방의 영향력을 견제하기 위해 경쟁하였다. 관심의 초점은 ASEAN에 대한 영향력 제고에 있었다. 동아시아에서의 경쟁과 대립이 간접적이었다면, 동북아에서는 역사와 영토 문제를 놓고 중-일 간에 직접적으로 충돌하는 모습을 보였다. 그러나 동북아에는 분쟁 해결을 위한 제도적 장치가 미비된 상태였으며, 양국 정부는 근본적인 관계 개선보다는 갈등 관리 차원에서의 정치적 협상이 주력하는 모습을 보였다. 한중일 3국 사이의 협력에 대해서는 중국이 가장 적극적이었고, 일본과 한국이 조심스럽게 화답하는 형식으로 진전되었다. 최근에는 중국이 일본에 대해서는 대립각을 세우면서 한국을 끌어안는 모습을 보이고 있다. 이것은 일본이 미국과의 관계를 확연히 중시하면서 나온 새로운 반응이었다.

일본의 전략적 중심은 요시다 독트린 이래 시종일관 미국에 있었으며, 이후에도 거의 변화가 없었다. 최근 중국에 대한 두려움이 고조됨에 따라 중국을 어떻게 견제할 것인가에 대해서 집중적으로 고민하고 있다. 근래 일본은 장기적인 경제적 침체와 외교적인 무력감을 경험하면서 국민들이 민족주의적, 애국주의적, 내향적 성향을 갖게 되었다. 이로 인해 중국이나 한국에 대해서 의구심도 많고 민감하게 반응하게 된 측면이 강해졌다. 국내 개혁이 지체됨에 따라 경제적 침제가 지속되었고, 이런 무능을 감추기 위해 외부적 안보 불안을 정치적으로 활용하는 경향도 생겨났다.[21] 그 결과 주변

21_Pempel(2013), pp. 171-2.

국과의 외교 관계가 악화되었고 지역 협력에도 적극적으로 나설 수 없었다.

일본은 또한 자신을 아시아의 일원이기보다는 서방세계에 속하는 것으로 인식하는 경향이 강했다. 이런 전통은 일본 개방의 선구자였던 후쿠자와 유키치 이래 오랫동안 이어져 내려왔다. 그리고 전쟁 책임에 민감하지 않은 전후 세대로 리더십 교체, 과거사 문제에 전향적인 입장을 지녔던 사회당의 몰락, 그리고 자민당 내 친중파인 다나카 파의 약화 등 국내 정치적 요인들도 작용해서 동북아 협력에 대해 소극적이 되었다. 실리적 측면에서는 중국의 추가적인 시장 개방 가능성을 낮게 보았으며, 법치주의가 뿌리내리지 못한 상황에서 경제 통합의 실익은 크지 않을 것이란 생각도 갖고 있었다.[22] 따라서 초기부터 제도적 통합보다는 기능적 협력의 확대를 지지하였고, 정치적 성격의 회합보다는 실용적인 협력을 중시하였다. 이것은 미국과 의견 대립을 하지 않으려는 일본의 의도에도 부합되었다. 반면에 중국은 미국과 대립적인 태도를 보이는 것을 크게 주저하지 않았다.

중-일 간에 전략적 경쟁 구도가 형성됨에 따라 동북아 협력은 쉽사리 돌파구를 찾기 어려운 상황에 처하게 되었다. 중국은 미국의 역내 영향력 확대를 차단하는 수단으로서 동북아 협력을 중시하고 있다. 중-일 경쟁 구도 속에서 동북아 협력은 한국의 전략적 가치를 제고시키고 있다. 일본의 고민은 역사 갈등과 독도 문제로 인해 한국이 중국에 경도되어 가고 있다는 점이다. 이로 인해 동북아보다는 미국과 태평양 지역을 강조하고 있다. 향후 일본의 동북아로의 복귀가 동북아 지역주의 성공의 관건이 될 것이다.

22_Calder & Ye(2010), pp. 206-7.

4. 한중일 FTA 사례

1) 논의 과정

한중일을 포함한 동아시아 국가들은 세계에서 FTA 협정 관련 활동이 가장 활발하다. 동북아 3국은 ASEAN과는 FTA 협정을 다 체결한 상태이다. 그렇지만 흥미롭게도 지리적으로 근접해 있으면서 경제적 상호 의존도 높은 자신들 사이의 FTA는 아직 체결하지 못한 상태이다. 이와 관련해서 중국은 적극적인 입장으로 조기 타결을 주장하고 있지만, 일본은 유보적인 입장이다. 일본이 국내 시장 개방에 어려움이 있음은 주지의 사실이다. 그렇지만 일본이 ASEAN이나 인도와는 FTA를 체결하면서도 중국에 대해서는 선뜻 응하지 않은 것은 설명이 필요하다. 여기에는 경제적 후생에 대한 고려보다는 정치적·전략적 요인이 더 크게 작용하고 있으며, 이런 일본의 소극성이 한중일 FTA 타결에 걸림돌이었다.

동북아 자유무역지대(Northeast Asia Free Trade Area: NEAFTA)는 ASEAN+3 회담을 통해 한국, 일본, 중국 정부의 수반 및 실무자들 사이에 접촉이 빈번해지면서 자연스럽게 대두된 방안으로서, 3국 실무자들이 최초의 회합을 가진 것은 2001년 1월 도쿄에서였다. 경제적 측면에서 볼 때 한중일 3국은 일찍부터 "자원, 기술, 자본, 시장 등 경제 활동의 거의 모든 면에서 강한 보완성과 경쟁력을 갖추고 있어 독자적인 지역 경제권과 경제 협의체를 형성할 수 있는 여건"을 갖추고 있었다.[23] 일본의 첨단 기술 및 자

23_정인교, 『이제는 FTA, 자유무역협정의 시대다』(서울: 대외경제정책연구원, 2001), p. 57.

본, 한국의 생산 기술 및 개발 경험, 중국의 풍부한 노동력과 천연자원 등으로 인해 3국간의 경제 협력이 어떠한 형태로든 활성화될 수 있는 가능성이 있었지만, 상대적 이득의 배분이나 정치적 고려 때문에 실제로 진전되지 못하였다. 특히 중국과 일본은 서로에 대해 깊은 불신을 가졌고 전략적으로도 경쟁 관계에 있었기 때문에 동북아 자유무역지대의 설치에 대해 공동의 보조를 취하기 어려웠다.

한중일 3국 간 FTA의 필요성에 대해서는 2002년 APT 내의 한중일 정상회의에 제출된 보고서가 긍정적 경제적 효과를 지적한 바 있다. 당시 주룽지 중국 총리는 이를 근거로 한중일 자유무역지대 형성에 대한 타당성 조사를 할 것을 제안하였다. 주된 목적은 경제 및 무역 면에서 3국 사이의 협력을 증진시키고 경제 협력에 긍정적인 영향을 주기 위해서였다.[24] 이런 중국의 제안을 수용해서 3국 정상은 한중일 싱크탱크들에 의한 거시 경제적 이득에 대한 공동 연구를 시작하기로 합의하였다. 공동 연구는 이후 2009년까지 7년 동안이나 지속되었다. 최종 연구 결과는 투자 및 무역은 물론이고 각국의 경제 성장을 촉진하는 효과도 크다는 점을 지적하였다.

이렇게 공동 연구가 장기간 지속된 배경에는 중국과 일본 사이의 입장 차이가 존재하였다. 2002년 주룽지 총리의 공동 연구 제안에 대한 일본의 반응은 부정적이었다. 당시 고이즈미 일본 총리는 중국이 WTO 가입 시 약속한 무역 장벽의 철폐 의무를 다하기 위해서 시간이 필요하므로 중장기적 관점에서 천천히 고려하자는 취지의 입장을 밝혔다.[25] 이어서 2003년 APT 정상회의에서 중국은 3국 간 FTA의 필요성을 역설하면서 공식적인

24_*People's Daily* (Nov. 5, 2002).

25_『日本經濟新聞』(2002년 11월 5일).

논의를 시작할 것을 요구했지만 일본의 반대로 공식 의제에 포함되지 않았다. 2004년 회의에서는 한중일 싱크탱크들이 공동 연구를 통해서 커다란 거시 경제적 효과가 기대된다는 취지의 중간 보고서를 제출한 것에 근거해서 중국의 원자바오 총리가 3국 간 FTA 협상을 개시할 것을 제안하였다. 이에 대해 일본의 고이즈미 총리는 재차 유보적인 입장을 표명하였다. 중국의 원자바오 총리는 공동 연구회 보고가 이미 3국 간 FTA의 필요성을 잘 보여 주었기 때문에 시급한 행동이 필요하다고 응수함으로써 중국의 강한 의지를 보여 주었다.[26]

중국의 적극적인 제안에 대해 일본과 한국이 냉담한 반응을 보였던 근본적인 이유는 중국의 값싼 농산물과 제조업과 경쟁해야 하는 국내적 이익집단의 반대 우려 때문이었다. 그리고 중국의 높은 비관세 장벽과 법치주의의 취약함 때문에 자유화의 이익을 실제로 향유하기가 어렵다는 것도 문제였다. 따라서 일본은 중국과의 투자협정 체결 통해 자국 기업에게 안정적인 비즈니스 환경을 제공하는 것에 더 큰 관심을 보였다. 이를 반영해서 2003년 3국 정상회담에서 정상들은 투자보장협정 체결을 위한 협상 지침(modality) 마련을 위해서 공동 연구를 시작하기로 합의하였다. 당시 중국과 일본은 ASEAN을 둘러싸고 FTA 체결 경쟁을 벌이고 있었으며, 중국이 ASEAN과의 관계에서 FTA를 전략적으로 활용한 것에 대해 일본은 곤혹스럽게 여기고 있었다. 그리고 외교 관계도 고이즈미 총리의 야스쿠니 신사 방문으로 인해 악화일로를 걷고 있었다. 따라서 정치적 함의가 큰 FTA 논의에 있어서 의미 있는 진전을 이루기가 어려웠다. 3국 간 투자협정도

26_Rathus(2011), p. 83.

중국과 일본 사이의 입장 차이로 인해서 난항이 거듭되었다. 많은 논란 끝에 2007년 3월 3국 간 투자보장협정 체결을 위한 첫 번째 공식 협상이 열렸지만, 중국에게는 국내외 기업을 동등하게 취급하는 '내국민 대우' 조항을 수용하는 것이 어려운 과제였다. 이것은 중국과 의미 있는 FTA가 어려울 것이란 일본의 의구심을 재확인시켜 주는 효과를 가졌다.

2008년 후쿠오카에서 개최된 명실상부한 최초의 독자적인 한중일 정상회담에서 3국 간 FTA는 재차 조명을 받았다. 중국의 원자바오 총리는 중-일 FTA의 협상을 조속한 시일 내에 시작하자고 제안한 반면에, 일본은 여전히 유보적인 입장이었다. 당시 총리였던 아소 타로는 중국과의 FTA는 기대 이익이나 의지 면에서 현실성이 떨어진다는 입장이었고, 반면에 한국과의 FTA에 대해서는 관심을 표명하였다. 일본의 부정적 태도는 3국 간 FTA가 현실적으로 타결될 가능성이 거의 없다는 인식을 반영한 것이었지만, 표면적으로는 조금 더 심도 있는 연구가 필요하다는 입장이었다. 그러나 민주당 정권이 들어서자 일본 정부의 입장에는 적극적인 방향으로 커다란 변화가 생겨났다. 2009년 10월 베이징에서 열린 3국 정상회담에서 일본의 하토야마 총리의 제안에 따라 한중일 FTA에 대한 공동 연구를 진행하기로 하였다.[27] 이번 공동 연구는 세 번째였지만 정부의 주관 부처가 최초로 참여하였다는 점에서 의미가 컸다. 이와 아울러 3국 간 투자협정 논의도 진전되어 2012년 최종적으로 타결되었다.

일본 정부의 입장 전환을 계기로 2010년 5월 한중일 FTA를 위한 정부 차원의 공동 연구가 시작되었다. 원래는 2012년 12월까지 완료 예정이었

27_이창재·방호경(2011), p. 76.

지만 중국 정부의 요청을 받아들여 1년 앞당기기로 하였다. 공동 연구는 7차례의 회합을 거쳐 2011년 12월에 종료되었고, 최종 보고서는 2012년 5월 중국 베이징에서 개최된 제5차 한중일 정상회담에 제출되었다. 전 과정은 중국이 서두르고 일본과 한국이 동조해 준 모양새였다. 중국이 서두른 가장 큰 이유는 일본의 TPP 참여 움직임 때문이었다. TPP가 아·태지역 자유화를 주도하게 되면 중국에게 과도한 부담을 줄 수 있고, 중국에 대한 압력 수단으로도 작용할 수 있다는 생각이었다.[28] 그리고 한국과 일본이 TPP에 가입하면 이들이 동북아 FTA에 관심을 두지 않게 될 것이란 점도 우려하였다. 따라서 중국 정부는 한중일 FTA만이 아니고 RCEP도 강력하게 추진하고 나섰다.

일본 정부의 FTA 전략은 2012년 11월 자민당이 중의원 선거에서 승리하고 아베가 다시 총리가 된 이후부터 보다 적극적인 방향으로 전환되었다. 그 이전까지는 중국이나 한국에 비해서 현저하게 소극적이었으며, 경제 규모가 작은 나라와 자유화 수준도 낮은 소수의 FTA만 체결한 상태였다.[29] 가장 큰 이유는 시장 개방의 어려움 때문이었다. 그렇지만 2010년 10월 요코하마에서 개최된 APEC 정상회의에서 간 총리가 아·태지역 경제 통합을 촉진하기 위해서 TPP를 활용하겠다는 '요코하마 비전'을 발표하면서부터 변화의 조짐이 보였다. 이후 곡절은 있었지만 TPP에 대한 일본의

28_B. Zhang, "The TPP Enlargement and US Intentions," *China Institute of International Studies* (2011). Available from: http://www.ciis.org.cn/english/2011-06/15/content_4268828.htm.

29_Mireya Solis & Saori N. Katada, "Unlikely Pivotal States in Competitive Free Trade Agreement Diffusion: The Effect of Japan's Trans-Pacific Partnership Participation on Asia-Pacific Regional Integration," *New Political Economy* 20:2(2015), pp. 162-3.

입장이 점차 확고해졌으며, 이에 따라 주요 교역 상대국들의 입장도 일본과의 FTA 체결에 적극적으로 변하였다. 미국과의 관계 개선이 주된 목적이었지만, 오랜 정체 상태에 빠진 경제에 대한 개혁이란 목적도 가미되면서 일본의 FTA에 대한 입장도 과감해져 갔다. 이후 TPP에의 참여가 확정되었고, RCEP의 추진에도 합의하였으며, EU 및 몽고와의 FTA 협상도 개시되었다.[30]

중국의 적극적인 협상 개시 요구에 직면해서 일본은 비록 영토 문제 등 양국 관계에 갈등이 격화되고 있었음에도 불구하고 협상 자체를 무시할 명분은 없었다. 한중일 FTA에 유보적이었던 한국이 2012년 일본을 배제한 채 중국과의 양자 간 FTA 협상에 나서겠다는 의향을 표명한 것은 일본에게 커다란 충격으로 받아 들여졌다. 실리적인 측면에서는 중국과의 커다란 관세율 격차로 인해 FTA가 일본에게 가져다 줄 경제적 이득이 클 것으로 예측되었고, 협상 여하에 따라서는 자신이 선호하는 WTO-plus 이슈를 포함하는 고도의 FTA 체결이 가능할 수도 있을 것으로 보았다. 또한 한중일 FTA가 RCEP을 비롯한 아·태지역 전체의 자유화에 미칠 긍정적인 파급효과도 감안해서 일본 정부는 한중일 FTA 협상에 응하였다.[31]

한중일 FTA는 3국이 의미 있는 협력을 할 수 있을지 여부를 평가할 수 있는 시금석이었다. 2013년 3월 서울에서 가진 1차 협상에서 협상의 준거 기준, 범위, 방법 등에 합의하고, 이어서 7월에 상하이에서 열린 2차 협상에서 18개 분야에 대해 협상을 진행하기로 결정하였다. 이후 2013년 11월

30_Solis & Katada(2015), pp. 165-6.

31_Hidetaka Yoshimatsu, "Diplomatic Objectives in Trade Politics: The Development of the China-Japan-Korea FTA," *Asia-Pacific Review* 22:1(2015), p. 114.

도쿄에서 한 차례 협상을 더 갖고, 2014년에 세 차례 협상이 더 진행되었다. 그러나 한중일 모두 절대적 후생의 증대보다는 상대적 이득 배분에 민감하였으며, 적극적인 자유화보다는 자유화에 대한 예외 조치를 두는 데 관심이 더 있었다. 정치적 대립이 격화되고 있던 당시 상황은 협상에 임하는 실무자들에게 부담으로 작용하였으며, 따라서 상호 의미 있는 양보는 거의 불가능할 정도였다.

일본은 보다 폭넓고 심도 있는 자유화를 원하고 있으며, 한국과 중국이 제시하는 관세 인하율이 너무 낮다는 입장이다.[32] 2015년 1월 6차 수석대표 회담을 앞두고 한국 정부는 3국 간 이견이 지속되고 있는 상품 시장 개방 모달리티, 서비스·투자 자유화 방식을 집중 논의하여 협상 진전을 모색해 나갈 계획임을 표명하였다.[33] 이와 같은 기초적인 사항에 대한 강조는 협상이 지지부진한 것을 단적으로 보여 주고 있다. 현재 논의 중인 자유화 폭은 일본이 원하는 수준에 미치지 못하고 있는 것은 사실이지만, 일본 또한 상대방의 입장을 적극적으로 수용할 자세가 되어 있지 않기 때문에 협상은 벽에 부딪친 상태이다. 이것은 한국과 중국이 상당한 정도의 입장 차이가 있었지만 정치적인 노력으로 FTA 협정의 최종 타결에 이른 것과는 크게 대조를 이룬다. 지금까지 동아시아의 FTA는 경제적 필요성보다는 정치적 논리가 더 크게 작용하였다. 따라서 한중일 FTA가 성공하기 위해서는 3국 간 정치적 이해관계의 일치가 관건이다.

32_"6회째인 이번 협상에서 한국과 중국은 최근 실질적 타결을 본 한중 FTA의 합의 사항을 바탕으로 무역 자유화율 목표치를 일본 측에 제시하였다. 그러자 일본 측은 20년에 걸쳐 품목 기준으로 90% 이상의 관세를 철폐한다는 한중 FTA의 합의 수준에 대해 '너무 낮다'며 난색을 표하였다고 닛케이는 소개하였다." 『연합뉴스』(2014년 11월 29일).

33_산업통상자원부 보도자료(2015-1-14)

2) 중·일 전략적 경쟁

중국의 FTA 추진 정책에는 전략적 고려가 가장 중요하다는 것은 많은 전문가들이 공통적으로 지적하고 있다.[34] 한중일 FTA는 최근 미국이나 일본과 전략적 충돌이 심해지면서 중국에게 전략적 의미를 더 가지게 되었다. 구체적으로 중국은 TPP로 압박해 오는 미국에 대한 견제 효과, 미국과 동맹국들 사이에 쐐기를 박는 효과, 그리고 장기적으로 아·태지역 자유무역협정(FTAAP)에서 주도적 역할 가능 등의 효과를 노리고 있기 때문에 적극적으로 임하고 있다.[35] 중국은 특히 미국의 아시아로의 귀환과 중국을 배제한 자유화 추진에 대한 대응 차원에서 한중일 FTA의 중요성을 인식하고 있다. 일찍이 한-미 FTA의 발효와 일본의 TPP 참가 의사 표명으로 인해 한국과 일본이 미국의 영향권에 깊숙이 들어가고, 이것이 중국에 대립적인 모습으로 다가올지도 모른다는 우려를 가졌다.

이런 중국의 우려는 단순한 미국의 영향력 확대 이상에 대한 것이었다. 중국은 미국이 APEC을 통해 자유화를 강제하려 했던 사실을 기억하고 있으며, 당시에는 중국과 아세안 심지어는 일본까지 연대해서 미국식 자유화에 반대하였다. 그러나 이제는 미국과 일본이 손을 잡고 자기식의 규범을 중국과 동아시아에 부과하려고 한다는 우려를 갖고 있다.[36] 이 경우 자신이

34_Guoyou Song and Wen Jin Yuan, "China's Free Trade Agreement Strategies," *The Washington Quarterly* 35:4(Fall 2012), pp. 107-119.

35_정부의 정식 보고서나 견해는 경제적 이득을 주로 언급한다. 그러나 이면에는 전략적 고려가 깊게 깔려 있다. Scott Harold, "Chinese Perspective," Gilbert Rozman, ed., *Joint US-Korea Academic Studies* Vol 24(Washington DC: Korea Economic Institute, 2013), pp. 139-41.

선호하는 자발적이고 점진적인 ASEAN 방식이 아니라, 미국식의 자유화가 동아시아 경제 통합을 지배하게 될 것으로 보고 있다. 이것이 궁극적으로 중국의 평화적 부상을 저지할 것이기 때문에 중국은 대항 차원에서 한중일 FTA를 적극적으로 추진하고 있다.

중국은 한국 및 일본과의 관계에 어려움이 적지 않았지만 일관적으로 조기 타결 입장을 견지하였다. 중국은 과거 역사에서 일본이 지나치게 미국 일변도일 때 중국의 전략적 이익이 위협받을 가능성이 컸다는 점을 잘 인식하였다. 물론 미국의 동맹이면서 미국식 규범에 친화성이 높은 제도를 공유하는 한국과 일본을 하나의 제도적 틀 속에서 동시에 상대한다는 것이 부담스러운 것이 사실이다. 중국 경제에서 상당 부분을 차지하는 국영 기업들에게는 위협이 될 것이다. 그렇지만 전략적 이익이 크다. 중국의 관심은 국내적 충격을 최소화하는 방향으로 FTA 협상을 추진하는 것이지만 이에 대해서는 일본이 반대한다. 일본은 국경 조치뿐만 아니라 중국 시장의 실질적인 개방이 필요하다는 입장이다.

중국은 이런 일본에 대해서 비판적이며, 일본이 TPP와 한중일 FTA 사이에서 양다리를 타고 있다고 비난하면서 찬성을 압박하였다. 지금까지 중국은 한-중 FTA를 통해 한국을 먼저 품고, 일본에게 압박을 가하는 형태의 전략을 취했다. 한-중 FTA가 일본에 대해 어느 정도의 압박 효과가 있을지에 대해서는 한-중 FTA의 자유화 수준이 낮기 때문에 논란의 여지가 있다. 중국이 일본을 압박하고 나선 것은 일본이 TPP 참가를 확정한 이후부터였다. 일본 자체는 큰 변수는 아니었지만, 미국과 함께라면 심각하게 대응하

36_Scott Harold(2013, 138)은 중국의 다양한 학자들의 주장을 싣고 있다.

지 않을 수 없었다. 향후 한중일 FTA 논의 과정에서는 중국이 일본을 더욱 심각한 견제 대상으로 삼도록 만들 것으로 예상된다. 특히 TPP 협상이 성공적으로 체결된 마당에 중국에게 한중일 FTA와 RCEP은 일본과 미국에 대한 견제 수단으로서 중요성이 더욱 커질 것이다.

한중일 FTA가 일본에 가져다 줄 기대 이득은 크다. 이것은 NAFTA와 EU 다음의 세 번째 큰 블록이 생겨나는 것을 의미한다. 15억의 인구와 1조 5,000억 달러의 GDP를 갖는 거대 경제권의 형성은 일본에게 장기적으로 막대한 이득을 가져다 줄 것임에도 불구하고 소극적이다. 일본은 경제적 이득 측면에서도 심도 있는 통합이 아니라면 일본에게 득보다는 실이 클 것이라고 판단하고 있다. 이유는 중국 내 장벽들이 너무 많기 때문이며, 법치주의가 공고화되지 않은 상태에서 중국 시장에 대한 실질적 자유화가 어렵다고 보았다. 그리고 일본 국내에서 공산품과 농산품은 중국으로부터의 수입에 무제한적으로 노출될 우려가 있었다. 더구나 일본 내에서는 농산물과 NTBs(비관세 장벽)에 대한 자유화에 대해 합의를 도출하기 매우 어려운 상황이었다.

국내적 어려움에도 불구하고 일본 정부가 한중일 FTA 협상에 임한 것은 더 이상 경제적 이득만을 고려해서 FTA에 소극적일 수만은 없다는 점이다. 협상 여하에 따라서는 부정적 여파를 줄일 수 있기 때문에 적극적으로 협상에 임할 필요가 있다는 인식이 생겨났다. 이에 따라 노다 총리는 2012년 무렵에 한국에 대해서 한-일 FTA 협상에 적극 임하라고 압박하기도 하였다. 한국은 중국과의 FTA에는 전향적인 자세를 보였지만 일본을 포함하는 한-일 및 한중일 FTA에는 소극적인 입장을 보였다. 이유는 일본이 농산물 시장 개방에 주저하고 아울러 한국의 제조업이나 중소기업에 대한 피해가 클 것으로 예상하기 때문이었다. 이런 한국에 대해 일본은 일-중

FTA를 가지고 한국을 압박하기도 하였다. 이런 적극성이 한중일 FTA 협상의 개시를 가져왔다. 일본은 중국과 적극적인 관여를 통해 동북아는 물론이고 동아시아 전체의 주도권 경쟁에서 뒤처지지 않으려는 의도를 보였다. 한국이 한-일 FTA에 대해서 소극적인 상황에서 중국이 한중일 FTA를 제안했을 때 일본은 이를 적극적으로 수용하였다.

그렇지만 일본의 한중일 FTA에 대한 적극성은 지속되지 않았다. 일본은 협상 과정에서 중국과 한국의 자유화에 대한 의지에 대해서 지속적으로 의구심과 실망을 표명하였다. 협상 자체는 마다할 이유는 없었지만 심각하게 임하지 않았다. 오히려 초점은 TPP에 있었다. 한국과 중국은 일본이 원하는 만큼의 자유화를 할 의향이 없으며, 심도 있는 자유화가 없으면 FTA의 타결이 의미가 없다는 생각이었다. 특히 일본과 중국 사이의 입장 차이가 컸다. 일본은 농산물 시장 개방에 대한 반대에 더해 WTO-plus 이슈를 포함시킬 것도 주장하였다. 그렇지만 중국으로서는 받아들이기 어려운 제안이었다. 일본이 아세안이나 인도와는 FTA를 체결하면서 중국과는 유보적인 입장을 보이는 것은 중국에 대한 우려라는 정치적인 판단에 근거한 것이었다.[37]

TPP는 WTO-plus 이슈를 포함하고 있기 때문에 일본에게 국내적 개혁 효과가 클 것으로 예상된다. 일본이 TPP 협상에 적극적으로 임했던 사실은 일본의 자유화에 대한 의지가 전례 없이 강하다는 점을 시사한다. 반면에 한-중 FTA는 중국에 대한 자유화 효과가 별로 크지 않기 때문에 배제로 인한 손실을 별로 크게 인식하고 있지는 않다. 아베 총리가 TPP에만 우

37_Corning(2011), p. 272.

선적으로 전력을 투구했던 사실은 한-중 FTA가 일본에 대한 압박 효과가 별로 크지 않았다는 점을 보여 준다. 일본의 고민은 아·태지역을 아우르는 TPP는 경제적 이득이 크고 국내 개혁을 강제하는 효과도 있지만 국내 정치적으로 위험 부담이 컸고, 동아시아에 초점에 맞추어진 RCEP은 정치적 부담이 적고 실현 가능성도 크지만 자유화의 실익이 미미할 것이란 점이었다. TPP 협상 타결을 통해 자유화에 대한 국내적 민감성을 무디게 만든 일본은 향후 한중일 RCEP은 물론이고 한중일 FTA 협상에서도 강도 높은 자유화를 요구할 가능성이 크다.

한중일 FTA를 둘러싼 중국과 일본 사이의 입장 차이는 한국을 둘러싼 양국 간의 전략적 경쟁 양상도 보였다. 일본에게 한국은 급부상하는 중국을 견제하는 유용한 협력자였으며, 중국에게 한국은 자신에 대한 봉쇄를 뚫을 수 있는 소중한 통로였다. 따라서 한국을 둘러싼 중-일 간의 경쟁이 치열하게 벌어졌다. 그렇지만 한국은 국내적 문제로 일본과의 FTA에는 소극적이었다. 영토 문제, 역사 문제, 위안부 문제 등 국내적으로 일본에 대한 감정이 고양되어 있었으며, 일본의 높은 비관세 장벽으로 인해 자유화의 실익이 제한적이란 점과 국내적으로 영향력이 큰 제조업 분야가 소극적이란 점에서 무리해서 추진할 필요가 없다고 보았다. 그러나 자신이 빠진 중-일 FTA가 역내 영향력을 약화시킬지도 모른다는 우려 때문에 한국도 협상에 임하였다. 더구나 중국을 품어야 한반도 문제가 해결될 수 있다는 현실적인 고민도 있었다. 이런 고려는 한-중 FTA 체결 시에도 반영되었으며, 그 결과 국내적 파장을 최소화하는 형태의 FTA가 탄생하게 되었다.

한-중 FTA의 타결로 인해 일본이 수세에 몰린 양상이고, 중국의 전략적 승리로 볼 수 있는 측면이 있다. 한-중 관계의 긴밀화와는 대조적으로 일본과 한국 사이의 관계는 악화일로에 있다. 일본 내에서는 한국이 돌이

킬 수 없을 정도로 중국에게 다가간 상태란 인식이 확산되고 있다. 그러나 일본의 우려는 심각한 정도는 아닌 것으로 보인다. 일본은 한-중 FTA보다는 RCEP이나 TPP가 전략적으로나 경제적 효과 면에서 더 중요하다고 인식하고 있으며, RCEP 정도만 제대로 타결되어도 한-중 FTA의 효과는 쉽사리 상쇄시킬 수 있을 것으로 보고 있다. 이런 논리가 타당하다면, 한국은 중-일 경쟁 구도 속에서 자신의 레버리지를 효과적으로 활용하지 못하고 중국과 성급하게 손을 잡은 셈이 될 수도 있다.

중-일 간에는 경제 수준과 정치 제도 및 이념 면에 있어서 차이가 크다. 그리고 선호하는 자유화의 수준에 있어서도 커다란 차이가 있다. 여기에 중-일 주도권 다툼, 미국의 암묵적인 반대, 한-일 및 중-일 관계의 악화 등의 요인들이 한중일 FTA의 타결에 부정적으로 작용하고 있다. 국내 정치적으로도 일본과 한국에서는 반대 목소리가 크다. 중국도 국내적 반대로부터 점점 더 자유롭지 못하다. 미국이 또 다시 위기를 초래하거나 일방주의적으로 변할 경우 혹은 미-중 관계가 가까워져서 일본이 불안해 할 때, 아니면 ASEAN의 내적 통합이 진전되어 동북아에 위협으로 작용할 경우 등과 같이 심각한 외부적 충격이 없을 경우 타결이 용이하지 않을 수도 있다. 지금까지 외부 위기는 동북아 지역주의 발전에 좋은 계기가 되었다.

동북아 내부적으로는 일본의 입장 전환이나 중-일 관계의 개선이 중요할 것이다. 일본이 중국을 외부 세력을 동원해 경성 균형을 추구할 경우 중국 정부의 반발을 불러 일으켜서 협력을 어렵게 할 것이다. 그러나 일본이 제도를 통해 균형을 유지하고자 할 때 협력 가능성은 높아질 것이다. 3국 간의 대화체는 설사 문제 해결력 측면에서는 떨어지더라도 함께 대화하고 신뢰를 축적해 나가는 것은 의미가 있다. 제도화 수준이 떨어지더라도 제도가 일단 존재하면 외부 환경이나 중-일 관계의 변화에 따라 지역주의가 급속도로 발전할 수 있다. 따라서 협력의 틀을 유지하는 것이 중요하다. 또한 중국도 다자적 제도의 규범적 구속력을 보다 적극적으로 수용할 필요가 있다. 상호 공유할 수 있는 보편적 규범을 체화하는 제도적 구속을 능동적으로 수용할 때 동북아 지역주의는 성공 가능성이 높아질 것이다. 그리고 만일 미국을 견제하는 것이 중국에게 최고의 목표라면 영토 문제를 포함해서 지금보다 일본에 대해서 훨씬 더 전향적인 태도를 보이는 것이 바람직할 것이다.

5. 제도화 가능성

1) TCS와 한중일 투자보장협정

한중일 3국은 1999년 ASEAN+3 정상회의 참석을 계기로 정상들 간의 별도의 회합을 가진 이래 다양한 이슈들을 다루기 위해 다양한 수준에서 만남을 가졌다. 정상회의 이외에도 18개 분야의 장관급 협의를 포함해서 60여 개 분야에서 고위급 협의 기제를 운영하고 있다. 이런 활발한 정부 간 활동을 지원하기 위해서 한중일 3국 간에 상설 사무국(Trilateral Cooperation Secretariat: TCS)이 설치되었다. 2010년 5월 제주에서 열린 한중일 정상회의에서 3국 간 협력 관계의 증진을 위해 합의한 사안으로서, 2011년 9월 서울에 정식으로 설립되었다.[38]

38_한중일 협력사무국에 대해서는 신봉길(2015, 179-221)을 참조할 것.

한중일은 조약이나 헌장 혹은 정치적 선언에 의한 공식적인 지역 협력체 창설 없이 사무국을 먼저 설립하였다는 점에서 여타 지역과는 다른 독특한 제도화 과정을 밟고 있다. 물론 TCS는 업무나 인력 측면에서 소규모이고 독자적인 권한 없이 3국 정부에 대해 전적으로 비서 기능을 수행하고 있다는 점에서 큰 의미를 두기는 어렵다. 그러나 3국 간 협력의 역사도 짧고 상호 신뢰의 정도도 높지 않은 측면을 고려하면 이해 가능하며, 향후 협력 수준이 제고됨에 따라서 제도적인 발전을 이룩할 수 있는 잠재력을 가지고 있다. 지금까지 지역 협력의 역사는 유럽 법원(European Court of Justice)과 같이 제도나 규칙이 본래의 의도와는 다르게 지역 전체의 통합을 촉진한 사례는 무수히 많다.

이와 별도로 한중일이 성취한 의미 있는 제도화의 사례로는 한중일 투자보장협정을 들 수 있다. 지역 통합이나 지역주의의 주된 목적은 역내 국가들이 제도를 통해 서로 구속하면서 힘이나 정치적 협상이 아닌 규칙에 의해 상호 관계를 규율해 나가는 것이다. 이 협정은 3국 간 관계가 제도에 바탕을 둔 새로운 차원으로 발전해 나가는 단초로서의 의미를 가진다. 이 협정은 논의가 시작된 지 10년 만에, 그리고 공식 협상이 시작된 지는 5년 만인 2012년 3월 13차례의 협상 끝에 타결되었다. 주된 내용은 투자 유치국이 투자자에 대해 내국민 대우(National Treatment)와 최혜국 대우(Most Favored Nation Treatment)를 해준다는 것이며, 그 외에도 투자자와 투자에 대한 투자 유치국의 보호 의무를 강화하고, 투자자와 국가 간 분쟁 해결 절차(Investor-State Dispute: ISD) 등을 포함하고 있다. 비록 투자의 완전한 자유화와 비차별 대우를 내용으로 하지는 않았지만 3국 간 최초의 경제 분야 협정으로서 향후 경제 통합의 초석을 놓았다는 점에서 커다란 의미가 있었다.[39] 3국 간 투자협정의 체결은 투자협정이 FTA의 일부로 포함되는 현재의 추세에서 볼 때 한중일 FTA를 앞당겨 실현하는 효과가 있을 것으로 예상된다.

한중일 투자보장협정은 3국 모두 해외 직접 투자에 대해서 규제가 심한 나라들로서 국제적으로 평가받고 있었기 때문에 필요성이 컸다. OECD의 2012년도 해외 직접 투자 규제 지수(FDI Restrictiveness Index)에 따르면, 55개 분석 대상 국가 중 중국은 규제 정도가 1위였고, 일본은 6위, 그리고 한국은 16위였다.[40] 일본은 특히 중국의 산업 정책이 갖는 불투명성과 자의성을 문제시했으며, 중국이 국제 표준을 수용하도록 만드는 데 커다란 어려움을 겪었다. 사실 한-중 사이에는 투자보장협정이 1992년 체결된 이후 2007년 개정된 바 있고, 중-일 간에도 이미 1988년에 체결됐기 때문에 새로운 것은 아니다. 그렇지만 이번에 3국을 연결함으로써 투자 측면에서 3국 간 시장 통합을 촉진시켰다는 점에서 의미가 있다. 이 협정은 특히 일본에게 커다란 의미가 있었다. 왜냐하면 1988년에 체결된 중-일 투자협정은 기본적인 내용만 포함한 것으로서 성과 기준, 투명성, 지적재산권 등 투자 표준과 관련 내용이 거의 없었고, 중국과 일본 사이의 커다란 입장 차이로 인해 적절한 시기에 수정이 이루어지지 못했기 때문이었다. 이 협정은 향후 세 나라 사이의 경제 통합의 전초전으로서, 중국에 대해 제도적 구속을 가하기 위해서는 한국과 일본 사이의 협력이 중요하다는 점을 인식시켜 준 좋은 사례이다.

39_『중앙일보』(2012년 5월 14일).
40_Pempel(2013), p. 170.

2) 분쟁 해결 제도

경제적으로 고도로 상호 의존적인 한중일은 정치적 협력을 확대 심화시켜 나가면서 최근에는 법적·제도적 협력을 모색하고 있는 중이다. 앞서 살펴본 바와 같이 한중일 투자보장협정은 제도화의 의미 있는 출발점이며, 3국에 국한된 구속력 있는 약속들은 물론이고 분쟁 해결 제도까지 포함하고 있다. 이런 이유로 향후 경제 통합을 촉진하는 효과는 물론이고 제도적 협력을 확대, 심화시키는 효과도 있을 것으로 기대된다.

한중일 3국은 '정냉경열'(政冷經熱)로 상징되듯 경제적 상호 의존이 심화되는 와중에 정치·군사적 갈등이 고조되는 이상 현상을 경험하고 있다. 아직까지는 경제와 정치의 분리 현상이 지속되고 있지만, 향후 경제 관계의 심화에 따른 통상 마찰이 생겨날 경우 정치적 관계의 악화를 가져올 수 있다. 그리고 역으로 정치적 관계의 악화는 경제 관계의 경색을 가져올 수도 있다. 일본과 한국의 중국 시장에 대한 비대칭적 의존은 중국 정부에게 유리한 권력 관계를 제공할 수 있으며, 한국과 일본 국내의 보호주의 세력이 통상 마찰을 유발할 가능성도 고조되고 있다. 한중일 3국은 경제 관계를 제도화함으로써 정치와 경제가 상호 부정적으로 작용하는 것을 방지할 유인을 가지고 있다.

국내 정치의 영향력 강화는 한중일 모두에게 공통적인 현상이다. 일본은 전통적으로 국내 정치적 요인으로 자유화가 원활하지 않았으며, 최근 한국도 국가의 정치적 자율성이 급속하게 하락하고 있다. 중국의 경우도 공산주의 이념의 퇴조로 인해 민족주의 강화 경향을 보이고 있으며, 국내 정치적 변수의 중요성이 날로 커지고 있다. 따라서 경제 문제의 정치화 가능성이 고조되고 있다. 실제로 중국에서 일본 상품 불매 운동은 상시적으로 발생할 수 있으며, 한국도 민족주의적 경향의 강화로 인해 경제 관계의 정치화 가능성이 크다. 일본의 우경화 경향도 경제 문제의 정치화 가능성을 크게 하고 있다.[41] 예를 들어 일본 국민들은 타이완 상품에 대해서는 호의를, 중국 상품에 대해서는 불신과 혐오를, 그리고 한국 상품에 대해서는 반감을 갖는 정서적 특징을 보이고 있다. 이런 현실을 반영해서 삼성전자는 삼성 로고를 뺀 상태로 핸드폰을 수출하기도 하였다. 특히 문제가 되고 있는 것은 중국으로서, 정부의 경제 개입 수준이 높고 광범위하며, 정책 수단의 자의성과 불투명성도 크다. 그리고 법치주의의 취약함과 다양한 비관세 장벽의 존재로 인해 기업 환경에 있어서 불확실성이 높다. 이런 요소들은 3국 간의 경제 통합에 대해 장애 요인으로 작용할 것이다.

중국은 통상 마찰과 관련해서는 부동의 세계 1위이다. 2013년 현재 금액 기준으로 17년 연속 가장 많은 통상 마찰을 빚은 국가로 기록되고 있다.[42] 중국이 수출하는 농산물과 공산품에 대한 덤핑 및 보조금 지급에 대한 제소와 중국으로부터 급작스런 수출 증가에 대한 세이프가드 조치가 주류를 이루고 있다. 주된 원인은 중국이 국내 산업 육성을 위해서 광범위하게 산업 정책 및 통상 정책 수단을 활용하고 있는 점과 중국의 수출 및 무역 흑자가 지속적으로 크게 늘어나고 있는 점, 그리고 중국의 국제 통상 규범에 대한 인식 수준이 낮다는 점 등에서 찾을 수 있다.

중국은 WTO 가입 이후 외양적으로는 많이 개방되었지만 내부적으로

41_Sheila A. Smith, *Intimate Rivals: Japanese Domestic Politics and a Rising China* (Columbia University Press, 2015), pp. 239-40.

42_"중국 통상 마찰이 늘어난다: 17년 연속 세계 최대 통상 마찰국, 중국 향후 무역 규모 성장과 더불어 더 많은 통상 마찰 예상돼," *Global Window* (http://www.globalwindow.org, 2013년 7월 15일 게시).

는 여전히 폐쇄되어 있다는 평가가 일반적이다. 정부의 공식 규제와는 별도로 겉으로 잘 드러나지 않는 이른바 '잠규칙'(潛規則)이 곳곳에 숨어 있다. 행정 권력이 시장 장벽을 두르는 행정성 독점 장벽, 지방 보호주의 장벽, 국영 기업 독점 장벽 등 보이지 않는 규제 장벽들이 무수히 존재한다. 이것들은 FTA 체결을 무색하게 할 정도로 깊게 뿌리를 내리고 있다.[43] 중국의 경제 발전에 있어서 국가 주도의 산업 정책이 중요한 역할을 했으며, 이런 경향은 글로벌 경제 위기 이후에 오히려 강화되는 경향을 보였다. 중국의 산업 정책이 고도화될수록 일본과 한국의 첨단 산업에 속하는 기업들이 영향을 받게 될 것이다.[44] 최근 중국은 전략적 산업(LCD 등)을 육성하기 위해 보조금 지급과 보호 무역 정책을 추진하고 있으며, 기존에 집중 육성했던 가공 무역을 제한하는 조치나 기술 이전 촉진 및 고도화 등의 조치를 요구하고 있다. 한중일 투자보장협정을 통해서 중국이 내국민 대우와 최혜국 대우 같은 높은 수준의 보장을 약속하였고, 또한 2014년 10월에 열린 중국 공산당 제18기 중앙위원회 제4차 전체회의에서는 사법 제도와 법치주의 강화를 내용으로 하는 개혁 조치들에 대해서도 발표한 바 있다.[45] 그렇지만 여전히 규정의 자의적인 해석과 집행 등으로 피해를 입을 가능성이 크다.

43_"잠(潛)규칙에 갇힌 한중 FTA", 『한국일보』(2015년 1월 26일).

44_미국과 중국 사이 WTO를 통한 분쟁 해결 사례를 보면, 미국의 경우 압도적으로 중국의 산업 정책과 국영 기업 문제를 대상으로 하고 있다. 반면에 중국은 미국의 반덤핑이나 상계 관세에 대해 제소를 하고 있다. 이것이 중국과 한-일 사이의 장래 분쟁 패턴이 될 가능성이 크다. Ka Zeng, "High Stakes: United States-China Trade Disputes under the World Trade Organization," *International Relations of the Asia-Pacific* 13 (2013), pp. 33-63.

45_Donald S. Zagoria, "The Future of U.S.-Japan-China Relations," *American Foreign Policy Interests: The Journal of the National Committee on American Foreign Policy* 37:1(2015), p. 44.

이런 중국에 대해 세계는 적극적인 반덤핑 제소로서 대응하고 있다. 현재 중국은 세계 최대의 반덤핑 피제소국이다. 2013년 5월 현재 916건으로 세계 1위이며, 농산물과 공산품은 물론이고 최근에는 태양광 패널을 비롯 IT 분야로까지 확대되고 있다. 주요 제소국은 미국과 EU이지만, 일본 및 한국도 교역의 확대와 함께 영향권 내에 처하게 될 것이다. FTA 체결로 제조업은 물론이고 농산물 시장과 서비스 시장 개방이 개방될 경우 무역 분쟁이 생겨날 가능성은 훨씬 클 것이다. 중국은 자국 산업 보호를 위해서도 반덤핑 조치 등 무역 구제 조치를 빈번하게 쓰고 있다. 중국 정부는 1995~2010년 사이 182건의 조사를 진행하였으며, 137건 반덤핑 조치가 내려졌다. 그 중 일본에 대한 것이 30건의 조사와 25건의 조치였고, 한국에 대해서도 31건의 조사 및 25건의 조치가 취해졌다. 한국과 일본의 비중이 높다는 점에서 우려할 만하다. 산업 구제 조치는 한국과 일본을 포함해서 세계가 보편적으로 활용하고 있는 제도이지만, 중국의 경우는 전반적으로 투명성이 결여되어 있다는 점에서 문제이다.[46]

중국 정부는 국가 주권이나 자율성을 지고의 가치로 여기고 있기 때문에 독립된 권위를 가지는 제3자에 의한 분쟁 해결 제도의 도입은 용이하지 않다. 중국과의 점증하는 국력 차이를 고려할 때 한국과 일본은 제도를 통해 중국을 구속할 필요성이 어느 때보다 크다. 중국은 최근 국력 증강을 이유로 보다 적극적인 외교를 펼치고 있으며 정치적 목적으로 경제력을 행사할 가능성이 커지고 있다. 중국이 한국과 FTA를 체결하는 등 경제 관계 제도화에 적극적으로 나서고 있지만, 중국에 대해서 약속 이행을 강제할 실

46_이학춘·고준기, "향후 한일중 FTA 체결에 따른 무역구제 검토," 『강원법학』 제38권(2014), pp. 295-8.

질적인 수단이 결여되어 있기 때문에 실효성이 떨어진다. 많은 중국 기업들은 규칙에 맞춰 스스로 변하려 하지 않고, 있는 그대로 경제 현실을 인정해 주기를 원한다. 특히 커다란 국내 시장과 생산 네트워크에서 차지하는 위상으로 인해 협상력 측면에서 우위에 있기 때문에 자기중심적인 행태를 보이고 있다. 지금까지 일본과 한국의 기업들은 법적, 제도적 보호 수단에 의존하지 않고 중국 경제 현실에 적응해 나갔다. 향후 정치적 갈등이 경제 거래의 위축으로 이어질 가능성이 크다.[47]

그렇다면 어떻게 중국이 국제 규범을 수용하도록 할 것인가? 첫 번째 대안은 미국 단독의 노력을 통하는 것이다. 패권국 미국은 이미 G-2 관계 형성을 통해 중국에게 자신의 위상에 걸맞은 국제적인 책임을 다할 것을 지속적으로 요구하였다. 미국은 과거에도 도전자 일본에게 양자 간 협상을 통해 자신의 규범을 수용할 것을 강요한 경험이 있다. 현재 미국은 미-중 정상회담이나 경제 전략 대화를 통해 경제 현안에 대한 양자 간 해법을 모색하고 있다. 예를 들어 2011년 미-중 정상회담에서는 지적재산권 문제, 환율 문제, 투자 보호주의에 대한 합의가 있었다. 2014년 미-중 경제 전략 대화에서는 미-중 투자보호협정 체결과 관련한 의미 있는 합의가 있었다. 그리고 2014년 APEC 정상회담에서 양국 정상은 기후 변화, 군사적 신뢰 구축, 비자 요건 완화, 그리고 관세 인하 등에 대해서 합의한 바 있다.[48]

그렇지만 정치적 압력에 의존하는 방식은 중국의 강한 반발을 불러일

47_이런 주장은 다음을 참조할 것. Kristin Vekasi, *China's Political Rise and Japan's Economic Risk: Multinational Corporations and Political Uncertainty* (Ph D Diss. University of Wisconsin-Madison, 2014).

48_Zagoria(2015), p. 31.

으킬 수 있다. 더구나 중국은 과거 일본과 달리 미국의 정치적 압력에 굴복해서 배타적인 양보를 할 정도로 미국에 의존적이지 않다. 또 다른 문제는 미국이 중국에게 비차별적으로 적용되는 보편적인 규범을 수용하도록 요구하기보다는 자신을 특혜적으로 처우하거나 자신에게만 배타적인 양보를 하도록 요구할 수 있다는 점이다. 중국도 미국에게만 양보하는 것이 더 유리할 수 있다. 미국과 중국 사이의 협의 과정이나 합의 사항에 대해 투명성이 결여되어 있기 때문에 그 가능성이 적지 않다. 이 경우 제3국에의 긍정적인 파급 효과가 제한적일 수밖에 없다. 설사 중국이 제도적 개선을 약속하더라도 이것이 이행으로 이어질 가능성은 크지 않다. 현재 미국은 양자간 제도를 선호하지만, 중국은 미국의 집중적인 압력을 회피할 수 있는 다자적 제도를 선호하고 있다.

두 번째 대안은 WTO와 같은 다자적 국제기구를 활용하는 방안이다. 중국은 주권·자율성을 중시하는 성향이 강하기 때문에 구속력 있는 국제제도에 대해서는 전통적으로 거부감을 가졌다. 중국은 WTO 가입 시 약속한 법적·제도적 장치를 국내적으로 완비하지 않은 상태이고, 법치주의가 아직까지 뿌리를 내리지 못하였다. 그럼에도 불구하고 최근 중국 정부는 WTO 분쟁 해결 절차를 적극적으로 활용하고 있다.[49] WTO 분쟁 해결 절차는 복잡한 사법적 절차를 구비하고 있기 때문에 제소에서 판결까지 시간이 많이 걸리며, 이행 문제가 개별 국가에게 맡겨져 있기 때문에 강대국에 대한 보복 조치가 사실상 어렵다는 문제가 있다. 실제로 국내 시장 규모가

49_Xiaojun Li, "Understanding China's Behavioral Change in the WTO Dispute Settlement System: Power, Capacity, and Normative Constraints in Trade Adjudication," *Asian Survey* 52:6(2012), pp. 1111-37.

거대한 중국에게 이행을 담보할 실효성 있는 방안이 결여되어 있다. 더구나 중국은 WTO 분쟁 해결 제도의 허점을 이용해서 이행에 있어서 지연작전을 쓰거나 혹은 선제적으로 불법적 조치를 취하는 사례도 생겨나고 있다. 부당한 보조금 지급이나 보호 조치와 관련해서 비록 원고가 승소한다 해도 이미 피해는 회복 불가능할 수준에 이를 수 있는 상황이 벌어지고 있다. 최근 중국이 WTO 포함한 법적인 분쟁 해결 제도에 보다 적극적으로 임하는 이유는 제도적 규범에 체화되어 간다기보다는 연성법의 성격을 갖는 국제법의 취약성을 알아 가고 있기 때문인 것으로 보인다.[50] WTO와 같은 보편적인 통상 규범에 더해서 중국에 특수하면서도 현실적인 문제에 대처하기 위한 제도적 수단이 필요할 것이다.

세 번째로는 동북아보다 큰 동아시아란 틀 속에서 중국이 제도적 규범을 준수하도록 만드는 방안이다. 동아시아 협력은 동북아보다 역사가 길고, '아세안 방식'으로 제도화된 질서가 어느 정도 형성되어 있다. 현재 RCEP 협상이 진행되고 있기 때문에 결과 여하에 따라서는 중국을 제도적으로 구속할 수 있는 유용한 방안이 될 수도 있다. 그렇지만 RCEP은 중국의 국내 개혁을 폭 넓게 강제할 수 있는 심도 있는 자유화를 목표로 하고 있지 않으며, 개별 국가의 자발성에 의존하는 아세안 방식을 유지할 경우 실효성을 갖추기 어렵다. 더 큰 문제는 동아시아 지역주의가 중국과 일본의 주도권 다툼과 아세안의 전략적 행동으로 인해 침체 국면에 빠져 있다는 것이다. 최근 협상이 타결된 TPP는 구속력 면에서는 어느 정도 실효성을 갖추고 있지만, 중국이 빠져 있다는 점에서 대안이 될 수 없다.

50_참고로 중국은 WTO 분쟁 사례에서 피소자로서는 거의 패배하였다(Zeng 2013, 59-60).

상기의 대안들이 갖고 있는 한계를 감안하면 동북아 지역주의를 대안으로써 심각하게 고려할 필요가 있다. 동북아 3국 중 한국과 일본은 법치주의나 국제 규범의 준수 정도가 어느 정도 확보되어 있기 때문에 별도의 분쟁 해결 기구가 필요하지 않을 수 있다. WTO 통상 규범이나 개별 국가의 국내법을 활용하는 것이 가능할 것이다. 그러나 법치주의가 확립되어 있지 않고, 커다란 국내 시장을 바탕으로 한국 및 일본에 대해 강력한 레버리지를 갖는 중국에 대해서는 별도의 적절한 통제 수단이 필요할 것이다. 이런 점을 고려할 때 한중일이 동북아 통합 과정에서 실질적인 자유화를 광범위하게 추진하고, 이것을 법적으로 담보하기 위한 분쟁 해결 제도를 갖추는 것은 의미가 있다.

한중일 FTA는 지리적으로 인접한 국가들 간에 체결된 지역무역협정(RTA)이라는 점에서 FTA 체결 이후 인적·물적 교류의 확대가 예상될 뿐만 아니라 사회주의 체제와 자본주의 체제라는 상이한 법체계 간의 지역 경제 통합이라는 점에서 기존의 FTA 체결 국가와는 상이한 분쟁도 발생할 개연성이 높다. 따라서 공정하고 신속하며 효과적인 분쟁 해결 제도가 FTA의 효율적인 운영에 필수조건이다. 분쟁 해결 비용을 줄이고, 정치적 마찰을 최소화하면서 경제 통합의 이익을 극대화하기 위한 분쟁 해결 제도의 모색이 필요할 것이다.

FTA 분쟁 해결 제도는 독자적인 분쟁 해결 절차 및 규칙을 구비하고 있는데, 일반적으로 WTO 분쟁 해결 제도에 비해 상대적으로 '보다 신속하고 효율적인' 절차 규칙을 갖추고 있다.[51] 또한 규범 지향적 또는 사법적 분

51_이하는 다음을 참조하였다. 최승환, "한-중 자유무역협정(FTA) 상의 분쟁해결절차규칙에 대한 법정책적 제언," 『경희법학』 47:4(2012), pp. 8-10.

쟁 해결 방식보다는 화해 지향적 분쟁 해결 방식을 선호하는 경향이 있으며, WTO 관할권을 선택적·부분적으로 인정하고 있다. FTA 분쟁 해결 제도는 WTO 분쟁 해결 제도('WTO 모델')와 NAFTA 분쟁 해결 제도('NAFTA 모델') 중 어느 하나를 준용하거나 양자를 절충한 절차 규칙을 규정하는 것이 보통이다. NAFTA는 ① 회원국 간의 무역 분쟁에 일반적으로 적용되는 '당사국 간 분쟁 해결 절차'(제20장), ② 반덤핑 및 상계관세 부과에 따른 분쟁에 한해 적용되는 '반덤핑 및 상계관세 분쟁 해결 절차'(제19장), ③ 일방 당사국의 투자자와 타방 당사국 간의 투자 분쟁에만 적용되는 '투자 관련 분쟁 해결 절차'(제11장), ④ 노동협력협정 상의 절차 규칙이 적용되는 '노동 분쟁 해결 절차', ⑤ 환경협력협정 상의 절차 규칙이 적용되는 '환경 분쟁 해결 절차' 등 분야별로 별도의 독자적인 절차 규칙이 적용되는 5가지 유형의 분산된 분쟁 해결 절차 규칙을 구비하고 있다. 이런 여러 제도들을 검토해서 적절한 분쟁 해결 제도를 만들어 낼 수 있을 것이다.

제도화·법제화의 수준과 관련해서 중국이 수용할 수 있는 최대한의 양보를 받아 내기 위해서는 한국과 일본 사이의 긴밀한 협력이 요구된다. 현재 한중일 사이에 투자보호협정이 체결되어 있지만, 중국에 대해 적용할 때 법적 실효성에 의구심이 있다. 한-미 FTA는 미국의 한국에 대한 영향력에 담보되어 한국에게 제도적 구속 효과가 컸다. 반면에 중국과의 FTA는 중국에 대한 일본이나 한국의 레버리지가 약하기 때문에 자유화로 인한 국내적 교란 효과만 크고 중국을 변화시키는 효과는 미약할 가능성이 있다. 이런 점이 일본이 한중일 FTA에 대해서 갖는 우려의 본질이다. 따라서 중국과의 의미 있는 제도화를 위해서는 한국과 일본 사이의 협력이 필요하다.

앞으로 중국의 국력이 강화될수록 지역 제도 자체에 대해 갖는 두려움이나 피해 의식은 사라지고 보다 자신감 있게 제도를 활용하려 할 것이다.

그러나 자신의 자의적인 국력 행사를 제약할 구속력 있는 제도화는 더욱 회피하려고 할 것이다. 반면에 국력이 하락하는 일본은 점차 제도적 수단을 통해 중국 견제에 나설 수밖에 없다. 그렇지만 미국이란 외부 균형자가 존재하기 때문에 일본은 동북아 제도화보다는 미국과의 동맹 강화에 매진하고 있다. 이런 미국과 일본의 자신에 대한 견제 움직임에 대항해서 중국은 미국을 제외한 동아시아 제도화를 추진하고 있다. 동북아에서 의미 있는 제도화는 수준 차이가 큰 중국과 일본 사이에서 한국이 제도에 근거한 질서와 통합이 모두에게 바람직한 선택이란 점을 강조하면서 중국이 높은 수준의 제도적 규범을 수용하도록 설득하는 능력에 달려 있다고 보인다.

3) 중-일 양국 관계의 제도화

또 다른 가능성은 중국과 일본이 양자 간 관계의 제도화에 나서고, 이것을 기반으로 동북아는 물론이고 동아시아 전체에 대해서 규범과 제도를 확산시켜 나가는 것이다. 경쟁과 갈등 관계에 있는 복수의 강대국이 양자 간 관계를 통해 배타적인 형태로 협력과 분쟁 해결에 나서는 것이 이해관계에 부합될 수 있음은 미-일 및 미-중 관계에서 잘 드러났다. 주도권 경쟁을 하며, 많은 분쟁을 경험하고 있는 중국과 일본이 미국과 비슷한 행태를 보일 것인지 주목할 필요가 있다. 이것이 가능할 경우, 동북아와 동아시아에 대한 양국의 공동 지배가 현실화될 수 있을 것이며, 한국에게는 커다란 부담으로 다가올 것으로 예상된다.

국가들이 희소한 자원을 두고 경쟁할 경우 갈등은 항상 존재한다. 중국의 부상과 함께 중-일 양국은 지역 강대국으로서 명예, 국력, 지역 주도권이란 희소한 재화를 놓고 서로 경쟁하는 위치에 놓여 있기 때문에 갈등이 심하였다. 그러나 갈등의 존재가 필연적으로 충돌이나 분쟁으로 이어지는 것은 아니다. 갈등 관계를 참고 인내하거나, 외교를 통해 갈등을 잘 관리하거나, 제도를 통해 지속 가능한 해결책을 찾아갈 경우 협력적인 공존이 가능하다. 그렇지만 양국은 갈등을 해소시키기 위해 충분한 노력을 기울이지 않고 있다. 중-일 관계가 특수 관계에서 보편 관계로 전환됨에 따라 양국에게서 인내심이 실종되었으며, 정치는 갈등에 불을 붙이고 여론이 여기에 부채질을 하고 있는 모습이다. 더구나 양국 관계는 갈등을 해결하기 위한 양자 간 제도는 물론이고 지역 제도도 미비한 상태이다. 그 결과 양국 간에는 불신이 팽배해 있고, 안보 딜레마적인 상황이 벌어지고 있다. 소위 말하는 '두 마리 호랑이의 딜레마'(Two Tigers Dilemma)가 현실화되고 있는 양상이다.[52]

이런 현실을 타개하기 위해서는 중-일 관계 제도화가 중요하다. 중-일 관계에 있어서 갈등과 마찰이 증대되고 있음에도 불구하고 양국 관계를 제도화하려는 노력이 별로 보이지 않고 있다는 점은 흥미롭다. 제도란 문제가 반복적으로 발생하고, 정치적 협상에 의한 임기응변적 해결이 높은 거래 비용을 발생시킬 때 필요성이 생겨난다. 만성적인 통상 마찰로 점철되었던 미-일 관계도 갈등과 분쟁이 증가함에 따라 다양한 차원에서 제도화 노력을 수반하였다.[53] 중-일 관계에서도 통상 마찰과 영토 분쟁 그리고 교과서 및 역사 분쟁 등이 계속 발생하고 있으며, 외교적인 해결 또한 국내

52_이것은 '산 하나에 호랑이 두 마리가 살 수 없다'(一山不容二虎)는 중국 속담에 근거한 것이다. Honghua Men, "East Asian Order Formation and Sino-Japanese Relations," A Paper Presented to Japan Center for Economic Research(August 28, 2007) p. 9.

53_최영종, "국제제도화의 동인에 관한 연구: 일-미 경제관계를 중심으로," 『국제정치논총』 41:1(2001).

정치와 여론의 비등 때문에 많은 거래 비용을 수반하고 있다. 두 지역 강대국 사이의 전략적 경쟁 관계는 피할 수 없지만 충돌을 회피할 수 있도록 관리되고 예방될 수는 있다. 중국의 공세는 일본의 방어 조치를 유발하고, 이것이 역으로 중국에게 공세적이고 적대적인 것으로 받아들여지는 양상이다. 제도를 통한 상호 소통과 이해 그리고 신뢰 구축이 필요한 상황이다.

양국 관계가 악화일로를 걷게 된 가장 큰 요인 중 하나가 바로 상호 직접적으로 대면해서 관계를 제도화함으로써 분쟁을 미연에 방지하고 현안에 대해 해법을 찾아가는 노력을 충분히 기울이지 못했다는 점이다. 양국 모두 관계 개선을 위한 근본적인 해결책을 찾기보다는 정치적 협상을 통해 미봉책을 찾으려 노력하였다. 제도적 규범이나 규칙은 양국 간의 국력을 반영하기 때문에 세력 전이를 경험하고 있는 중-일 양국이 분쟁 해결을 위한 제도화에 합의하기란 용이하지 않다. 그 이외에도 양국 모두 폐쇄적인 정치 체제를 갖고 있기 때문에 제도화가 어려운 측면이 있다.[54] 개방적 체제는 정치적 흥정과 타협이 갖는 비용 때문에 관계를 제도화할 유인을 많이 갖는다. 중국과 일본 사이의 협상 과정은 최근 정치화되는 경향을 보이고 있지만 폐쇄적 정치 체제의 특성상 많은 것이 베일에 싸여 있었다. 양국 사이의 갈등이 늘어나는 추세를 감안하면, 향후 양국 관계 제도화의 필요성은 더욱 커질 전망이다.

제도화의 첫 단계인 정례적인 정부 차원의 대화체의 시작은 2005년 5월에 시작된 '중-일 전략 대화'였다.[55] 당시 양국 관계가 바닥을 치면서 개

54_김흥규(2014), p. 5.

55_일본은 이를 '일중 종합 정책 대화'라고 부른다. 중일 양국은 역사 인식의 문제와 대국 자존심 논쟁을 교묘히 비껴가는 방법으로 2005년 5월 반민반관 외교 채널을 가동하여 제1차 '중

선 필요성에 대한 공감대가 형성되었다. 이에 따라 양국의 외교 차관급이 회동해서 주요 현안 문제를 다루기로 하였다. 전형적인 대화와 정보 공유 그리고 신뢰 구축을 위한 모임으로서 구속력은 전혀 없는 협의체였다. 그렇지만 이 회동을 통해 일련의 정상회담이 실현되었고, 양국 관계에도 의미 있는 진전이 있었다. 특히 2007년 원자바오 총리 방일 시에는 '호혜적 전략 관계' 구축에 합의하고, 이를 위해서 유관 장관들을 망라하는 '고위급 경제 대화'(High-Level Economic Dialogue)를 시작하기로 결정하였다. 그리고 2008년 5월 후진타오 국가주석이 일본을 방문해서 후쿠다 총리와 회동했을 때 호혜적 전략 관계 구축 방안이 더욱 구체화되었다. 당시 70개 항목의 공동 언론 발표문을 발표하였는데, 이것은 장쩌민 국가주석이 1998년 일본 방문 시에 발표한 33개 항목과 비교해서 크게 증가한 것이었다.[56] 여기에도 양국 관계의 제도화에 대한 의지가 담겨 있었으며, '전략 대화'의 가치를 인정해서 지속해 나갈 것을 천명하였다. 그리고 2008년 6월에 중국과 일본은 동중국해 분쟁 지역에서 '석유와 가스 공동 개발에 대한 기본 합의서'에 서명하였다. 그러나 이 지역에서의 해상 충돌과 '독극물 만두 사건' 때문에 협약은 성사되지 못하였고, 공식적 대화 채널마저도 차단되는 상황이 전개되었다.[57]

중-일 전략 대화가 고위급 실무 회의였다면, '고위급 경제 대화'는 일본

-일 전략 대화'에 나섰다. '중-일 전략 대화'의 연장선상에서 2006년, 2007년, 2008년의 중일 정상회담이 성사되었다. 차재복, "중일 관계의 급반전과 후진타오-후쿠다 중일 정상회담 전망," 『동북아 역사문제 - 주요현안 분석』(동북아역사재단, 2008년 3월), pp. 3-4.

56_National Institute of Defense Studies (NIDS), ed. *East Asian Strategic Review* (Tokyo: National Institute of Defense Studies, 2009), p. 117.

57_Drifte(2009), p. 56.

측에서는 외무장관이 그리고 중국 측에서는 부총리가 대표를 맡는 경제 분야에 있어서 최고위급 정책 대화 채널이었다. 목적은 날로 중요해지는 무역, 투자, 금융 등 경제 분야에서 다양한 이슈들에 대해서 논의하고 협력을 증진시키기 위한 것이었다. 경제장관들을 중심으로 필요한 경우 유관 장관이 아울러 참여하는 형식을 띠었다. 2007년 4월 합의 당시 원자바오 총리는 에너지, 환경 보호, 금융, 기술, 통신, 지적재산권 등을 그리고 아소 외무장관은 일본의 중국에 대한 ODA, 거시경제 정책, 통상 및 투자 이슈, 그리고 기후 변화 등 다자적 이슈에 대한 협력 방안을 논의하고 싶다는 의향을 표시하였다.

첫 번째 공식 회동은 2007년 12월에 베이징에서 개최되었다. 사상 유례가 없는 대규모 고위급 회담에 일본 측에서는 외무장관을 비롯해서 주요 경제부처 장관이 다 참석하였고, 중국도 마찬가지로 쩡페이옌 부총리를 공동 의장으로 경제 관련 부처 장관이 모두 참석하였다. 양측은 농산물 교역과 관련된 당면 현안들에 대해서 해법을 모색하였으며, 일부 통상 문제에 대해서는 합의도 있었다. 특히 의미가 있었던 것은 '중-일 기술 무역 가이드라인'을 설정하기로 합의한 것이었다.[58] 이것은 양국 경제 관계의 제도화 측면에서 의미 있는 출발이었다. 제2차 회담은 2009년 6월 도쿄에서 있었는데, 양국 통상장관들은 지적재산권 위반을 막기 위한 법적 장치를 만들기 위해서 작업반을 설치하기로 합의하였다. 그리고 식품 안전 및 위생을 담보하기 위한 노력을 기울이기로 했는데, 이것은 당시 문제가 되고 있던 중국산 독극물 만두 문제로 인해 양국 간 식품 교역이 급감한 사태에 대한

58_Japanese Ministry of Foreign Affairs, "First Japan-China High-Level Economic Dialogue Press Communique"(December 12, 2007).

해결책으로서 의미가 있었다.[59] 제3차 회의는 2010년 8월 베이징에서 열렸다. 여기서 양국은 환경 보호 및 에너지 보존 분야에서 협력을 강화하기로 합의하였지만, 일본의 희토류 수출 금지 조치 완화 요구에 대해서는 거부하였다. 그리고 글로벌 위기에 대응해서 경기 회복과 거시경제 정책 조정 등 다양한 분야에 대해서 의견을 교환하였다. 그렇지만 주목할 만한 합의는 없었다.[60]

이외에도 다양한 분야에서 기술적, 실무적 협의를 위한 대화 채널이 개설되었다. 안보 대화(Security Dialogue), 금융 대화(Finance Dialogue)를 비롯해서 유엔과 유엔 안보리 개혁 대화, 메콩 강 지역 대화 등이 열렸다.[61] 그렇지만 영토 문제와 역사 문제로 인해 양국 간 외교 관계가 악화되면서 2012년 무렵에는 중국 측의 요구로 모든 대화 채널의 가동이 중단되고 말았다. 고위급 경제 대화는 제3차 회의를 끝으로 중단되었으며, 양국 간 전략 대화도 2011년 12월 제12차 회의를 끝으로 역시 중단되었다. 또한 이런 대화 채널들은 구체적인 성과도 별로 없었고, 갈등을 봉합하고 시간을 벌기 위해서 대화 자체를 위한 대화를 진행한 측면이 있었다는 점에서 문제였다. 동중국해 문제가 바로 대표적인 사례였다.[62] 2010년 조어도에서 중국 선장이 체포되자 중국 정부는 항의의 표시로 모든 정부 간 대화와 문화 교류를 중단하고 사과와 보상을 요구하였다. 또한 중국 정부는 희토류 수출 금지 및 다수의 일본 수출 품목에 대해 통관 절차 지연 등의 제재 조

59_*Kyodo* (June 7, 2009).

60_"The Third China-Japan High-Level Economic Dialogue Convenes in Beijing," *Xinhua* (Aug. 28, 2010).

61_Drifte(2009), p. 67.

62_Drifte(2009), p. 67.

치를 취하였다. 뒤이은 일본 정부의 섬 3개에 대한 국유화와 중국의 일방적인 항공 식별 구역 선포로 양국 관계는 최악으로 떨어졌다.[63] 양국이 민낯으로 대립하고 충돌하였으며, 동중국해상에서 중국의 군사적 활동도 많아졌다.

2014년에 들어서면서 양국 간에는 대화 재개 움직임이 포착되었다. 2014년 4월 왕양 중국 부총리는 '일중 경제협회' 방중 대표단과 베이징에서 면담하고 '고위급 경제 대화'의 조기 개최를 촉구하였다.[64] 그리고 11월에는 양국 외무장관이 베이징에서 회동하여 다양한 수준의 양국 간 대화를 재개할 것에 합의하였다.[65] 이에 따라 2011년 1월 마지막 회합을 가졌던 국방차관보급 '안보 대화'도 2015년 3월 20일 재개되었고, 재무장관 사이의 '금융 대화'가 2년 간 중단 끝에 2015년 6월 6일 베이징에서 열렸다. 그리고 기존의 전략 대화와 고위급 경제 대화에 더해서 새로운 고위급 '정치 대화'를 개최하기로 최근 합의하였다. 야치 일본 국가안보국장과 양제츠 중국 국무위원은 2015년 7월 16일 베이징에서 회동을 갖고 양국 간 전략적 소통을 증진시키기 위해서 자신들을 대표로 해서 각기 국가수반에 직접 보고할 수 있는 정치 대화체를 구성하기로 하였다. 이것은 미-중 사이의 전략 대화를 본뜬 것으로서 안보 및 정치 영역에서 신뢰 구축을 하는 데 기여할 것으로 기대되고 있다.[66]

향후에도 양자 관계의 제도화 움직임이 지속적으로 생겨날 것으로 예

63_Jeffrey Hornung, "Japan's Pushback of China," *The Washington Quarterly* 38:1 (Spring 2015), p. 167.

64_*Kyodo* (Sep. 24, 2014).

65_*Jiji Press* (Nov. 8, 2014).

66_*Jiji Press* (July 16, 2015).

상된다. 양국은 금융, 통화, 환경, 에너지, 영토, 통상 문제 등에서 많은 갈등을 겪고 있으며, 대화를 통한 해결책을 찾아야 할 사안이 많다. 그러나 양자 간 대화체들이 의미 있는 합의를 도출할 수 있을 정도로 양국 간 신뢰가 회복된 것은 아직 아니다. 만일 양국이 대화를 통해 양국 관계를 제도화시켜 나갈 수 있을 경우 이것이 지역 전체에 미칠 파장은 클 것이다.

우선 지역 협력의 가능성이 제고될 것은 분명하지만, 한국을 비롯해서 ASEAN 등 역내 주요 행위자들의 전략적 가치가 떨어질 수 있으며, 양국 간의 합의 사항이 지역 전체에 기정사실화될 수 있는 우려가 아울러 존재한다. 또한 양국 간 대화체가 제대로 작동하고 상호 신뢰가 회복되어야 중-일 FTA도 가능할 수 있을 것이다. 중국과 일본은 GDP로는 동아시아 전체의 80% 정도를 점하고 있다. 경제 규모가 크기 때문에 자유화의 이익이 크며, 지속적인 경제 성장을 위해서는 투자 및 서비스 관련 자유화도 필요한 상황이다. RCEP이나 한중일 FTA도 결국은 중-일 사이의 합의가 있어야 가능하기 때문에 양국 간 경제 관계의 제도화는 중요하다.

중국의 경우 2005년 왕이 주일 중국 대사가 적극적인 의사를 표명한 사실이 있다.[67] 그렇지만 일본은 이에 대해 유보적인 입장을 보였다. 양국 간에 발전 수준의 차이가 크고, 중국 내에서의 법치주의 부재와 위생 검역 문제, 그리고 중국으로부터의 농산물 수입 급증에 대한 우려 등이 걸림돌이 되고 있다. 더구나 한중일 FTA를 비롯해서 여타 다양한 상대와의 FTA가 논의되고 있는 상황에서 배타적으로 중국과 FTA에 체결하는 것이 일본에게 부담스러운 측면이 있었다. 따라서 현재 양국 간 FTA 체결은 어려운

67_조재욱, "중·일 협조체제와 동아시아 지역경제통합: 일본 리더십 한계를 중심으로," 『국가전략』 14:3(2008), pp. 78-9.

상황이다. 그렇지만 중국과 일본 사이에는 통상 마찰이 빈번하게 일어나고 있으며, 그에 따른 피해도 적지 않다. 양국 간에는 반덤핑과 세이프가드 등 무역 구제 조치가 빈번하게 내려지고 있으며, 중국의 투명성이 결여된 통상법 체계와 자의적인 산업 정책은 일본에게 큰 부담이 되고 있다.

최근 중국이 희토류 수출 통제와 같이 경제 관계를 정치적으로 활용하기 시작하자 일본은 중국에 대한 경제적 의존도를 줄이려고 노력하고 있다. 이로 인해 양국 간 무역량도 정체되고 있으며, 특히 일본의 대중 투자 비중이 현저하게 줄어들고 있다. 중국이 세계 생산량의 95% 정도를 차지하고 있는 희토류의 대중 수입 의존도도 일본의 다변화 노력으로 인해 2012년에는 56.1%로 줄어들었다. 2010년 중-일 충돌 이전에 수입 의존도가 85%를 밑돌지 않았던 것을 감안하면 현격한 감소로 볼 수 있다.[68] 그리고 일본은 수준 높은 자유화를 지향하는 TPP에 참가함으로써 중국이 국제적인 통상 규범을 수용하도록 압박하고 있다.[69] 향후 통상 분야에서 양국 간 경쟁과 마찰이 증가할 것이며, 이로 인해 제도화의 필요성은 더욱 커질 전망이다. 이런 맥락에서 중국과 일본은 2016년 내에 두 나라 중앙 정부와 중앙은행이 참여하는 경제·금융 협의체를 출범시키기로 합의하였다.[70]

68_Hornung(2015), p. 173.

69_Hornung(2015), p. 174.

70_중국에서는 국가발전개혁위원회·외무부·재정부·인민은행이, 그리고 일본에서는 외무성·재무성·경제산업성·내각부·일본은행이 참여할 것으로 보인다. 『조선일보』(2016년 1월 28일자).

4) 동북아 지역 공동체의 가능성

현재 동북아는 경제적 상호 의존의 심화에도 불구하고 세력 균형 움직임이 지속되고 있다. 가장 큰 이유는 역외 균형자 미국의 존재이다. 동북아에서 세력 배분의 변화는 일본에서 중국으로 일어나고 있으며, 현재 중-일 대결 구도에서는 미국이 균형자 역할을 하고 있다. 일본은 중국의 부상을 인정하길 원하지 않고, 이런 상태는 미국의 존재로 인해 지속되고 있다. 일본에게 역외에 대안이 없을 경우 제도를 통한 문제 해결에 적극적으로 나설 것이다. 예를 들어 중국과의 영유권 분쟁에서 미국의 존재로 인해 중국의 무력행사는 막을 수 있더라도, 분쟁 자체의 해결에 도움이 되지 않을 때 타협책으로 역내 제도를 통한 해결책을 모색할 가능성이 있다.

또 다른 이유는 일본의 과거 식민 지배의 역사가 청산되지 않고 있다는 점이다. 일본에 대한 중국의 불신이 깊고, 이런 중국에 대한 일본의 불신도 증폭되고 있다. 그리고 중국과 일본에 대한 한국의 불신도 커져만 가고 있다. 이와 같은 각종 불신이 서로에 대한 견제와 균형을 초래하고 있고, 미국과의 연대를 통한 역외 헤징에 나서도록 하고 있다. 이런 경향은 국내 정치에 의해 증폭되고, 각국의 정체성에도 깊은 영향을 미치고 있다. 그 결과 민족주의가 대세를 이루고 있으며, 이로 인해 공동체 의식이나 지역 정체성 형성이 지체되고 있다. 아직 동북아는 민족 국가 형성 단계에 있으며, 이를 극복하기 위한 노력은 요원하다. 중국은 주권과 영토의 불가침성을 강조하고 있고, 한국은 분단 극복을 통한 민족 국가 완성에 매진하고 있으며, 일본은 정상국가가 되려고 발버둥을 치고 있다. 이런 상태에서 민족주의를 극복하기란 용이하지 않다.

그렇다면 냉전 구도의 재형성이 동북아의 미래일까? 중국의 부상이 일본과 한국에 위협이 되는 것은 사실이나 상황은 간단하지 않다. 분명한 것은 미-중 관계가 냉전기의 미-소 관계와 같지 않을 것이란 점이다. 일단 경제적 상호 의존이 심화되어 있고, 서로를 필요로 하는 부분이 너무 많다. 여기에 한국이나 일본도 중국 없이는 경제적으로 존속하기 힘들 정도이다. 따라서 어떤 형태로든지 해결책이 찾아질 것으로 보인다. 최근 일본과 중국이 지역 제도와 관련해서 보이는 두드러진 특징은 일본이 방점을 제도적 해결에 두고 있는 반면 중국은 미국 배제에 두고 있다는 점이다. 따라서 절충안으로서 '미국을 배제한 제도화' 방안에 어떤 형태로든 중국과 일본이 타협할 가능성이 없지는 않다.

특히 중국은 미국의 자의적인 영향력 행사를 제어할 목적에서 동북아에서 안보 영역의 제도화를 강력하게 선호하였다. 대표적인 사례가 북핵 문제 해결을 위한 6자회담으로서, 중국은 처음부터 이 회담의 공식적 제도화에 상당 정도의 적극성을 보였다. 2003년 일본을 방문한 외교부부장 다이빙궈는 "구성원들의 신뢰 및 자신감 부족으로 인해 지속 가능한 협력을 위해서는 제도화가 유일한 방법"이라고 언급한 바 있다. 이와 더불어 제도화가 6자 간 합의 이행은 물론이고 궁극적으로 동아시아에서 다자간 안보 레짐의 형성에도 기여할 것이란 견해를 피력하였다. 이를 위해 차관급 혹은 국장급의 상시적인 대화체를 구성할 것을 제안하였다. 이것은 중국이 제도화된 안보 대화를 선호한다는 입장을 잘 보여 주었다.[71]

이런 연장선상에서 동남아국가연합(ASEAN)에 상당하는 느슨한 형태의 동북아국가연합(Association for Northeast Asian Nations)이나 동북아 공동체

71_Cheng(2013), p. 56.

를 고려해 볼 수 있을 것이다. 지역 공동체는 경제 통합만으로는 이루어질 수 없으며, 안보 공동체의 형성이 필수적이다. 이런 측면에서 한중일이 미국이 배제된 형태의 군사적 협력을 실험해 나가는 것도 시도해 볼 가치가 있을 것이다. 재난 구호 등 기초적 단계의 공동 훈련이 필요하며, 이를 위해 한중일 사이의 안보 대화체를 고려해 볼 필요가 있다. 물론 미국은 자신이 배제된 안보 협력에 대해서는 반대한다.[72] 따라서 미국의 동맹국인 한국과 일본이 미국에게 적대적인 의도가 없음을 확인시키고 설득할 필요가 있다. 재난 및 인도적 구호 이외에도 환경, 에너지 안보 등에 관한 협력 방안을 창출하는 것도 현실적일 수 있다.[73]

현재와 같은 양자 관계 중심의 지역 구도는 갈등을 심화시킬 수 있다. 양자 간 민족주의의 발흥이 동북아에서 갈등을 가져왔다. 3자 관계 속에서 갈등을 중화시키고 호혜적인 관계를 발전시킬 가능성이 더 크다.[74] 예를 들어 이슈에 따라서 연대를 달리함으로써 협력 가능성이 커질 수 있다. 역사 문제는 한-중이 일본에 대해서, 지적재산권은 한-일이 중국에 대해서, 그리고 통상은 일본에 대해 한-중이 양보를 요구할 수 있을 것이며, 안보 문제는 한-일이 중국에 대해서 압력을 행사할 수 있을 것이다. 이런 종합적인 관계가 동북아 협력의 미래를 위해서는 더 바람직할 것이다. 그리고 미국이 일방주의로 갈 경우 중-일이 서로 협력할 인센티브가 커진다.[75] 만일 미국이 중국을 수용하는 입장으로 가면, 일본이 곤란해질 것이다. 이 경우 일

72_이런 견해는 다음을 참조할 것. 김성한, "동북아 세 가지 삼각구도의 역학관계," 『국제관계연구』 제20권 1호(2015년 봄), p. 79.

73_김성한(2015), p. 86.

74_Wirth(2015), p. 2.

75_Bush(2013), p. 279.

본은 중국과의 갈등을 증폭시켜 미국을 붙잡으려 할 수 있다. 일본과 한국이 미국을 효과적으로 설득할 수 있다면 어떤 형태로든 안보 공동체가 가능할 수도 있다. 그렇지만 중국을 봉쇄하기 위한 안보 공동체는 위험할 수 있다. 그리고 만일 중국의 일방주의적 성향이 강해질 경우 일본과 한국이 협력해서 중국을 제도적으로 구속할 인센티브는 강해질 것이다.

이런 측면에서 일본이 지역적 관여 및 국제적 역할을 유지하도록 설득하는 한국의 노력이 요구된다. 일본의 대외적 관여가 축소될 경우, 동북아 역내 세력 구도에서 중국의 우위가 견고해질 것이며 지역 질서 운영에 있어서 한국 정부의 부담이 상대적으로 증가하고 중국과의 관계 설정에 있어서 한국의 전략적 입장이 곤란해질 수 있다. 따라서 일본이 동아시아 지역 질서에 적극적으로 관여하는 것이 지역 및 세계의 안정과 평화는 물론 일본 자신의 국익에 유익하다는 점을 들어 설득할 필요가 있다.[76] 일본이 대중 관련 자신의 국력 열세를 인정하고 중견국가란 인식을 가질 경우 공조 및 제도를 통한 중국 견제 필요성을 절감하게 될 것이다.

최근의 동향을 살펴보면, 일본이 마지막 단계에서 중국에 대한 독자적인 견제 가능성을 탐색하고 있는 상황으로 보인다. 이것은 국내 정치적 상황과도 맞물려 있다. 정상국가 일본을 외치는 것은 오히려 자신의 취약성을 인정하는 것이다. 한국 및 중국과의 갈등을 불가피하게 수반하기 때문에 사실 비용도 크다. 따라서 궁극적으로 일본도 다자적 협력을 모색하고 나올 수밖에 없다. 중국은 미-중 관계가 안정된다고 해도, 자신에 대해 미국이 씌워 놓고 있는 굴레를 부담으로 인식하고 있다. 이것으로부터 자유

76_조양현(2011), p. 144.

롭기 위해서도 지역 협력은 필요하며, 종국에는 느슨한 형태의 제도화는 수용할 것으로 보인다.

이런 측면에서 한중일에 국한된 동북아 통합을 추구하고, 이를 통해 동아시아 통합의 지도부를 형성하는 것이 중요하다. 여기에는 안보 협력도 당연히 포함시켜야 할 것이다. 민감한 이슈는 배제한다고만 해결될 일은 아니다. 문제가 불거지고 이를 해결하기 위해 노력을 경주함으로써 진정한 협력과 통합이 진전될 수 있다. 역사 문제, 민족주의, 체제의 상이성 등은 극복이 불가능한 문제가 아니다. 그리고 중-일 간의 리더십 경쟁은 불가피한 측면이 있지만 도를 넘지 않도록 관리할 필요가 있다. 북한 문제와 영토 문제 등은 어려운 안보 문제이기 때문에 점진적인 해결이 필요할 것이며, 최소한도 평화적 해결 원칙만 신뢰성 있게 지켜질 수 있으면 바람직할 것이다. 제도화와 구속력의 수준을 시간을 두고 점진적으로 높여 나가면 될 것이다. 이 과정에서 ASEAN과 대립적 구도가 생겨나지 않도록 유념할 필요가 있다. 동북아 협력이 동아시아 공동체를 견인하기 위한 것이란 것을 분명히 함으로써 역내 여타 국가들의 두려움이나 의구심은 해소시킬 수 있을 것이다.

6. 요약

이번 장에서는 동북아 지역주의와 중-일 경쟁에 대해서 살펴보았다. 동북아의 한중일은 동아시아 경제력의 90% 그리고 세계 GDP 가운데에서는 20%를 차지하고 있으며, 서로 협력하고 공동체를 형성해 나갈 때 역내 위상은 물론이고 글로벌 영향력도 크게 증가할 것이다. 그렇지만 중-일 사이의 세력 전이와 한국의 위상 강화 등의 요인으로 인해 오히려 전략적 경쟁과 대립이 치열해지고 있다. 중국의 급속한 부상을 관리하기 위해서는 동북아 차원의 제도화가 유용할 것이지만 역사 문제, 경제 마찰, 영토 분쟁, 안보 전략 등을 둘러싼 갈등이 악화일로를 걷고 있기 때문에 실현 가능성이 요원한 상태임을 알 수 있었다.

그럼에도 불구하고 한중일 3국 협력사무국이 창설되었고, 또 한중일 투자보장협정도 체결되었다. 한중일 FTA를 둘러싼 중-일 간의 경쟁과 갈등은 협정 체결을 어렵게 할 뿐만 아니라 동아시아 전체의 협력 가능성에 대해서도 심각한 영향을 미칠 것으로 보인다. 따라서 한중일 3국 사이의 협력이 중요하며, 우선적으로 분쟁 해결 제도와 동북아 지역 공동체 형성을 추진할 필요가 있음을 지적하였다. 그리고 미국이 배제된 한중일 3국 사이의 군사, 경제, 안보 협력을 증진시키는 것이 비록 유연한 형태이지만 지역 공동체 형성에 크게 기여할 것이라는 진단이다.

5장

중-일 주도권 경쟁과 중견국가

1. 문제 제기

동아시아는 중국의 부상과 함께 세력 전이가 급속하게 벌어지고 있다. 이와 아울러 중-일 간의 지역 주도권을 둘러싼 경쟁이 치열해지고 있다. 이런 상황 하에서 역내 국가들은 지역 제도를 자신의 국력을 보완하고 국익을 추구하기 위한 목적에서 전략적으로 활용하였다. 따라서 제도적 구속을 통한 협력의 증진이나 공동체 형성은 요원할 수밖에 없었다. 중-일 강대국 사이의 대결 구도를 완화시키고 제도에 바탕을 둔 지역 질서를 형성하기 위해서는 중견국가의 역할이 중요하다.

강대국이 글로벌 차원의 제도화와 세력 다툼에 상대적으로 더 관심을 갖는 반면에, 지역 협력과 제도화는 중견국가들의 주요 외교 정책 수단으로서 일찍부터 인식되었다. 중견국가들은 패권국의 자의적 힘의 행사 억

제, 대외적 협상력의 제고 및 실질적 자유화의 수단으로서 지역 제도의 유용성을 인정하면서 제도화에 적극적으로 나섰다. 중견국가들은 외교적으로 분쟁의 평화적 해결 지향, 제도화, 새로운 규범 창출, 연대 형성 등에 강점이 있었으며, 지역 협력은 중견국가들에게 좋은 틈새 외교(niche diplomacy)의 장이었다.[1]

중견국가들은 강대국 사이에서 중재를 하고, 선진국과 개발도상국 사이의 가교 역할을 하며, 분쟁의 평화적 해결과 평화 정착, 그리고 나아가 강대국에 대한 견제 및 균형 역할까지도 수행할 수 있다. 이런 관점에서 볼 때 중견국가의 외교는 제도 및 규범이 강대국 중심의 권력 정치를 대체하도록 만들 수 있는 잠재력을 가진다. 중견국 외교가 수행할 가교 역할과 중재 역할은 선진국과 개발도상국 사이의 발전 격차가 두드러지고 지역 강대국 중국과 일본 사이의 갈등이 심각한 동아시아에서 적실성이 크다. 일본이나 중국 같은 강대국이 주도하는 지역 협력은 약소국의 이익을 심각하게 해칠 위험성을 내포하고 있으며, 약소국이 주도하는 지역 협력은 실현 가능성이 떨어진다는 점에서 문제이다. 강대국 주도의 지역 통합이 가져올 부작용을 회피하고, 지역 통합의 성공 가능성을 높이기 위해서는 강대국과 약소국 사이의 가교로서 중견국가의 역할이 중요하다.

지금까지 연구의 초점은 미-중 및 미-일 관계에 있었고, 중견국가의 역할에는 관심이 별로 없었다. 중견국가는 독자적인 균형 능력은 떨어지지

1_틈새 외교는 호주 외무장관 에반스(Gareth Evans)가 만든 개념으로서, 기본적으로 특화(specialization)를 의미한다. 주로 중견국가가 주체가 되어 약소국은 능력 부족, 강대국은 관심이나 인센티브 불충분으로 인해 관심을 갖지 않은 영역에 외교 자산을 집중 투입하는 것이 요체이다. Cooper(1997), pp. 4-6.

만, 그들 사이의 연대나 제도화를 통해 중재자 역할을 수행할 수 있다. 이런 관점에서 인도네시아나 말레이시아 같은 동남아의 중견국가는 물론이고 새롭게 부각되고 있는 한국의 역할도 주목할 필요가 있다. 이 경우 중견국가의 외교 전략은 편승과 균형 사이의 양자택일이 아니라 강대국과의 유대 강화를 통한 협력 및 제도를 통한 보편적 구속이 될 것이다.[2] 그리고 중견국 외교가 실패할 경우 중-일 및 중-미 간 경쟁이라는 강대국 중심의 지역 정치가 판을 치게 될 가능성이 크다.

강대국 권력 정치에 대한 대안으로는 현실주의적인 세력 균형 이외에도 지역 제도를 통한 자유주의적 해법이 있을 수 있다. 중견국가 주도로 지역 제도가 창출될 가능성은 ① 권력 남용의 소지가 큰 역내 강대국의 존재, ② 역내 지지를 결집할 수 있는 효과적인 중견국가 리더십, 그리고 ③ 제도적 구속을 자발적으로 수용하려는 의지의 광범위한 확산 등의 조건이 충족될 때 커질 것으로 예상된다.[3] 최근 중국의 공세적인 외교는 첫 번째 조건이 어느 정도 충족되었음을 보여 준다. 효과적인 중견국 외교를 통해서 제도적 구속이 주권 손상이라는 근시안적인 계산보다는 협력의 증진을 통해 장기적으로 이득이 된다는 인식을 확산시킬 수 있다면 동아시아에서 의미 있는 제도적 통합이 이루어질 가능성이 있다.

이번 장에서는 날로 격화되고 있는 중-일 주도권 경쟁과 이를 완화시키고 제도에 바탕을 둔 지역 질서를 형성해 나가기 위한 중견국 외교의 역할과 가능성에 대해서 살펴볼 것이다.

2_Gilley & O'Neil(2014).

3_Young Jong Choi, "An Emerging Security Community in East Asia and the Role of Middle Powers." 『국제관계연구』 17:2(2012).

2. 중-일 주도권 경쟁의 격화

1) 중-일 지역 주도권 경쟁

중국의 강대국화 전략은 무엇보다 경제 발전을 성공적으로 추진하고 이를 바탕으로 군사 능력과 외교 능력을 강화하는 것이다. 이를 위해서 중국은 현재 미국과의 관계를 안정화시키고, 일본과의 경쟁과 대립을 고조시키면서, 지역 내 영향력 확대와 군사력 강화를 추진하고 있다. 중국은 자신의 경제 발전 속도를 감안하여 2020년대까지 지역 강대국, 2050년대까지 미국에 대응할 수 있는 세계적 강대국이 되기 위한 목표를 달성하고자 한다. 이것이 '중국의 꿈'으로서 시진핑 주석 취임 후 중요한 지도 사상의 하나로 자리 매김하였다. 중국의 꿈은 두 개의 백 년이라는 기본 구상을 가지고 출발하였다.[4] 부연한다면, 중국공산당 창당 100주년이 되는 2021년이 하나의 기준점이며, 다른 하나는 신 중국 건립 100주년이 되는 2049년으로서 중국의 꿈이 실현되는 정점으로 인식된다. 시진핑 정부가 제시한 미래의 청사진을 보면 2021년은 중국의 전면적 소강사회 건설을 달성하는 해이고, 2049년은 1999년부터 실시한 동부 연안의 개혁개방 정책의 경험을 바탕으로 50년간의 서부 대개발을 달성하는 해로서 두 개의 백 년과 일치하고 있다는 점에서 기대가 크다고 할 수 있다.

이런 중국의 꿈이 이루어지게 되면 자연스럽게 중국은 아시아에서는 물론이고 글로벌 차원에서도 주도적인 국가가 될 수 있을 것이다. 이를 위

4_박광득, "중국의 AIIB 출범의 의미와 전망에 관한 연구," 『대한정치학회보』 23:3(2015), p. 124

해서 주도권 의도를 드러내기보다는 오히려 주변국들과 우호적이고 평화적인 관계를 추진할 필요가 있다. 이런 맥락에서 중국은 지역 국가들의 중국에 대한 안보적 불안감과 의혹을 해소하기 위해 2011년 '평화 백서'를 발표해서 중국이 평화 발전의 길을 걸을 것임을 대내외적으로 천명하였다. 이 백서에서 중국은 "평화적이고, 협력적이며, 공동의 발전을 추구할 것이며, 적대 행위나 팽창 혹은 패권을 추구하지 않을 것"임을 밝히고 있다. 이러한 평화주의를 기반으로 미국과의 관계를 관리하고 우방국 관계를 발전시키기 위한 적극적인 정책을 전개하고 있다.[5]

그렇지만 중국에 대한 봉쇄 구상을 갖고 남중국해에서 중국을 압박해 들어오고 있는 미국은 이런 전략에 커다란 도전을 제기하고 있다. 중국은 미국과의 협력적 관계를 유지하면서 미국의 중국에 대한 견제 정책을 효과적으로 무력화시키려는 전략을 구상하고 있다. 중국의 해양 전략은 에너지 안보, 교역로 안전, 미국의 영향력 차단, 대외 진출 등의 목적에서 기존의 대륙 세력으로 국한되었던 한계를 극복하고 해양 세력으로 뻗어 나가기 위한 목적에서 구상되었다. 이를 위해 남사군도에서 군사 기지를 구축하고, 해군력을 강화하는 등의 조치를 취하고 있다. 따라서 기존의 해양 세력인 미국 및 일본과의 충돌이 불가피하다.

현재 중국의 국력은 글로벌 패권을 노릴 정도는 아니다. 지역 구상은 미국의 봉쇄 움직임을 견제하는 유용한 수단이다. 중국은 당장 아시아에서 유일한 리더가 되려고 하지는 않지만, 자국의 세력권을 설정하고 역내 정치에서 주도적 영향력을 미치려 하고 있다. 2014년 시진핑 주석이 제시한

5_박창권, "미중의 지역 내 패권경쟁 가능성과 우리의 전략적 선택방향," 『전략연구』 통권 제57(2013년 3월), p. 204.

'신아시아 안보관'과 '아시아 의식'은 중국 동아시아 외교 정책의 핵심으로 아시아 안보는 아시아가 책임져야 한다는 것을 골자로 하고 있다. 이런 개념은 중국이 우선적으로 역내에서 미국의 영향력을 차단함으로써 자신의 역내 주도권을 장악하겠다는 의도를 드러낸 것으로 파악할 수 있다. 그렇지만 중국의 전략 목표가 완성되기 위해서는 또 다른 역내 강대국 일본을 딛고 넘어서야 하며, 이런 관점에서 일본은 중국의 구조적 경쟁상대로 인식될 수밖에 없다. 중국의 지역주의 정책 혹은 변경 정책은 주변 지역을 안정시켜서 경제 관계 발전을 도모하고 이것을 통해 지역적 영향력은 물론이고 궁극적으로 글로벌 강대국으로 도약하려는 것을 목표로 하고 있다. 이를 위해서 지역 제도에 점차 적극적으로 참여하였으며, 최근에는 중국 중심의 대안적 질서 구축을 염두에 두고 있는 움직임까지 보이고 있다.

미국의 안보 우산 아래서 압도적인 경제력을 축적한 일본은 오랫동안 동아시아의 실질적인 맹주로서 위상을 유지하였다. 그렇지만 자신의 영향력의 원천이었던 경제력 측면에서 중국에 추월당하는 지경에 이르렀다. 근대 역사에서 발전된 서양을 추월하겠다는 일념으로 매진하였고, 1990년대에 들어 이런 목표를 거의 달성할 시점에서 좌절한 일본은 처음으로 다른 나라에게 추격을 허용하는 셈이었다. 이것은 일본에게 지역 주도권 유지라는 목표를 재차 각인시켜 주고 있다. 2010년 동중국해 사태를 계기로 안보 측면에서 기존의 북한 위협에 더해서 중국 위협을 실감하였다. 일본은 국력의 하락, 경제적 침체, 그리고 중국에 대한 협상력 부재라는 총체적인 문제를 노출하였다.

중국으로부터의 위협이 가시화되자 자신의 안보와 중국에 대한 견제 차원에서 국방력 강화에 적극적으로 나섰다. 일본의 재무장의 본격화는 '보통국가 건설'이라는 국가 전략과 맥을 같이 하는데, 이러한 장기적 목표를 위해 아베 총리가 설정한 단기적 정책 목표는 일본을 전수 방위의 평화 국가에서 '적극적 평화주의'를 지향하는 나라로 변화시키는 것이다. 적극적 평화주의가 의미하는 바는 군사력 확대에 대한 일본 국민과 한국, 중국 등 인접국의 우려를 해소하고 서방과 동남아 국가들의 지지를 이끌어 내면서 일본을 집단적 자위권의 행사가 가능한 국가로 만들겠다는 것이다. 부상하는 중국을 견제하기 위해 추진 중인 동아시아에서의 미-일 안보 협력의 강화와 유엔 평화 유지 활동 등의 전 지구적 영역에서의 군사 활동을 위해서는 집단적 자위권의 확보가 필수적이라는 논리를 담고 있다.[6] 아베 총리의 적극적 평화주의는 일본판 국가안전보장회의(NSC) 설립, 특정비밀보호법 제정, 무기 수출 3원칙 수정, 집단적 자위권에 대한 헌법 해석 수정, 그리고 궁극적으로는 개헌까지 이르는 수순을 밟을 것으로 보인다.

지역 차원에서도 중국에 대응하기 위해서 분쟁이 격화되고 있는 남중국해 문제와 관련해서 주변 국가들과의 협력을 강화하고 있다. 2013년 1월 인도네시아 자카르타에서 '열린 바다의 혜택: 일본 외교의 새로운 5원칙'이란 주제로 진행한 연설에서 아베 총리는 아시아 해양을 철저히 개방하여 자유와 평화의 바다로 만드는 것이 불변의 국익이라고 강조하였다.[7] 아베 정부의 이러한 방침은 조어도를 둘러싼 영토 분쟁에서 유사한 문제를 갖고 있는 동아시아 국가들과 협력을 강화하겠다는 것을 의미한다. 아베 정부는 영유권 문제에 대한 소극적 대응에서 벗어나 미-일 동맹을 바탕으

6_손기영, "일본의 보통국가로의 전환과 동북아 안보협력을 위한 한국의 전략," 『국제관계연구』 19:1(2014), pp. 126-7.

7_박철희, "동아시아 세력전이와 아베 내각의 대외전략 기조," 박철희 편, 『동아시아 세력전이와 일본 대외전략의 변화』(동아시아재단, 2014), pp. 39-41.

로 중국에 강경하게 대응하는 한편, 동아시아 국가들과 협력하여 중국에 공동으로 대응하는 기제를 마련하려는 것이다. 일본의 이러한 방침은 미국의 재균형 정책에 대한 반응인 동시에 해양에서 가중되는 중국의 위협에 대응하기 위해 아시아 국가들과 연대를 강화하는 이중 전략인 셈이다. 일본은 특히 아세안의 중요성을 강조하고 있다.

아베 정부는 또한 중앙아시아와의 협력도 강화하고 있다. 제2기 아베 정권 이후 명확해진 중국 부상에 대한 경계심으로 인해 중앙아시아 정책은 중국 포위망 성격을 띠게 되었다. 일찍이 2006년 11월 아베 총리는 일본 외교의 새로운 틀을 제시하는 중요한 의미를 갖는 연설 속에서 유라시아 대륙의 외연부에 중앙아시아를 포함한 '자유와 번영의 호'를 건설하고 '신흥 민주주의 국가'를 지원할 새로운 전략을 제안한 바 있다. 이런 새로운 외교 정책은 민주주의, 자유, 인권, 법의 지배, 시장 경제 등 보편적 가치를 강조하는 것이었다. 그러나 2007년 아베 정권이 교체된 후, 이 정책은 한동안 조명을 받지 못하였다. 이것은 민주당 정권 하에서 주목을 받지 못하였지만, 제2차 아베 내각 출범 취임 직후부터 내정과 외교 양면에서 적극적인 외교 정책을 추진하고 있으며, 외교 정책의 기조로서 '자유와 번영의 호'를 계승 발전시키려는 의지를 강력하게 피력하였다. 일본이 중앙아시아로의 진출을 강화할 때 중국과의 충돌과 대립은 불가피할 것으로 예상된다.[8]

현재의 양국 간 역내 경쟁 구도는 중국의 '서진 전략'과 일본의 '남진 전략' 사이의 대결로 요약할 수 있다. 중국의 일대일로 구상은 미국의 아시아 재균형 전략에 대한 우회적인 대응으로써, 많은 전문가들은 이를 두고 중

8_Timur Dadabaev, "Chinese and Japanese Foreign Policies towards Central Asia from a Comparative Perspective," *The Pacific Review* 27:1(2014).

국의 서진 전략으로 표현하기도 한다. 즉, 중국은 최근 미국의 아시아 중시 정책을 중국 '봉쇄'로 인식하고 이에 대한 대응으로 서쪽을 중시했고, 미국을 제외한 아시아, 유럽, 아프리카 국가들을 하나의 경제권으로 통합하려는 '일대일로' 전략을 제기했다는 것이다. 특히 중국은 AIIB 설립을 주도하는 과정에서 미국과 일본 등의 반대에 직면했지만, 주변국(한국, 베트남 등)은 물론 인도와 러시아 및 다수의 유럽 국가들의 적극적인 호응을 이끌어 냈다. 이로 인해 서진 전략이 탄력을 받을 것으로 예상된다.

일본은 동중국해와 남중국해에서 중국의 공세적 영향력 확대 전략에 맞서서 동남아시아, 오세아니아, 남아시아를 잇는 남진 전략을 추진하고 있다. 일본의 중국에 대한 공세적 세력 균형 정책은 외교적 측면과 군사·안보적 측면을 중심으로 전개되고 있는데, 제도적 균형은 중국과의 영토 분쟁을 벌이는 국가 혹은 대중국 봉쇄에 협력할 수 있는 국가를 적극적으로 지원하면서 대중국 견제 협력 망 구축에 힘을 쏟는 것이다. 아베의 외교 전략은 중국 주변국들과의 연계를 강화해 중국에 압박을 가하고, 중-일 관계에서 주도권을 쥐겠다는 의도를 지닌 것이었다. 특히 아베 총리에게 중국과의 영토 분쟁이 잦은 동남아시아는 중국 포위의 남쪽 기지이며, 몽골은 북쪽 기지로서의 의미를 지닌다고 볼 수 있다.[9]

2) TPP와 중-일 경쟁

최근 TPP 협상의 타결과 함께 지역 통상 질서의 구축을 둘러싼 중-일

9_박병광(2014), p. 53.

간의 갈등이 고조되고 있다. TPP는 아·태지역 12개 국가가 참여하는 자유무역협정으로서, 회원국들이 동아시아(말레이시아, 싱가포르, 부르나이, 베트남, 일본), 오세아니아(뉴질랜드, 호주), 라틴아메리카(칠레, 페루), 그리고 북미(미국, 캐나다, 멕시코) 등 네 지역에 산재하고 있으며, 모두 APEC 회원국들이다. 2006년에 설립된 싱가포르, 뉴질랜드, 브루나이, 칠레가 참여하는 P4(Trans-Pacific Strategic Economic Partnership)에 기초해서 여타 국가들이 참여함으로써 점진적으로 확대되었다. TPP는 WTO-plus를 포함하는 종합적이고 높은 수준의 자유화를 지향하면서 기존의 양자 중심을 벗어나 다자적 무역협정을 목표로 하였다.[10] 그리고 다수의 동아시아 국가가 참여하고 있다는 점에서 동아시아 지역주의의 향배에 대해서도 커다란 파급 효과를 미칠 것으로 예견되었다. 더구나 자신의 동아시아 공동체 제안이 벽에 부딪힌 일본이 2011년 TPP에 참여할 의사를 표명함에 따라 동아시아 지역주의와 중-일 간의 경쟁에서 중요한 의미를 갖게 되었다. FTA 체결과 관련해서 국내적 반대로 인해 가장 소극적이었던 일본이 TPP에 참여한 이유는 처음에는 미국과의 관계 개선이었지만, 경제 활성화를 위한 국내 개혁과 중국에 대한 견제라는 전략적 효과가 점차 중요해졌다.

일본 정부는 2010년 11월 요코하마에서 개최된 APEC 정상회의를 마친 후 오키나와 후텐마 기지 이전 문제로 악화된 미국과의 관계 개선을 도모하려는 전략적 의도에서 TPP 참가 논의를 본격적으로 시작하였다. 2010년 간 일본 총리는 '제3의 개국'이라 칭하며 TPP 참가에 역사적 의의를 부여하였지만, 2011년 3월 발생한 동일본 대지진으로 인해 논의가 멈

10_Ann Capling and John Ravenhill, "Multilateralising Regionalism: What Role for the Trans-Pacific Partnership Agreement?" *The Pacific Review* 24:5(2011), p. 554.

춰졌다. 뒤를 이은 노다 총리는 2011년 11월 TPP 참가를 목표로 참여국과의 협의 개시를 발표하였다. 그렇지만 그 역시 국내적 반대에 부딪혀 최종 결정에 이를 수가 없었다. 주지하다시피 일본 농업은 국민총생산의 1%에도 미치지 못하고, 전체 인구의 4.8% 정도에 불과하지만 전국농업협동조합중앙회를 중심으로 막강한 정치적 영향력을 행사하고 있다. 2011년 APEC 정상회의에서 조건부 TPP 참가 의사를 공식 통보하기까지 국내적 반대를 극복하기 위한 어려운 논의 과정이 있었다.[11]

그리고 2012년 12월 자민당이 다시 정권을 잡은 후 아베 총리 주도로 미국과 힘겨운 줄다리기 끝에 국내적 반대를 무릅쓰고 2013년 3월 15일 협상에 참여하기로 최종 결정하였다. 경제 부흥을 목표로 하고 있던 아베 총리에게 TPP 참여는 필수 불가결한 것으로 인식되었다. 그렇지만 농업(쌀, 밀, 유제품, 육류, 설탕 등 5개 품목)을 비롯한 민감한 부분에 대한 예외적 취급을 미국에게 관철시키기 위해 노력하였다.[12] 2013년 7월 일본의 TPP 참여가 공식적으로 확정되기까지 일본 정부는 TPP의 최대 주주인 미국과의 대외적 협상과 강력한 보호주의 세력과의 국내적 협상이란 힘겨운 양면게임을 진행하였다. 농업과 의료계가 반대 여론을 주도한 반면, 경단련 등 경제계는 찬성이었다. 미국 의회도 일본의 참여를 달갑게만 여기지는 않았다. 일본의 비관세 장벽 때문에 고충을 받던 자동차, 쇠고기 분야 등이 일본의 완전한 자유화를 요구하였다.[13] 쇠고기, 돼지고기, 쌀, 그리고 자동차

11_일본의 TPP 참여 과정에 대한 논란은 William L. Brooks, "Politics and Trade Policy in Japan: Trans-Pacific Partnership Negotiations," *Asia-Pacific Policy Papers Series* (The Edwin O. Reischauer Center for East Asian Studies, 2015)을 참조할 것.

12_T. J. Pempel, "The Japanese Perspective," *Joint US-Korea Academic Studies* 167 (Korea Economic Institute of America, 2013), p. 176.

부품 관세율 인하를 둘러싼 이견으로 인해 미-일 간 협상이 난항을 겪었다.

국내 개혁 의지에 더해서 미국과의 관계 긴밀화도 TPP 참여의 주요 목표의 하나였다. 민주당 정권 하에서 소원해진 미국과의 관계 개선은 아베 총리의 적극적인 외교 안보 정책 추진에 있어서 중요한 전제 조건이었다. 그리고 일본에 대해 공세적으로 접근하는 중국에 대한 견제라는 전략적 이익도 목적이었다. 일본은 특히 지적재산권 보호나 비관세 장벽 제거 등 새로운 통상 규범을 중국이 수용하도록 압력을 가하기 위한 수단으로서 TPP가 유용할 것으로 인식하였다.[14] 그러나 일본은 드러내 놓고 중국과 대립하려고 하지 않았다. TPP에 참여하면서 일본은 중국을 배제하는 인상을 주지 않으려 했고, 중국과 양국 간 FTA 협상을 진전시킬 것이라고 언급하면서 무마시키려는 태도를 보이기도 하였다.

중국은 TPP를 미국의 중국 포위 전략의 일환으로 간주하였다. 표면적으로 미국이 이를 부인하고 있지만, 남중국해에서 갈등을 빚고 있는 베트남이 참가하고, 동중국해에서 영유권 다툼을 하고 있는 일본도 가담하기로 하면서 중국의 의구심이 깊어졌다. 이를 근거로 미국과 일본에 대해 불편한 심기를 노골적으로 표시하였다. TPP가 중국에 대해서 배타적이지는 않겠지만, 문제는 여기에 참여하기 위해 중국이 지불해야 할 자유화의 비용이 적지 않을 것이란 점이다. 실제로 TPP에의 진입 장벽은 높을 수밖에 없다. P4가 TPP로 확대되는 과정에서는 신규 참여국에 대한 차별이 거의 없었지만, 미국이 주도권을 쥔 이후에는 가입 절차 및 조건이 복잡해지기 시작하였다.[15] 더구나 기존 참가국들은 신규 참여국에게 부가적 조건을 요구

13_Brooks(2015), pp. 44-7.

14_Brooks(2015), p. 51

할 수 있기 때문에 미국의 입김이 강하게 작용할 소지가 있다.

실제로 미국은 멕시코, 캐나다, 일본에게 특정한 자유화 조치를 조건으로 신규 참여를 허용하였다. 미국이 동맹국인 일본에 대해서는 어느 정도 입장을 배려해 주었지만, 중국에 대해서는 기존 협상 결과에 대한 무조건적 수용에 더해서 추가적인 자유화 조치를 요구할 개연성이 크다. 이 경우 중국에 대한 진입 장벽은 훨씬 더 높아질 수 있다. 그리고 TPP가 하나의 통합된 지역무역협정을 지향하면서도 회원국 사이의 양자 간 합의를 중시하기 때문에 향후 회원국 확대 과정은 더욱 복잡해질 가능성이 있다.[16] 이런 TPP의 배타성을 감안하면 중국이 대항적인 지역 통합을 추진할 유인을 가진다.[17]

지금까지 중국이 다소 손해를 보더라도 정치적 영향력을 확대한다는 차원에서 전략적으로 FTA를 맺었기 때문에 개연성이 더욱 크다. 실제로 중국 정부는 TPP 협상이 본격화됨에 따라 RCEP을 수용하고, 한중일 FTA를 적극 추진하고 나섰다. 중국은 일본이 자신의 경제적 영향력 확대를 막기 위해 한중일 FTA 협상과 관련해서 지연작전을 쓰고 있다고 비난하기도 하였다.[18] 그리고 중화권 협력체를 구축하는 방안도 다양하게 모색하고 있

15_2011년 APEC 정상회의에서 일본, 멕시코, 캐나다가 참가 의사를 표명했을 때, 기존 참가국들은 새로운 멤버들을 두 가지 방식으로 차별하고자 하였다. 첫째는 기존 회원국들 사이의 합의 사항을 수용해야 하며, 둘째는 기존 참가국들 사이에 분야별 합의에 도달할 경우 이에 대한 거부권을 가지지 못하도록 하였다. Hamanaka(2014), p. 171.

16_Hamanaka(2014), p. 173.

17_Peter A. Petri, Michael G. Plummer and Fan Zhai, "The Trans-Pacific Partnership and Asia-Pacific Integration: A Quantitative Assessment," East-West Center Working Paper No. 119(Honolulu: East-West Center, 2011), p. 35.

18_Paul Bowles, "China debates the TPP," *East Asia Forum* (http://www.eastasiaforum.

다.[19] 일본이 TPP로 분명하게 선회를 한 2013년 10월 시진핑 주석은 발리 APEC 정상회의에서 APEC의 주도로 모든 회원국이 참여하는 무역협정을 체결할 것을 주장하였다.[20] 중국은 2014년 11월 베이징에서 열린 APEC 정상회의를 계기로 TPP에 대결하기 위해 자국 중심의 '아·태지역 자유무역지대'(FTAAP)를 2025년까지 설립하는 것을 목표로 관련국들을 설득하고 있다. 여기에는 실현 가능성보다는 담론을 주도하겠다는 의도가 더 진하게 깔려 있었다. 중국이 명실상부하게 역내 자유화를 추진하겠다는 의도는 없지만 TPP에 대항해서 RCEP을 가지고 평행선을 달리기보다는 먼저 미국을 포함하는 새로운 건설적인 대안을 제시했다는 점에서 의미가 없지는 않다.

여기에 더해서 중국은 실크로드 경제 지대와 21세기 해상 실크로드로 불리는 '일대일로' 정책을 통해 육로를 통한 중앙아시아로 진출과 바닷길을 통한 동남아시아 진출을 적극적으로 도모하고 있다. 심지어는 중국이 TPP에 대해서도 긍정적인 검토를 하고 있다는 보도도 나왔다. 2013년 4월 일본이 TPP 참여를 선언하자 2013년 5월 중국 상무성 장관은 중국도 참여를 고려할 수 있다고 언급하였다.[21] 그렇지만 문제는 미국이 지적재산권, 노동 및 환경 기준, 국영 기업 규제 원칙 강화 등 중국이 수용하기 힘든 분

---

org., March 20, 2014)

19_일례로 중국 칭화대 국제경제연구소 쥐젠퉁 교수는 '화하(華夏) 공동체' 안을 내놓았다. 이것은 중국과 대만, 양안의 경제 통합을 기반으로 홍콩·마카오 등을 묶어 단일 통화권을 먼저 만든 뒤 궁극적으로 남·북한과 싱가포르, 베트남, 몽골 등을 포함해 9개 국가로 자유무역 블록을 형성하자는 것이 핵심 내용이다. 『중앙일보』(2012년 7월 16일).

20_Bowles(2014).

21_진정성 여부를 떠나 이것은 중국과 일본이 얼마나 서로의 움직임에 민감한가 보여 주는 좋은 사례이다. Paul Bowles, "China debates the TPP," *East Asia Forum* (http://www.eastasiaforum.org., March 20, 2014).

야에 역점을 두고 있기 때문에 실제로 TPP에 가입하기는 상당 기간 어려울 전망이다.[22]

미국과 일본의 TPP 추진에 대항해서 중국도 AIIB와 같이 미국과 일본이 배제된 배타적인 제도화에 성공을 거두었으며, 이런 성과에 고무된 측면도 있었다. AIIB는 인프라 건설에 대한 자금 지원에 있어서 중국이 전략적 고려를 우선시함으로써 미국과 일본이 ADB를 통해서 역내에서 투명성, 노동, 환경 기준 등의 측면에서 힘들게 성취한 성과들을 희석시킬 우려가 있었기 때문에 걱정거리였다. TPP의 성공적 추진은 미국과 일본에게 중국보다 우위를 점할 수 있는 계기를 마련해 주었다.[23] 중국의 입장에서 TPP가 자신에게 위협으로 다가올수록 일본에 대해서 더욱 민감하게 반응할 가능성이 있다. 미국은 어쩔 수 없다 손 치더라도 미국과 가장 가까운 일본은 상대적으로 괴롭히기 손쉬운 상대이다. 향후 중-일 간의 갈등은 결국은 상당 부분 중국과 미국 사이의 대리전 양상을 띠게 될 전망이다.

TPP 타결 이후 중국은 효과적인 대응책을 암중모색하고 있지만, 일본은 크게 고무된 모습이다. 일본의 아베 총리는 TPP는 시작에 불과하며, 일본은 이것을 발판으로 더욱 큰 아·태지역의 자유무역지대와 유럽 국가들과의 FTA를 추진하겠다는 의지를 표명하였다.[24] 이를 통해서 자신이 원하는 통상 규범과 질서를 구축하겠다는 의도도 드러내었다. 한중일 FTA는 물론이고 RCEP과 일본-EU 경제동반자협정(일본판 FTA) 체결에도 적극 참

22_Evelyn Devadason, "The Trans-Pacific Partnership(TPP): the Chinese perspective," *Journal of Contemporary China* 23:87(2014), p. 475-6.

23_Mina Polmann, "What the TPP Means for Japan," *Diplomat* (Oct. 8, 2015).

24_"Abe hails TPP success but calls it 'just a start'," *The Japan Times* (Oct. 6. 2015).

여할 의향을 보였다. 일본은 TPP 규칙 제정에 참여했다는 사실에 근거해서 이들 무역협정 체결에 있어서도 주도권을 장악할 수 있다는 자신감을 보이고 있다.[25] 2015년 11월 한국에서 열린 한중일 정상회담에서도 높은 수준의 한중일 FTA를 적극적으로 추진하자고 제안하였다. 아울러 한국, 인도네시아, 필리핀 등의 TPP 참여에도 긍정적인 입장을 보였다. 일본과 중국 사이에 배타적인 주도권 경쟁은 벌어지지 않을 것이지만, 일본이 미국을 등에 업고 동아시아의 통상 규범을 자신의 의도대로 제정하려고 할 경우 중국과 ASEAN에게는 커다란 압력으로 작용할 수 있을 것이다. 이에 효과적으로 대응하기 위해서는 중국이 통상 규범은 물론이고 지역 제도 형성 과정에서 여타 지역 국가들과의 협력을 강화할 필요성이 있다. 지역 규범이나 질서를 둘러싼 중-일 갈등의 심화는 중견국 외교의 여지를 확대시키는 효과를 가질 것으로 기대된다.

3) 미국과 중-일 주도권 경쟁

지역 경쟁 구도는 외부 패권국의 개입이나 관여 정도에 크게 영향을 받는다.[26] 패권국 미국이 지역에 개입하는 정도가 높고 충분한 지역 공공재를 제공할 경우 중국과 같은 신흥 지역 강대국들에게 운신의 폭 내지는 전략적 여지가 별로 없을 것이며, 역내 질서도 안정적이 될 것이다. 그러나 미국의 개입 정도나 공공재 제공이 충분치 않을 경우 신흥 강대국이 지역 패

25_Kazuaki Nagata, "Experts hail strength Japan has gained from TPP agreement," *The Japan Times* (Oct. 6, 2015).

26_Lobell et al(2015), pp. 153-4.

권적 위상을 추구할 여지가 생겨날 것이다. 동아시아에서는 미국 패권의 쇠락과 국내 문제에의 집중 그리고 중동 중시 경향 등의 요인이 작용해서 신흥 강대국 중국에게 운신의 여지가 생겨났다. 평화적 부상에 골몰하던 중국이 공세적 대외 정책을 추진함에 따라 역내 우려가 고조되었다. 이것이 중-일 경쟁을 촉발하였음은 물론이고 미국의 회귀마저도 재촉하였다. 이로 인해 중국과 미국 사이의 대결 구도가 본격화되었다.

미-중 사이의 경쟁 구도의 형성은 중견국가나 약소국에게 전략적 선택의 여지를 증대시키는 효과를 가졌다. 패권국을 추종하거나, 신흥 강대국에 대한 균형을 취하거나, 양자 사이에서 중립적인 전략을 추구할 수도 있다. 기존의 강대국 일본의 존재로 인해 전략적 선택에 있어서 유동성이 더욱 크다. 이런 전략적 유동성과 불확실성의 고조는 모두에게 신중한 행동을 요구하기 때문에 반드시 부정적인 것만은 아니다. 그렇지만 강대국 간의 경쟁 구도를 완화시키고 역내 안정성과 예측 가능성을 제고시키기 위해서는 중견국가 주도의 제도화 노력이 필요하다. 지금까지 지역 국가들은 관여와 위험 회피 사이에서 다양한 정책을 추진할 수 있었지만, 미-중 사이의 경쟁이 지나치게 과열되면 중견국가나 약소국에게 선택지가 줄어들게 될 것이다.[27]

미-중 사이의 관계는 중국과 일본 사이의 지역 주도권 경쟁에도 커다란 영향을 미칠 것이다. 지금까지 미-일 관계가 긴밀해지면 중국이 불안해하고, 미-중 관계가 긴밀해지면 일본이 불안해하는 양상이 전개되었다. 미국과의 관계가 상대적으로 소원해졌다고 느끼는 쪽은 독자적인 국방력 강화

27_김재철, 『중국, 미국, 그리고 동아시아: 신흥 강대국의 부상과 지역질서』(한울아카데미, 2015), pp. 123-57.

나 지역 협력을 강화하고 나섰다. 이런 경향은 미국과 오랫동안 동맹 관계를 맺었던 일본에게서 보다 강하게 드러났다. 1972년 미국이 일본에게 고지하지 않고 중국과의 관계 정상화에 나섰을 때 일본이 느꼈던 배신감은 컸다. 이에 일본은 중국과의 관계 개선은 물론이고 ASEAN과의 관계 긴밀화에 적극적으로 나서게 되었다. 그리고 중국의 부상과 함께 미국과 중국이 경쟁하면서 협력하는 관계를 맺게 되면서부터 미-중 관계에서 협력적 측면이 부각될 때 일본의 불안감은 고조되었다. 반면에 1996년 이후 미-일 방위조약 강화 등 미-일 관계가 긴밀해졌을 때, 중국이 크게 불안감을 느끼면서 ASEAN과의 관계 심화에 나섰다. 현재와 같이 미국이 일본과의 관계를 중시하게 될 경우, 중국은 고립을 피해 독자적으로 군사력을 강화하거나 아시아로의 외교를 강화할 것으로 예상되며, 이 경우 중국 주도의 동아시아 지역 협력이 추진될 개연성이 있다.

미국으로서 가장 우려스러운 것은 중국과 일본이 자신이 배제된 지역주의를 추진하는 것이다. 1997년 동아시아 경제 위기 해결 과정에서 드러난 미국의 강압적인 신자유주의적 개혁 요구에 대한 반감으로 동아시아 지역 협력이 본격화되었으며, 2008년 금융 위기를 계기로 가속화된 동아시아 금융 협력은 미국 발 금융 위기에 대한 중국과 일본의 공동 대응이란 측면이 강하였다. 따라서 중-일 관계의 개선은 미-중 관계나 미-일 관계의 변화가 가져올 지역 차원의 유동성과 불확실성을 감소시키는 효과를 가질 것이고, 동시에 동아시아 지역 협력을 촉진할 수 있을 것이다. 그러나 중-일 관계의 개선과 동아시아 지역주의나 정체성의 강화는 미국에게 커다란 위협으로 다가갈 것이기 때문에 미국이 손을 놓고 관망할 가능성은 크지 않다. 미국은 마하티르 말레이시아 총리가 제안한 EAEG(East Asian Economic Group), 일본이 주도한 AMF(Asian Monetary Fund), 그리고 중국과 말레이시아가 주도한 EAS(East Asia Summit) 강화 방안 등에 대해서 적극적으로 반대하여 좌절시킨 바 있다. 따라서 심도 있는 동아시아의 지역 협력은 미-중-일 삼각관계의 개선이 있을 경우에 실현 가능성이 클 것이다.

중국은 미국의 '재균형 전략'을 '대중국 포위' 전략으로 보며, 미국은 중국이 지역 패권을 추구하는 것으로 보는 경향이 강하다. 이런 상황 하에서 동아시아는 중국에게 미국을 견제하는 데 유용성을 가졌다. 일본과의 갈등이나 미-일 협력 관계 강화는 중국에게 자신에 대한 봉쇄를 뚫기 위한 수단으로 동아시아 지역 협력을 필요성을 더욱 부각시켰다. 이러한 이유로 동아시아 지역 협력이 중국의 중요한 외교 정책 목표가 되었다. 따라서 일본과도 경쟁이나 대립만 지속할 이유가 없었다. 커다란 글로벌 전략 차원에서 볼 때 미국과의 관계도 마찬가지이다. 미-중 관계의 강화는 일본에 대한 유용한 견제 수단이 되는 동시에, 자신의 위상 강화에도 유용하게 작용했다. 중국의 신중한 외교는 자신의 역내 위상의 강화를 가져오는 동시에 일본의 역내 리더로서의 부상을 막고, 적대적인 봉쇄 구도의 형성을 저지했다는 측면에서 성공적이었다.

중국은 현재 아시아에서는 일본의 금융 우위에 도전하고 있고, 글로벌 차원에서는 미국 달러의 기축 통화 지위에 도전하고 있다. 향후에도 이런 도전이 많은 갈등을 야기할 것으로 보인다. 노동 집약적 제조업은 한계가 있으며, 경상수지 흑자는 통화 권력을 쥐지 못할 경우 휴지조각이 될 우려가 있다는 점을 잘 알고 있다. 따라서 중국은 금융력 제고와 기술력 제고에 매진할 것으로 예상된다. 금융력 제고에 있어서는 위안화의 위상 강화가 핵심이 될 것이다. 그리고 기술력 제고는 지금까지 외국 기업을 활용한 외생적인 것에 주력했지만, 향후에는 내생적인 기술력 제고를 위한 노력을 배가시킬 것으로 보인다. 달러 패권에 대한 도전은 일본의 협력이 필요하겠지만, 미국이 일본에 등을 돌리지 않는 한 일본의 협력을 확보하기란 쉽지 않을 것이다. 따라서 아시아에서 위안과 엔 사이의 갈등이 지속될 것으로 예상된다. 금융 문제를 둘러싼 중국과 일본 사이의 경쟁과 대립이 더욱 격화될 가능성이 크다. 문제는 양국 사이의 갈등이 중국과 미국 사이의 대리전 양상을 띠고 있다는 점이다. 따라서 미국과 중국 사이의 금융 면에서의 대립이 심화될 경우 중-일 사이의 갈등은 물론이고 동아시아 금융 협력의 어려움이 커질 것으로 예상된다.

최근에는 중국이 일본과의 갈등이 고조되어 미-일 간의 협력 관계가 강화되는 것에 대해서는 부담감을 느끼고 있는 반면, 일본은 중국과의 갈등을 고조시켜 미-일 관계를 강화하려는 경향을 보이고 있다. 일본의 '집단적 자위권' 카드는 미국을 움직이는 효과적인 수단이었으며, 미국은 중-일 양국이 서로 영유권을 주장하는 조어도 열도에 대해서 이 지역이 미-일 안보조약의 적용 대상이라고 확인시켜 주었다. 클린턴 미 국무장관은 중-일 간 조어도 열도 분쟁이 한창이던 2010년 9월 23일 뉴욕에서 마에하라 세이지 일본 외무상을 만나 조어도 열도가 미국의 방위 의무가 규정된 미-일 안보조약 5조의 대상이라고 언급함으로써 일본에 대한 지지 입장을 천명했으며, 마이크 멀린 미 합참의장 또한 기자 회견에서 조어도 열도 사태를 둘러싼 긴장이 외교적 노력을 통해 해소되길 희망하면서도 분명하게 일본의 입장을 지지한다고 밝히기도 하였다. 그리고 2014년 4월 오바마 대통령은 일본 방문 시 조어도 열도가 미-일 동맹의 적용 대상이고, 중국의 힘에 의한 현상 변경 시도에 반대한다는 문안을 공동 성명에 포함하여 미국 대통령으로서는 처음으로 공식적으로 이 문제에 대한 일본 입장을 지지하였다.

중국은 미국의 개입에 대해 강력하게 반발하였다. 중국은 미국의 아시아 재균형 전략이 결국은 일본과의 동맹 강화를 통해 일본을 전면에 내세워 중국의 부상을 견제하려는 전략이라는 우려를 갖게 되었다. 이러한 미국의 의도가 조어도 문제에 대한 미국의 일본 지지로 표출되고 있다고 판단했다. 중국은 조어도 열도를 둘러싸고 일본과 분쟁이 지속되고 있는 역사적 배경에는 미국의 개입이 있었다고 본다. 중국은 청일 전쟁 이후 체결된 시모노세키 조약으로 일본이 타이완과 조어도 열도를 점령했고, 2차 세계대전 이후 체결된 카이로 선언과 포츠담 선언에 의해 조어도 열도는 중국의 영토로 귀속되어야 했으나, 미국의 개입으로 현재까지 중국으로 반환되지 않고 있다는 입장이다. 중국은 일본 정부가 선장의 구금, 국유화 조치 등 전례 없이 강경하게 나온 배경도 일본이 최근 일련의 미-중 간 갈등을 이용하여 중-일 간 분쟁에 미국을 끌어들이고자 한 것이고, 미국 역시 이 분쟁을 계기로 동아시아로의 복귀와 중국의 부상을 견제하려는 의도가 있다고 본다.

중국의 화평발전 전략에는 자신의 핵심 이익을 보호하겠다는 강한 의지가 담겨져 있다. 중국이 미국과의 관계 속에서 주장하는 상호 존중의 개념은 미국이 중국의 핵심 이익을 인정하고 중국의 내정에 간섭하지 않아야 된다는 의미를 내포하고 있다. 중국이 주장하는 '핵심 이익'은 '주권과 안보, 영토 및 민족 통합'을 일컫는다. 중국의 주권 개념은 중국 대륙을 넘어 타이완과 동중국해, 남중국해에 대한 지배권을 의미하며, 민족 통합은 티베트, 신장 지역 등 변방 소수민족에 대한 지배권을 말한다.[28] 신형 대국 관계론은 중국의 국력이 급상승하면서 미-중 간의 권력 관계가 변화함에 따라 이에 맞게 상호 존중 및 호혜적인 협력을 바탕으로 양국 간에 새로운 강대국

28_주용식, "중국 패권주의와 신형 대국관계," 『신아시아』 21:1(2014), pp. 43-4.

관계를 정립하여 중국의 부상에 대한 미국의 경계심을 낮추면서 중국의 지속적인 화평발전을 이루겠다는 뜻이다.

그렇지만 일본은 이러한 미국을 등에 업고 집단 자위권을 선포해 아시아 지역에서의 영향력 확대에 부심하고 있다. 중국은 미국이 아시아 지역에서 일본을 앞세워 자신들을 압박하고 있다고 생각하기 때문에 조어도 분쟁을 단순한 자원 경쟁이나 자존심 문제가 아니라 역내 주도권 장악을 통해 글로벌 강대국으로 거듭나기 위해서는 반드시 극복해야 할 장애물로서 인식하고 있다. 중국은 최근 10여 년간 국제적 의구심을 뒤로 한 채 계속 군사비를 증액하면서 항공모함을 진수시켰고, 스텔스기를 개발하는 등 군사력 확장에 부심하고 있다. 미국은 이와 같은 중국의 의도를 알고 중국과 남사군도 영유권 분쟁을 벌이고 있는 필리핀과 베트남을 지원하고, 조어도 문제와 관련해서는 미-일 안보조약에 의거, 일본에 힘을 실어 주면서 중국을 견제하는 정책을 추진하고 있다. 중국의 부상을 견제하려는 일본과 미국, 그리고 이 연합 전선을 돌파하려는 중국의 의지는 중국의 부상과 더불어 더 이상 피할 수 없는 사실이 되고 있다.[29] 이런 점은 중국이 남중국해 남사군도 인근에 조성 중인 인공 섬을 둘러싼 미-중 간의 대결에서 극명하게 드러나고 있다. 최근 중국은 이 섬을 근거지로 한 군사적 활동을 본격화하려 하고 있고, 미국은 1992년 필리핀 대법원이 외국 군대 주둔을 불법화하는 결정을 내린 이후 24년 만에 남사군도를 대면하는 필리핀에 군사 기지를 확보함으로써 대중 견제의 교두보를 마련하였다. 그 결과 남중국해에서 미-중 사이의 군사적 대치 상황이 본격적으로 조성되고 있다.

29_강준영, "시진핑 시대 중국의 동아시아 전략: 이론과 실제," 『중국과 중국학』 제24호(2014), p. 185.

미-중 군사적 대결 구도의 본격화는 중-일 간의 전략적 경쟁을 가속화시키고 있다. 그렇지만 강대국 사이의 전략적 우위를 위한 경쟁의 격화가 지역 국가들에게 미칠 부정적 외부 효과는 매우 크다. 따라서 역내 국가들의 적극적인 관여를 통한 지역 차원의 제도적 해법을 요구하고 있다. 중국으로서도 미국에 대한 효과적인 견제를 위해서 역내 국가들과의 협력이 필요하다. 일본의 입장에서는 향후 중국이 힘이 커갈수록 상호 공존할 필요성이 커질 것이다. 일본의 불안 요인은 자신이 중국과 영토 분쟁을 경험하고 있음에도 불구하고 미-중 사이에 협력 관계가 지속되는 상황이다. 일본으로서는 지역 국가들과의 협력을 통한 중국과의 공존 가능성 모색이 필요하다. 이와 같은 강대국 간의 치열한 전략적 경쟁 구도의 형성은 중견국 외교의 유용성을 더욱 크게 만들고 있다.

3. 중견국가의 역할

1) 중견국 외교의 유용성

중견국가들은 강대국 사이에서 중재를 하고, 선진국과 개발도상국 사이의 가교 역할을 하며, 분쟁의 평화적 해결과 평화 정착, 그리고 나아가 강대국에 대한 견제 및 균형 역할까지도 수행할 수 있다. 이런 관점에서 볼 때 중견국 외교는 제도 및 규범이 강대국 중심의 권력 정치를 대체하도록 만들 수 있는 잠재력을 가진다. 특히 주목할 것은 중국의 강대국으로의 부상에 대처하기 위한 중견국 외교이다. 중견국가들은 국제적 차원에서 다자적 제도 활용, 가교 역할, 합의 도출, 틈새 외교 추진, 동류의 국가들과의 연합 형성 등을 통해서 중국의 부상에 대처하고자 노력하였다. 주된 목표는 다극 체제의 형성, 규칙과 제도의 정착, 평화 구축이나 인간 안보의 달성 등이었다.[30] 그 중에서 다극 체제는 G-2와 같은 강대국 중심의 협조 체제가 등장하지 않도록 외교적 노력을 경주하는 것으로서, 이것은 강대국 중심이 될 경우 중견국가의 입지가 약화될 것이란 현실 인식에서 출발한 시도였다. 이런 점에서 중견국가와 약소국들은 다수의 행위자들이 협력해서 의사 결정을 하는 다극적인 체제에 전략적 이해를 공유한다. 동아시아에서도 중국의 부상과 중-일 경쟁의 가속화 과정 속에서 강대국 중심이 아닌 다극적인 질서가 정착되도록 중견국가들이 함께 노력할 유인을 가진다.[31]

공세적인 중국의 부상이란 새로운 현실에 직면해서 갈등과 분쟁을 평화적으로 해결하고, 제도에 바탕을 둔 안정적인 질서를 주도적으로 형성해 나갈 중견국가 리더십을 창출하는 문제는 기존의 ASEAN 중심의 지역 협력이 추동력을 상실하였기 때문에 더욱 중요하다. 중국의 부상에 대해 일본과 같은 강대국이나 중국으로부터 실제적인 위협을 경험하는 여타 나라들은 내부적인 군사력 강화나 미국과 같은 외부 세력과의 연대를 통한 견제와 균형에 의존하는 경향을 보였다. 그리고 약소국들은 중국과 긴밀한 관계를 형성함으로써 이득을 취하려는 편승 전략을 추진하기도 하였다. 그렇지만 중견국가는 지역 제도를 통해 대응할 인센티브를 보편적으로 가진다. 동아시아에서는 한국, 인도네시아, 말레이시아, 태국, 베트남 등이 현

30_Bruce Gilley and Andrew O'Neil, *Middle Powers and the Rise of China* (Georgetown University Press, 2014)를 참조할 것

31_Bruce Gilley and Andrew O'Neil, "China's Rise Through the Prism of Middle Powers," Gilley & O'Neil(2014), pp.10-5.

재 중견국가 반열에 든다고 볼 수 있다. 일본도 지역 강대국으로서 중국과 경쟁하면서 견제와 균형에 매몰되어 있지만, 중국에 비해 국력 열세가 분명해지거나 중견국가로서의 정체성을 갖게 될 경우 중견국 외교를 추진할 가능성이 있다. 이것이 현실화될 경우 중국을 포함하는 지역 제도화의 가능성은 커질 것이다.

중국으로서도 중견국가들의 규범에 사회화되는 것이 오히려 강대국들과의 관계를 주도해 나가는 데 유용할 수 있다.[32] 지역 패권을 추구한다는 이미지가 부각되면 자신의 목표 달성에 부정적인 효과가 있을 수 있다. 더구나 미국이 중견국가를 별로 중시하지 않기 때문에 중국에게는 유용한 틈새가 될 수 있다.[33] 중견국가는 어느 정도 미국으로부터 자유로울 수 있기 때문에 중국이 선호하는 바와 같은 미국의 영향으로부터 자율성이 있는 지역 질서의 형성에 유리할 수도 있다. 공공 외교란 관점에서 볼 때도 중국은 환경, 인권, 개발, 원조 등에서 중견국가들과 보다 적극적으로 협력할 필요가 있다. 그리고 중견국가 중심의 제도화는 그들이 전반적으로 법치주의 전통과 법적 능력이 약하기 때문에 이행 과정에서 구속력이 떨어질 수밖에 없다. 중국은 강대국으로서 제도 속에서 실질적인 비토권을 가질 수 있을 것이다. 역내 중견국가들은 대체로 강대국 사이에서 선의의 중재자 역할을 하고 싶어 하기 때문에 이들을 잘 활용할 경우 안정적이면서도 자신에게 유리한 지역 질서를 형성할 수 있을 것이다.[34]

32_Bruce Gilley, "China's Discovery of Middle Powers," Gilley & O'Neil(2014)의 핵심적인 주장이다.

33_David A. Cooper and Toshi Yoshihara, "US Responses to Middle Powers and China," Gilley & O'Neil(2014).

34_Gilley & O'neil(2014), pp. 251-3.

2) 주요 행위자

(1) ASEAN

ASEAN의 중심성은 동아시아의 지역 제도화를 가져온 핵심 동력인 동시에 동아시아가 '아세안 방식'이란 늪에 빠지게 된 주요한 원인이기도 하였다. 인도네시아, 말레이시아, 그리고 최근에는 태국 등과 같이 중견국가 범주에 포함될 수 있는 국가들은 한편에서는 각기 독자적으로 지역 협력 외교를 추진함으로써 중견국 외교에 시너지 효과를 가져다주지 못하였고, 또 다른 한편에서는 ASEAN이란 틀 속에서 집단적인 외교에 안주하는 모습을 보임으로써 ASEAN을 초월한 동아시아 전체에 대한 파급 효과가 적었다. 더구나 ASEAN은 만장일치에 근거한 복잡한 의사 결정 구조 때문에 신축성 있고 창의적인 외교를 펼치는 데 한계가 있었다.

중국의 부상에 대해서 ASEAN은 자신을 둘러싼 중국과 일본 사이의 영향력 확대 경쟁을 즐기면서도, 중-일 간의 선량한 중재자 역할을 자임하거나, 자신이 주도하는 제도 속으로 관여시킴으로써 자의적인 힘의 행사를 막고 제도적 균형을 취하고자 노력하였다.[35] FTA 체결, ARF와 TAC, APT와 RCEP 등을 통해 양 강대국과 협력하면서도 견제하려고 시도하였다. 경제적 이득은 매력적이었지만 군사력 팽창은 우려의 대상이었다. 그리고 세력 전이 과정에서의 불확실성에 대처하고 자신의 안보를 지키기 위해서 미국과 지속적인 협력 관계를 유지하였다.

35_Vibhanshu Shekhar, "ASEAN 's Response to the Rise of China: Deploying a Hedging Strategy," *China Report* 48:3(Sage Publications 2012), pp. 253-268.

ASEAN은 자신이 중심이 된 지역 제도는 적극 활용하면서도 주권 침해와 자신의 중심성 약화 및 강대국에 의한 지배 등에 대한 우려로 인해 구속력 있는 제도화에는 유보적이었다. 그리고 자신의 규범에 강대국들을 어느 정도 사회화시키는 데는 성공하였지만, 제도에 바탕을 둔 지역 질서 형성에는 한계를 보였다. 더 큰 문제는 최근 공세적인 중국에 대면해서 ASEAN 회원국들 사이에 균열이 생겨나고 있다는 점이다. 베트남이나 필리핀과 같이 중국의 위협을 실제적으로 느끼는 국가들은 미국과의 연대를 통한 세력 균형 움직임을 보이고 있으며, 캄보디아와 라오스 같이 취약한 국가들은 대중 편승 움직임도 보이고 있다. ASEAN은 내부의 단결성과 대외적 영향력 약화에 직면해서 경제 및 안보 공동체 실현을 앞당김으로써 자신의 중심성을 유지하려 하고 있다.

중-일 및 미-중 사이의 세력 균형 움직임이 강화되고 있는 현실에서 ASEAN 내부의 통합 완성과 이를 바탕으로 한 지역 전체의 제도화를 주도해 나가는 노력은 일리가 있다. 그러나 문제는 공동체 실현이나 중심성 유지 모두 쉽사리 성취할 수 있는 목표가 아니라는 점이다. ASEAN 내의 중견국가들이 중요한 역할을 해야 할 것이며, 특히 구속력 있는 제도화의 필요성에 대한 역내 공감대 형성에 기여해야 한다. 지금까지 ASEAN 내의 중견국가들은 독자적인 중견국 외교보다는 ASEAN 내의 의사 결정 과정에 영향을 미침으로써 간접적이고 집단적인 외교를 펼쳤다. 이와 같은 ASEAN 중심의 중견국 외교가 한계에 직면한 상황에서 ASEAN의 경계를 넘어서 여타 중견국가들과의 긴밀한 공조가 필요하다. ASEAN 내부의 중견국가들은 평화 지향과 같이 행태적으로는 중견국가이지만 완전한 민주국가도 아니고 경제력 면에서도 취약하기 때문에 보다 넓은 범위에서의 협력이 필요하다.

ASEAN 중견국가들 가운데 가장 주목해야 할 나라는 인도네시아이다. 인구가 세계 4위, 경제력은 세계 16위로서 중견국가로서는 상위에 속하지만, 군사력 측면에서는 아직까지 위상이 낮다. 자신을 중견국가의 범주에 귀속시키는 것에 만족하지는 않지만, 2013년 한국이 주도해서 만든 중견국가 연합체 MIKTA에 참가함으로써 중견국가 역할을 수용하고 있는 상태이다.[36] 인도네시아는 ASEAN의 실질적 리더로서 태평양과 인도양에 연하고 있어 전략적 중요성이 크다. 이로 인해 미국, 일본, 한국, 호주 등 역내 주요 국가들이 인도네시아와의 관계 강화에 나서고 있다. 역내 영향력 측면에서 중국은 인도네시아에게 위협이 되고 있으며, 인도네시아는 이런 중국에 대해 견제 필요성을 항상 느꼈다.

인도네시아는 전통적으로 동남아 지역에서 자신의 핵심적 이익을 지키기 위해서 ASEAN을 활용하였다. ASEAN 내에서의 중심적 위상을 바탕으로 실질적으로 많은 영향력을 행사하였다. 남중국해 영토 분쟁과 관련해서 인도네시아는 자신의 외교적 위상과 분쟁 당사국이 아니란 지위에 근거해서 선량한 중재자 역할을 자임하면서 분쟁의 평화적, 제도적 해결을 추구하였다. 이런 측면에서 볼 때 인도네시아는 행태적으로 분명하게 중견국가이다. 그러나 경제력과 군사력에서 한계가 있었기 때문에 제도 내에서 신뢰 구축에 주력하였으며 특정 이슈에 자원을 투입하는 일은 거의 없었다.[37] 특히 중국의 지역 패권 추구란 전략적 의도와 화교 네트워크를 통한 내정

36_Ann Marie Murphy, "Indonesia Responds to China's Rise," Gilley & O'neil(2014), pp. 127-8.

37_Ralph Emmers and Sarah Teo, "Regional Security Strategies of Middle Powers in the Asia-Pacific," *International Relations of the Asia-Pacific* 15(2015), p. 198.

간섭 가능성에 대해서 우려를 가졌다.

인도네시아는 2005년 EAS 출범과 관련해서 중국의 주도권 장악 의도를 좌절시킨 경험이 있다. 당시 일본과 싱가포르와 협력해서 인도, 호주, 뉴질랜드 참가를 추진하여 관철시켰다. EAS 내에서는 ASEAN의 중심성을 강조하면서 미국, 중국, 인도, 러시아 등 강대국과 세력 균형을 꾀하고 있다.[38] 남중국해 영유권 분쟁은 중국의 위협이 더욱 노골화되도록 만들고 있으며, 이로 인해 중국과 ASEAN의 실질적 리더인 인도네시아 사이의 갈등 가능성이 고조되고 있다. 실제로 중국은 2012년 캄보디아가 의장국일 때 남중국해 관련 행동 준칙 제정과 관련해서 정치적 영향력 행사를 통해 공식 의제에서 배제시켰다는 의혹을 받았다. 현재 인도네시아는 미국이 동남아 지역에 긴밀하게 관여하도록 유도함으로써 중국을 견제하려는 의도를 가지고 있다. 그렇지만 동남아나 ASEAN은 미-중 간의 세력 각축장이 되는 것은 원하지 않고, 동시에 어느 한 강대국이 지역 질서에 과도하게 영향을 미치는 상황도 원하지 않는다.[39] 따라서 인도네시아는 제도화보다는 균형에 보다 더 역점을 둘 가능성이 크다. 인도네시아의 전략적 모호성과 현상 타파를 위한 실질적 외교 역량의 제약에 비추어 볼 때 제도화를 위한 적극적인 중견국 외교를 기대하기 어렵다.

말레이시아나 태국은 상대적으로 취약한 중견국가로서 분쟁의 평화적 해결과 다자주의 선호 등 행태 면에서 전형적인 중견국가의 모습을 보이고 있다. 중국에 대해서는 긴밀한 관계를 통해 경제적 이득을 추구하면서도 자신의 주권을 훼손시켜 가면서까지 편승하려고 들지는 않는다. 유대 강화

38_Emmers & Teo(2015), p. 197.

39_Emmers & Teo(2015), pp. 197-8.

(bonding)를 통한 관여(engagement)가 대중 접근법의 핵심이다.[40] 양국은 ARF 및 APT를 통해서 중국과 유대를 강화하고자 하였다. 중국도 이들 중견국가들에 대해서 처음에는 불안감이 없지 않았지만, 점차 이런 방식에 사회화되어 갔다. 중국은 이들과 자유무역협정을 체결하였고, 이후 교역량이 급속도로 증가하였다. 중국과 다양한 제도를 통한 연계성이 높기 때문에 향후에도 중국을 포함하는 지역 전체의 제도화에 대해서도 중요한 지지세력이 될 것으로 예상된다. 그러나 ASEAN의 중심성에 대한 고집이 지속적으로 문제였다.

최근 중국과 ASEAN 일부 국가들 사이에 남중국해 영유권 분쟁이 심화되고, 아울러 FTA 체결 이후 중국으로부터 값싼 공산품 수입이 증가됨에 따라 경제적 마찰도 생겨나고 있다. 태국은 자국의 농업에 대한 피해가 크고 어업은 생각보다 중국에 대한 수출이 늘지 않기 때문에 불만을 가지고 있다. 인도네시아는 중국으로부터 값싼 공산품 수입 증가로 인해 골머리를 앓고 있다. 그리고 말레이시아도 중국의 기술 수준이 상승함에 따라 중국과의 경쟁이 치열해지고 있다.[41] 이로 인해 경제 관계 제도화에 대한 필요성이 커질 것으로 예상된다. 특히 말레이시아는 중국의 남사군도 영유권 주장에 대한 우려가 깊으며, 최근에는 기존의 친중 노선에서 벗어나 미국과의 관계 개선에 나섰다. 말레이시아가 TPP에 참여하고 있다는 것은 이례적인 행보로 볼 수 있다. 향후 말레이시아가 동아시아 전체의 심도 있는 제도화에 촉매 역할을 할 수도 있을 것이다.

40_Amy L. Freedman, "Malaysia, Thailand, and the ASEAN Middle Power Way," Gilley & O'Neil(2014), p. 113.

41_Freedman(2014), p. 116.

최근에는 급속한 경제 발전을 거듭하고 있는 베트남의 역할에도 관심이 고조되고 있다. 아직 국력 측면에서는 여타 ASEAN 국가보다 뒤지지만, 중국에 대한 견제란 측면에서는 중요성이 커지고 있다.[42] 오래전부터 중화 질서의 일원으로서 유교적 전통을 유지하고 있으며, 역사적으로도 중국과의 관계에 있어서 피해 의식을 강하게 가졌다. 그렇지만 냉전 종식 이후에는 이념보다는 실리를 중시하면서 신축성 있는 외교를 추진하고 있으며, 중국과의 관계 정상화는 이런 측면에서 이해될 수 있다.[43] 최근에는 남중국해 문제로 중국과 갈등하고 있지만 국력 제한 때문에 다자적 제도를 적극 활용하고 있다. 남중국해 이슈를 ASEAN 의제에 포함시키기 위해서 적극적으로 노력하고 있다.[44] 중국에 대한 견제 의도는 분명히 갖고 있으며, 미국을 중국과의 분쟁에 개입시키려는 전략을 쓰고 있다. 2013년에는 미국과 군사적 협력 강화를 포함하는 포괄적 동반자 관계 형성에 합의하기도 하였다. 그렇지만 필리핀과 달리 미국과 중국 사이에서 균형을 유지하려는 노력을 아울러 경주하고 있다.[45] 베트남은 RCEP과 TPP 공히 회원국으로서 향후 제도적 수단을 통해서 중국에 대한 효과적인 견제를 추진하는 역할을 담당할 수도 있을 것이다.

앞에서 살펴본 ASEAN 중심성의 강화나 ASEAN 중견국가들의 개별적 노력이 역내 분쟁의 평화적, 다자적 해결을 가져오기에는 한계가 있다. 중국은 군사적으로나 경제적으로 너무 강력해졌으며, 기존에 ASEAN이 짜놓

42_Emmers & Teo(2015), p. 204.

43_Le Hong Hiep, "Vietnam's Domestic-Foreign Policy Nexus: Doi Moi, Foreign Policy Reform, and Sino-Vietnamese Normalization," *Asian Politics & Policy* 5:3(2013).

44_Emmers & Teo(2015), p. 5.

45_김재철(2015), pp. 209-11.

은 제도적 틀로부터도 벗어나 있다. 표면적으로는 ASEAN에 주목하고 규범을 존중하였지만, 남중국해 영유권 문제와 같이 중요한 국익이 걸린 경우에는 독자적으로 행동하였다. 이로 인해 ASEAN 중심의 중견국 외교가 한계에 부딪혔다. 이런 상황을 타개하기 위해서 ASEAN이 내적인 통합을 가속화시키고 있지만, 성공 가능성에 대해서는 회의적인 시각이 대세이다. 따라서 내부 통합에는 시간이 훨씬 더 소요될 것이며, 설사 통합을 이뤄 낸다 하더라도 ASEAN의 중심성만 강조할 가능성이 더욱 크다. 그리고 중국으로부터 견제도 심해질 가능성도 있기 때문에 ASEAN 중심의 중견국 외교가 실효성을 거두기는 어려울 전망이다. ASEAN 경계를 넘어선 한국이나 일본과의 협력이 있어야 중국에 대한 실효성 있는 제도적 구속이 가능할 것으로 보인다.

이런 관점에서 ASEAN에게는 RCEP으로 대변되는 ASEAN+6 통합이 갖는 의미가 크다. RCEP은 동아시아 통합을 위해서 중국과 일본이 의미 있는 협력을 할 수 있는 드문 무대로서 중재자로서 ASEAN의 역할이 과거 어느 때보다 중요하다. 최근 ASEAN이 남중국해의 영유권 문제로 미국을 통해 대중국 견제 및 균형에 나서면서 역내 중재자로서 역할이 약화되고 있다. 만일 중국이 문제라면 ASEAN은 일본을 비롯한 여타 역내 국가들과의 연대 강화를 통해 제도적으로 구속하는 노력이 필요하다. 중-일 사이의 중재 역할이 중요하다면 한국과의 연대가 큰 의미를 가질 것이다. ASEAN이 미-중 사이에서 그리고 한국이 중-일 사이에서 중재자 역할을 수행하면서 동시에 한-ASEAN이 외교적 협력을 강화할 때 동아시아에서 제도화가 급속도로 진전될 수 있을 것이다.

이에 반해 중국은 동아시아 국가들이 모여서 중국 문제를 함께 논의하는 상황을 회피하려고 한다. 따라서 중국은 아시아를 동남아, 동북아, 중앙아시아 등으로 구분해서 다루는 것이 전략적 이해에 부합된다. ASEAN과의 관계에 있어서 ASEAN 방식을 존중하고 구속력 없는 제도화를 지속하면서 ASEAN의 요구를 최소한으로 수용하는 접근법은 중국에게 불리하지 않다. 따라서 인도네시아, 태국, 말레이시아등이 주도하는 대중국 중견국 외교는 중국에게 명백하게 적대적이지 않는 한 성공 가능성이 있다. 동남아의 중견국가들은 일본이나 한국에 비해 정치적, 경제적 수준의 격차가 적어서 중국에게 부담이 적고, 또 미국과의 거리도 멀기 때문에 미국에 대항하기 위한 중국의 전략적 목적에도 부합할 수 있다. 중국이 원할 경우 ASEAN과의 가치 동화를 통해서 새로운 지역 질서의 확립을 모색해 볼 수 있을 것이다. 문제는 파급 효과가 ASEAN에 국한되고 취약한 제도화로 귀결될 가능성이 크다는 점이다. 실효성 제고를 위해서는 동북아와의 연계가 필요할 것이다.

(2) 일본

일본의 최근 외교적 동향은 정상국가화와 중국에 대한 적극적인 견제·균형으로 요약할 수 있다. 중국의 부상에 대해 제도적 구속을 통한 지역 질서의 형성이란 선택보다는 미국과의 동맹 강화를 통한 견제와 균형에 몰입하고 있다. 이로 인해 역내 긴장과 불안감이 고조되고 있다. 본 연구의 분석 틀에 의하면 제도에 대한 선호는 국력의 하락을 경험하고 있는 일본이 더 적극적이어야 할 것이다. 그러나 대외적 균형자인 미국의 존재로 인해 일본은 제도화란 부담스런 선택을 회피할 수 있었다. 그렇지만 지역 강대국의 위상을 갖는 일본이 스스로를 중견국가로 인식하고 '다자적 행동주의'(multilateral activism)를 실천할 경우 보편적 구속력을 갖는 제도화의 가능성이 증가할 것이다. 일본은 현재 중국의 추월과 한국의 추격 그리고 ASEAN 공동체의 발진이라는 다양한 역내 도전에 직면해 있다. 아울러 중국과의 관계에서 영토 문제를 비롯하여 과거사 문제, 군비 경쟁, 그리고 자신의 군사 대국화에 대한 우려 등 많은 문제가 야기되고 있다. 이런 문제들은 미국만 바라본다고 해결될 수 있는 것은 아니다. 그렇다면 과연 일본은 자신을 중견국가로서 인식하고 제도를 통해 분쟁을 평화적으로 해결하고 역내 협력을 증진시켜 나갈 수 있을까?

일본은, 경제력은 글로벌 강대국의 위상을 갖고 있지만 군사력은 제한적이다. 일본 헌법 9조는 평화 지향을 강제하고 있으며, 군사력은 자기방어 목적으로만 사용하도록 규정하고 있다. 전후 일본은 국내 문제 특히 경제 발전에 몰입하였고, 국력의 한계로 인해 국제적 책무를 대체로 방기하였다. 1970년대 일본이 선진국 반열에 오르고, 경제적 능력이 점차 커짐에 따라 본격적으로 중견국 외교에 나섰다. 대표적인 사례가 1977년에 발표된 '후쿠다 독트린'이었다. ASEAN에 대한 '마음과 마음으로'의 교류를 강조한 이 정책은 일본이 군사적 국가임을 스스로 포기하고 대등하고 신뢰할 수 있는 관계를 구축해 나가겠다고 선언하였다. 이것은 신뢰성, 창의성, 연합 형성 등의 측면에서 중견국 외교로서 높게 평가할 수 있는 외교 정책이었다. 그렇지만 새로운 냉전의 시작과 함께 일본의 독자적인 외교 공간은 좁아졌다.

냉전 종식 후 일본은 걸프전(1990~1991년)을 경험하면서 비용 부담 측면에서는 많은 기여를 했지만 자위대 파병을 하지 않았다는 이유로 국제사회의 거센 비판을 받았다. 이런 오명을 불식시키기 위해서 이후 강대국이 중요시하지 않는 분야에서 적극적인 국제 기여를 자임하고 나섰다. 이를 계기로 일본의 중견국 외교가 재차 본격화되었다. 일본은 유엔, 평화 유지, 국제 금융 기구, 인간 안보, 인권 등 다양한 분야에서 많은 국제적 기여를 하였다. 일본 외교는 국제 제도를 통해 국제 평화와 발전에 기여하는 것을 최고의 목표로 삼고 있었다는 점에서 전형적인 중견국가 국제주의적 성격을 가졌다. 동아시아에서는 자신의 압도적 경제력에 바탕을 두고 역내 경제 관계의 확대 및 심화를 주도하였다. 안보적으로는 미국에 전적으로 의존하면서 독자적인 역할이 거의 없었다. 그러나 ARF 창설에 기여하는 등 중견국가 지향을 계속하였다. 국가의 정체성도 평화 지향적이었고, 전략 문화도 평화 지향적으로 바뀌었다.

이후 일본은 본격적으로 새로운 외교적 진로를 모색하였다. 하나는 중견국 외교의 지속이었고, 다른 하나는 새로운 강대국 외교의 길이었다. 전자와 관련해서는 평화 유지 활동과 인도주의적 개입 등의 국제적 기여에 대한 강조가 있었으며, 2000년대 중반부터는 연성 권력을 중시하면서 매력 있는 일본, 일본 문화의 국제화, 공공 외교의 활성화 등의 움직임이 생겨났다. 그렇지만 일본은 자신의 외교가 특정 지역에 국한되는 것을 원하지 않았으며, 동아시아에서 지역 협력과 관련해서 중견국 외교를 적극적으로 추진하지도 않았다. 그리고 후자인 강대국 외교는 북핵 문제로부터 시작되었다. 1990년대 중반부터 북한의 핵무기 보유를 심각한 위협으로 받아들이고 본격적인 외교적 공세에 나섰다. 특히 북한이 일본인 납치 사실을 인정한 이후에는 군사력·방위력의 중요성을 새삼스럽게 인정하면서 안보 문제에 적극적으로 대처해 나가기 시작하였다. 이 과정에서 군사 이슈와 관련된 국민적 거부 반응이 사라졌으며, 안보 문제가 국내에서 본격적으로 논의되기 시작하였다. 그리고 중국에 대해서도 적극적이고 공세적인 외교 정책을 펼치기 시작하였다. 최근에는 강대국 외교의 경향이 강해진 반면에 중견국 외교는 약화된 상태이다.

리차드 사무엘스(Richard Samuels)는 탈 냉전기 국제적인 구조 변동에 즈음한 일본의 국가 비전 구상을 보통국가론, 평화국가론, 중견국가 국제주의, 신자주국가론의 4가지로 분류해서 제시하였다.[46] 평화헌법의 유산을 일본 국가의 미래의 새로운 기초로 삼자는 혁신 그룹의 평화국가론을 제외하면 다른 세 가지 아이디어는 보수 정치 세력의 구상이다. 보수 세력 내에서는 미-일 동맹을 기본으로 하더라도 미국과 어느 정도 거리를 두자는 신자주국가론과 미국을 수용하자는 보통국가론이 있으며, 무력행사를 자제해야 한다는 중견국가 국제주의도 있다. 그리고 아시아를 어떻게 할 것인가와 관련해서 적극적으로 끌어안아야 한다는 입장과 소극적인 입장으로 나뉜다. 아시아 중시 입장은 전통적인 입장인 미-일 동맹파와 달리 중국은 물론이고 아시아와의 협력 관계 강화를 주장하였다. 1997년 아시아 금융위기 이후 동아시아 협력이 강화되면서 아시아 중시 입장도 어느 정도 공고화되었다. 그러나 최근 아시아 중시 입장이 현저하게 약화되었다. 자민당 내 친 아시아 외교 노선은 물론이고 친 아시아주의를 표방했던 민주당도 세력을 상실하였다. 자민당 내 강경파가 득세함에 따라서 역사 인식은 물론이고 중국이나 한국과의 관계에 있어서도 원칙적인 강경 대응으로 일관하고 있다.[47]

일본은 현재 스스로를 지역 강대국으로 인식하면서 중국에 대한 균형을 주된 전략으로 삼고 있다. 그렇다고 일본 사회 자체가 근본적으로 보수화되어서 중국과의 무력 충돌을 불사할 정도까지 적극적인 방향으로 변화

46_Samuels(2007), pp. 109-32.

47_이정환, "현대 일본의 보수화 정치변동과 동아시아 국제관계," 『의정연구』 20:1(2014), p. 24.

가 이루어진 것은 아니다. 일본 사회 보수화의 중심에는 안전이나 안심과 같은 생활 중심적 모토가 있으며, 대외 정책과 관련해서 강경 보수 외교 노선에 대한 지지의 강화는 아니라는 점에서 '생활 보수주의'라고 부를 수 있다.[48] 고이즈미 총리에 의한 신자유주의 개혁에 대한 피로와 일련의 심각한 재난을 겪으면서 여론이 보수적 가치로 결집된 측면이 강하다. 아베 정권은 국민 생활에 있어서 안전의 제고를 대안으로 제시하였으며, 대외적으로는 미-일 동맹과 보통국가화 노선을 보다 분명히 하였다. 제2차 아베 정권의 정치 노선은 아베노믹스의 경제 정책과 적극적 평화주의 그리고 역사 재해석의 외교 노선으로 대표된다. 따라서 이런 정책 기조는 아베 정권 이후 변화할 가능성이 있다.

인식 상으로 일본은 이미 중견국가이다. 동아시아연구원(East Asia Institute: EAI)이 시카고국제문제협회(Chicago Council on Global Affairs: CCGA)와 공동으로 2007년에 수행한 국제 여론 조사에 의하면 일본은 자신의 군사력을 미국, 중국, 한국보다도 낮게 평가하고 있다. 자신의 경제력에 대해서는 비교적 높게 평가하지만 중국을 자신보다 더 높게 평가하고 있다는 점이 흥미롭다.[49] 다양한 조사들은 일본 국민들이 자신을 대국으로 인식하지 않고 있으며, 또한 경성 국력(hard power)보다는 연성 국력(soft power)이 강하다는 인식을 갖고 있다. 위협 인식과 관련해서는 여타 나라

48_이정환(2014), p. 26.

49_"영향력이 전혀 없다"(0점)에서 "영향력이 매우 강하다"(10점)까지로 평가하라는 질문에 대해서 일본 국민들은 군사력에 대해서는 일본 5, 미국 9, 중국 7.9, 한국 6.5로 평가하고 있다. 경제력에 대해서는 미국 7, 일본7.7로 평가하고 있지만, 중국을 8.2로 더 높게 평가하고 있다. 이숙종, "동아시아 지역주의와 일본의 역할," 한상일·이숙종 공편, 『일본과 동아시아: 지역협력과 공동체 구상』(EAI, 2011), p. 50에서 재인용.

와 비교해서 중국이 가장 심각한 대상이다.[50] 중국에 대한 견제나 균형이란 선택지를 뛰어넘어 자신이 중견국가란 인식을 강화시키고, 중견국 외교를 통해서 중국을 제도 속으로 사회화시키고 구속하려는 노력을 경주할 경우 제도에 바탕을 둔 지역 질서가 형성될 수 있을 것이다.

이런 입장은 일본의 대표적인 중견국가 국제주의자인 소에야 요시히데에게서 잘 찾아볼 수 있다.[51] 그는 일본이 먼저 한국, 중국, ASEAN에게 스스로가 강대국 지향 야심이 없고, 1945년 이래 강대국처럼 행동한 바가 없으며, 지역 전체의 경제 성장에 기여했음을 주지시켜야만 한다고 주장하였다. 통상 국가로서 국제 안보에의 기여는 다자주의적 기구를 통해서 이루어지도록 하며, 미-일 동맹이 필요하긴 하지만 동시에 동아시아를 아우르는 경제 및 안보 체제가 만들어져야 한다고 보고 있다. 일본은 주변국을 무력으로 위협해서는 안 되며, 국익보다는 국제적 기여를 강조하고, 평화 협력 외교를 추진해야 한다는 입장이다. 일본이 자신을 중견국가로서 인식해야 신중한 외교를 펼칠 수 있고, 이웃에 대한 배려도 할 수 있다는 생각이다. 그는 한국, 일본, 호주, 아세안이 협력해서 새로운 동아시아 지역 질서를 만들어 가야 한다고 주문하기도 하였다.[52]

중견국가 국제 협력론자 중에는 이와 같이 아시아를 중시하는 부류가

50_이숙종(2011), pp. 49-51.

51_소에야 요시히데는 『日本のミドルパワー外交』(東京: 筑摩書房, 2005)란 저서에서 전통적 국가주의와 평화주의 사이에서 전후 리얼리즘으로서 대두한 요시다 노선을 중견국 외교의 전형으로 파악하며, 이것이 아시아 외교에도 유지되고 있다고 설파하였다. 한국어 번역본으로는 소에야 요시히데 지음, 박철희 외 옮김, 『일본의 미들 파워 외교: 전후 일본의 선택과 구상』(서울: 오름, 2006)을 참조할 것.

52_문정인·서승원(2013), p. 57.

2000년대 들어서 급속하게 늘어났다.[53] 이들은 미국과 어느 정도 거리를 두면서 아시아에 초점을 맞출 것을 주장하였다. 일본을 대장 기러기가 아니라 양 무리의 하나로 생각하면서 전전의 아시아주의자들과는 달리 세계 경제와의 단절을 주장하지 않는다. 미국의 일방주의를 막고, 부상하는 중국을 수용하기 위해 지역 제도를 중시하고 궁극적으로 동아시아 공동체를 건설할 것을 주장한다. 이를 위해서는 미국 일변도를 지양하고, 과거 문제에 대해서도 전향적인 자세를 가질 필요가 있다는 생각이다. 중국 및 여타 아시아 경제와의 통합으로부터 이득을 볼 재계에서도 이런 입장에 동의하는 목소리가 크다.[54] 그러나 이런 아시아 중시 입장이 일본 국내 정치에서 하토야마 구상의 실패로 인해 크게 약화되었다는 점이 중국에 대한 일본의 중견국 외교가 본격화되는 데 장애 요인이 될 수 있다.

일본이 주도하는 중견국 외교의 가능성은 민주적 가치를 강조하는 가치 외교에서도 찾을 수 있다. 그 단초는 2006년 아소 외무장관이 중국에 대항하기 위해서 '자유와 번영의 호'를 구축하기 위한 가치 외교를 제안한 것이었다. 자유, 민주주의, 인권, 법치, 시장 경제 등 보편적 가치를 존중하는 나라들의 연대를 위해서 NATO를 비롯한 유럽 국가와 호주 그리고 인도 등과의 관계를 강화시킬 것을 주장하였다. 이것은 당시 총리였던 아베도 적극 수용한 바 있지만, 그의 조기 퇴진과 국내적 반대로 인해 오랜 관심을 받지는 못하였다.[55] 그러나 아베가 재차 총리로 취임한 이후 ASEAN

53_Samuels(2007), p. 128.

54_Samuels(2007), p. 129.

55_Yuichi Hosoya, "The Rise and Fall of Japan's Grand Strategy: The "Arc of Freedom and Prosperity" and the Future Asian Order," *Asia-Pacific Review* 18:1(2011), pp. 13-24.

에 대해 제시한 5대 외교 원칙에서 '보편적 가치에 대한 존중'이 하나로서 포함되었다.

이것은 아베 총리의 인도네시아 방문 길에서 발표되었는데 이유는 인도네시아가 민주주의와 인권 등과 같은 보편적 가치를 공유하는 중요한 파트너이기 때문이었다. 인도네시아는 보편적 가치를 ASEAN 내에서 증진시키려고 노력하는 민주국가이면서 동시에 중국에 대한 견제에 있어서 일본과 이해관계가 어느 정도 일치하고 있다.[56] 그러나 중국에 대항하는 폭넓은 민주주의 연대 구상은 동아시아에서 민주주의가 활짝 꽃을 피우지 못하고 있다는 점에서 문제이다. 더구나 이런 가치 외교에 내재된 반중국적 성향과 핵심적인 동조 세력이어야 할 한국의 반일 정서 때문에 탄력을 받지 못하고 있다. 일본은 호주와 인도 등 외곽을 공략하는 전략보다는 아시아와 규범과 제도를 공유하려는 직접적인 노력을 기울일 필요가 있다. 그래야만 궁극적인 목표인 중국과의 관계 개선이나 새로운 관계의 정립이 가능할 수 있다.

중국을 겨냥해서 일본이 선택 가능한 외교 전략으로서는 동아시아 공동체 형성을 위한 중견국 외교, 중국에 대항하는 민주주의 연대 형성을 위한 가치 외교, 중국에 대한 경성 균형을 위한 동맹 외교 등 세 가지를 들 수 있다. 이들 방안은 서로 중첩되는 부분이 있기는 하지만 강조점이 각기 공동체적 이익, 보편적 가치, 군사력이란 점에서 구분이 가능하다. 그리고 중국의 전략에 따라 일본의 대응 전략도 달라질 수 있다. 예를 들어 지금 일본은 중국의 강압 외교에 대항하는 경성 균형 전략에 초점을 맞추고 있다.

56_André Asplund, "Will Abe champion democracy and human rights in Asia?" *East Asia Forum* (Feb. 3, 2015).

그러나 중국이 역내 위상을 공고히 하고 자기 중심의 지역 질서 형성을 위해 중화적 가치를 내세울 때 이에 대항하는 수단으로서 민주주의와 보편적 가치에 바탕을 둔 가치 동맹이 강조될 수 있다. 그리고 중국에 비해서 자신의 국력이 현저하게 떨어지거나 중견국가로서의 정체성이 강화될 때 동아시아 공동체 건설이 중심 전략이 될 수 있다. 현재 일본은 어느 것을 선택하기보다는 세 가지 방안을 절충한 남진 전략을 추진하고 있다.[57] 안보적으로는 미국에 그리고 경제적으로는 중국에 과도하게 의존함으로써 파생되는 취약성을 극복하기 위해서 일본은 ASEAN, 호주, 뉴질랜드, 인도와의 연대를 강화하고 있다. 이런 전략이 성공적으로 추진될 경우 일본의 중국에 대한 레버리지가 강화될 것이다.

일본의 적극적인 참여가 없는 중견국 외교는 중국의 자의적인 힘의 행사에 대한 통제라는 측면에서 실효성이 떨어질 것이다. 그렇지만 일본의 중견국가로서의 역할 구상에 대해서는 오히려 미국이 반대할 가능성이 크다. 일찍이 아미티지-나이 보고서(Armitage-Nye Report 2000)는 미국의 아시아 전략에 있어서 안보적으로 일본의 중심성을 강조하였다. 아시아에서 미국의 전략적 위상의 핵심을 차지하는 것이 바로 미-일 동맹이란 점을 분명히 하면서, 일본이 이 역할을 방기하면 기껏해야 중견국가 정도의 역할이나 하게 될 것으로 보았다.[58] 미국으로서는 일본이 중국에 대해서 중견국 외교를 펼치는 것은 전략적인 후퇴를 의미하고, 따라서 용인할 수 없을 것이다. 미국이 아시아에서 벌이는 전략적 게임의 기본 성격은 여전히 강대국 사이의 견제와 균형이며, 일본은 이런 게임의 필수 불가결한 동반자이

57_Wallace(2013), pp. 479-517.

58_Cooper & Yoshihara(2014), p. 75.

다. 이런 이유로 일본에게 중견국가로서의 적극성을 기대하기는 상당 기간 어려울 전망이다.

중국의 입장에서도 일본이 주도하는 제도화에 거부감을 가질 수 있다. 일본은 중국의 법치주의가 취약한 것을 문제시하면서 통상 문제와 관련해서 WTO-plus 이슈들에 대한 적절한 조치를 요구해 왔다. 일본이 추구하는 제도화는 법적 구속력 측면이나 중국의 국내 개혁 강요란 측면에서 수용하기 용이하지 않을 수 있다. 역내 제도화의 진전이란 측면에서는 파괴력이 클 것이다. 그러나 중국은 물론이고 다수의 ASEAN 국가들이 수용하기가 쉽지 않을 것이다. 이런 이유로 또 다른 중견국가인 한국의 역할에 주목할 필요가 있다.

(3) 한국

한국 외교가 처해 있는 환경은 불확실성의 고조로 요약할 수 있겠다. 중-일 및 미-중 사이의 세력 전이의 와중에 항상 우방이었던 미국이 중국과의 관계 속에서 변수가 되어 가고 있고, 전통적 우방인 북한과 거리를 두면서 한국에게 전략적으로 접근하고 있는 중국도 가변적인 요소이며, 식민지 지배에 대한 부담으로 인해 상수로서 한국 입장을 지지했던 일본도 정상국가화와 더불어 변수가 되어 가고 있다. 한국은 북한 핵 문제를 끌어안은 채, 미·중·일 3국이 복잡하게 얽힌 고차원의 방정식을 풀어야만 한다. 대안으로서 고려해 볼 필요가 있는 것이 바로 제도화이다. 외교 역량을 단기간에 확충하는 것이 용이하지 않다는 점을 감안할 때, 미지수가 많은 고차원의 방정식을 일거에 풀어내는 효과가 있는 다자간 제도를 만들어 가는 노력은 유용하다. 현재 한국 정부가 추진하고 있는 북핵 문제나 동북아 평화 구상,

유라시아 이니셔티브 등은 모두 상호 연관되어 있으며, 개별 국가에 치중해서는 해답을 찾기 힘들 정도로 복잡하다. 따라서 향후 한국 정부의 외교는 역내 국가들의 신뢰를 확충하면서 지역 차원의 제도 형성에 노력을 경주할 필요가 있다. EU와 같은 연방 국가를 지향하지 않더라도 어느 정도 이해관계와 가치를 공유하는 지역 공동체의 형성은 동북아 경제의 상호 의존 확대 및 심화, 인적 교류 확대 등을 고려할 때 불가능한 목표는 아니다.

현재 중견국 외교는 한국 정부의 외교 대전략으로 제시되고 있다. MIKTA란 중견국가 간 연대를 통해 글로벌 차원에서 G20의 지속성을 담보하고, 통상, 금융, 환경, 개발, 안보 등 다양한 영역에서 G7 강대국과 신흥국 그룹(BRICS)과 차별화된 목소리를 결집하고자 노력하고 있다. 그렇지만 지역 기반이 없는 글로벌 외교는 모래 위에 집짓기가 될 수 있으며, 최근의 중견국 외교는 글로벌 차원에서 강화되고 있는 지역주의 속에서 가장 활발하게 진행되고 있다는 점에서 한국의 외교는 지역 차원에 역점을 둘 필요가 있다. 한국은 지역 이등국가로서의 자신의 위상에 대한 확고한 인식 위에 지역 차원의 외교를 강화해야 할 것이다. 현재 동아시아 지역은 영토 문제를 비롯한 많은 안보 문제와 글로벌 시장의 침체에 따른 역내 경제 통합과 경제 활성화란 시급한 과제를 안고 있다.

일본이 주도하는 중견국 외교가 다자적 제도화 가능성을 크게 높일 것이지만, 이에 대한 일본의 소극성은 지속되고 있다. 한국은 강대국 사이에 위치한다는 전략적 위상 때문에 중견국가로서 역할을 할 수 있는 조건을 갖추었지만, 국력의 제한과 냉전 구도란 한계 속에서 중견국 외교를 제대로 펼칠 수가 없었다. 냉전 종식과 국력의 급속한 상승으로 인해 한국의 중견국 외교에 새로운 기회가 열렸다. 한국은 중국과 소련 같은 적대국과도 창의적인 외교를 펼쳤으며, 동아시아 지역 협력 과정에서도 중견국가로서의 역할을 나름대로 성공적으로 수행하였다. 최근 중-일 간의 전략적 갈등이 격화되고 있는 상황은 한국에게 위기인 동시에 선의의 중재자로서 분쟁의 평화적 해결과 제도를 통한 안정적인 질서 구축에 나설 수 있는 기회를 제공하고 있다.

그렇지만 한국의 중견국 외교는 '한-미 동맹 vs. 균형 외교' 그리고 '한반도 vs. 글로벌' 외교 사이에서 고민하고 있다. 아직도 한국 외교에서 지역 차원의 중견국 외교는 중심적인 위치를 차지하지 못하고 있다. 중견국 외교에 대해 의욕을 갖고 북핵 문제 해결과 같은 기능적인 역할에 집중하였지만, 구성원들이 동의할 수 있는 규범이나 가치, 제도적 디자인 등은 제시하지 못하고 있다.[59] 성공적인 중견국 외교의 필수 요소인 창의적인 전략이나 튼실한 연대 형성 측면에서도 부족하다. 글로벌 차원에서 중견국가 연합체로서 MIKTA(멕시코, 인도네시아, 한국, 터기, 호주)를 주도하고 있지만, 이들이 정도 차이는 있지만 미국과 동맹국이거나 우호 관계를 유지하고 있다는 점에서 중국과 의미 있는 관여를 하는 데는 제약이 있다. 그 중에서 인도네시아 및 호주와는 아·태지역 안보 문제에 협력하고 중국의 위협에 공동 대처하는 것이 가능할 수 있다. 동아시아 제도화와 관련해서는 역시 인도네시아, 말레이시아, 태국, 베트남 등과 같은 중견국가들과의 협력 강화가 필요하다.

한국이 주도하는 중견국 외교는 성공 잠재력이 크다. 가장 중요한 요인은 중국이 미국과의 충돌을 회피하고 지역 패권적 지위를 차지하기 위해서는 한국에 주목해야 할 현실적인 필요가 있다는 점이다. 공세적인 중국에

59_Emmers & Teo(2015), pp. 201-3.

대한 견제 움직임이 항시적으로 존재하는 상황에서 주변국들의 동의 없는 중국의 부상은 더 이상 생각하기 어렵다. 중국의 우회적인 부상 전략이 성공하기 위해서는 자신을 중견국가 외교 규범에 어느 정도 동화시킬 필요가 있다. 한국은 지정학적 위치나 외교력 그리고 미국의 동맹이라는 점에서 가치가 크다. 더구나 한국의 중국에 대한 높은 무역 의존도와 중국 내 대규모 투자는 중국에 대한 취약성의 원천이 되고 있다. 그리고 북한이 경제적으로나 안보 면에서 크게 의존하고 있기 때문에 한국에게 중국의 전략적 가치는 매우 크다. 중국은 당근과 채찍을 통해 한국을 미국의 영향권으로부터 어떻게 벗어나게 할 것인가 부심하고 있다. 이런 상황 하에서 한국은 중국에 대해 독자적으로 균형책을 쓸 수도 없고, 중국에 대한 봉쇄 움직임에도 쉽사리 편승할 수도 없다. 이런 측면에서 중견국가 다자주의가 한국에게 갖는 유용성이 크다. 만일 중국이 전향적인 입장을 가질 수 있다면 자신에게 유리한 제도화도 가능할 수 있을 것이다.

미국과 군사적 동맹 관계인 한국에게 중국의 부상은 중요한 전략적 의미를 가진다. 미-중 사이의 갈등의 고조는 한국의 전략적 가치를 제고시킬 것이지만, 동맹국으로서 미-중 사이의 갈등에 끌려들어 갈 수밖에 없다는 점에서 딜레마이다. 한국은 내심으로는 미국과 중국 사이의 전략적 균형자 역할을 염두에 두고 있다. 그렇지만 한국이 미-중 사이에 의미 있는 중재자 역할을 수행할 여지는 적다. 그러나 역량 면에서 중-일 사이의 중재는 가능하며, 이런 역할이 미국에게도 불리한 것만은 아니다. 이런 점에서 한국의 중견국 외교의 핵심은 중-일을 포함하는 지역 제도화이다. 일본이 없는 제도화는 중국의 자의적인 국력 행사를 효과적으로 제어할 수단이 없다는 점에서 바람직하지 않다.

중국의 입장에서는 자신과 경쟁 관계에 있는 일본보다는 한국이 주도하는 중견국 외교를 선호할 것이다. 한국의 외교적 입장은 중국의 선호와 양립 가능성이나 타협 가능성이 상대적으로 높다. 그리고 중국으로서는 일본에 대한 견제 효과도 기대할 수 있다. 특히 한국이 미국의 영향권에서 이탈해서 독자 행보를 할 때 중국에게 매우 유리한 상황이 전개될 것이다. 문제는 미국이 한국의 독자성을 어느 정도 용인할 것인가 하는 점이다. 한국의 대미 협상력은 제한되어 있으며, 일본에 비해 전략적 중요성이 떨어진다. 따라서 한국의 중견국 외교에 대해서 미국이 유보 내지는 반대할 가능성이 크다. 한국에게 주어진 과제는 미국과 반목하지 않으면서, 중국과의 협력을 통해서 새로운 제도적 장치와 규범을 만들어 내고, 이를 통해 역내 평화와 협력을 증진시키는 것이다. 일본과의 관계 개선은 미국의 신뢰를 얻는 데 유용한 카드가 될 수 있다.

지금까지 한국은 많은 지역 제도와 관련해서 '미국+일본 vs. 중국'이란 대결 구도 속에서 진퇴양난에 빠졌던 상황을 수차례 경험했으며, 향후 재연될 가능성이 크다. 중-미 및 중-일 사이의 전략적 요충에 있는 한국은 최근 경제력 및 외교력이 급상승하였다. 그리고 국방력 면에서도 준수한 수준을 갖추고 있기 때문에 능력 측면에서는 확고하게 중견국가이다.[60] 한국 정부가 창의성 있는 중견국 외교를 통해 역내 국가들의 신뢰를 얻도록 노력하고, 모두가 동의할 수 있는 새로운 규범과 가치를 제시하며, 이를 제도로서 뿌리내리도록 하는 역할을 성공적으로 수행할 경우 중국과의 조화로운 공존이 가능할 수 있을 것이다. 성공의 열쇠는 이 과정에서 미국의 반대를 어떻게 슬기롭게 극복하느냐가 될 것이다.

60_Emmers & Teo(2015), pp. 199-200.

4. '전략적 지역주의'에서 '황금 구속복' 착용으로

지금까지 살펴본 바와 같이 동아시아의 주요 국가들은 지역 제도를 자신의 국력을 보완하는 수단으로 간주하면서 국익 추구를 위해 전략적으로 접근하였다. 이와 같은 전략적 지역주의는 중국의 급속한 부상으로 도래한 세력 전이기에 강대국 사이의 대립과 갈등을 완화시킬 수 없었고, 제도는 상호 구속과 협력이 아닌 견제와 균형 수단으로 전락하고 말았다. 중견국 외교는 전략적 지역주의를 '황금 구속복'(golden straitjacket)의 착용으로 전환시키는 것이 목표이다. 구속력 있는 제도란 주권을 존중하는 동아시아의 국가들에게 불편하고 잘 맞지는 않지만, 억지로라도 입게 되면 평화와 공동 번영이 저절로 도래할 수 있다는 것을 의미한다. 물론 이것이 세계화론자들이 주장하듯이 구성원들의 다양성을 배려하지 않고 '한 가지 치수의 옷을 모두에게 보편적으로 강요하는'(one size fits all) 형태를 의미하지는 않는다. 동아시아는 금융 협력 사례에서 보듯이 약소국에 대한 적절한 배려가 두드러지는 형태의 지역 협력을 지속하였다.

'황금 구속복'은 구속력과 형태란 관점에서 자유주의자들이 주장하듯이 제도와 규칙이 될 수가 있고, 구성주의자들이 논하듯이 규범이나 정체성이란 형태를 띨 수도 있으며, 영국 학파(English school)에게서와 같이 지역사회의 모습을 할 수 있다. 구속력도 힘에 의한 강제란 형태를 띠기도 하지만, 물질적 이득의 추구라는 합리성이나 사회적 압력 혹은 규범적 정당성이란 관념적 요소로부터 생겨날 수도 있다. 관건은 황금 구속복을 착용하려는 적극적인 의지이다. 안보나 통상 면에서 시급한 해결을 요구하는 공통의 문제가 존재하고, 자발적 구속이 가져올 이익이 분명하며, 국가를 뛰어넘는 지역이라는 단위가 구성원들에게 의미를 가질 때 제도에 바탕을 둔 지역 질서는 가능할 수 있다. 제도를 견제와 균형 목적이 아니라 스스로 행동을 규제함으로써 협력을 증진시키려는 목적으로 활용할 경우 목전에 도래한 강대국 사이의 권력 정치의 횡행을 방지할 수 있을 것이다.

현재 동아시아는 '권력 정치, 강대국 간 경쟁, 국가 간 경쟁적 산업 정책'과 '제도화, 분쟁의 평화적 해결, 자유화' 사이의 선택 기로에 서 있다. 안보 문제와 관련해서 중국의 부상과 강대국 간 대결 구도 형성과 함께 군사적 투명성 제고와 군비 통제 그리고 분쟁에 대한 평화적 해결을 상호 약속하는 것을 골자로 하는 안보 체제의 형성이 필요하다. 선진국 시장의 침체와 역내 국가 간 경쟁이 치열해짐에 따라 역내 경제 통합의 필요성도 고조되고 있으며, 이를 둘러싸고 미국식 자유화와 동아시아 전통의 ASEAN 방식의 자유화 사이에 대립도 심화되고 있다. 역내 국가들이 배타적인 민족주의에 매몰되어 '근린 궁핍화'(begger-thy-neighbour) 정책을 추진할 경우 상호 분쟁 및 충돌 가능성은 더욱 커질 것이다. 공동의 현안에 대해 지역 차원의 해결책이 모색되기 위해서는 지역 정체성의 형성을 통해 지역 자체가 갖는 의미가 증대되어야 할 것이다.

현재 동아시아에는 지역사회(regional society)가 어느 정도 형성되어 있기 때문에 지역 국가들이 상호 구속을 통한 협력 증진이란 선택을 할 여지는 충분히 존재한다. 동아시아를 유럽과 비교하면 보잘 것 없지만, 동아시아에서 정부 간 협력, 기업 간 네트워크, 그리고 공통의 문제 해결을 위한 비공식·민간 차원의 협력 기구 등이 최근 괄목할 만하게 성장하였다. 공식적인 통합 움직임은 아직까지 미약한 상태지만, 눈에 보이지 않는 연계나 통합성은 상당히 진전되어 있다.[61] 이런 지역적 연계는 무역 및 투자가 주도하고 있지만, 기술 공유, 대중문화의 확산과 문화 교류의 증대, 그리고 교통, 통신, 환경 등 다양한 분야에서의 협력도 활발하게 벌어지고 있다.

이와 아울러 역내의 인적 교류도 활발해지고 있다. 특히 역내 전화, 우편, 해운 및 항공, 관광, 텔레비전과 위성방송, 합법 및 불법 이민의 증대와 같은 인적 접촉이 급속하게 증대되고 있다.[62] 일본의 만화나 가라오케가 일반화되기도 하였으며, 한류로 대변되는 한국의 영화, TV 연속극, 패션, 대중음악 등이 아시아 전역에서 열풍을 일으키고 있다. 물론 이런 유행은 일시적인 현상일 수도 있으나, 문화적, 인적 교류의 폭과 깊이는 점점 확대 심화되고 있다. 축구와 같은 스포츠 분야에서의 역내 교류도 활성화되고 있으며, 이는 지역 정체성을 대중들에게 각인시켜 주는 데 일익을 담당하고 있다. 이런 움직임은 과거와는 확연하게 다른 모습이다. 이런 영역들에서의 활발한 교류는 동아시아를 점차 하나의 지역으로 만들어 가고 있다.

그리고 동아시아의 실질적 협력을 증진시키기 위해서는 비공식성의 틀 속에 안주하기보다는 분명한 규칙을 정하고, 구체적인 의무를 상호 부과하고 이행을 강제하며, 독립된 제3자에 의한 분쟁 해결 절차를 정착시키는 등 공식적 제도화를 진전시켜 나가야 할 것이다. 동아시아에서 약소국의 입장에서는 제도가 중국이나 일본과 같은 강대국을 속박하는 효과를 갖기 때문에 강력한 제도화를 선호하는 것이 합리적일 것이다. 그렇지만 자신들이 속박을 받는 것을 두려워해 적극 나서지 못하였다. 중견국과의 협력을 통해 다양한 다자적 지역 제도를 만들고 이를 통해 강대국의 일방적인 영향력 행사를 방지할 필요가 있다. 지금까지 동아시아의 제도적 협력은 법

61_T. J. Pempel, ed., *Remapping East Asia: The Construction of A Region* (Ithaca: Cornell University Press, 2005).

62_Stephen S. Cohen, "Mapping Asian Integration: Transnational Transactions in the Pacific Rim," *American Asian Review* 20:3(2003).

적 구속력이 없는 대화체 수준이었다. 제도적 디자인을 둘러싼 갈등은 주로 멤버십에 관한 것으로서 여타 지역 제도들이 중요하게 다룬 소관 업무의 범위나 구속력의 정도 등은 논의의 핵심이 아니었다. 특정 국가 특히 패권국의 포함 여부가 중요한 이슈였고, 호주, 뉴질랜드, 인도 등과 같은 이질적 국가들의 포함 여부를 두고 논란을 벌였다. 따라서 많은 제도가 생겨났음에도 실질적 통합과는 거리가 멀었다. 그렇지만 점차 경제 통합이 고도화되고 안보 영역에서의 충돌이 현실화되면서 제도적인 통합 필요성도 증가하고 있다.

경제 분야에서는 통상 및 투자와 관련해서 이미 FTA나 투자보장협정 등과 같은 제도가 많이 정착되었으며, RCEP과 같이 지역 차원의 통상 레짐 논의도 본격적으로 진행되고 있다. 문제는 양도 불가능한 주권과 비교 가능한 군사력이 관련된 민감한 안보 영역에서의 제도화이다. 동아시아의 안보는 무정부 상태에서 미국의 패권적 힘에 의존한 질서가 기반이었으며, 중국의 부상과 함께 미국의 패권이 위협을 받고 있다. 향후 상당 기간 미국 중심의 질서는 지속될 가능성이 크지만, 중국과 일본 사이의 경쟁과 갈등을 축으로 하는 하위 차원의 질서는 가변성과 불확실성이 크다.[63] 중국과 일본 사이의 갈등과 충돌도 문제이지만, 중국과 일본 양국에 의한 공동 통치(condominium) 또한 강대국 지배의 한 형태로서 여타 역내 국가들에게 위협이 될 수 있다. 중견국 외교는 이런 강대국 중심의 지역 질서를 예방하려는 것이 중요한 목표이며, 그 대안 중 하나가 제도에 바탕을 둔 동아시아 공동체의 형성이다. 그리고 중-일 공동 지배와 동아시아 공동체 사이에는

63_Evelyn Goh, *The Struggle for Order: Hegemony, Hierarchy & Transition in Post-Cold War East Asia* (Oxford University Press, 2013), pp. 202-8.

다양한 형태의 사회적 합의에 근거한 안보 질서(consociational security order)가 존재할 수 있다.[64] '황금 구속복'은 강대국들이 수용할 수 있는 규범을 만들고, 이들을 거기에 사회화시켜서, 종국에는 이것을 제도로서 공고화시켜 나가는 과정의 결과물이 될 것이다.

대부분의 지역 국가들은 현재 미국과 중국 사이에서 균형적인 입장을 취하고 있다. 미국이나 중국 중에 선택하는 것은 경제적 이해관계에도 부합하지 않으며, 미국에 대한 편승이나 중국에 대한 전면적인 견제나 균형에 대해서도 조심스럽다. 지역 국가들은 지역이 안정, 평화, 번영에 기여하는 선에서 미국의 재균형을 환영하였지만 중국을 봉쇄하고 지배권을 유지하려는 미국의 노력에 대해서는 유보적 입장을 보였다.[65] 그리고 미국의 재균형 정책에 대해 신뢰도가 높지 않고, 일본의 대중국 봉쇄 노력에 대해서도 경계심이 없지 않다. 편승과 견제 사이에서 균형을 잡으려는 노력은 관여와 헤징 전략에 가깝고, 지역 제도화와도 친화성이 높은 전략이다. 반면에 미, 중, 일은 자신에게 유리한 지역 아키텍처를 구축하고자 대립하고 경쟁하고 있다.[66] 중국의 서진 정책과 일본의 남진 정책, 그리고 미국의 동아시아로의 회귀를 뒷받침하는 복합적인 네트워크의 형성 시도가 벌어지고 있다. 동아시아는 미국에 대해서 적대적이지 않고, 중-일과 같은 강대국에 의해 지배되지 않으며, ASEAN의 중심성이 과도하게 보장되지도 않는 복합적인 제도화 전략을 필요로 하고 있다.

64_Amitav Acharya, "Power Shift or Paradigm Shift? China's Rise and Asia's Emerging Security Order," *International Studies Quarterly* 58(2014), pp. 158-73.

65_김재철(2015), p. 272.

66_하영선, 『동아시아 공동체: 신화와 현실』(서울: 동아시아연구원, 2008).

모든 국제 제도는 기본적으로 연성적이다. 설사 구속력 있는 합의가 있더라도 이행은 별개의 문제이다. 그렇지만 규범에 대한 사회화가 진행됨에 따라 점차 자발적인 규범 준수가 이루어질 수 있고 실효성도 높아질 것이며, 제도화 수준도 아울러 고양될 수 있을 것이다. 제도화의 수준이나 이행 문제는 점진적으로 진전되기 때문에 일단 구속력 있는 합의를 진행시킬 필요가 있다. ASEAN 방식은 구속력 있는 합의 자체를 회피했기 때문에 신뢰 구축에는 도움이 되었을지 모르나, 중요한 국익이 걸린 문제를 해결하는 데는 거의 효과가 없었다. 이행 문제가 있더라도 일단 구속력 있는 합의가 있게 되면, 위기 국면에서 제도의 유용성과 실효성이 제고될 가능성이 크다. 중국이나 일본과 같은 강대국도 제도화 자체에 반대한 것이 아니라 제도의 구속력에 대해서 이견을 보였다. 따라서 제도에 바탕을 둔 다양한 지역 질서가 공존할 수 있다.[67]

동아시아 지역주의는 일본과 중국과 같은 강대국과 여타 나라들 사이의 힘의 격차를 어느 정도 용인하고, 이런 차이가 다자주의 제도 및 규범에 적절하게 반영될 때 오히려 실효성을 발휘할 수 있을 것이다. 힘의 배분 상태를 무시하는 다자적 제도는 형평성 측면에서는 의미가 크지만, 제대로 작동하기 힘들다. 2차 대전 이후 의욕적으로 출범한 유엔이 극히 제한된 역할밖에 하지 못했고, 주권 존중 원칙에 입각한 WTO가 자유화를 추진할 동력을 상실해 가는 것은 이와 무관하지 않다. 현실적으로도 다자적 규칙이나 규범은 힘의 배분 상태와 괴리되어 약소국에게만 유리하게 만들어지

67_Kai He, "Contested regional orders and institutional balancing in the Asia Pacific," *International Politics* 52:2(2015), pp. 208-22.

기 힘들다. 지금까지 ASEAN이 주도하면서 형평성을 지나치게 강조한 측면이 있다. 일본과 중국의 적극 참여를 유도할 수 있도록 보다 창의적인 노력이 필요할 것이다. 일본은 TPP 참여를 통해 제도적 구속을 수용할 의사를 분명하게 드러냈다. 중국도 북한 문제의 해결이나 동북아의 평화 정착 등을 위해 제도화가 필요함을 인식하고 있으며, 국영 기업, 관료, 당과 같은 이익 집단들의 반대에도 불구하고 국내 개혁 필요성 때문에 황금 구속복을 자발적으로 착용할 가능성을 조심스럽게 예견할 수 있다.

어떤 지역이 공동체로서 의미를 갖기 위해서는 구성원들이 민주주의, 문화, 인권, 주권 존중 등과 같은 신념이나 가치를 어느 정도 공유해야 하고, 또 정부 대표만이 아니라 개인, 기업, 민간단체 등이 직접적이고, 다면적으로 긴밀한 교류 관계를 가져야 한다. 다음으로는 구성원들 사이에 상호성(reciprocity)이 존재해야 한다. 서로 이득을 주고, 장기적인 이득을 위해서 단기적으로 손해를 볼 수도 있으며, 개별 구성원들의 단기적 희생을 통해 전체가 이득을 볼 수도 있어야 한다. 공동체라는 의식을 구성원들이 가질 정도로 통합이 되면 무정부 상태의 안보 딜레마가 해소될 수 있고, 경제적으로는 중상주의적 제로섬 게임이 극복될 수 있다. 공동체라는 인식은 안보적, 물질적 이익의 공유와 함께 관념적 일체성이 어느 정도 존재해야만 가능하다. 이런 점에서 안보·정치 공동체, 경제 공동체, 문화 공동체가 하나로 엮여 있는 것이다.

지역 정체성이나 공동체 정신을 함양하기 위해서는 물질적인 이익의 공유를 뛰어넘어 정신적인 일체감이 형성되어야 할 것이다. 그 첫걸음은 배타적인 애국주의나 민족주의로부터 벗어나려는 실천적인 노력을 더불어 하는 것이다. 국가란 경계가 신성시되기 시작한 것은 바로 1648년 웨스트팔리아 조약 이후이다. 민족의식이나 애국심이 역사적으로 볼 때 그리 오래되지 않은 근대적인 개념이란 사실은 그것을 절대시하기 때문에 망각하게 된다. 지도자나 국민들의 의식이 개인과 국가란 경계 속에 사로잡혀 있는 상태에서는 지역 차원의 공동체 정신이나 세계 시민의식이 희소할 수밖에 없다. 현재 지역 통합의 필요성에 대해서는 역내 엘리트들 사이에 어느 정도 공감대가 형성되어 있다. 2010년에 ADB(아시아개발은행)가 실시한 아시아 정치 리더들에 대한 여론 조사에 의하면, 역내 정치 지도자들은 지역 통합에 매우 관심이 높으며, 특히 인프라 협력을 통해 역내 연결성을 제고시키고, 에너지 협력을 강화하며, 이를 통해 소득 격차를 해소하는 것에 무엇보다 큰 관심을 보이고 있다.[68]

그렇지만 일반 대중들 사이의 지역 공동체의 필요성에 대한 인식은 그다지 확고하지 않다. 한국, 중국, 일본을 망라하는 'plus three' 국가 내에는 EU와 같은 공동체의 필요성에 대해 공감하는 의견이 ASEAN 지역보다는 훨씬 강하다. 한 여론 조사에 의하면 절대 다수의 중국인들(68%)은 이에 공감하고 있으며, 한국인들은 이보다 약간 높은 71%가 EU와 유사한 동아시아 공동체가 필요함을 인정하고 있다. 반면에 일본의 경우는 찬성 의견이 40% 정도이다.[69] 그러나 ASEAN 국가들 내부에는 ASEAN이란 범주를 뛰어넘는 지역 공동체의 필요성에 대한 인식이 아직까지 자리 잡지 못하고 있다. 이런 점에서 ASEAN 국가들과의 연대감과 공동체 의식을 함양하는 것이 중요할 것이다.

지역 차원의 공동체 의식이 생겨날 경우 구속력 있는 제도에 대한 자발

68_Capannelli(2011), p. 600.

69_Christopher B. Whitney, *Soft Power in Asia: Results of a 2008 Multinational Survey of Public Opinion* (Chicago Council on Global Affairs, 2009), p. 5.

적인 수용이 가능할 것이고, 지역 질서 또한 기본적으로 자율적으로 유지될 수 있다. 힘에 의한 구속이나 규제보다는 평판이나 수치심, 따돌림 등과 같은 간접적인 수단을 통해 질서가 유지되고, 이를 통해 공동의 목표가 효과적으로 달성될 수 있다. 가치, 규범, 상징 등을 공유함으로써 사회적인 정체성을 가지게 되고, 이를 바탕으로 눈앞의 이기적인 이득이 아니라 장기적인 이득을 보편적인 상호성(diffuse reciprocity)에 의해서 추구하며, 동시에 마음속으로부터 상호 불신과 두려움을 제거해 나가게 되는 것이다. 이와 같은 공동체들은 세계 정부가 없는 국제 체제 내에서 다양한 형태로 생겨날 수 있으며, 이론적으로는 공동체의 존재로 인해 세계 정부 없이도 질서가 유지될 수 있다.[70] 이런 관점에서 동아시아는 현재 지역 통합의 단계가 아니라 국가 간 공동체(a community of states)를 형성하는 단계에 있는 것으로 볼 수 있다. 아직까지 국가 차원의 교류나 협력을 확대시키는 단계에 있으며, 초국가적 사회의 힘은 약한 상태이다. 그렇지만 국가 차원의 공동체도 국가가 협력의 습관을 정착시켜 공동의 문제 해결에 나선다는 점에서 의미를 가지며, 이와 같은 국가 차원의 협력이 뿌리를 내리면 지역 차원의 정체성과 공동체 형성이 가능할 수도 있다.

구속력 있는 제도가 공동의 번영과 평화까지 가져올 수 있기 위해서는 거대한 국내 시장과 군사력을 보유하고 있는 중국과 일본의 참여가 필수적이다. 역내 영토 분쟁과 관련해서 일본은 제도적 해결을 강조하고 있고, 중국은 미국이 배제된 제도에 대해서는 호의적인 태도를 보이고 있다. 통상

70_Emanuel Adler & Michael Barnett, "Security Community in Theoretical Perspective." Emanuel Adler & Michael Barnett, eds., *Security Communities* (Cambridge: Cambridge University Press, 1998), p. 3.

과 관련해서는 일본은 고도의 자유화를 선호하고 있고, 중국은 자발적이고 점진적인 자유화를 선호하고 있다. 미국이 배제된 제도화에 대해서는 어느 정도 공감대를 형성할 수 있고, 자유화의 범위와 수준은 협상의 대상이기 때문에 전망이 비관적이지만은 않다. 공통의 규범을 모든 국가들이 수용해야 하지만 나라마다 상황에 따른 예외를 인정하고 발전 수준에 있어서의 격차를 배려하지 않는다는 것을 의미하지는 않는다. 그리고 미국이 선호하는 제도와는 상이한 제도에 대해 공감대가 형성될 수도 있다.

결국 동아시아 지역 제도화의 관건은 어떤 조건 하에서 역내 주요 국가들이 제도란 '황금 구속복'을 받아들일 것인가 하는 점이다. 역내 국가들이 제도가 공동의 안보와 번영이란 황금을 가져다 줄 것이란 기대 하에서 자신의 주권과 정책 자율성을 포기하고, 지역 제도의 구속을 받아들이는 것을 의미한다. 국가 주권을 신성시하면서 지역 제도를 개별적인 국익을 증진시키기 위한 수단으로 전략적으로 활용하고 있는 동아시아의 현실에서 제도에 기반을 둔 지역 제도화는 용이하지 않다. 그렇지만 중-일 갈등이 격화되어 지역 전체로 부정적인 영향력이 확산되고, 이런 문제를 해결하기 위한 중견국 외교가 실효성을 거두게 될 때 어떤 형태로든 지역 공동체가 형성될 수 있을 것이다.

5. 요약

이번 장에서는 중국의 부상과 중-일 간 전략적 대결 구도의 형성, 그리고 중국의 점증하는 공세적 외교에 대응하기 위한 수단으로서 중견국가의 유용성을 살펴보고, 그 대안으로서 ASEAN 중심의 중견국 외교, 일본 주도의 중견국 외교, 그리고 한국이 주도하는 중견국 외교에 대해서 각기 검토하였다. 동아시아 지역주의는 1997년 동아시아 경제 위기를 계기로 급속하게 진전되었지만, 최근 중국의 적극적인 '강한 중국' 정책 추진으로 인해 위기를 맞고 있다. 그렇지만 지역 통합의 역사는 위기가 기회임을 반복적으로 보여 주고 있다. 중국의 급부상과 주변으로의 적극적인 국력 투사 개시란 새로운 상황 전개는 오히려 역내 통합을 가속화시키는 계기가 될 수 있다. 이런 사태 전개는 역내 국가들이 머리를 맞대고 함께 해결해야 할 심각한 문제가 생겨났음을 의미하고, 이에 상응하는 협력을 가속화시킬 것으로 예상된다. 물론 이것이 구체적인 성과로 이어지기 위해서는 정치적인 리더십이 필요하며, ASEAN의 한계와 일본의 지도력 부재를 감안할 때 한국의 적극적인 중견국 외교가 리더십의 원천이 될 수 있을 것이다.

6장

결론: 중견국가 한국의 역할

1. 요약 및 이론적 함의

동아시아 지역주의는 1997년 경제 위기를 계기로 오랜 침체를 털어 내고 새로운 도약의 계기를 마련하였다. ASEAN이 주도한 지역 협력에 한국, 중국, 일본이 참여함으로써 명실상부한 지역 전체의 지역 협력 움직임이 시작되었다. 그렇지만 '아세안 방식'이 여전히 주도적인 규범으로 자리를 잡고 있을 정도로 제도화의 수준이 낮았다. 그럼에도 불구하고 지역 제도에 대한 역내 국가들의 관심은 고조되었고, 많은 숫자의 지역 제도나 양자간 자유무역협정이 생겨났다. 경제적 상호 의존이 고도화되는 와중에 지역 제도를 둘러싼 권력 정치의 양상도 강화되고 있다. 이런 현상에 대한 답변으로 본 연구는 지역 제도와 권력 정치의 상호 작용에 대한 체계적인 분석이 필요하다는 인식 하에 '현실주의 지역 제도론'이란 분석 틀을 제시하고 동아시아 지역주의에 대한 분석을 진행하였다. 지금까지 국제 제도와 권력 정치의 상관관계에 대한 연구는 지역 제도가 권력 정치의 무대나 대상이 될 수 있음을 잘 보여 주고 있다. 국가 간 상대적 국력의 차가 크고, 중국과 일본이라는 두 지역 강대국이 서로 경쟁하면서 세력 전이를 경험하는 동아시아의 경우 권력 정치와 지역주의가 밀접하게 상호 작용할 수밖에 없었다.

본 연구는 국력의 역내 상대적 위상에 따라 분류된 약소국, 중견국, 강대국이 지역 제도에 대한 선호나 전략이 상이할 것이란 가정 하에서 동아시아 주요 국가들의 지역주의 정책을 분석하였다. 그리고 상대적 국력의 변화에 대해서는 지역 강대국들이 민감하게 반응할 것이란 가정 하에서 중국과 일본 사이의 관계와 지역주의 전략을 분석하였다. 아울러 지역 강대국 간의 전략적 경쟁이 치열해져 가고 있는 상황 하에서 중견국 외교가 의미 있는 지역 제도화를 가져올 수 있다는 가정 하에서 중견국 외교의 성공 조건과 중견국 외교의 실재에 대해서 분석하였다.

본 연구를 통해 동아시아 국가들이 지역 제도를 '보편적 구속'을 통한 협력의 증진이란 목적보다는 국력을 보완하기 위한 수단으로서 전략적으로 활용하였음을 알 수 있었다. 지역 제도를 국익을 증진시키기 위한 목적에서 전략적으로 활용함에 따라 제도는 많이 생겨났지만 제도화 수준은 낮았다. 그리고 제도의 실효성을 제고시키기 위한 제도적 디자인보다는 특정 국가에 대한 배제나 포함 여부를 둘러싼 멤버십 문제가 논의 과정에서 주요한 관심사였다. 또한 역내 국가 사이의 양자 간 FTA의 숫자는 폭발적으로 증가하였지만, FTA의 경제적 효과나 활용도는 크게 떨어지는 현상이 발생하였다. 지역주의는 경제적 효과보다는 오히려 전략적이고 정치적 고려에 의해 더 강력하게 추동되었다. 그 결과 제도에 바탕을 둔 지역 질서의 형성은 어려웠으며, 지역 제도를 둘러싼 권력 정치가 강화되는 현상이 나타났다. 본 연구는 이와 같은 전략적 지역주의를 중견국 외교를 통해 지역 제도란 황금 구속복의 수용으로 전환시켜야 할 것이라고 주장하였다.

제2장은 동아시아 국가들이 지역주의에 대해서 전략적으로 접근했음을 보여 주었다. 약소국들은 집단적 영향력 행사의 수단이나 강대국에 대한 견제 수단으로서 지역 제도를 적극 활용하였다. 지역 강대국들은 기본적으로 자신에 대한 견제·구속 움직임을 무력화시키기 위해서 제도화를 회피하는 전략을 썼다. 그리고 자신의 정당성을 제고하기 위해서 불가피하게 제도에 참여하는 경우에는 구속력 있는 제도화를 회피하거나 회원국을 확대시킴으로써 영향력을 약화시키려는 전략을 썼다. 그리고 지역 제도가 보편적인 현상으로 자리를 잡게 됨에 따라 지역 제도를 지역 강대국끼리의 경쟁과 균형 수단으로 활용하기 시작하였다. 반면에 중견국가들은 강대국의 자의적인 힘의 행사를 구속하기 위해서 가장 적극적으로 제도화에 나섰다. 그렇지만 역량 부족으로 인해 소기의 성과를 거둘 수 없었다.

제3장에서는 중-일 사이의 세력 배분의 변화가 양국 관계는 물론이고 지역 제도에 대한 전략에 미친 영향을 살펴보았다. 강대국들이 상대적 국력 변화에 민감할 것이며, 상대적으로 국력이 뒤처지는 나라가 제도를 보다 적극적으로 활용할 인센티브가 있다는 가정 하에서 양국 관계에 있어서 국력과 지역 제도에 대한 선호와의 관계를 검토하였다. 중국이 국력이 열세였던 상황 하에서는 지역 제도화에 일본보다 더 적극적이었다. 국력 격차가 점차 줄어듦에 따라 ASEAN의 주도로 만들어진 지역 제도 내에서 중-일 양국 간의 협력과 경쟁이 치열하게 벌어졌다. 중국이 일본의 국력을 점차 추월함에 따라 일본이 중국을 제도로 구속할 인센티브가 강해질 것으로 예상되었지만, 외부 균형자 미국의 존재로 인해 일본은 제도를 통한 견제와 구속보다는 미국과의 동맹을 통한 경성 균형에 치중하였다.

제4장에서는 동북아의 전략적 지역주의에 대해서 살펴보았다. 동북아의 한중일은 동아시아 경제력의 90% 그리고 세계 GDP 가운데에서는 20%를 차지하고 있으며, 서로 협력하고 공동체를 형성해 나갈 때 역내 위상은 물론이고 글로벌 영향력도 크게 증가할 것이지만, 중-일 사이의 세력 전이와 한국의 위상 강화 등의 요인으로 인해 오히려 전략적 경쟁과 대립이 치열해지고 있다. 이런 경향은 동북아 지역주의에 대한 전략적 접근 경향을 강화시켰다. 그럼에도 불구하고 한중일 3국 협력사무국이 창설되었고, 또 한중일 투자보장협정도 체결되었다. 그러나 중-일 간의 전략적 경쟁으로 인해 여전히 한중일 FTA나 동북아 공동체는 요원한 상태에 처해 있다. 미국이 배제된 한중일 3국 사이의 군사, 경제, 안보 협력을 증진시키는 것이 비록 유연한 형태이지만 지역 공동체 형성에 크게 기여할 것이란 진단도 제시하였다.

제5장에서는 중국의 부상과 점증하는 중국의 공세적 외교에 대응하기 위한 수단으로서 중견국가의 유용성을 살펴보았다. 양대 지역 강대국 중-일 사이의 경쟁은 동아시아 지역주의의 발전에 커다란 장애 요인이 되고 있다. 그렇지만 중국의 급부상과 주변으로의 적극적인 국력 투사 개시란 새로운 상황 전개는 오히려 역내 통합을 가속화시키는 계기가 될 수 있음을 지적하였다. 이 과정에서 중견국가의 외교적 역할이 중요하며, 그 대안으로서 ASEAN 중심의 중견국 외교, 일본 주도의 중견국 외교, 그리고 한국이 주도하는 중견국 외교가 가지는 각각의 장단점에 대해서 검토하였다. 특히 일본이 주도하는 중견국 외교는 가장 파괴력이 있을 것이지만 중국의 반대에 직면할 가능성이 크며, ASEAN 중심의 중견국 외교는 ASEAN의 범위를 초월하는 효과가 떨어질 것이란 점을 지적하였다. 이런 이유로 한국의 역할이 주목을 받고 있다.

본 연구는 지역 제도와 국력 사이의 상관관계에 대한 분석으로서, 국가 간 상대적 국력과 국력 배분 상태의 변화가 지역 제도에 대한 선호와 전략에 영향을 미치고 있음을 보여 주었다. 본 연구는 국가의 힘이 제도에 대한 선호에 영향을 미친다는 점은 지적하고 있지만, 국력에 대한 분명한 정의나 효과를 구체적으로 측정해서 제시하지 못하고 있다는 점에서 취약하다. 그렇지만 국가가 주권을 소중히 여기면서 수준 높은 지역 제도화를 회피하고, 국력을 보완하는 수단으로 지역 제도를 적극적으로 활용하면서, 지역 제도 속으로의 통합이나 배제를 통해 자신의 영향력을 확대시키려고 노력하는 동아시아의 현실은 여전히 국력이 지역 통합 과정에서 중요한 변수임을 보여 주고 있다는 점에서 의미가 있다. 지역 통합이 진전되어 지역 거버넌스 연구에서 국력이란 변수가 뒷전으로 밀려난 유럽연합에서도 최근 그리스 금융 위기 사태를 해결하는 과정에서 독일과 같은 지역 패권국의 힘이 중요하게 작용하고 있음이 여실히 드러났다. 이것은 향후 제도에 바탕을 둔 지역 질서의 형성 및 유지 과정 속에서 중국이나 일본 같은 강대국의 역할이 중요할 것이란 점을 시사한다.

동아시아를 폐쇄적인 지역으로 상정할 경우, 일본과 중국 사이의 세력 배분의 변화는 쇠락하는 지역 강대국이 지역 제도화를 적극 추진하거나, 지역 패권국을 지향하는 국가가 자신에게 불리한 지역 질서를 타파하고 새로운 제도를 창출하려는 움직임을 가속화시켰을 것이다. 그러나 동아시아는 폐쇄적인 지역이 아니었고, 역외에 존재하는 글로벌 패권국 미국이 지역 정치와 지역주의에 깊숙하게 개입하였다. 미국은 실현 가능성이 없는 지역주의에 대해서는 '선의의 무시'(benign neglect)를 하였지만, 자신이 배제된 동아시아 지역주의가 탄력을 받자 자신에게 적대적이 되지 않도록 영향력을 행사하였다. 강력한 외부 세력의 존재는 부상하는 역내 강대국을 제도로서 견제하고 구속하려는 인센티브를 약화시켰다. 일본은 물론이고 다수의 역내 국가들은 역내 패권을 지향하는 중국의 공세적인 외교 정책에 대항해서 지역 차원의 제도화를 통해 협력을 강화하기보다는 미국과의 군사적 협력 강화에 나섰다. 중국 또한 지역 제도가 자신에 대한 견제나 봉쇄 의도를 가지고 추진될 가능성을 우려하면서도 미국에 대한 견제 목적에서 지역 제도가 유용하다는 점을 잘 인식하고 적극적으로 활용하였다. 이와 같이 지역 제도를 둘러싼 전략적 갈등의 저변에는 패권국 미국이 존재하였다. 특히 서부 유럽과는 달리 '양자 간 동맹'을 지역 질서의 근간으로 삼았다는 점에서 이후 동아시아 지역주의 발전 과정에 있어서 유럽과 커다란 차이를 만들어 냈다.

최근 학문적으로 많이 주목받고 있는 것은 세계화의 진전에도 불구하고 국가 체제가 유지되고 있으며, 동시에 지역주의 또한 강화되고 있는 현상이다. 국가 체제는 국가가 전쟁, 재정 적자, 국가 단위의 경쟁, 환경오염, 국가 실패, 배타적 민족주의 등 많은 문제를 발생시키고 있지만, 국가 주권이 부여하는 특권과 국내적 기득권 세력의 존재로 인해 관성을 가지고 존속되고 있다. 세계적 통합은, 세계 정부가 갖는 당위성이나 경제적 효율성으로 인해 논리적 필연성을 가지지만 실현 가능성이 떨어진다. 지역주의는 세계적 통합과 비교해서 상대적으로 제한된 국가 간의 협력이기 때문에 실현 가능성이 크고 세계적 통합으로 가는 가교로서도 의미가 크다. 그러나 특정한 경계를 갖는 지역이 정치적 단위로서 왜 의미를 가져야 하며, 국가는 지역 이익을 국익만큼 왜 소중히 여겨야 하는지 정당화시키는 것이 난제이다.

동아시아가 지역으로서 의미를 가지기 위해서는 동아시아란 경계가 중요한 의미를 가져야 할 것이며, 그 근거는 외부 강대국 미국이나 서방세계와의 관계 속에서 찾아질 수 있을 것이다. 그리고 경제적, 안보적 이익이 주권 훼손과 정책 자율성 상실이란 비용을 상쇄시킬 수 있을 때 지역 통합은 이루어질 수 있을 것이다. 이익 측면은 중국의 일방주의적 성향의 강화와 경제적 상호 의존의 고도화로 입증할 수 있을 것이다. 관건은 역내 국가들이 과연 주권을 얼마만큼 상대화할 수 있는지 여하가 될 것이다.

지금까지 동아시아 지역주의는 경제 위기와 같은 외부적 위협이 있을 때 비약적으로 발전하였다. 향후에도 외부로부터의 경제적, 안보적 위협이 지역주의 발전의 계기가 될 것이다. 미국 발 경제 위기나 미국의 역외 균형자로서의 역할이 줄어들 때 지역 제도화의 필요성은 커질 것이다. 동아시아의 생산 네트워크의 최대 종착지인 미국 시장의 축소는 동아시아의 역내 시장 통합의 필요성을 고조시킬 것이다. 미국의 개입 축소는 기존에 미국의 군사력에 의지해 온 역내 국가들이 중국과 제도적 연계를 맺지 않을 수 없도록 만들 것이다. 역내 동학이란 관점에서 볼 때 영토 분쟁과 같은 역내 현안에 대해 일본은 제도적 해법을 선호하고 중국은 미국이 배제된 해법을 선호한다는 점에서 양국이 '미국이 배제된 제도화'란 타협책에 동의할 가능성이 논리적으로 존재한다. 이것을 실현시키기 위해서는 고도의 정치력이 필요할 것이며, 그 잠재력은 중견국 외교에서 찾을 수 있을 것이다.

최근 중견국가에 대한 연구는 중견국가의 범주가 객관적 기준보다는 국가 스스로 정립하는 정체성의 문제로 인식하는 추세이다. 스스로 중견국가로 인식하고, 힘이나 강제력보다는 제도와 규범을 통해 평화적 분쟁 해결에 나서고 보편적 가치를 고양시켜 나갈 때 강대국 틈새 속에서 의미 있는 역할을 하게 되는 것이다. 일본의 경우도 현재는 미국과의 동맹 강화를 통해 중국 견제에 집중하고 있지만, 자신을 중견국가로 인식하고 적극적인 중견국 외교에 나설 때 역내 국가들의 지지 획득은 물론이고 중국에게도 제도와 규범에 바탕을 둔 지역 질서의 창출 필요성에 대해서 강력한 메시지를 전달할 수 있을 것이다.

강대국 중심의 권력 정치가 본격화되고 있는 동아시아에서 제도에 바탕을 둔 지역 질서가 창출되기 위해서는 중견국가들이 지역 구성원 모두에게 제도가 주권에 대한 위협이 아니라 '황금 구속복'이란 점을 성공적으로 설득할 수 있어야 할 것이다. 역내 국가들이 제도가 공동의 안보와 번영이란 황금을 가져다 줄 것이란 기대 하에서 자신의 주권과 정책 자율성을 포기하고, 지역 제도의 구속을 받아들일 수 있어야 할 것이다. 이것이 바로 한국의 중견국가 외교가 지향해야 할 목표점이다.

2. 한국의 지역주의 외교

1) 현황

현재 동북아의 세력 구도는 미-중 관계와 중-일 관계의 중층적 구조로 구성되어 있으며, 미-중 관계는 경쟁적 협력 관계를 유지하고 있는 반면에 중-일 관계는 갈등적 방향으로 나아가고 있다. 한국은 미-중 및 중-일 사이의 협력과 경쟁 속에서 안보와 경제적 번영을 지속시켜 나가야 하는 외교적 과제를 안고 있다. 미국과 중국은 전략적으로 경쟁 관계에 놓여 있으며, 동시에 경제적으로는 상생 관계에 있다. 중국은 연평균 10%대의 경제 성장을 이룩하였으며, 강화된 경제력은 군비 증강으로 이어지고 있다. 중국의 군사력 강화와 적극적인 외교 정책은 미국과의 갈등을 불가피하게 만들고 있다. 그렇지만 경제적으로는 공생 관계에 있다. 중국 경제는 미국으로의 수출로 인해 성장을 계속하고 있으며, 미국은 중국의 저축이 아니면 자신의 소비를 유지할 수 없는 상황이다. 미국의 경상수지 적자 및 이와 관련한 위안화의 저평가가 양국 간에 문제가 되고 있지만, 중국이 자신의 재정증권을 사지 않는 한 미국은 재정 적자를 극복할 수 없는 상황이다. 그리고 달러 가치의 폭락은 많은 달러를 보유하고 있는 중국에게도 손해가 크기 때문에 대안이 별로 없다. 양국은 상호 간에 인질이 되어 있는 셈이며, 따라서 서로가 경쟁하면서도 협력할 수밖에 없는 구도이다.[1] 일정 범위 내에서 경쟁하고, 일정 범위 내에서 협력할 수 있도록 관리하는 것이 미-중 관계의 본질이다.

이런 상황 인식에 바탕을 두고 한국은 미-중 사이에서 균형 외교를 펼치고 있다. 박근혜 대통령은 취임 후 미국과 중국을 잇달아 방문하며 균형외교를 본격적으로 출범시켰으며, 양국과의 상호 신뢰 관계를 획기적으로 확대하는 계기를 마련하였다. 2013년 5월 오바마 미국 대통령과의 정상회담에서는 확고한 신뢰를 기초로 한-미 관계를 포괄적 전략 동맹 관계로 업그레이드하였다. 양국 정상은 한-미 관계를 '린치핀'(linchpin: 바퀴가 빠지지 않도록 바퀴 축에 꽂는 핀)으로 비유함으로써 전략적 중요성을 제고시켰다. 그리고 곧 이은 2013년 6월 중국 시진핑 국가주석과의 정상회담에서는 북핵 불용이라는 중요한 합의를 이끌어 냄으로써 대북 정책과 관련해 중요한 진전을 이루었다.

이런 성과는 미국과 중국 사이에서 한국의 전략적 중요성이 커졌기 때문에 가능하였다. 특히 중국과의 관계에서 한국의 전략적 가치의 상승이

1_Claude Meyer, *China or Japan* (New York: Columbia University Press, 2011), p. 134.

두드러졌다. 중국의 고민은 미국과의 관계가 어느 정도 안정적이더라도 자신의 위협에 대한 역내 우려가 이미 심각할 정도로 깊어졌다는 점이다. 주변 국가들에 대한 매력 공세의 결과, 중국 위협론을 어느 정도 잠재울 수는 있었지만, 남중국해와 동중국해 영토 문제와 관련된 공세적인 정책의 결과로 중국 견제 필요성에 대한 역내 공감대가 형성된 것이었다. 자신을 향해 좁혀 오고 있는 봉쇄망을 뚫기 위해서는 한국의 전략적 중요성이 증대되고 있다. 이것은 한국에 대한 우호적인 정책으로 이어졌으며, 한-미 동맹을 유지하면서 중국에 다가가는 박근혜 정부에게 유리한 환경을 제공하였다. 미국으로서도 한국의 전략적 중요성이 여전히 중요하기 때문에 한국 정부의 대중 접근에 과민하게 반응할 수는 없었다. 그렇지만 미국에게 한국의 전략적 가치는 상대적인 것으로서 중-일 및 한-일 관계에서 갈등이 고조되는 현실 속에서 미-중 간 균형 외교의 원만한 추진이 어려워질 수 있다.[2]

세력 전이를 경험하고 있는 중-일 관계 또한 한국 외교에 커다란 부담으로 작용하고 있다. 중국과 일본이 역내에서 차지하는 비중을 고려하면, 중-일 관계 여하가 동북아의 장래에 중요한 결정 요인이 될 것이다. 중국의 국력이 일본을 넘어서고 있는 상황에서 중국에 대한 적절한 견제 장치가 없을 경우 파국으로 이어질 가능성이 크다. 아직까지는 한국과 일본이 연대할 경우 중국에 대해 적절한 균형이 이루어질 수 있는 상황이다. 그러나 이것이 불가능해질 때 한국이나 일본의 취약성이 커질 것이다. 따라서 중국은 자신에 대한 균형 목적에서 한-일이 연대하는 사태를 미연에 방지하려 노력하고 있다. 이런 측면에서 중국에게 한국의 전략적 가치는 크다. 반

2_Hornung(2015), pp. 176-7.

면에 일본은 한국이 아니라 미국과의 연대를 통해 중국을 견제하려는 의도를 갖고 있다. 따라서 일본에게 한국이 갖는 전략적 중요성은 중국의 경우와 비교해서 상대적으로 떨어진다. 그러나 한국에게 일본이 갖는 전략적 중요성은 적지 않다. 특히 중국이 아직까지 국제적으로 인정된 보편적 가치와 거리가 있는 상황 하에서, 한국의 힘만으로는 중국을 적절히 견제하거나 변화시킬 수 없다. 보편적 가치를 상호 많이 공유하고 있는 일본이 갖는 전략적 가치에도 불구하고 한국 정부가 중국에 편향된 외교 정책을 펼치는 것은 위험 부담이 있다.

현재 한-일 갈등은 한국 정부의 역사 바로 잡기와 영토 보존 노력, 그리고 상대적인 국력 상승 등이 복합적으로 작용한 바가 크다. 그렇지만 일본이 한국과 영토 문제나 역사 문제를 둘러싸고 이해하기 어려울 정도로 완강하게 나가는 것은 한-일 관계라는 양자적 틀로서는 설명하기 어렵다. 중국과의 영토 분쟁은 동아시아의 주도권은 물론이고, 에너지 및 어업, 그리고 해상 통로와 관련해서 전략적, 경제적 이득 면에서 도저히 양보할 수 없다. 이에 반해 독도 문제는 그렇지 않다. 한국이 점유하고 있으나 이것이 영토 문제나 어업 문제로 비화되고 있지 않으며, 에너지 개발이 이슈가 되는 것도 아니다. 일본이 외교적 손실을 감수하면서도 완강한 입장을 고수하는 것은 한국이 아니라 보다 심각한 영토 분쟁을 겪고 있는 중국과 러시아를 향한 메시지이자, 동시에 자신감을 상실한 국내 여론을 향한 메시지인 것이다.

일본은 중국과 구조적인 대립 관계에 있으며, 중국의 강력한 압박에도 불구하고 역사나 영토 문제와 관련해서 한 치의 양보도 하지 않겠다는 입장이다. 중국과의 직접적인 충돌이 여의치 않은 일본은 한국의 역사 수정이나 영토 문제에 대해서 강경 입장을 견지함으로써 중국과 간접적으로 대결하고 있는 양상을 보이고 있다. 일본이 한국을 끌어안고 중국과 대결해야만 할 급박한 상황이 아니라면, 일본이 한국의 요구를 수용할 가능성은 떨어진다. 현재 일본의 전략적 우선순위는 독자적인 군사력 강화와 미국과의 동맹에 있다. 이로 인해 한국의 전략적 가치가 상대화되고 있다. 따라서 한국 정부가 퇴로가 없는 싸움을 지속하기 위해서는 명분을 뛰어넘는 실익이 분명히 존재해야 할 것이다. 현재로서는 중국과 일본 어느 한쪽을 선택해야 하는 상황보다는 양국 모두에게서 전략적 파트너로서 가치를 인정받는 상황을 만들어 가는 것이 유리할 것이다.

현재 일본과의 갈등 구도가 한국에게 함축하는 바는 향후 한-일 관계가 식민지 지배와 미국과의 동맹이란 유산에 근거한 특수 관계에서부터 보편적 관계로 이행할 것이란 점이다. 이것은 일본의 입장에서 한국이 특별히 배려해야 할 상대에서 전략적인 견제와 협력이 필요한 일반적인 상대가 된다는 것을 의미한다. 경제적으로 자신과 상호 보완성이 떨어지고, 경합·경쟁 구조를 갖고 있는 한국은 이미 경쟁자로 인식되고 있다.[3] 한국의 입장에서는 과거의 채무로부터 자유로워진 일본이 자신을 배려할 것으로 기대하기 어려운 부담스런 상대가 되는 것을 의미한다. 양국 간에는 회피해야 할 민감한 터부는 없을 것이며, 따라서 한-일 관계가 원만해지기 위해서는 더 많은 외교적 노력이 필요할 것이다.

한국에게 지역 공동체는 미-중 사이의 균형 외교가 갖는 잠재적 위험성과 국내적으로 한반도 중시 외교와 한-미 동맹 중시 외교 사이의 입장 대립이란 관점에서 볼 때 의미가 크다. 한국의 전통적인 생존 방식은 주된 위협

3_Meyer(2011), p. 103.

인 북한에 대한 억지력 확보를 위한 독자적인 군사력 강화와 미국과의 동맹에의 의존이었다. 특히 미국에의 의존은 실효성 있는 억지력 확보라는 차원과 경제 발전을 위한 국력의 집중적 투입 필요라는 측면에서 정당화될 수 있었다. 그렇지만 중국의 부상과 미-중 간의 충돌 가능성 고조는 중국에의 경제적 의존도가 높은 한국에게 양국 사이에서 새로운 균형을 찾을 것을 요구하고 있다. 그러나 문제는 한-미 및 한-중 관계가 서로 상충할 가능성이 크다는 점에 있다. 더구나 이 두 관계는 미-중 관계의 갈등 정도에 크게 좌우되기 때문에 한국의 통제 범위를 벗어나 있고 불확실성도 크다. 한국이 미국과 중국 사이에서 중재자 역할을 담당하기가 어려운 것은 노무현 대통령이 제안한 '동북아 균형자론'이 별다른 소득 없이 좌초되었던 사실에서 잘 알 수 있다. 따라서 한국은 단기적으로 자신의 외교적 미숙으로 인해 한-미 관계와 한-중 관계가 상충되는 상황이 발생하지 않도록 주의하면서, 장기적으로 양자 관계를 뛰어넘는 지역 차원의 보다 넓은 협력 틀을 모색할 필요가 있다.

동아시아 지역 공동체는 중국에 대한 봉쇄가 가져올 위험 요소를 차단하고, 중국을 포함한 역내 국가 간에 다양한 차원에서의 안정적인 협력 틀을 제공할 수 있다는 점에서 잠재적 가치가 크다. 한국은 지역 차원의 제도 속으로 중국을 품는 데 있어서 주도적인 역할을 해야 할 것이다. 특히 미국이 배제된 지역 안보 및 경제 공동체의 창설은 중국이 지속적으로 주장하는 사안으로서, 한국도 이를 전향적으로 고려할 필요가 있다. 한국이 적극적인 외교를 통해 미국의 우려를 불식시킬 수 있다면 가능성이 없지 않을 것이며, 미국의 전통적인 우방인 일본이 함께 설득할 경우 미국도 이를 지지하거나 묵인할 가능성이 있다.

근래 한국 내에서는 외교 정책 추진 과정에서 '한반도주의'와 '글로벌주의'가 서로 대립하면서 외교적 혼란을 겪었다. 김대중 정부와 노무현 정부가 한반도와 남북 관계를 중시하면서 미국과 마찰을 경험하였다. 뒤이은 이명박 정부는 '글로벌 한국'(global Korea)이란 슬로건으로 글로벌 영향력 확대와 기여에 매진함으로써 한반도 문제를 경시했다는 비판을 받기도 하였다. 글로벌주의 입장은, 세계화의 급속한 진전과 G-7 위상의 상대적 약화는 새로운 글로벌 질서의 형성을 요구하고 있으며, 한국 외교는 이에 부응해서 글로벌 지향을 강화해야 한다고 주장한다. 지역이나 한반도 차원의 외교가 중국과 북한이란 넘을 수 없는 장벽에 막혀 있다는 현실을 바탕에 두고 있으며, 글로벌 차원의 노력이 결국 한반도 문제 해결에도 기여할 수 있다는 논리이다. 이와 반대로 한반도 문제를 중시하는 입장은 진보 진영에서 흔히 보이는데, 한국 외교가 직면하고 있는 모든 문제의 해결이 남북 관계의 개선에서 출발해야 한다고 본다. 남북 교류 및 협력을 통한 신뢰 회복이 우선적으로 있어야 남북 간의 긴장 완화가 가능하고, 이를 통해 남북한 각기 미국과 중국에의 전략적 의존도를 낮춰 나갈 수 있으며, 그래야만 한국이 독자적인 외교적 공간을 확보하고 지역 차원의 다자간 안보 협력도 주도해 나갈 수 있다는 논리이다.

글로벌주의 입장이 갖는 한계는 최근 글로벌 위상의 강화가 글로벌 책무는 증가시켰지만, 아직까지 글로벌 영향력의 확대로 이어지지 않고 있다는 점에서 잘 드러난다. 글로벌 위상의 강화에도 불구하고 한국은 여전히 북한의 위협에 직면해 있으며, 한반도를 둘러싼 외부 환경은 중국의 급부상으로 초래된 세력 전이의 직접적인 영향권에 들어 있다. 한반도 중시 입장이 갖는 문제는 지금까지 한국 정부가 추진한 대북 교류 협력에 바탕을 둔 유화책이나 경제 제재에 바탕을 둔 강경책이 모두 북한을 본질적으로 변화시키는 데 실패하였다는 점이다. 북한은 자신의 도발적 행위에 대한 사과나 재발 방지 약속은 거부하면서, 미사일 발사와 핵 실험 실시 등 적대적인 정책을 지속하였다. 북한 문제가 지속되고 있는 상황 하에서 글로벌주의에 초점을 맞추는 전략은 현실과의 괴리가 크고 실용성이 떨어진다. 반면에 북한 문제를 한반도 차원으로 국한시키면서 한국 정부의 북한에 대한 정책이 우호적으로 바뀌기만 하면 사태가 해결될 수 있을 것으로 보는 것도 근거가 약하다. 결국 북핵 문제 해결이나 북한의 개방은 한국이나 미국과의 관계 개선을 넘어선 보다 넓은 지역 공동체 차원에서의 해결책이 필요할 것이다. 이런 측면에서 한국 외교는 지역 차원의 노력을 강화해 나가야 할 것이다.

2) 중견국 지역 외교 전략[4]

지역 차원의 중견국 외교는 글로벌 영향력의 확대는 물론이고 한반도 문제의 항구적인 해결을 위해서도 필요하다. 한국의 지역적 터전인 동아시아는 아직까지 제도나 규범보다는 힘이 지배하는 세계이다. 역내 강대국 일본과 중국이 서로 주도권 다툼을 치열하게 벌이고 있다. 양국 사이의 경쟁이 지나치면 성공 가능성이 낮아지고, 양자 사이의 관계가 협조적일 경우 여타 역내 국가들의 이익을 희생시킬 우려가 있다. 강대국 주도의 지역 통합이 가져올 부작용을 회피하고, 지역 통합의 성공 가능성을 높이기 위해서는 중견국가의 적극적인 리더십이 필요하다.

4_이하는 다음을 축약 보완한 것이다. 최영종, "한국외교의 진로: 중견국가 외교전략의 모색," 한국국제교류재단 사회과학개론서 연구개발진, 『한국 정치·경제 개론』(한국국제교류재단, 2013), pp. 403-14.

한국의 중견국가 리더십은 미-중 관계에서 차지하는 위상에서 찾을 수 있다. 한국은 미국과 긴밀한 관계를 유지하고 있을 뿐만 아니라, 중국에게도 커다란 전략적, 경제적 가치를 갖고 있다. 한국은 중국과 영토 문제를 둘러싼 직접적인 갈등 관계에 있지 않으며, 경제적으로도 상호 의존도가 높은 상태이다. 전략적으로 한국은 중국의 강경 외교에 대한 주변국의 반발 심화와 미국의 중국에 대한 전방위적인 봉쇄 움직임 강화란 어려움을 타개하기 위해 중요한 가치를 가진다. 한국이 힘보다는 지역주의를 통한 제도적 해법이 역내 갈등 해소와 경제 통합에 유용함을 미국과 중국 양국에게 설득할 수 있을 때 지역 통합에 있어서 의미 있는 리더십을 발휘할 수 있을 것이다.

주어진 과제는 어떻게 현재 소원한 관계에 있는 일본과 손을 잡고, 한중일 FTA를 비롯한 동북아 협력을 강화하면서 나아가 동아시아 전체의 공동체 형성에 함께 나설 것인가 하는 점이다. 일본은 중국과의 국력 경쟁에서 뒤처지는 것을 스스로 인정하거나, 미국을 이용한 대중국 견제가 실효성이 떨어진다는 것을 인식하게 될 때 제도적 해결책을 적극 수용할 것으로 예상된다. 최근 자신의 국력 쇠퇴와 역내 리더십 약화를 경험하는 일본이 동아시아로 선회할 때 새로운 지역 질서를 창출하기 위한 중견국 외교는 훨씬 더 강화될 수 있을 것이다. 한국의 중견국 외교는 미국을 비롯한 여타 역내 모든 나라들과 특수한 관계를 넘어서는 보편적인 틀 속에서의 협력을 강화시켜 나갈 때 글로벌 위상의 강화와 북한 문제 해결로 이어질 수 있을 것이다.

(1) 동맹과 중견국 외교의 조화

한국의 중견국 외교가 성공하기 위해서는 패권국 미국의 적극적 혹은 암묵적인 지지가 필요하다. 이는 여타 중견국가의 외교 사례에서도 잘 드러난다. 대표적인 성공 사례로 들고 있는 캐나다와 호주는 기본적으로 미국과 우호적인 관계를 유지하고 있던 나라들로서, 냉전기 동안에 미국의 관심이 상대적으로 떨어지거나 미국이 앞장서기 곤란한 군축이나 통상 문제 등에 있어서 소기의 성과를 거둘 수 있었다. 반면에 미국의 패권에 대해 대립적이고 도전적이었던 개발도상국 형 중견국가들의 외교는 요란한 움직임에 비해 효과는 거의 없었다. 마찬가지로 동아시아 공동체 형성을 목적으로 말레이시아가 추진한 중견국 외교는 미국의 반대로 실패하였다.

한국으로서도 이승만 대통령의 태평양 동맹 구상이나 아시아 민족 반공 연맹 등과 같은 지역 협력체는 미국의 지지를 이끌어 내지 못했기 때문에 실패하였다. 또한 미국을 배제하고 미국에 대항하기 위해 추진한 노무현 대통령의 동북아 구상도 성과가 없었다. 반면에 이명박 정부가 G-20을 통해 한국의 역할과 위상을 제고시킬 수 있었던 배경에는 미국의 지지와 도움이 있었다. 그렇지만 이러한 중견국 외교가 성공을 거두기 위해서는 패권국에만 의존해서는 안 되고, 여타 나라의 광범위한 지지가 있어야 할 것이다. 한국 정부가 G-20 무대는 물론이고 지역 협력 무대에서 선진국과 개발도상국 사이의 가교 역할을 부각시킨 것은 이런 점에서 적절한 것이었다. 향후에도 한국의 글로벌 외교와 지역 공동체 형성 노력은 미국의 전략적 이익과 한국의 전략적 이익 사이의 조화를 바탕으로 이루어져야 할 것이다.

미국의 입장에서는 지역주의가 진전됨에 따라 동아시아로부터 자신이 배제될 우려가 현실적임을 잘 인지하고, 이를 극복하기 위한 노력을 기울이고 있다. 특히 전략적으로 중요한 역내 국가들과 개별적 차원의 유대 강화에 치중하고 있다. 그러나 이것은 중국의 강한 반발을 불러일으키고 있으며, 나아가 역내 불안정의 원인이 될 수 있다. 따라서 미국은 장기적으로 유럽에서와 같이 자신에게 우호적인 동아시아 공동체의 형성을 용인하게 될 가능성이 있다. 이런 지역 공동체는 또한 중국과 일본 사이의 라이벌 갈등을 완화시키는 데 유용할 수 있고, 중국이 G-2와 같이 미국과 직접적으로 대면하는 제도에 대해 느끼는 부담감도 완화시켜 줄 수 있을 것이다. 미국으로서는 자신의 적극적인 역할에 대해 거부감이 존재하는 상황 하에서 자신이 직접 전면에 나서기보다는 중견국가 한국의 주도적인 역할을 인정하고, 뒤로부터 리더십을 발휘하는 방안을 고려해 볼 수 있다. 그리고 미국이 배제된 동아시아 공동체에 대한 미국의 우려는 동맹국인 한국과 일본이 서로 협력해서 미국을 설득할 경우 상당 정도 완화될 수 있을 것이다.

그러나 문제는 미국이 중견국 외교 자체에 대해서 유보적일 뿐만 아니라, 최근 한-일 사이의 갈등 고조로 인한 전략적 이익의 훼손 가능성에 대해 우려를 가지고 있다는 점이다. 한국이 중국에 다가가는 속도에 대해서 의구심을 갖고 있으며, 한국이 한-일 사이의 갈등에서 미국에게 양자택일적인 선택을 강요하는 상황에 대해서도 불편하게 느끼고 있다. 미국은 한국이 직접적으로 미국의 이익에 도전하는 것이 아니라, 일본과의 관계 악화로 인해 미-일 공조나 더 나아가 한·미·일 공조 체제를 약화시킬 가능성에 대해 우려하고 있다. 미국의 전략적 이익 측면에서 일본은 2009년 무렵 일본의 민주당 정권 하에서 미-일 관계가 소원해졌던 짧은 기간을 제외하고는 항상 한국보다 우위에 있었으며, 이런 상태에 변화가 생겼다고 볼만한 근거는 없다. 일본은 집단적 자위권을 비롯해서 미국의 전략적 필요를 확실하게 충족시켜 주고 있다. 한국은 반면에 미국과 중국 경사 우려, 북핵 문제 공조, 사드 배치, 한국의 TPP 참가, 남중국해 문제에 대한 국제법적 해결 등 다수의 난제가 얽혀 있다. 중국으로 다가가고 있는 한국이 미국에게 일본과의 사이에서 선택하라는 식으로 압박하는 것은 역풍을 맞을 가능성이 크다. 오히려 일본과의 관계를 개선시켜야 미국의 불신을 줄일 수 있을 것이고, 미-중 사이에서 운신의 폭도 넓어질 수 있을 것이다.

글로벌 금융 위기 당시 미국의 입장에서 한국은 매우 훌륭한 조력자였으며, 이로 인해 한국에 대한 신뢰는 물론이고 한국의 역할에 대한 유용성까지도 인정하게 되었다. 이런 신뢰가 지속적으로 축적될 경우 독자적인 행보의 여지가 늘어날 수 있을 것이다. 패권국 미국과 동맹 관계라는 것이 중견국 외교에서 양날의 칼이다. 한편에서는 패권국에 대한 영향력 행사 가능성으로 인해 중재자 역할에 유리하지만, 다른 한편에서는 역내 국가들의 신뢰를 얻는 데 어려울 수가 있다. 또한 미국은 한국으로부터 중견국가 역할보다는 동맹으로서의 신의 있는 행동을 더 요구하고 있다. 따라서 한국 외교에 남겨진 과제는 이런 신뢰 관계를 유지하면서, 동시에 미국으로부터 상대적인 자율성을 확보할 수 있는 균형 있는 중견국 외교를 추진하는 것이다. 이를 위해서는 미국이 납득할 수 있고 유용성도 인정할 수 있는 한반도를 넘어선 지역 협력 구상이 필요할 것이다.

(2) 지지 연합의 형성

중견국가의 국력 한계를 고려할 때 성공적인 중견국 외교는 광범위한 지지 연합의 존재를 필요로 한다. 한국은 G-20 내에서는 개발도상국의 이해관계를 대변하거나 회원 자격이 없는 역내 국가들의 이해관계를 대변하는 역할을 자임함으로써 지지 기반 확충에 나섰다. 일례로 G-8이나 신흥국 연합체인 BRICS에 포함되지 않는 중견국가들의 연합체(MIKTA)를 주도적으로 만들었다. 그렇지만 이런 글로벌 차원의 중견국 외교는 선진국으로부터 의미 있는 양보를 얻어내기 어렵다는 점과 더 나아가 선진국의 이해관계에 집단적으로 도전하는 것이 무모할 수 있다는 점에서 한계가 있다. 심지어 많은 중견국가들은 자신이 중견국가란 사실을 인정하지 않고 중견국가 간의 협력에 소극적으로 임하고 있다.

지역 차원에서 지지 연합의 구축은 대상이나 목표가 보다 분명하기 때문에 상대적으로 용이할 수 있다. 중국이나 일본과 같은 지역 강대국들을 제도적으로 구속하기 위한 중견국 외교의 연대 파트너로서는 ASEAN이 될 것이다. ASEAN은 동아시아 통합을 오랫동안 주도했지만, 현재 동아시아의 성공적인 통합을 이끌어 내거나, 중국과 일본에 대해 의미 있는 영향력을 행사할 역량은 갖지 못한 상태이다. 그렇지만 ASEAN은 한국에게 일본과 중국 사이의 견제와 균형을 위해서는 물론이고, 법과 제도가 힘보다 우선시되는 지역을 만들기 위한 전략적 동반자이다. 현재 ASEAN의 가장 큰 고민은 선발 6개국과 후발 4개국 사이의 개발 격차로서, 이것을 해소시키기 위한 동아시아 차원의 협력에 큰 기대를 하고 있다.

한국으로서도 중국이나 일본과 ASEAN에 대한 원조 경쟁을 하는 것보다는 지역 차원의 경제 협력이 더 유리하다. 유럽 통합 과정에서 지역 정책과 농업 정책이란 재분배 정책이 결정적인 역할을 하였음은 주지의 사실이다. 동아시아 차원의 경제 협력 제도화를 핵심 연결 고리로 삼아 아세안과의 연대를 꾀하는 것은 유용한 전략이 될 것이다. 동아시아 통합은 선진국과 개발도상국 사이의 통합 사례로서 통합의 경제적 이득이 선진국에 집중될 우려가 크며, 이로 인해 지역 차원의 재분배 정책이 성공의 관건이 될 것이다. 이는 불가피하게 비용 분담 문제가 첨예하게 대두될 가능성이 있다. 이런 측면에서 보다 많은 선진국이 여기에 참여하는 것이 바람직하다. 일본은 물론이고 호주와 뉴질랜드도 안보는 물론이고 경제 협력 측면에서도 한국에게 중요한 전략적 파트너가 될 것이다. 그리고 인도네시아, 말레이시아, 태국, 베트남 등과 같은 중견국가들과의 협력을 다변화하고 경제뿐만 아니라 안보 이슈까지 포함해서 협력을 다양화해야 할 것이다. 중국과의 교류 협력 확대 및 심화가 미-중 사이의 균형을 목적으로 하는 것이 아니라, 동아시아의 중견국가들과 중국 사이의 유대 강화를 위해 필요한 것이란 점을 보다 강조할 필요가 있다.

(3) 제도 및 규범 강조

중견국가 한국에게는 권력 정치가 지배하는 세상보다는 규범과 제도에 의해 규율되는 세상이 국익에 더 부합된다. 그리고 규범과 가치는 중견국 외교의 성공을 위한 대외적인 지지 확보 차원에서는 물론이고 대내적인 정당성 부여란 측면에서도 중요하다. 제도와 규범은 영향력의 원천인 동시에 지역 질서는 물론이고 글로벌 질서의 형성에도 기여하는 것이다. 동아시아는 오랫동안 주권 존중과 비공식성을 지역 협력의 기본 원칙으로 삼았다. 전자는 역내 국가들이 내정 불간섭과 지역 협력이 불가피하게 수반하는 지역 제도로의 주권 이양을 거부하는 것을 의미했으며, 후자는 구속력 있는 약속의 부재를 의미하였다. 양자는 역내 국가들의 지역 협력에 대한 진입 장벽을 낮춰 준 효과는 있지만, 지역 협력의 실질적인 진전을 저해하였다. 주권과 공식성 문제는 절대적인 원칙의 문제가 아니라 상대적인 정도의 문제로서 역내 국가들의 전향적인 수용 자세가 지역 통합의 의미 있는 진전에 관건이 될 것이다. 장래 동아시아는 세력 균형과 주권 존중의 원칙보다는 보편적인 제도와 규범에 바탕을 둔 새로운 질서의 형성이 필요하다.

지역 통합과 관련해서 흥미 있는 현상은 제도화의 초기 과정에서는 약소국들이 제도화를 강대국에 의한 통제 수단의 하나로 인식하고 부정적인 태도를 보였지만, 다수가 수적 우위를 바탕으로 소수의 강대국을 견제할 수단으로서의 가치를 인식하고, 점차 제도화에 적극적인 태도를 보인다는 점이다. 이런 경향은 EU는 물론이고 MERCOSUR를 비롯한 다양한 지역 제도에서 나타나고 있다. 동아시아도 비슷한 경향이 나타나고 있으며, 관건은 역대 강대국으로서 일방주의적 성향을 강하게 보이는 중국이 과연 지역 제도가 부과하는 구속을 어느 정도까지 수용하려 할 것이냐 하는 점이다. 중견국가 한국에 부과된 책무는 ASEAN의 지지에 근거해서 중국과 일본이 공동의 문제 해결을 위한 제도적 구속에 대해 수용적인 태도를 갖도록 압력을 가하면서 동시에 이들이 제도로부터 이탈하지 않도록 적정한 수준의 타협점을 찾는 것이다.

중견국가 한국의 동아시아 지역에서의 역할은 규칙 제정자, 제도 형성자, 그리고 동아시아 지역주의의 관리자가 되는 것이다. 이를 위해서는 G-20과 동아시아 통합을 유기적으로 연계시키면서, 개발도상국과 선진국의 가교 역할을 적절하게 수행해야 할 것이다. 개발도상국 발전의 중시와 선진국 책임의 강조, 그리고 공동의 노력과 희생 필요성에 대한 역내 공감을 형성시킬 때, 동아시아에서 지역 통합의 계기가 마련될 수 있을 것이다. 그리고 한국의 특수한 가치나 규범을 부과하려는 태도보다는 보편적 가치를 체화하고, 이를 자연스럽게 확산시키는 자세가 필요할 것이다.

지금까지 한국은 외교적 적극성이나 주도권 행사에 대한 의욕에 비해, 내용적인 측면에서 역내의 공감이나 정당성을 얻는 데 부족함이 많았다.

이승만이나 박정희 정부는 반공 이외에 어떠한 긍정적 가치와 매력을 보여주지 못했다. 한국이 주도한 ASPAC(Asia Pacific Council)은 반공을 기치로 내세웠는데, 중국이 1973년 유엔에 가입하고 데탕트가 시작됨에 따라 해체의 길로 접어들게 되었다. 민족을 넘어선 지역이란 개념은 박정희 대통령의 머릿속에 존재하지 않았다. 김대중과 노무현 정부는 한반도 평화를 넘어서는 뚜렷한 비전이나 가치를 가지고 역내 국가들을 설득하지 못했다. 향후에는 민주주의나 시장 경제에 대한 중시와 인권, 환경, 빈곤 등 글로벌 현안에 대한 공동 해결이란 가치와 의제를 가지고 역내 설득에 나서야 할 것이다. 이를 통해 역내에서 편협하고 배타적인 민족주의가 상호 대립하는 상황을 막고, 자민족 중심적인 역사 이해나 영유권 주장이 감정적, 물리적 충돌로 이어지지 않도록 해야 할 것이다. 그리고 여타 지역을 차별하지 않겠다는 정도의 소극적인 개방성이 아니라, 적극적으로 국제 사회와 조화를 꾀하는 노력을 기울일 필요가 있다.

(4) 공공 외교의 중시

한국의 중견국 외교는 지속적인 경제력 증진과 미국과의 동맹 관계 유지 및 강화에 바탕을 두고, 이것이 글로벌 차원은 물론이고 지역 차원에서의 영향력 확대로 이어지도록 소프트 파워를 키워 나가야 할 것이다. 소프트 파워의 핵심이 되는 국가의 매력은 이를 실제로 키우는 노력뿐만 아니라, 포장하고 알리는 노력도 아울러 필요로 한다. 특히 후자의 측면은 "어떤 국제적 행위자가 자신의 정책 목표를 달성하기 위해 외국의 대중을 관여시키는 것을 의미"하는 것으로 정의되는 공공 외교의 핵심적인 요소가 된다.[5] 중견국 외교의 핵심은 설득을 통한 지지 획득에 있기 때문에 성공적인 공공 외교는 중견국가에게 물질적인 국력의 한계를 뛰어넘을 수 있는 많은 기회를 제공할 수 있다.[6] 이런 측면에서 중견국 외교와 공공 외교는 불가분의 관계에 있다.

그렇지만 강대국들이 풍성한 자원을 바탕으로 글로벌 무대를 배경으로 다양한 차원의 공공 외교를 전개할 수 있는 반면에, 중견국가인 한국은 역량의 제약 조건 속에서 선별적으로 공공 외교를 펼쳐야 효과적일 것이다. 이를 위해서는 국제 사회에서 자신의 존재 가치를 보여 줄 수 있는 틈새(niche)를 찾아 적극적으로 활용하는 노력이 필요하다. 그리고 한국이 동아시아 내에서 소프트 파워를 증진시키기 위해서는 권력 다툼에 골몰하는 강대국 중국이나 일본과는 다른 차원의 중견국가 이미지를 만들어 내야 할 것이다. 영토 욕심, 주권 침해에 대한 거부감, 영향력 확대 경쟁 등의 강대국 이미지가 아니라, 보다 평화 지향적이고 따뜻하며 서로의 처지를 배려할 줄 아는, 그러면서도 외교적인 역량을 갖춘 신뢰할 수 있는 나라, 함께 노력해서 동아시아의 평화와 번영을 가져올 수 있는 나라로 인식시켜야 할 것이다.

이를 위해서는 지역 차원의 공공 외교를 적극 추진해 나가야 할 것이다. 공공 외교는 안과 밖을 동시에 바라보는 야누스의 얼굴을 가지고 있다. 지금까지 한국의 중견국 외교는 외면적인 적극성에도 불구하고 확고한 국내적 지지나 합리적인 필요성에 근거해서 추진되지 못하였기 때문에 일관

5_Geoffrey Cowan and Nicholas J. Cull, "Preface: Public Diplomacy in a Changing World," *The Annals of the American Academy of Political and Social Science* 616 (March 2008), p. 6.

6_Eytan Gilboa, "The Public Diplomacy of Middle Powers," *Public Diplomacy Magazine* (September 2009).

적이고 지속적인 추진이 어려웠다. 한국이 동아시아 지역 통합을 주도하기 위해서는 여타 국가와 비교해서 자유화와 보편적 가치에 대한 지지가 높아야 할 것이며, 통합 과정에서 의미 있는 양보를 할 수 있는 국민적 태도가 필요할 것이다. 중견국 외교는 노력에 비해 성과는 두드러지지 않는 것이 보통이다. 중견국가 경험이 일천한 한국의 경우 미미한 성과에 조급하게 좌절하고 비판적인 여론이 비등할 가능성도 없지 않다. 국민들 사이에 성숙한 글로벌 시민 의식의 체화가 글로벌 차원은 물론이고 지역 차원의 중견국 외교가 성공하기 위한 관건이다.

한국의 공공 외교는 중견국 외교의 초석으로서 국가 차원, 지역 차원, 글로벌 차원에서 유기적으로 행해져야 할 것이다. 국가 차원에서는 국가 브랜드 증진을 통해 교역, 투자, 관광의 상대로서의 매력을 제고시키며, 도움이 필요할 때 의지할 수 있는 이웃의 이미지를 통해 동아시아 내에서의 신뢰와 신용을 축적하면서, 지역 내의 지지 기반을 바탕으로 글로벌 영향력 및 기여 확대에 나설 수 있는 공공 외교를 추진해야 할 것이다. 한국은 경제 발전, 민주화, 정보 통신 기술 주도, 높은 기술력 등 많은 매력 요소를 가지고 있다. 더구나 중국이나 일본과 같은 거대 강국이 아니기 때문에 이웃들에게 위협으로 인식되지 않을 수 있으며, 과거 식민지 경험으로 인해 개발도상국들과 넓은 공감대를 형성할 수 있는 위치에 있다. 아울러 식민지였던 나라 중 드물게 선진화를 이룬 나라로서 개발도상국 사이에서 리더십을 발휘할 수 있는 좋은 조건을 갖추고 있다. 남은 과제는 적극적이고 효과적인 공공 외교를 통해 공감대의 확산에 나서는 일이 될 것이다.

(5) 지역 질서 형성과 한반도 평화의 연계

한국은 중견국가로서 지역 질서의 창출보다는 한반도 문제 해결에 상당한 관심과 능력을 보였다. 중견국가로서의 물질적·외교적 능력을 북한과의 관계 개선을 위해 집중적으로 투입시켜 일정 기간 남북 관계의 개선 및 안정화를 가져오기도 하였다. 그렇지만 북한을 근본적으로 변화시킬 수 있는 역량은 보유하지 못하였다. 북한 문제는 중견국가 한국이 독자적으로 해결될 수 있는 문제가 아니란 인식이 박근혜 정부로 하여금 '동북아 평화협력 구상'(동평구)을 제안하도록 만들었다. '동평구'가 한반도에서의 평화와 번영으로 이어지기 위해서는 방점이 한반도가 아니라 동북아 및 이를 뛰어넘는 보다 넓은 지역에 있어야 할 것이다. 제도에 바탕을 둔 지역 질서가 형성될 경우 한반도에서의 안정적인 질서도 용이하게 생겨날 수 있을 것이지만, 한반도에서의 평화와 번영이 동북아의 평화와 번영으로 이어질 것이란 주장에는 논리적, 실증적 근거가 취약하다. 따라서 한반도 문제에 대한 국제적 지지를 획득하는 것이 용이하지는 않다.

한국이 역점을 두고 있는 한반도 평화 통일 외교는 초점이 주변국들의 지지를 획득하는 것에 있다. 그렇지만 한반도의 평화와 통일이 반드시 주변국들의 국익에 부합되는 것이 아니다. 주변국들의 지지는 수사적 차원에서는 얻을 수 있지만 진정성을 담보하기도 어렵고, 더구나 끈이 달리지 않은 지지를 확보하는 것은 더욱 어렵다. 취약한 입장에서 상대방의 지지와 협력을 얻고자 애쓰기보다는 상대방들이 거부할 수 없는 지역 차원의 평화와 번영이란 메시지를 가지고 지역 협력을 선도할 때 지역 국가들의 지지를 획득하기도 용이하고, 한반도의 평화와 번영을 가져오기에 유리한 환경을 조성할 수도 있을 것이다. 지역 질서의 안정화가 한반도 평화와 안정을 위한 관건이란 인식 하에서 '동평구'를 실현하기 위한 구체적인 노력이 필요하다.

한국 정부는 '동평구'를 실현하기 위해 많은 기능적인 협력을 추진하였다.[7] 동평구 자체에 대한 국제적, 지역적 지지와 이해 획득을 목적으로 하는 포괄적인 협력은 물론이고 에너지 분야, 재난 협력 분야, 원자력 안전 분야의 협력체를 만들려는 구체적인 시도도 있었다. 그렇지만 한국이 주도해서 한반도 평화에의 기여란 목적으로 추진하는 동북아 협력 프로그램이 성공하기란 용이하지 않다. 오히려 동북아 및 동아시아 전체의 평화와 번영을 목적으로 하는 제도화를 지역 국가들과 함께 공동으로 추진하는 것이 한반도 평화와 안정에 더 기여할 수 있을 것이다. 이런 점에서 한국의 중견국 외교는 전략적인 국익 추구를 넘어서서 지역 제도란 황금 구속복의 수용을 확산시키는 데 선도적 역할을 담당해야 할 것이다.

3) 맺으며

오래전부터 스스로를 중견국가로 정의하고, 중견국 외교를 적극적으로 펼쳐 온 한국은 최근 중국과의 관계 긴밀화를 통해서 강대국 외교를 대체할 수 있는 지역 질서의 창출 가능성을 열어 가고 있다. 미-중 및 중-일 관계가 직접적인 충돌로 이어지는 것을 회피할 인센티브가 있는 상황 하에서 중국으로서도 역내 중견국가들이 주도하는 제도화를 수용할 필요성과 가능성은 충분히 존재한다. 제도에 바탕을 둔 지역 질서가 실효성이 있기 위

7_이승주, "동북아 평화협력구상,"『한국 중장기 외교전략의 평가 및 발전방안』(외교부·동아시아연구원 공동 컨퍼런스 자료집, 2015년 10월 21일 웨스틴조선호텔), pp. 81-4.

해서는 일본의 참여가 필수적이며, 그 속에서 일본과 한국이 중요한 행위자로서 중국의 자의적 지배 가능성을 통제하고 미국이 이런 지역 질서를 수용할 수 있도록 설득시키는 역할을 해야 할 것이다. 이것이 가능하기 위해서는 중견국가로서의 정체성을 강화시키면서, '친미 vs. 친중', '친중 vs. 친일', '한-미 동맹 vs. 한반도 중시', '통일 외교 vs. 글로벌 외교'라는 양분법을 극복해야 할 것이다. 이를 위해서는 지역을 중시하는 지역주의적(regionalist)이고, 특정 국가와의 연대를 중시하기보다는 통합주의적(integrationist)인 정체성을 확립하고 이를 구현하는 외교 정책을 일관되게 추진해야 할 것이다.

구체적으로는 제도에 바탕을 둔 지역 질서 창출을 외교 목표로서 표방하고, 배타적이지 않은 개방적인 외교를 적극 펼쳐야 할 것이다. 이런 차원에서 대중 접근은 유용한 선택이며, 아울러 일본과도 긴밀한 동반자 관계를 형성해 나가야 할 것이다. 전략적 차원에서 중국이 한반도 문제 해결에 열쇠를 쥐고 있으며, 미국은 한국의 안보를 위해서 필수적이다. 일본의 가치는 향후 펼쳐질 역내 정치 과정 속에서 중국의 자의적인 영향력을 제어할 수 있는 거의 유일한 파트너란 점에서 찾을 수 있다. 중국 경제가 미래란 점에서 중국의 중요성을 부인할 수 없지만, 중국은 현재 산업 고도화를 추진하면서 시장에의 개입 범위나 정도가 급속하게 증가하고 있다. 정부의 자의적인 산업 정책과 통상 정책으로 인해 시장의 불확실성이 고조되고 있다. 중국의 규제 수준을 글로벌 표준으로까지 향상시키면서 어떤 형태로든 안보 공동체 속으로 끌어 들일 필요가 있다.

중국은 안보적 측면에서는 한국의 변화를 요구하고 있으며, 경제 통상 측면에서는 역으로 한국이 중국의 변화를 요구하는 입장이다. 안보적으로는 한-미 동맹에 기초해 있기 때문에 한국은 미국의 양해라는 조건을 충족시킬 수 있다면 상당히 유연하게 중국에 다가갈 수 있을 것이다. 그러나 통상 문제는 정치적 문제로서 모든 나라가 쉽사리 양보할 수 없는 이슈이다. 중국도 특권적인 국영 기업의 이익을 해칠 우려가 있는 심도 있는 자유화에 대해서는 반대이며, 전략 산업에 대한 국내 보호는 정치적으로 양보하기 어려운 사안이다. 그리고 중국이 취하는 자유화나 규제 체제 개선은 행정의 자의성이나 법치주의 부재로 인해 실효성을 담보하기 어려운 상황이다. 중국 시장을 변화시키겠다는 의지가 있으면, 일본이나 미국과 보조를 맞추는 것이 중요할 것이다. TPP, RCEP, 한중일 FTA 협상은 다수의 나라가 중국을 제도화의 방향으로 나아가도록 하는데 유용한 장이 될 것이다. 한중 FTA는 성급하게 전략적 목적에서 추진된 나머지 자유화 효과가 적었다.

통상 측면에서 WTO-plus 이슈를 함께 다룰 수 있는 의미 있는 나라는 일본이다. 현재 일본은 무역 자유화나 FTA 체결 면에서 지진아에서 갑자기 우등생으로 변신 중에 있다. 동시에 TPP와 RCEP 사이에서 자신의 레버리지를 극대화시켜 최대한의 이익을 도출하려 노력하고 있다. TPP 협상에서는 미국에게 양보를 적게 하려고 노력하였으며, RCEP에서는 중국을 비롯한 여타 참여국으로부터 자유화와 관련해서 최대한의 양보를 얻어 내려는 전략을 가지고 있다. 한중일 FTA에서도 보다 과감한 자유화를 요구하고 있다. 이미 TPP 가입 의사를 천명한 한국으로서는 보다 전향적으로 시장 자유화와 규제 철폐에 나설 필요가 있다. 실제로 한국의 TPP 가입 협상이 구체화될 경우, 미국과 일본으로부터의 개방 압력이 거셀 것으로 예상된다. 역내 선진국과의 공조를 통해야만 중국의 개방과 규제 개혁이 효과적으로 추진될 수 있을 것이다.

한국의 거대 전략은 지역 제도화와 지역 공동체 건설이 되어야 할 것이며, 외교 수사적으로 '제도', '규범', '협력', '공동체 건설' 등의 단어가 보다 빈번하게 활용되어야 할 것이다. 그리고 복잡하게 얽혀 있는 경제와 안보 이슈를 쉽지는 않겠지만 기술적으로 분리시켜 접근할 필요가 있다. 그렇지 않을 경우 강대국 사이에 경쟁 구도에 휘말리게 될 가능성이 크다. 통상 문제와 관련해서는 미국이나 일본과 더 협력하고, 안보 문제는 중국을 더 배려하는 방식의 해법을 찾을 수 있을 것이다. 통상 영역에서는 현재 미국이 중심이 되고 일본이 가담한 TPP가 현안이다. TPP에 대해서는 강대국이 전략적으로 접근하는 측면이 있지만, AIIB를 순수하게 인프라 개발 문제로 접근한 것과 마찬가지로 기술적인 통상 문제로 취급해서 가입하는 것이다. 그리고 안보나 전략적인 측면에서는 유연하게 중국의 입장을 배려하는 것이 필요할 것이다. 지역 제도화와 관련해서도 중국이 민감하게 취급하는 구성원 자격 등과 같은 디자인 문제는 중국의 전략적 의도를 많이 수용하고, 실제 운영과 관련된 내용은 한국과 일본이 함께 채워 나가는 방식을 채택하는 것도 유용할 것이다.

| 참고 문헌 Bibliography |

| 국내 문헌 |

강준영. "시진핑 시대, 중국의 동아시아 정책." 『중국과 중국학』 제24호(2015년 1월).

김기수. 『국제통화 금융체제와 세계경제 패권』(서울: 도서출판 살림, 2011).

김성한. "동북아 세 가지 삼각구도의 역학관계." 『국제관계연구』 20:1(2015년).

김영수. "대동아공영권 이념에 대한 비판적 고찰: 다케우치 요시미(竹內好), 마루야마 마사오(丸山眞男)의 비판을 중심으로." 『사회과학논총』(2015년 1호).

김재철. 『중국의 외교전략과 국제질서』(서울: 폴리테이아, 2007).

김재철. 『중국, 미국, 그리고 동아시아: 신흥 강대국의 부상과 지역질서』(한울아카데미, 2015).

김지용. "동아시아 지역주의에 대한 전망: 일반이론들로부터의 연역적 분석." 『외교안보연구』 7:2(2011).

김진영. "글로벌 금융 거버넌스와 아시아 금융협력." 『21세기 정치학회보』 21:3(2011).

김치욱. "국제정치의 분석단위로서 중견국가: 그 개념화와 시사점." 『국제정치논총』 49:1(2009).

김태헌. "동북아 지역경제통합과 역내 FTA 추진방안에 관한 고찰." 『중소연구』 93(2002).

김홍규. "시진핑 시기 중국외교와 중일관계 분석." 『한일군사문화연구』 제18권(2014).

동아시아공동체연구회. 『동아시아공동체: 동향과 전망』(아산정책연구원 2014).

모리카즈코(毛里和子), 조진구 옮김. 『중일관계: 전후에서 신시대로』(서울: 리북, 2006).

문정인. 『중국의 내일을 묻다』(삼성경제연구소, 2009).

문정인·서승원. 『일본은 지금 무엇을 생각하는가?』(삼성경제연구소, 2013).

박광득. "중국의 AIIB 출범의 의미와 전망에 관한 연구." 『대한정치학회보』 23:3(2015).

박명림. "노무현의 동북아 구상 연구 - 인식, 비전, 전략." 『역사비평』(2006가을).

박명림·지상원. "탈냉전기 한국의 동아시아 인식과 구상 - 김대중 사례 연구." 『한국정치학회보』 43:4(2009).

박병광. "중국의 동아시아 전략과 전망." 이동률 편 『중국의 미래를 말하다: 글로벌 슈퍼파워의 가능성과 전망』(EAI: 2013).

박철희. "동아시아 세력전이와 아베 내각의 대외전략 기조." 박철희 편, 『동아시아 세력전이와 일본 대외전략의 변화』(동아시아재단, 2014).

박태균. "박정희의 동아시아 인식과 아시아태평양 공동사회 구상." 『역사비평』(가을 2006).

변창구. "동아시아공동체 담론의 제도화: ASEAN의 인식과 전략." 『정치정보연구』 13:2(2010)

서승원. 『북풍과 태양: 일본의 경제외교와 중국, 1945~2005』(고려대학교출판부, 2012).

서정경·원동욱. "시진핑 시기 중국의 주변외교 분석: 동아시아 지역주의에 대한 인식 변화를 중심으로." 『국제정치연구』 17:2(2014).

서진영. 『21세기 중국외교정책』(아연출판부, 2006).

소에야 요시히데 지음, 박철희 외 옮김. 『일본의 미들 파워 외교: 전후 일본의 선택과 구상』(서울: 오름, 2006).

손기영. "일본의 보통국가로의 전환과 동북아 안보협력을 위한 한국의 전략." 『국제관계연구』 19:1(2014).

안현호. "한중일 동북아 무역전쟁 삼국지." 『월간중앙』(2015년 1월호).

윤영관. "동아시아 자유무역지대의 국제정치와 한국." 『창작과 비평 』 30:1(2002).

이상환. "세계질서와 동북아 질서의 안정성에 대한 전망: 세력전이 시각을 중심으로." 『정치정보연구』 18:1(2015).

이수형. "중견국가와 한국의 외교정책: 노무현 정부의 동맹재조정 정책을 중심으로." 『국방연구』 52:1(2009).

이숙종. "동아시아 지역주의와 일본의 역할." 한상일·이숙종 공편, 『일본과 동아시아: 지역협력과 공동체 구상』(EAI, 2011).

이승주. "중국의 부상과 일본의 21세기 외교전략." NSP Report 64(동아시아연구원, 2014년 2월).

이승주. "동북아 평화협력구상." 『한국 중장기 외교전략의 평가 및 발전방안』(외교부·동아시아연구원 공동 컨퍼런스 자료집, 2015년 10월 21일 웨스틴조선호텔).

이재현. "마하티르의 동아시아지역주의 담론 분석: 서구에 비판적인 아시아주의적 발전연대의 모색." 『국제정치논총』 47:1(2007).

이재현. "아세안의 대 강대국 관여 전략: 대외 활동의 확대와 한국의 전략." 외교안보연구원, 『2011년 정책연구과제 2』(2012).

이정환. "현대 일본의 보수화 정치변동과 동아시아 국제관계." 『의정연구』 20:1(2014).

이창재·방호경. 『동북아 경제협력에서 동아시아 경제통합까지: 동아시아 시대를 향하여』. 연구보고서 11-02(대외경제정책연구원, 2011).

이학춘·고준기. "향후 한일중 FTA 체결에 따른 무역구제 검토." 『강원법학』 제38권(2014).

임현진. "왜 동아시아 공동체인가?" 임현진·임혜란 편저, 『동아시아 협력과 공동체: 국가주의적 갈등을 넘어서』(나남, 2013).

정인교. 『이제는 FTA, 자유무역협정의 시대다』(서울: 대외경제정책연구원, 2001).

조경근. "노무현 정부의 동북아 균형외교." 『통일전략 』 8:1(2008).

조양현. "일중관계 개선과 동북아 안보." 외교안보연구원, 『국제정세 변화와 이명박 정부의 외교과제: 2008년도 정책연구과제 통합본』(2009).

조양현. "중국의 부상과 일본의 대중정책." 『2011 정책연구과제 2』(외교안보연구원, 2012).

조재욱. "중·일 협조체제와 동아시아 지역경제통합: 일본 리더십 한계를 중심으로." 『국가전략』 14:3(2008).

차재복. "중일 관계의 급반전과 후진타오-후쿠다 중일정상회담 전망." 동북아 역사문제 - 주요현안 분석(동북아 역사재단 2008년 3월).
최승환. "한-중 자유무역협정(FTA)상의 분쟁해결절차규칙에 대한 법정책적 제언." 『경희법학』 47:4(2012).
최영종. "현실주의 지역통합 이론: 그 가능성과 한계." 『한국정치학회보 』35:2(2001).
최영종. "국제제도화의 동인에 관한 연구: 일-미 경제관계를 중심으로." 『국제정치논총』 41:1(2001).
최영종. "일본-ASEAN 경제관계 제도화에 대한 연구: 특혜무역제도 설립 논의를 중심으로." 『한국과 국제정치』 17:1(2001)
최영종. 『동아시아 지역통합과 한국의 선택』(서울: 아연출판부, 2003).
최영종. "지역제도와 중견국가." 『국제관계연구』 14:2(2009).
최영종. "지역협력체 본부 소재지 결정에 관한 연구." 『국제정치논총』 51:2(2010).
최영종. "동아시아 지역통합과 한국의 중견국가 외교." 『한국외교사논총』 32:2(2011)
최영종. "한국외교의 진로: 중견국가 외교전략의 모색." 한국국제교류재단 사회과학개론서 연구개발진, 『한국 정치·경제 개론』(한국국제교류재단, 2013)
최희식. "현대 일본의 아시아 외교전략: 내재적 접근에서 외재적 접근으로." 『국제정치논총』 49:2(2009).
하영선. 『동아시아 공동체: 신화와 현실』(서울: 동아시아연구원, 2008).
한석희. "중국 주변국 외교의 성공전략." 『성균관차이나브리프』 2:2(2014).

| 외국 문헌 |

■ 일문

山影進. "日本の對ASEAN政策の變容." 『國際問題』 No. 490(2001年 1月).
山影進. 『ASEAN: シンボルからシステムへ』(日本: 東京大學出版部, 1991).
須藤季夫. 『東南アジア 國際關係の構図』(東京: 勁草書房, 1996).
通商産業省. 『平成十一年度版通商白書』.

■ 영문: Articles

Abbott, Kenneth W. & Duncan Snidal. "Hard and Soft Law in International Governance." *International Organization* 54:3(2000).
Acharya, Amitav. "Power Shift or Paradigm Shift? China's Rise and Asia's Emerging Security Order." *International Studies Quarterly* 58(2014).

Adler, Emanuel & Michael Barnett. "Security Community in Theoretical Perspective." Emanuel Adler & Michael Barnett, eds. *Security Communities* (Cambridge: Cambridge University Press, 1998).

Asplund, André. "Will Abe champion democracy and human rights in Asia?" *East Asia Forum* (3 February 2015).

Bà, Alice D. "China and ASEAN: Renavigating Relations for a 21st Century Asia." *Asian Survey* 43:4(2003).

Ba, Alice D. "Is China leading? China, Southeast Asia and East Asian integration." *Political Science* 66:2(2014).

Baldwin, Richard. "A Domino Theory of Regionalism." NBER Working Paper No. 4465(Cambridge University Press, MA: National Bureau of Economic Research, 1993).

Beeson, Mark & Fujian Li. "Charmed or Alarmed? Reading China's Regional Relations." *Journal of Contemporary China* 21(January 2012).

Beeson, Mark. "Comment: Trading Places? China, the United States and the Evolution of the International Political Economy." *Review of International Political Economy* 16:4(2009).

Bhattacharya, Abanti. "China's Discourse on Regionalism: What it Means for India." *Asia-Pacific Review* 17:1(2010).

Bowles, Paul. "China debates the TPP." *East Asia Forum* (March 20, 2014).

Breslin, Shaun & Jeffrey D. Wilson. "Towards Asian Regional Functional Futures: Bringing Mitrany Back In?" *Australian Journal of International Affairs* 69:2 (2015).

Breslin, Shaun. "Understanding China's Regional Rise: Interpretations, Identities and Implications." *International Affairs* 85:4(2009).

Brooks, William L. "Politics and Trade Policy in Japan: Trans-Pacific Partnership Negotiations." Asia-Pacific Policy Papers Series(The Edwin O. Reischauer Center for East Asian Studies, 2015).

Calder, Kent E. "Critical Junctures and the Contours of Northeast Asian Regionalism." Calder & Fukuyama(2008).

Camroux, David. "The East Asia Summit." Beeson & Stubbs(2012).

Cai, Kevin G. "Chinese Changing Perspective on the Development of an East Asian Free Trade Area." *The Review of International Affairs* 3:4(2004).

Capannelli, Giovanni. "Shaping Asia's Institutional Architecture for Economic and Financial Integration: Opinion Leaders' Views." *International Economic Journal*

25:4(2011).

Caporaso, James A. "Global Political Economy." Ada W. Finifter, ed. *Political Science: The State of the Discipline* (Washington D. C.: American Political Science Association, 1993).

Capling, Ann & John Ravenhill. "Multilateralising Regionalism: What Role for the Trans-Pacific Partnership Agreement?" *The Pacific Review* 24:5(2011).

Cheng, Joseph Y. S. "China's Regional Strategy and Challenges in East Asia." *China Perspectives* (2013/2).

Cheung, Gordon C. K. "The Significance of the Overaseas Chinese in East Asia." Beeson & Stubbs(2012).

Chey, H. K."The Changing Political Dynamics of East Asian Financial Cooperation: The Chang Mai Initiative." *Asian Survey* 49:3(2009).

Chin, Gregory and Richard Stubbs. "China, Regional Institution-building and the China-ASEAN Free Trade Area." *Review of International Political Economy* 18:3(2011).

Choi, Young Jong. "An Emerging Security Community in East Asia and the Role of Middle Powers." 『국제관계연구』 17:2(2012).

Christensen, Thomas J. "China, US-Japan Alliance, and the Security Dilemma in East Asia." *International Security* 23:4(1999).

Chung, Chien-peng. "China and Japan in ASEAN Plus Multilateral Arrangements: Raining on the Other Guy's Parade." *Asian Survey* 53:5(2013).

Ciorciari, John D. "China's Structural Power Deficit and Influence Gap in the Monetary Policy Arena." *Asian Survey* 54:5(2014).

Cohen, Stephen S. "Mapping Asian Integration: Transnational Transactions in the Pacific Rim." *American Asian Review* 20:3(2003).

Cook, Malcolm. "China's Power Status Change: East Asian Challenges for Xi Jinping's Foreign Policy." *China Quarterly of International Strategic Studies* 1:1(2015).

Cooper, David A. and Toshi Yoshihara. "US Responses to Middle Powers and China." Gilley & O'Neil(2014).

Corning, Gregory P. "Trade Regionalism in a Realist East Asia: Rival Visions and Competitive Bilateralism." *Asian Perspective* 35:2(2011).

Crone, Donald. "Does Hegemony Matter? The Reorganization of the Pacific Political Economy." *World Politics* 45:3(1993).

Cumings, Bruce. "The History and Practice of Unilateralism in East Asia." Calder & Fukuyama(2008).

Dawson, Chester & Jason Dean. "Rising China Bests a Shrinking Japan." *Wall Street Journal* (Feb. 14, 2011).

Devadason, Evelyn. "The Trans-Pacific Partnership(TPP): the Chinese perspective." *Journal of Contemporary China* 23:87(2014).

Dosch, Jörn. "Managing Security in ASEAN-China Relations: Liberal Peace of Hegemonic Stability." *Asian Perspective* 31:1(2007).

Drifte, Reinhard. "The Future of the Japanese–Chinese Relationship: The Case for a Grand Political Bargain." *Asia-Pacific Review* 16:2(2009).

Economy, Elizabeth & Adam Segal. "The G-2 Mirage." *Foreign Affairs* (May-June 2009).

Emmers, Ralph & John Ravenhill. "The Asian and Global Financial Crises: Consequences for East Asian Regionalism." *Contemporary Politics* 17:2(2011).

Emmers, Ralph & Sarah Teo. "Regional Security Strategies of Middle Powers in the Asia-Pacific." *International Relations of the Asia-Pacific* 15(2015).

Fiorentino, R. V. C. Touqueboeuf & L. Verdeja. "The Changing Landscape of Regional Trade Agreements: 2006 Update." WTO Discussion Paper No.12(Geneva, 2007).

Flemes, Daniel & Leslie Wehner. "Drivers of Strategic Contestation: The Case of South America." *International Politics* 52:2(2015).

Freedman, Amy L. "Malaysia, Thailand, and the ASEAN Middle Power Way." Gilley & O'Neil(2014).

Gilley, Bruce. "China's Discovery of Middle Powers." Gilley & O'Neil(2014).

Gilley, Bruce & Andrew O'Neil. "China's Rise Through the Prism of Middle Powers." Gilley & O'Neil(2014).

Goh, Evelyn. "Southeast Asian Perspectives on the China Challenge." *Journal of Strategic Studies* 30:4-5(2007).

Goh, Evelyn. "Japan, China, and the Great Power Bargain in East Asia." EAI Working Paper No. 32(November 2011).

Goldstein, Judith, Miles Kahler, Robert O. Keohane, and Anne-Marie Slaughter. "Legalization and World Politics: An Introduction." *International Organization* 54:3(2000).

Gordon, Bernard K. "Rhetoric and Reality in Regional Cooperation." Harald B. Malmgren, ed. *Pacific Basin Development: The American Interests* (Lexington: Lexington Books, 1972).

Grieco, Joseph M. "Understanding the Problem of International Cooperation: the

Limits of Neoliberal Institutionalism and the Future of Realist Theory." David A. Baldwin, ed. Neorealism and Neoliberalism: the Contemporary Debate (New York: Columbia University Press, 1993).

Grieco, Joseph M. "Systemic Sources of Variation in Regional Institutionalization in West Europe, East Asia, and the Americas." Edward D. Mansfield and Helen V. Milner, eds. *The Political Economy of Regionalism* (New York: Columbia University Press, 1997).

Grieco, Joseph M. "The Maastricht Treaty, Economic and Monetary Union, and the Neo-realist Research Programme." *Review of International Studies* 21:1(1995).

Grimes, William W. "The Future of Regional Liquidity Arrangements in East Asia: Lessons from the Global Financial Crisis." *The Pacific Review* 24:3(2011).

Hamanaka, Shintaro. "TPP versus RCEP: Control of Membership and Agenda Setting." *Journal of East Asian Economic Integration* 18:2(2014).

Harold, Scott. "Chinese Perspective." Gilbert Rozman, ed. *Joint US-Korea Academic Studies* Vol 24(Washington DC: Korea Economic Institute, 2013).

Heberer, Thomas. "China in 2014: Creating a New Power and Security Architecture in Domestic and Foreign Policies." *Asian Survey* 55:1(2015).

Herbst, Jeffrey. "Crafting Regional Cooperation in Africa." Acharya & Johnston(2007).

Hornung, Jeffrey. "Japan's Pushback of China." *The Washington Quarterly* 38:1(Spring 2015).

Hosoya, Yuichi. "The Rise and Fall of Japan's Grand Strategy: The 'Arc of Freedom and Prosperity' and the Future Asian Order." *Asia-Pacific Review* 18:1(2011).

Hund, Markus. "ASEAN Plus Three: Towards an Age of New Pan-East Asian regionalism? A Skeptical Appraisal." *The Pacific Review* 16:3(2003).

Ikenberry, G. John. "A New Order in East Asia." Kalder & Fukuyama(2008).

Jiang, Yang. "China's Pursuit of Free Trade Agreements: Is China Exceptional?" *Review of International Political Economy* 17:2(2011).

Jiro Okamoto. "Japan's Comprehensive Economic Partnership Initiative: A provisional Assessment." Siriporn Wajjwalku, ed. *Japan-ASEAN Comprehensive Economic Partnership: Asian Perspective* (Thailand: Thammasat University Press, 2004).

Jones, Lee. "Explaining the Failure of the ASEAN Economic Community: the Primacy of Domestic Political Economy." *The Pacific Review* (March 26 2015).

Katzenstein, Peter J. "Introduction: Asian Regionalism in Comparative Perspective." Peter J. Katzenstein & Takashi Shiraishi, eds. *Network Power: Japan and Asia* (Ithaca: Cornell University Press, 1997).

Katzenstein, Peter J. "United Germany in an Integrating Europe." Peter Katzenstein, ed. *Tamed Power: Germany in Europe* (Ithaca: Cornell University Press, 1997).

Katzenstein, Peter J. "Varieties of East Asian Regionalisms." Katzenstein et al eds. *Asian Regionalism* (Ithaca: Cornell University East Asia Program, 2000).

Khong, Yuen Foong & Helen E. S. Nesadurai. "Hanging Together, Institutional Design, and Cooperation in southeast Asia: AFTA and the ARF." Acharya & Johnston(2007).

Kim, Byung-Kook. "North and South Korea: Unlikely Challenger, Unlikely Mediator in Power and Security." Byung-Kook Kim & Anthony Jones, eds. *Northeast Asia: Shifting Strategies* (Boulder, Co: Lynne Rienner Publishers, 2007).

Kim, Jae Cheol. "Politics of Regionalism in East Asia: The Case of the EAS." *Asia Perspective* 34:3(2010).

Krasner, Stephan D. "The Demand For International Regimes." Stephen D. Krasner, ed. *International Regimes* (Ithaca: Cornell University Press, 1983).

Lee, Seungjoo. "The Evolutionary Dynamics of Institutional Balancing in East Asia." EAI Security Initiative Working Paper(2012).

Lee, Yong Wook. "Nonhegemonic or Hegemonic Cooperation? Institutional Evolution of East Asian Financial Regionalism." *Korean Journal of International Studies* 13:1(2015).

Li, Xiaojun. "Understanding China's Behavioral Change in the WTO Dispute Settlement System: Power, Capacity, and Normative Constraints in Trade Adjudication." *Asian Survey* 52:6(2012).

Lobella, Steven E., Neal G. Jesse & Kristen P. Williams. "Why do secondary states choose to support, follow or challenge?" *International Politics* 52:2(2015).

Majid, Munir. "Southeast Asian View of China's 'not so neighbourly' Rise." *International Politics* 51:3(2014).

Majumdar, Munmun. "The ASEAN Way of Conflict Management in the South China Sea." *Strategic Analysis* 39:1(2015).

Malik, Mohan. "China and the East Asian Summit: More Discord than Accord." Paper for Asia-Pacific Center for Security Studies(Feb. 2006).

Malik, Mohan. "East Asian Community and the Role of External Powers: Ensuring Asian Multilateralism Is Not Shanghhaied." *The Korean Journal of Defense Analysis* 19:4(2007).

Mansfield, Edward D. & Helen Milner. "The New Wave of Regionalism." *International Organization* 53:3(1999).

Mares, David R. "Middle powers under hegemony: To challenge or acquiesce in hegemonic enforcement." *International Studies Quarterly* 32:4(1988).

Mathur, Arpita. "Japan's Approach to Regionalism: Outlook towards the EAS and EAC." *Strategic Analysis* 33:5(2009).

Men, Honghua. "East Asian Order Formation and Sino-Japanese Relations." A Paper Presented to Japan Center for Economic Research(August 28, 2007).

Menon, Jayant. "The Challenge Facing Asia's Regional Comprehensive Economic Partnership." *East Asia Forum* (23 June, 2013).

Mochizuki, Mike M. "Japan's Shifting Strategy toward the Rise of China." *Journal of Strategic Studies* 30:4-5(2007).

Murphy, Ann Marie. "Indonesia Responds to China's Rise." Gilley & O'neil(2014).

Nakano, Ryoko. "The Sino-Japanese Territorial Dispute and Threat Perception in Power Transition." *The Pacific Review* (March 16 2015).

NG, Grace. "Common Asian Currency: China Leads Drive." *The Straight Times* (May 23, 2011).

Nossal, Kim Richard & Richard Stubbs. "Mahathir's Malaysia: An Emerging Middle Power?" Cooper(1997).

Pakpahan, Beginda. "Will RCEP Compete with the TPP?" *East Asia Forum* (28 Nov. 2012).

Pedersen, Thomas. "Cooperative Hegemony: Power, Ideas, and Institutions in Regional Integration." *Review of International Studies* 28:4(2002).

Pempel, T. J. "The Japanese Perspective." *Joint US-Korea Academic Studies* 167(Korea Economic Institute of America 2013).

Petri, Peter A. Michael G. Plummer & Fan Zhai. "The Trans-Pacific Partnership and Asia-Pacific Integration: A Quantitative Assessment." East-West Center Working Paper No. 119(Honolulu: East-West Center, 2011).

Phillips, Nicola. "Regionalist Governance in the New Political Economy of Development: 'Relaunching' the Mercosur." *The Third World Quarterly* 22:4(2001).

Polmann, Mina. "What the TPP Means for Japan." *Diplomat* (Oct. 8, 2015).

Ravenhill, John. "The New Trade Bilateralism in East Asia," Kent E. Calder & Francis Fukuyama, eds.. *East Asian Multilateralism: Prospects for Regional Stability* (Baltimore, MD: John Hopkins Press, 2008)

Ravenhill, John. "The New Bilateralism in the Asia Pacific." T*he Third World Quarterly* 24:2(2003).

Ravenhill, John. "The 'New East Asian Regionalism': A Political Domino Effect,"

Review of International Political Economy 17:2(2010).

Ravenhill, John. "What Drives Regionalism in East Asia? - And Why It Matters." Christoph Antons & Reto M. Hilty, eds. *Intellectual Property and Free Trade Agreements in the Asia-Pacific Region* (Springer 2015).

Rozman, Gilbert. "East Asian Regionalism." Beeson & Stubbs(2012).

Sasaki, Tomonori. "China Eyes the Japanese Military: China's Threat Perception of Japan since the 1980s." *The China Quarterly* 203(September 2010).

Scott, David. "Soft Language, Soft Imagery and Soft Power in China's Diplomatic Lexicon," Hongyi Lai & Yiyi Lu, eds. *China's Soft Power and International Relations* (New York: Routledge, 2012).

Shambaugh, David. "China's Military Modernization: Making Steady and Surprising Progress." Ashley J. Tellis & Michal Wills, eds. *Strategic Asia 2005-6: Military Modernization in an Era of Uncertainty* (Seattle: National Bureau of Asian Research, 2005).

Shekhar, Vibhanshu. "ASEAN's Response to the Rise of China: Deploying a Hedging Strategy." *China Report* 48:3(Sage Publications, 2012).

Shirk, Susan. "American Hopes: An Agenda for Cooperation That Serves US Interests." *Global Asia* 5:1(2010).

Solis, Mireya & Saori N. Katada. "Unlikely Pivotal States in Competitive Free Trade Agreement Diffusion: The Effect of Japan's Trans-Pacific Partnership Participation on Asia-Pacific Regional Integration." *New Political Economy* 20: 2(2015).

Song, Guoyou & Wen Jin Yuan. "China's Free Trade Agreement Strategies." *The Washington Quarterly* 35:4(Fall 2012).

Stubbs, Richard. "ASEAN Plus Three: Emerging East Asian Regionalism?" *Asian Survey* 42:3(2002).

Suzuki, Shogo. "The Rise of the Chinese 'Other' in Japan's Construction of Identity: Is China a Focal Point of Japanese Nationalism?" *The Pacific Review* 28:1(2015).

Terada, Takashi & Bernard Ong. "Japan and Management of the Transatlantic Crisis: International Responses and Domestic Struggles." *Contemporary Politics* 17:2 (2011).

Terada, Takashi. "ASEAN Plus Three: Becoming more like a normal regionalism?" Beeson & Stubbs(2012).

Terada, Takashi. "Constructing an East Asian Concepts and Growing Regional Identity: From EAEC to ASEAN+3." *Pacific Review* 16:2(2003).

Wallace, Corey J. "Japan's Strategic Pivot South: Diversifying the Dual Hedge."

International Relations of the Asia-Pacific 13(2013).

Waltz, Kenneth N. "The Emerging Structure of Internatonal Politics." Michael E. Brown, et al. eds. *The Preril of Anarchy: Contemporary Realism and International Security* (Cambridge, MA: The MIT Press, 1995).

Wan, Ming. "The Great Recession and China's Policy toward Asian Regionalism." *Asian Survey* 50:3(2010).

Wesley, Michael. "Jealous Suitors: Sino-Japanese Competitive Regionalism and the Future of East Asia." Machel Heazle and Nick Knight, eds. *China-Japan Relations in the Twenty-First Century: Creating a Future Past?* (Edward Elgar, 2007).

Wirth, Christian. "Power and Stability in the China-Japan-South Korea Regional Security Complex." *The Pacific Review* (Feb 15, 2015).

Ye, Min. "China and Competing Cooperation in Asia-Pacific: TPP, RCEP, and the New Silk Road." *Asian Security* 11:3(2015).

Yoshihara, Toshi. "Sino-Japanese Rivalry at Sea: How Tokyo Can Go Anti-Access on China." *Orbis* 59:1(2015).

Yoshimatsu, Hidetaka. "Diplomatic Objectives in Trade Politics: The Development of the China-Japan-Korea FTA." *Asia-Pacific Review* 22:1(2015).

Zagoria, Donald S. "The Future of U.S.-Japan-China Relations." *American Foreign Policy Interests: The Journal of the National Committee on American Foreign Policy* 37:1(2015).

Zeng, Ka. "High Stakes: United States-China Trade Disputes under the World Trade Organization." *International Relations of the Asia-Pacific* 13(2013).

Zhang, B. "The TPP Enlargement and US Intentions." China Institute of International Studies(2011).

Zhang, Enyu. "From Adapting to Shaping: Contextualizing the Practice of Regionalization in China's Foreign Policy." Emilian Kavalski. *China and the Global Politics of Regionalization* (Ashigate, 2009).

Zhao, Suisheng. "China's Approach toward Regional Cooperation in East Asia: Motivations and Calculations." *Journal of Contemporary China* 20(January, 2011).

■ 영문: Books

Acharya, Amitav & Alastair Iain Johnston. *Crafting Cooperation: Regional International*

Institutions in Comparative Perspective (New York: Cambridge University Press, 2007).

Anwar, Dewi Fortuna. *Indonesia in ASEAN: Foreign Policy and Regionalism* (Singapore: Institute of Southeast Asian Studies, 1994).

Arase, David. *Buying Power: the Political Economy of Japan's Foreign Aid* (Boulder: Lynne Rienner Publishers, 1995).

Ba, Alice D. *[Re] Negotiating East and Southeast Asia* (Stanford, CA: Stanford University Press, 2009).

Beeson, Mark & Richard Stubbs. *Routledge Handbook of Asian Regionalism* (Routledge 2012).

Bush, Richard C. *The Perils of Proximity: China-Japan Security Relations* (Brookings Institution Press, paper edition 2013).

Calder, Kent E. & Francis Fukuyama. *East Asian Multilateralism: Prospects for Regional Stability* (Baltimore: The Johns Hopkins University Press, 2008).

Calder, Kent E. & Min Ye. *The Making of Northeast Asia* (Stanford University Press, 2010).

Cooper, Andrew F., Richard A. Higgott & Kim Richard Nossal. *Relocating Middle Powers: Australia and Canada in a Changing World Order* (Vancouver: UBC Press, 1993).

Cooper, Andrew, ed. *Niche Diplomacy: Middle Powers after the Cold War* (UK: Macmillan Press, 1997).

Dinan, Desmond. *Ever Closer Union? An Introduction to the European Union* (Boulder, CO: Lynne Rienner Publishers, 1994).

Friedman Thomas L. *The Lexus and the Olive Tree* (Straus and Giroux, 1999).

Gilley, Bruce & Andrew O'Neil. *Middle Powers and the Rise of China* (Georgetown University Press, 2014).

Goh, Evelyn. *The Struggle for Order: Hegemony, Hierarchy & Transition in Post-Cold War East Asia* (Oxford University Press, 2013).

Gowa, Joanne. *Allies, Adversaries, and International Trade* (Princeton: Princeton University Press, 1994).

Green, Michael J. *Japan's Reluctant Realism* (New York: Palgrave, 2001).

Hatch, Walter & Kozo Yamamura. *Asia in Japan's Embrace* (Cambridge University Press, 1997).

Hayton, Bill. *The South China Sea: The Struggle for Power in Asia* (Yale University Press, 2014).

He, Kai. *Institutional Balancing in the Asia Pacific: Economic Interdependence and China's Rise* (Routledge, 2009).

Hirschman, Albert O. *National Power and the Structure of Foreign Trade* (Berkeley: University of California Press, 1980).

Kawai, M. & G. Wignaraja. *Asia's Free Trade Agreements: How is Business Responding?*(Cheltenham, UK: Edward Elgar, 2011).

Kojima, Kiyoshi. *Japan and the Pacific Free Trade Area* (University of California Press, 1971).

Krasner, Stephan D. *Structural Conflict: The Third World Against Global Liberalism* (Berkeley: University of California Press, 1985).

Mattli, Walter. *The Logic of Regional Integration: Europe and Beyond* (Cambridge University Press, 1999).

Narine, Shaun. *Explaining ASEAN: Regionalism in Southeast Asia* (Lynne Rhiner Publishers, 2002).

National Institute of Defense Studies(NIDS), ed. *East Asian Strategic Review* (Tokyo: National Institute of Defense Studies, 2009).

Nesler, William. *Japan and the Third World* (London: Macmillan, 1992).

North, Douglass. *Institutions, Institutional Change and Economic Performance* (New York: Cambridge University Press, 1990).

Orr, Robert M. *The Emergence of Japans Foreign Aid Power* (New York: Columbia University Press, 1990).

Pempel, T. J., ed. *Remapping East Asia: The Construction of A Region* (Ithaca: Cornell University Press, 2005).

Pyle, Kenneth B. *The Japanese Question: The Power and Purpose in a New Era* (AEI Press, 1992).

Rathus, Joel. *Japan, China and Networked Regionalism in East Asia* (Palgrave Macmilan, 2011).

Rozman, Gilbert. *Northeast Asia's Stunted Regionalism: Bilateral Distrust in the Shadow of Globalization* (UK: Cambridge University Press, 2004).

Rozman, Gilbert. *Chinese Strategic Thought toward Asia* (Palgrave Macmillan, 2010).

Samuels, Richard J. S*ecuring Japan: Tokyo's Grand Strategy and the Future of East Asia* (Cornell University Press, 2007).

Schiff, Maurice & Alan L. Winters. *Regional Integration and Development* (Washington, D. C.: The World Bank, 2003).

Severino, Rodolf. *The ASEAN Regional Forum* (Singapore: Institute of Southeast Asian

Studies, 2009).

Shambauch, David & Michael Yahuda. *International Relations of Asia* (UK: Rowman & Littlefield, 2014).

Smith, Sheila A. *Intimate Rivals: Japanese Domestic Politics and a Rising China* (Columbia University Press, 2015).

Sudo, Sueo. *The Fukuda Doctrine and ASEAN: New Dimensions in Japanese Foreign Policy* (Singapore: Institute of Southeast Asian Studies, 1992).

Sun, Jing. *Japan and China as Charm Rivals* (The University of Michigan Press, 2013).

The International Institute for Strategic Studies. *The Military Balance* (London: Routledge, 2014).

Vekasi, Kristin. *China's Political Rise and Japan's Economic Risk: Multinational Corporations and Political Uncertainty* (Ph D Diss. University of Wisconsin-Madison, 2014).

Walt, Stephan. *The Origin of Alliances* (Ithaca: Cornell University Press, 1987).

Whitney, Christopher B. *Soft Power in Asia: Results of a 2008 Multinational Survey of Public Opinion* (Chicago Council on Global Affairs, 2009).

World Trade Organization. *World Trade Report 2011* (WTO, 2011).

Yahuda, Michael. *Sino-Japanese Relations After the Cold War: Two Tigers Sharing A Mountain* (Routledge: London and New York, 2014).

| 국내외 신문 |

『조선일보』
『중앙일보』
『연합뉴스』
『한국일보』

『日本經濟新聞』
Diplomat
Far Eastern Economic Review
Global Window
Jiji Press
Kyodo
Malaysian National News Agency

People's Daily
The Economic Times (Online, New Delhi)
The Japan Times
The Strait Times
Xinhua News Agency

Strategic Regionalism in East Asia

Sion-Japanese Rivalry and the Role of Middle Powers

Choi, Young Jong (Catholic University of Korea)

This book is about 'strategic regionalism' in East Asia. Strategic regionalism refers to the tendency among East Asian countries to use regionalism to achieve parochial national interests rather than common regional interests. The strategic use of regionalism as a tool to enhance one's bargaining leverage or to check and balance others has been widespread in East Asian. This phenomenon is largely attributable to the rapid changes in power distribution, particularly from Japan to China. Institutions have staying power beyond changes in power distribution. Therefore, unstable power distribution is inimical to building institutionalized relationships among states.

This book argues that the strategic regionalism is the root cause of the underdevelopment of regional institutions in East

Asia. The transition from 'strategic regionalism' to 'golden straitjacket', meaning voluntary self-imposition of institutional constraints by regional states, will bring in an institutionalized regional order in East Asia. Power politics among major actors in East Asia—including ASEAN, a collection of lesser powers in Southeast Asia, Japan and China, two rivals competing for regional supremacy, and emerging middle powers like South Korea, Indonesia, Malaysia, Thailand, and Vietnam—are intense, competitive, and increasingly conflictual. Regional institutions have already been turned into battle fields among strategic rivals, particularly between Japan and China. Middle power diplomacy is critical to ameliorating the Sino-Japanese rivalry, thereby enabling the region to enjoy an institutionalized order.

Case studies conducted in this book show (1) that regional states in general used regional institutions for strategic purposes rather than for promoting regional cooperation and problem-solving capacities; (2) that cooperation between China and Japan is crucial for the success of regional cooperation, for example, CMI (Chiang Mai Initiative) and CMIM(Chiang Mai Initiative Multilateralization); and (3) that strategic rivalry between China and Japan has largely been the defining characteristic of East Asian regionalism. Consequently, East Asia is rarely institutionalized in spite of outpouring of regional institutions. This book concludes that China's assertive turn in foreign policy will facilitate middle power activism. A regional order based upon norms and rules will be highly likely if Japan could join the rank of middle powers and lead the middle power diplomacy.

Key words: strategic regionalism, golden straitjacket,
Sino-Japanese rivalry,
a realist theory of regional integration,
middle power diplomacy

| 찾아보기 Index |

ㅈ

ㅊ

ㅌ

ARI Monograph Series 24

Strategic Regionalism in East Asia:
Sino-Japanese Rivalry and the Role of Middle Powers

First Published 2016
by The Asiatic Research Institute at Korea University
145 Anam-ro, Seongbuk-gu, Seoul 136-701, Korea
www.asiaticresearch.org

아연동북아총서 24

동아시아의 전략적 지역주의
중-일 경쟁과 중견국가의 역할

1판1쇄 | 2016년 3월 21일

지은이 | 최영종
펴낸이 | 이종화
펴낸 곳 | 아연출판부
등록 | 2000년 5월 24일 제6-376호
주소 | 서울시 성북구 안암로 145 고려대학교 아세아문제연구소(136-701)
전화 | 02-3290-1600 팩스 | 02-923-4661
홈페이지 | www.asiaticresearch.org

값 16,000원

ISBN 978-89-90769-84-8 94300
ISBN 978-89-90769-29-9 (세트)

이 도서의 국립중앙도서관 출판시도서목록(CIP)은 e-CIP 홈페이지(http://www.nl.go.kr/ecip)에서
이용하실 수 있습니다(CIP제어번호: CIP2016006579).